第十四届金盾文学奖获奖作品集

公安部新闻宣传局 编

群众出版社
·北京·

图书在版编目（CIP）数据

第十四届金盾文学奖获奖作品集／公安部新闻宣传局编．—北京：群众出版社，2020.7
ISBN 978－7－5014－6123－3
Ⅰ.①第…　Ⅱ.①公…　Ⅲ.①中国文学—当代文学—作品综合集　Ⅳ.①I217.1
中国版本图书馆 CIP 数据核字（2020）第 127224 号

第十四届金盾文学奖获奖作品集
公安部新闻宣传局　编

出版发行：群众出版社
地　　址：北京市丰台区方庄芳星园三区 15 号楼
邮政编码：100078
经　　销：新华书店
印　　刷：天津嘉恒印务有限公司

版　　次：2021 年 1 月第 1 版
印　　次：2021 年 1 月第 1 次
印　　张：25.25
开　　本：787 毫米×1092 毫米　1/16
字　　数：481 千字

书　　号：ISBN 978－7－5014－6123－3
定　　价：63.00 元

网　　址：www.qzcbs.com
电子邮箱：qzcbs@sohu.com

营销中心电话：010－83903991
读者服务部电话（门市）：010－83903257
警官读者俱乐部电话（网购、邮购）：010－83901775
文艺分社电话：010－83901350

目　录

报告文学

目　录

小　说

报告文学

桥（节选）

——“枫桥经验”55周年风雨历程

衣向东

中篇：小事不出村，大事不出镇，矛盾不上交

改革开放之后，中国经济快速发展，新旧体制转换，人们的价值观也随之发生改变，各种社会矛盾渐渐凸显。因此20世纪八九十年代“枫桥经验”的本质是：小事不出村，大事不出镇，矛盾不上交。

一、他叫金伯中

在“枫桥经验”实践、探索、创新和推广的道路上，有一个人像一座丰碑似的矗立在枫桥，他的名字叫金伯中。

从杭州到枫桥、诸暨、绍兴、柯桥、湖州……一路采访，我不断听到他的名字、他的传说。很多人提醒我，你要先采访金伯中，他什么都会告诉你的。在他们看来，金伯中就是“枫桥经验”的百科全书。提醒我的人当中，有九十多岁的老人，也有新入警的帅哥靓女；有地市级的书记局长，也有普通的农民；有干了三十多年的老治保主任，也有戴了三十多年“四类分子”帽子的老专政对象。

我粗略地梳理了一下，金伯中在基层三个地方当过主官，都开辟出了一片新天地。担任诸暨市公安局局长三年，诸暨市公安局连续两年被评为全国优秀公安局，枫桥派出所被国务院授予“人民满意的派出所”称号，荣立集体一等功，还推出了“全国优秀人民警察”杨光照等一批先进典型人物；担任绍兴县公安局局长时，他运用“枫桥经验”治理柯桥，让柯桥镇甩掉了“公安部挂牌重点整治单位”的帽子；担任湖州市公安局局长六年，创造性地推出了“警务广场”模

式。时任公安部部长郭声琨称赞“湖州经验”是公安机关坚持和发展“枫桥经验”的时代样本，是新时期群众工作在继承创新中的宝贵财富。湖州市公安局特警支队二大队被公安部评为“全国公安机关爱民模范集体”，“平民警官”马长林荣立一等功并荣获“全国公安系统二级英雄模范”称号，“点子警察”王法金在全国劳模颁奖大会上受到了习近平总书记的接见……

金伯中成为“枫桥经验”创新、发展的引领者，虽然有一定的机缘巧合，但更重要的是他对公安事业的那份责任感。他有扎实的蹲点调研，从入警开始就不间断地去枫桥，少则三五天，多则两三个月，坚持了 37 年；他有丰富的实践经历，在绍兴市公安局当过办公室主任，在诸暨市公安局、绍兴县公安局、湖州市公安局都担任过局长，在浙江省公安厅担任过政治部副主任、办公室主任、治安总队总队长、副厅长……而这些职务能够保证他在一线工作岗位上去践行“枫桥经验”。他还有贴近时代、具有真知灼见的理论研究成果，撰写发表了上百篇理论文章，出版了专著《民意导向警务论》，是发表“枫桥经验”理论研究文章数量最多、质量最高、影响最广的人，引领了“枫桥经验”探索、创新、发展的潮流。也正因为跟“枫桥经验”结缘，他被评为全国优秀公安局局长、全国公安局局长楷模，荣立一等功，成为中央电视台金牌栏目《东方之子》的专访人物。

这些耀眼的成就，把金伯中推到了聚光灯下，同时也给他带来不少烦恼。我采访他的时候，他真诚地说：“你不要采访我，去采访那些老同志，周长康、傅缨、楼志浪，还有现在担任衢州市委书记的徐文光，我帮你联系他们。”

我说：“他们要采访，你也跑不掉。”

他笑了：“我不跑，等着你采访，但要到退休后。”

我不解：“为什么要到退休后？”

他笑眯眯地摇头，不回答。从他的眼神中，我读懂了一些内容。

我跟他说：“你也知道，今年是毛主席批示‘枫桥经验’55 周年，采访你不是宣传你，是宣传‘枫桥经验’。你如果不接受我的采访，我就睡到你家客厅不走，这可不是玩笑话。”

他想了想说：“你这个人有点儿意思。好，我安排时间，不算采访，是把我这些年学习‘枫桥经验’的体会跟你交流一下。”

几天后的一个晚上，我接到他的电话，说晚上值班，去他办公室聊聊。

夜晚，省公安厅办公楼很安静，没有人打扰，时间又很充裕，我闻着茶香，与他天马行空地交谈，倒是一件很快乐的事情。他很有亲和力，脸上始终挂着迷人的微笑，和他聊天，感觉就像跟多年的老朋友促膝而谈。

1981 年警校毕业后，金伯中分到了绍兴市公安局，1984 年担任了绍兴市公安局秘书科副科长，后担任绍兴市公安局党委委员、办公室主任。在这期间，他曾多次带队到枫桥蹲点，有时候一住就是两三个月。金伯中说："毛主席对'枫桥经验'的批示，指明了党的公安工作路线、方针、政策，因此'枫桥经验'不是业务经验，而是方针政策。"

1996 年 10 月，金伯中从绍兴调任诸暨市公安局局长。"这是我跟枫桥的缘分，也是上天给我的机会，我如果干不好，愧对枫桥的干部群众。"

当时有一种声音，说"枫桥经验"是阶级斗争的产物，过时了。金伯中听了一笑而过。多年来，他不间断地在枫桥蹲点调研，心里最清楚，"枫桥经验"不是过时了，而是要创新发展。改革开放后，诸暨的经济发展走在全国很多县市前面，枫桥发生了很大变化，从单纯的农业转向工商业，中小企业蓬勃发展，成为远近闻名的"衬衫之乡"，必然产生很多新问题、新矛盾，需要去探索研究，拿出化解矛盾的办法。由于受到社会不良风气的影响，诸暨市的公安队伍也存在浮躁现象，必须整肃警风。在一次公安局党委会上，金伯中说："普通民警向中层干部看齐，中层干部向党委成员看齐，党委成员向我看齐。"

得知一位民警在执法过程中对群众有打骂行为，金伯中愤慨地说："你的一拳一脚，打掉的是我们党和政府在社会上的声誉，是我们公安机关在人民群众心中的形象！"

深入群众调查研究，是金伯中的看家本领。在诸暨工作期间，金伯中大多数时间泡在农村和厂矿企业，摸清矛盾症结以及老百姓的诉求。白天走村串巷，晚上处理各种案头工作，同时梳理自己调查研究得来的材料，总结探索"枫桥经验"的新途径。他像一个机器人，不知疲倦地运转着。最终，他探索出预防化解矛盾的"四前法"——组织建设走在工作前、预测工作走在预防前、预防工作走在调解前、调解工作走在激化前，并很快在全国公安机关中广泛应用。

1998 年是毛主席树立"枫桥经验"这面旗帜 35 周年，时任浙江省委书记张德江 8 月份作出批示，由浙江省公安厅、绍兴市委和诸暨市委组成联合工作组进驻枫桥，蹲点调研总结新时期的"枫桥经验"。金伯中是联合工作组的副组长。他说："最好的纪念就是总结、完善、创新'枫桥经验'。这是一种历史的责任，我有幸能赶上这个时机，非常珍惜。"

调研中，金伯中被枫桥群众深深打动了，这里经济快速发展，而社会治安依然平稳，尤其是干部、群众都有一种强烈的意识：要戴致富帽，先戴安全帽；既出好产品，又出好人品；酒香、衣香，更要书香；多一个球场，少一个赌场，等等。这些新谚语的诞生，体现出枫桥人的远见卓识和胸怀。

这次蹲点，由于过度疲劳，金伯中的视力从 1.5 降到 0.2，为此他一边蹲点调研，一边吃中药，没休息过一天。

“尽力而为，有所作为。”这是金伯中的座右铭。他的座右铭不是写好挂起来看的，而是成为行动的标尺。这次蹲点调研，金伯中与联合工作组的同志从枫桥干部、群众的实际做法中总结提炼出“小事不出村，大事不出镇，矛盾不上交”的新时期“枫桥经验”。

1998 年 11 月 22 日，浙江省公安厅、绍兴市委、诸暨市委联合在诸暨隆重召开纪念毛泽东主席批示“枫桥经验”35 周年大会，浙江省委常委、省委政法委书记斯大孝在会上指出，“枫桥经验”的成功之处，就在于走出了一条农村稳定与发展同步、致富与治安并举的新路子。

1999 年 1 月 6 日至 8 日，公安部在南京召开全国厅局长会议，身为诸暨市公安局局长的金伯中在会上介绍了新形势下的“枫桥经验”。3 月 12 日，公安部部长贾春旺签署命令，授予诸暨市公安局“全国优秀公安局”称号，授予枫桥派出所民警杨光照“全国优秀人民警察”称号。4 月 17 日，省委书记张德江在省公安厅厅长俞国行的陪同下，专门考察了枫桥派出所等单位，对新时期“枫桥经验”给予高度评价。9 月 1 日，公安部在北京召开全国公安英模表彰大会，枫桥派出所所长阮晓辉、枫桥镇钟瑛村党支部书记兼治保主任罗银泉和诸暨市委副书记蔡汉良参加会议，受到江泽民总书记等中央领导的接见。会上，枫桥派出所被国务院授予“人民满意的派出所”光荣称号。

12 月 1 日，《人民日报》头版头条刊发了记者袁亚平的长篇通讯《立足稳定和发展——浙江诸暨“枫桥经验”纪实》，并配发《“枫桥经验”值得总结和推广》的评论员文章，从而把新时期的“枫桥经验”推向了全国。

1999 年 9 月，金伯中离开枫桥，风尘仆仆地前往绍兴县公安局上任了。他说：“其实我是不想离开枫桥的，在枫桥待一辈子都愿意，那里是我不断进取的源泉。”

金伯中去绍兴县（现改为柯桥区）公安局担任局长，算是临危受命，是让他去“攻营拔寨”，用“枫桥经验”治理柯桥。柯桥区人民政府是 2013 年 8 月正式挂牌的，之前属于绍兴县柯桥镇。当年绍兴县是全国“十强”县，而柯桥镇是全县的经济中心，这里有亚洲最大的轻纺市场，是闻名国内外的轻纺产品集散地，1999 年，市场交易额达到了 166 亿元，外来暂住和流动人口 10 多万人，成为现代江南重镇和典型的移民集镇。

虽然经济发展飞速，但柯桥的社会管理以及治安管理严重滞后，某个时期，柯桥成为犯罪分子的“淘金”福地，治安形势十分严峻。由于轻纺市场的空前繁荣，托运业成为柯桥轻纺市场的一个新兴产业，投资少，见效快，经营一条线路一年获利少则几百万元，多则上千万元。在高额利润的驱动下，暴力争夺货源一度猖獗，带有黑社会性质的流氓恶势力明争暗斗。在柯桥经商的义乌老板之间发生利益纠纷，两伙人手持砍刀和各种自制枪械火拼，死伤惨重；柯桥的毒品犯罪从无到有，迅速蔓延，危害严重；卖淫嫖娼等社会丑恶现象屡禁不止，泛滥一时……

这些不安定因素，直接制约了市场的繁荣和经济的发展，引起了浙江省委、省政府和公安部的高度关注，省委多次在常委会上研究柯桥的问题，省委领导提出“学枫桥、治柯桥”的要求，公安部也把柯桥列为全国17个毒品重点地区之一。当地群众更是不满，纷纷上书有关部门，要求尽快改变柯桥的治安状况。家中有孩子上学的市民，担心社会环境对孩子的教育和成长不利，纷纷搬离柯桥。

不少好心朋友提醒金伯中：“你要小心啊，柯桥可是个桐油地，弄不好要摔跤的。”

绍兴市委的几位主要领导担心金伯中有思想压力，找他谈话，给他鼓励。其实金伯中是有底气的，他不信邪，“枫桥经验”就是基层社会治安综合治理的经验，手里有这个法宝，不信治理不好柯桥。他说：“‘枫桥经验’的精髓就是依靠群众，学枫桥治柯桥的关键点就在这里。”

千头万线一针穿，依靠群众排万难。金伯中到绍兴后，立即成立了柯桥地区社会治安综合治理委员会，专门设立办事机构，与31个部门签订了综合治理责任状；筹资2500多万元调整和新建29个居委会，组建了柯桥社区保安服务队；在柯桥主要街道、治安复杂场所和市场四大交易区，安装了视频监控系统和轻纺市场消防自动报警灭火系统；设立柯桥技侦工作站……通过采取一系列措施，形成了覆盖市场和社会面的群防群治网络。

在绍兴县公安局任职三年，金伯中主要干了四件事：一是打击流氓恶势力犯罪和团伙犯罪，摧毁带有黑社会性质的流氓恶势力15个，盗窃、抢劫团伙37个；二是成立了禁毒大队，先后破获贩毒案件577起，缴获毒品10983.5克，抓获贩毒人员327名、吸毒人员1303名，切断贩毒运输线路6条，有效遏制了毒品犯罪；三是查禁卖淫嫖娼；四是加强外来人口管理。

金伯中说：“我去绍兴县公安局任职后，成为犯罪分子的‘眼中钉’，每天晚上下班后，都要开车在街道上转悠几圈再回家。我知道，要治理混乱的社会治安，确保群众的人身和财产安全，必须在治理外来人口上下功夫。还是那句话，调查研究，依靠群众，多管齐下。”

他把自己的想法跟县委领导作了汇报，得到了大力支持。很快，柯桥由公安牵头，组建了外来人口综合管理办公室，下设73个登记站，建立了60多人的稽查队，投资45万元与37家宾馆电脑联网，建起了外来人口信息管理系统。

2009 年，金伯中调任湖州市委常委、公安局局长。在湖州的六年中，他坚持高举“枫桥经验”的旗帜，依靠群众，创造性地推出了“警务广场”，让民意领跑警务，让警务保障民生，打造了“枫桥经验”的湖州样本，写下了他人生最辉煌的篇章……

2018 年是毛泽东主席批示“枫桥经验”55 周年，浙江省委和省政府组成联合调查组，由公安厅副厅长金伯中带队，再次进驻枫桥蹲点调研，历时三个月，总结出“矛盾不上交，平安不出事，服务不缺位”的新时代“枫桥经验”。为此，他专门撰写理论文章，阐释新时代“枫桥经验”的内涵：矛盾不上交，关注的是社会风险防控，除了治安和稳定外，还多了风险管控；平安不出事，是消灭矛盾于萌芽状态，满足人民日益增长的美好生活需求，使人民的获得感、幸福感、安全感更加充实、更有保障、更具有持续性；服务不缺位，是专注于政府职能转变，强调民生保障，也是浙江省委、省政府“最多跑一次”改革在乡镇层面的具体表现。

他跟我说：“习总书记对于小康社会说得再明白不过了，小康社会首先是平安社会，新时代‘枫桥经验’最终实现的目标，就是路不拾遗，夜不闭户。中国历史上有‘贞观之治’，今天的中国共产党正带领人民开创属于新时代的‘中国之治’!”

我问金伯中：“你对自己如何评价?”

金伯中想了想说：“我在公安队伍工作了 37 年，忙忙碌碌的，其实屈指一算，也就干好了一件事，就是不断坚持研究、探索和总结‘枫桥经验’，并在实践中去运用和推广。”

这就是金伯中，浙东一个普通农民家庭走出来的有志青年，枫桥沃土中生长出来的一棵根深叶茂的常青树，浙江公安队伍培育出来的一位警察楷模。

二、永远的伤疤永远的痛

陪同我采访的内勤民警章立佳，得知我要写“李媛事件”，瞪大眼睛看着我说：“衣老师，能不能不写？求求你，别写了。”

我心里一揪：“为什么不能写？看你紧张的，这事跟你有关系吗?”

“怎么没关系？跟我们每一个人都有关系！好不容易翻篇了，你就不要再翻腾了，我们都想忘掉这件事!”

她的话，让我有些犹豫了，到底能不能写这件事？我拿不定主意，只好向金伯中副厅长请示。让我意外的是，金厅长说：“怎么不能写？完全可以。有伤疤不可怕，可怕的是忘了伤疤。枫桥是什么地方？是越王勾践卧薪尝胆的地方，是‘枫桥经验’诞生的地方，这点儿勇气还是有的。让我说，正是因为这块伤疤，这些年枫桥派出所才能扎实务实，取得了有目共睹的成就。这块伤疤要经常拿出来亮一亮，让一代代民警牢记惨痛的教训，就像越王勾践，每食尝胆，以励其志。”

金厅长看问题，总是跟常人的角度不一样，让我豁然开朗，心里的一块石头也落地了。

第二天，我专门采访了枫桥派出所教导员吴嘉军，请他说说“李媛事件”的情况。他的语气很沉重：“出事的民警就是我的徒弟，刚入警三年，说真的，在我那批徒弟当中，他是最优秀的，办案能力很强……”

“这个民警现在在哪儿？”我问。

“出来了。开了一个小冷饮店。”

“出来了？什么意思？”

“判了四年……”

我真的没想到，事情竟然这么严重。为尊重当事人的隐私，讲述这个故事之前，我给死亡的女孩儿化名“李媛”，给这位民警也起了一个化名，叫“腊月”，因为事情就发生在腊月的一个晚上。

按照规定，晚上过了十点半，所里留下两个值班人员，其他备勤的民警就可以回宿舍睡觉了。腊月已经上楼准备休息，这时候派出所值班的副所长接到群众打来的报警电话，说某个小区的小超市遭到抢劫，人已经抓住了。腊月听到这个消息，主动跑下楼要求出警。但很快派出所又得到消息，不是抢劫，是一个精神病人发病了，到超市就像进自家厨房，看到好吃的就往嘴里塞。

“腊月年轻，工作积极，主动要求去了。但他是刑侦民警，处理这种事缺乏经验，况且他才入警三年，还不成熟。”教导员吴嘉军说。

腊月带着一名协警赶到出事地点，看到一个穿一身棉睡衣的女孩儿被群众围住。像这种情况，民警应该把她送到救助站。腊月不知道救助站在哪里，把女孩儿劝上车后，他打电话给值班室，询问救助站的位置。开始他们走的是国道，没走多远，女孩儿说要撒尿，腊月停下车。因为是女孩儿，他们不能寸步不离地守着，只能坐到车上，通过后视镜监视。没想到女孩儿站起身，突然朝前面的一片草丛跑去。腊月和协警赶忙下车追赶，四周黑咕隆咚的，全是水洼地，一个又一个水坑，草丛也很深，他们没找到女孩儿的踪影。腊月只好开车上了高速，返回派出所。路上，派出所值班员给腊月打电话，说女孩儿的家人联系上了，女孩儿叫李媛，让他赶紧把李媛送回小区，家人在超市等着。腊月急忙开车返回寻找，一直找到凌晨两点多，也不见李媛的踪影。

吴嘉军叹了一口气，说这个腊月太没经验了，这件事他犯了四个致命错误：第一，既然知道她精神不正常，她下车小便的时候就要做好防范，以免她逃走。第二，女孩儿逃跑后，他没有全力追寻。这里面原因很多，以前把精神病人送到救助站，救助站也不一定接收，经常弄得民警很为难。当然，主要问题还在腊月身上，他大概觉得半夜把女孩儿带回派出所，没有地方安置，跑了就跑了吧。他如果有点儿常识，应该注意到女孩儿身上的睡衣很干净，不是长期在外流浪的，而是刚跑出家门，很可能会有家人寻找。第三，接到电话后，腊月刚上高速，这么紧急的情况，应该掉头逆行，他开的是警车，晚上高速路上车又少，三五分钟就可以返回，但他却绕着高速路转了一圈，二十多分钟才回到原地，错失了寻找的最佳时机。第四，腊月回到原地找不到女孩儿，应该尽快向值班室报告，可他却心存侥幸，觉得女孩儿没走远，一直闷头找。

凌晨两点，值班领导接到腊月的报告，派出所民警全部出动，可直到天亮也没找到李媛……

我有些急不可耐了："后来呢？女孩儿到底去哪儿了？"

吴嘉军没有马上回答我的问题，仿佛还沉浸在回忆里："当时值班人员也犯了个错误，没及时给所领导报告。第二天上班后，所长傅海林才知道，他想自己扛下来，也没给市局报告。派出所又找了两天，还是没找到，这才向市局报告了情况，可是……太晚了。"

诸暨市公安局对这件事非常重视，动用了警犬和潜水员，在李媛走失的地面和水域搜寻，并在全市进行拉网式搜索，都没有结果。随着事件的发酵，各种谣言随之而来，有些人借机发泄不满情绪，煽风点火，枫桥派出所成了"过街老鼠"。至今说起这事，章立佳依旧心有余悸："那段时间，我们被骂惨了，什么难听的话都有……"

李媛走失的第二十天，在强大的舆论压力下，上级对枫桥派出所的领导班子作出调整，傅海林脱警服走人。然而，在这个风口浪尖上，让谁到枫桥派出所接替傅海林成了一个难题。有位领导突然想起了次坞镇镇长石国红，她曾经在公安队伍工作了很多年。石国红一直渴望重新穿警服回归公安队伍，她又是女同志，做事细致柔和，在这个关口很适合到枫桥派出所当"救火队员"。就这样，石国红被任命为枫桥派出所所长。

石国红现任诸暨市公安局副政委，我采访她的时候，她对我说："我是临危受命，没什么值得你写的。不过我当时确实有点儿激动，我一直想回公安队伍，终于又能穿警服了。"

大年三十的前一天，石国红去枫桥派出所报到，没有欢迎仪式，民警们看着两位新来的领导，目光漠然，没有热情，没有期待，完全是一副心灰意冷的模样。石国红理解此时此刻大家的心情，几十年来，枫桥派出所一直是公安系统的先进典型，一代又一代民警不知为之付出了多少汗水和心血，却在瞬间崩塌，这种委屈和伤痛是无法用语言形容的。

报到的当天晚上，她一夜未眠，就坐在刚打开的行李卷旁边，看着窗外黑黢黢的天空，思考该如何走出第一步。长远的打算先别说，当务之急是想办法让大家振作起来，抬起头，挺起胸脯，哪里跌倒哪里爬起来。

年三十的中午，派出所全体人员有个简单的聚会。这些日子，大家取消了节假日，没有特殊情况，都在派出所坚守岗位。饭前，石国红简短说了几句，算是新年贺词，也算是她的就职演说。她只说了两分钟，大意是，尽管大家有压力，但在这个关口，必须振作起来。今天下午，不值班的民警全部回家，陪亲人过节，祝福他们春节快乐。“我希望大家回到亲人当中，能得到温暖，有助于缓解紧张情绪。我没有大本事，愿意跟大家一起度过这段艰难时光，一起爬坡，一起从小事做起，积沙成堆，重塑枫桥派出所的形象。”

春节后上班，民警们就像戴着镣铐跳舞，一方面要展示自己最美丽的舞姿，一方面要克服心理阴影，面对群众的各种不理解。

2014 年 3 月 8 日，李媛的尸体从一处水域浮上来……

腊月被判处有期徒刑四年。宣判那天，派出所民警和部分群众列席旁听。石国红说：“那天我坐在旁听席，却感觉那是对我们大家的审判，鞭子抽在腊月身上，疼在我们心里……”

至今她心里还疼着。派出所的荣誉室有一面墙，镶嵌着所有在这里工作过的民警照片，腊月的照片也在其中。教导员吴嘉军说：“他依旧是我们大家庭中的一员。”

从法庭回到派出所，石国红跟民警们说：“我们大家都被审判了，请大家一定牢记这一天。现在我们体无完肤，一切归零，必须从头开始，先蹲下去，蹲得越低越好，抓细节、抓基础，积攒能量，总有一天会再起飞。”

石国红基本把家安在派出所宿舍了，女儿刚上四年级，她干脆把女儿接到派出所住。章立佳告诉我，石国红腰椎间盘突出，很严重，走路一瘸一拐的。石国红说：“我那时候顾不上腰椎间盘了，每天到处奔波，晚上睡觉的时候，两条腿肿得抬不起来，我要坐在床头，用手把腿搬上床。”

石国红在枫桥派出所干了三年，她告诉我，这三年有泪水，也有温暖，让她学到很多东西，是她一生中最值得珍藏的时光。

有些伤痛，岁月是无法抚平的。“李媛事件”是枫桥派出所这一代人永远的痛。

三、我在这里等你

李媛仓促地离开了这个世界，再也回不来了。然而，枫桥派出所的民警们却执着地在笔记本上写下了这样一句话：李媛，我在这里等你！

这是枫桥派出所民警的郑重承诺！

枫桥派出所所长杨叶峰很帅，你或许想不出帅成什么模样。歌手王力宏你肯定知道，他跟王力宏就像亲兄弟，很多人私下都喊他王力宏。杨叶峰曾在枫桥派出所当过教导员，后担任诸暨市公安局副局长。前几任派出所所长都是低职高配，先任命为所长，再兼职公安局副局长或党委委员。杨叶峰很特殊，先当副局长后兼所长，同时还兼任枫桥镇党委副书记。

我能感觉到，诸暨市局在这一任所长的挑选上动了一番心思。杨叶峰2017年1月任职枫桥派出所所长，这个时间点很微妙。一是"李媛事件"过去三年整，枫桥派出所卧薪尝胆、默默耕耘，已经到了"破茧而出"的时候了；二是枫桥派出所警务改革之后，多项创新工作正全面展开，牵一发而动全身，需要一个稳健的"操盘手"；三是还有不到两年，就是"枫桥经验"诞生55周年，中央综治委和浙江省委准备联合召开纪念大会，有很多准备工作需要枫桥派出所去做，更重要的是，纪念大会召开的时候，枫桥派出所该收获他们沉甸甸的果实了。

杨叶峰刚上任的时候，派出所存在很多棘手问题，比如派出所跟镇政府的关系淡薄了，镇、所、村三级联动有些脱节。在枫桥镇党委会上，杨叶峰明确表态，派出所要为枫桥经济发展保驾护航，请镇政府放心，派出所在，平安就在。

在杨叶峰的策划下，枫桥派出所开展大走访，从群众中找回自己，在党委和政府中找回公信力。派出所有明确的方向，下去走访什么，如何走访，他们都有详细的方案。同时，所领导对民警的走访进行跟踪监督，民警走访过的社区，所领导可能再去走访一遍，检查民警走访的效果。

"警力下沉"是枫桥派出所转变工作作风的重要一步，办公楼除了值班的民警，其余都下到社区。为了跟群众紧密结合在一起，更有效地发动和依靠群众，派出所实行了平安议事制度，每个月都邀请不同行业、不同收入、不同年龄的群众走进派出所，与群众对话，征求意见。杨叶峰说："这就叫走下去、请上来，调动社会力量，打造伙伴式平安警务共同体。"

我在走访派出所的过程中深刻感受到，现在的枫桥派出所已经成为"枫桥经验"的航空母舰，可以承载"枫桥经验"学习基地、平安类社会组织孵化基地、安全防范体验基地、平安法治教育基地，是全国学习“枫桥经验”看得见摸得着的新时代样本。

最让我赞叹的，还是枫桥派出所推出的“新五小工程”：破小案、办小事、解小忧、帮小忙、惠小利。“新五小工程”充分展示出派出所民警以人民为中心、千方百计为群众办实事的真情实意。2017年年底，枫桥群众对民警的工作满意率达到99.6%以上，实现了警务工作的零投诉。

毋庸置疑，枫桥派出所最忙的人就是杨叶峰。他身兼数职，所里的工作他要全盘考虑、重点主抓；各级领导来枫桥考察指导，他要陪同介绍，听取指导意见；一些重要的团队到枫桥派出所参观学习，也需要他亲自讲解，并跟对方交流学习“枫桥经验”的心得……

我特意注意了一下他一天的工作流程，一件事接一件事，中午都没有休息时间，晚上要很晚才下班。尽管如此，我在枫桥派出所的一个多月中，从来没听到杨叶峰说累，没听到一句牢骚，这真不是常人能达到的境界。

我一日三餐都在派出所食堂，采访快结束的时候，在食堂遇见杨叶峰，他对我说：“衣老师，这么多天我也没顾得上你，真是抱歉，明天周六，晚上我请两位美女陪你吃个饭，好不好？”

两个美女是他的妻子和女儿。杨叶峰的妻子叫姚海宇，名字很有气势，人却是小家碧玉，典型的江南女子。杨叶峰自从去了枫桥，很少回家，越是节假日越忙碌。在姚海宇的印象中，杨叶峰去枫桥后，没休过一个完整的周末，一家三口从来没在一起完整地待上一整天。她说：“我的手机里找不到这两年我们一家三口的合影。”

杨叶峰的女儿很乖很可爱，每天下午放学后，都要给杨叶峰打个电话，问同样的问题：“爸爸，你晚上回家吗？”有时候，他会主动给女儿打电话：“你早点儿睡，我迟点儿回家。”可每每加班到凌晨，他怕回去吵醒娘儿俩，就索性睡在所里。

有一天晚上杨叶峰在所里加班，女儿突然头晕想吐，撑到半夜，肚子痛得厉害，姚海宇赶紧开车带着女儿上医院。她心急火燎地抱着女儿朝急诊室跑，手被不锈钢玻璃门划了长长一条口子。看着怀里生病的女儿和自己流血的手，她很委屈，眼泪忍不住流下来。“当警察的家属，你必须很坚强，什么都要扛，没得商量。”姚海宇说。

姚海宇的单位和家，跟女儿的学校刚好构成一个三角形，她每天都沿着这个三角形奔波着。杨叶峰知道妻子很辛苦，可又无能为力。他只要在家里，肯定早早起床，给妻子和女儿做好早餐，送女儿去学校。去学校的路上，就成了他跟女儿交流的宝贵时间，了解女儿的学习情况，叮嘱女儿注意的事项。后来女儿掌握了规律，只要是爸爸送她上学，上了车就说："开始上课吧。"

姚海宇是老师，她的生日正好是教师节那天，杨叶峰不管有多忙，都不会忘记在教师节给她买一个生日蛋糕。去年他在枫桥迎接一个检查团，没时间回诸暨，就在网上订了一个。每年教师节，姚海宇都在办公室和同事们一起分享蛋糕，同事们都很羡慕她。姚海宇说："女儿和叶峰，是我最大的骄傲。"

我草草吃完了那顿晚饭，借口回宾馆整理采访笔记，就跟杨叶峰一家告别了。我想把宝贵的时间，留给他们一家三口。

孙法均不仅是枫桥派出所的社区副所长，分管三个警务站，同时也是枫源村的社区民警。他连续三年被评为诸暨市"十佳优秀人民警察"，两次被评为绍兴市"十佳社区民警"。2017 年 5 月，他被评为"全国优秀人民警察"。

关于孙法均，有一个有趣的故事，说他评上绍兴市"十佳社区民警"，是一条狗帮了忙。2008 年绍兴市局考评组下来考核评选"十佳社区民警"的时候，考评组到枫源村实地调查，刚进村，遇见一条大黄狗。大黄狗凶狠地朝考评组狂吠，吓得众人站在那里不敢挪步了。孙法均急忙跑过去，对大黄狗说："客人来了，别叫了。"大黄狗非常听话，不但不叫了，还对着孙法均直摇尾巴。考评组的人感慨地说，连狗都认识孙法均，他对社区能不熟悉吗？

当然这是个笑话，但从一个侧面说明孙法均确实跟群众关系密切。他跟我说："社区民警去村里，如果村民不跟你打招呼，你就很失败。"

群众对孙法均有多信任，举个例子就清楚了。有一次他到村里办事，一位村民悄悄把他拉到一边，说这几天村里可能要出事。原来，村里有个姓周的服刑人员，马上要出狱了。他曾经借了很多钱，村里人私下商量怎么讨债。得到这个信息后，孙法均在周某出狱的第一时间找到他。周某说自己确实没钱，但保证今后会偿还债务。孙法均帮他出主意，让他主动给债主们打招呼，写还债承诺书。周某终于取得了村民们的谅解，一场纠纷就这样化解了。

孙法均说："当了副所长后，所里的事情不少，但再忙也要经常下去跑。离开了群众，我们就成了瞎子和聋子。"

社区民警总结出错时工作法后，孙法均大多是中午和晚上去群众家走访。有一天晚上，他走访时发现一位老人的残疾证没年审，眼看要过期了，就顺便带在身上，第二天去镇政府办理了年审。就这么一件小事，村里很多人都夸他做事实在。"群众把我们的一言一行都看在眼里，记在心里。"他说。

这位残疾老人不去镇政府办理残疾证年审，是因为他行动不便。这种事情太多了，那些行动不便的老人，好几个月不理发，就因为出去一次太麻烦。还有一些老人遇到突发事件时束手无策，毕竟，民警不可能二十四小时陪护在他们身边呀。

琢磨来琢磨去，孙法均想出了一个好主意，可以让民警二十四小时守护在老人们的身边。他联系镇政府，为独居老人专门设计并免费配备了“惠民服务一键通”手机，上面只有五个醒目的键，分别连接呼叫中心、亲情号码、社团服务等服务功能。惠民服务平台一天二十四小时提供服务，不论大事小事急事，老人们按下不同的键，服务平台就知道他们的需求了。后来，枫桥镇政府跟枫桥“义工联合会”签订服务合同，政府掏钱买服务，构建起一个信息平台，由“义工联合会”负责信息平台的管理运作。有了这款“呼叫器”，行动不便的老人们虽然是一个人在家里，周围却有很多双手托举着他们。

去年中秋节那天，孙法均值班。中午时分，他接到报警，一位八十岁的老人出门走丢了。孙法均带领“红枫义警”的队员分头去找，直到晚上八点多钟才找到了走失的老人。孙法均把老人交给家属后，空着肚子去下面的几个警务站巡查了一圈，正要返回派出所，手机响了，是妻子打来的。他这才想起，跟妻子约好当晚九点钟视频。妻子怀孕七个月了，行动不便。她在视频里说：“你看到月亮了没有？”

孙法均抬头眺望天空，云层很厚，根本看不到月亮，但他却说：“我看到了，可圆了。”

话刚出口，他就觉得两眼一热，泪水涌了出来。

孙法均跟我说：“中秋节晚上，我真希望能跟老婆孩子在一起，即便看不到月亮，也是幸福的。”

也是巧合，我写这篇文字的时候，正好是中秋之夜。我把目光投向窗外，一轮明月悬挂在夜空。今年的中秋节，不知道孙法均能否在家里陪伴老婆孩子。我真希望看到这样的画面：孙法均怀抱九个月大的儿子，左边是妻子，右边是他十岁的女儿，远处的天空上，是我看到的这轮明月。

赵刚是三位站长中年岁最大的，1985 年出生，是两个孩子的父亲了。他给我最深的印象就是特别关注弱势群体，尤其是关注有生理缺陷和精神疾病的少年儿童。除了“李媛事件”的因素外，还有一个个人原因，他的大儿子是脑瘫患者。

我是经过了一番思想斗争，才决定把这个细节写出来的，希望赵刚能够原谅我。因为只有写出来，读者才能理解他和枫桥派出所的民警们对“李媛事件”的切肤之痛，以及“凤凰涅槃”的坚定信心。

赵刚的妻子是台州人，怀孕后就回到了父母身边。赵刚太忙了，妻子回去后，他一次也没去台州看望过她。有一天，岳父突然打电话让他赶紧回去一趟，当时他正在处理一起假药案件，急急忙忙赶到台州才知道，妻子流产了。

一年后，妻子又怀孕了，这一次岳父岳母照顾得更用心。孩子顺利出生，是个胖儿子。可是，孩子从生下来就喜欢哭，而且总是哭个不停，九个月了还是这样。家人带孩子去上海检查，确诊为脑瘫，还是最严重的一种。孩子在医院治疗了一段时间，医生说再住下去也没意义，让他们办理出院手续。

赵刚和妻子不想放弃，妻子辞去工作，在诸暨市找了一家康复治疗中心，每天都带孩子去做康复治疗，却看不到任何效果。后来他们又生了第二个儿子，实在照顾不过来，赵刚的母亲就说："把老大给我带吧，不管怎么样，他是我们赵家的长孙，我会把他带好的。"

我问赵刚："你们所长知道你的情况吗？"

他说："应该不知道，我也不想说。"

赵刚的妻子在诸暨开了一个小店，同时负责照顾小儿子。想老大的时候，她就从农村把他接回城里住一段时间。老大全靠吃药维持，一旦吃药不及时，就有生命危险。好在赵刚的母亲非常用心。赵刚说："我们经常周末回老家看老大，亲手给他洗个澡。作为父母，我们尽最大的努力，其他的只能听天由命了。"

我能听出赵刚的无奈。哪一个做父母的遇到这种事能没有心理压力呀！

赵刚辖区的村子里有一个脑瘫患者，跟他儿子的症状差不多，三十多岁了，总是被父母锁在一个小屋里，像狗一样养着。"我心里很难受，很想为他做点儿什么，更希望那对夫妻对他好一点儿。"

在村里走访时，赵刚得知有一对夫妻精神都有问题，他们有个儿子上三年级，因为儿子在学校受了同学欺负，父亲跑去滋事，差点儿闹出大乱子。赵刚担心孩子在这样的家庭里受影响，专门看望了那个孩子，发现孩子的精神也有问题。赵刚觉得这样下去不行，不能再让父母带他了。经过了解，赵刚得知孩子有个奶奶在上海当保姆，就跟奶奶取得了联系，请奶奶回来带孩子。然后，赵刚安排这对夫妻去住院。他关心孩子的成长，经常去看望，叮嘱孩子好好读书。同时，他跟学校和老师沟通，希望老师和同学们能给孩子多一点儿温暖。

赵刚给村里做工作，把这个家庭定为困难户。为了帮助他们解决经济困难，赵刚把他们家多余的房子租赁出去。租赁房子的房客经营织布生意，晚上也工作，邻居嫌吵，向派出所提意见。赵刚挨家挨户做邻居的工作，终于取得了邻居的谅解。

通过观察，赵刚掌握了这对夫妻发病的时间，大多集中在油菜花开的时候。每年的这段时间他就特别留心，发现他们有异常行为，就立即送到医院治疗。几年下来，这对夫妻的病情稳定多了。这个家里只有一个明白人，就是孩子的奶奶。她知道这些年赵刚付出的心血，却不知道该怎么感谢，只有一次次拉着赵刚的手掉眼泪。

赵刚所做的一切，已经超越了他的民警职责。

我不知道该怎么形容赵刚，如果用一句话评价他，我只能说，他不像警察，更像你身边的亲人。

沈凯个子不高，干瘦，哪儿哪儿都没特点，我设想他不穿警服会是什么样子，一直没想出来。他说话不紧不慢，像老太太拉呱，跟他聊天能急死我，恨不得按下快进键。他却劝我说："你慢慢听我讲嘛……"

没耐性的人，还真不能跟他对话。

镇西警务站有5个民警、9个协警，管辖9个村子。别的村不说，就说其中的陈家村，常住人口3700多人，流动人口1900多人，出租房屋700多间，由此可知管理的难度。我在陈家村采访的时候，正好赶上陈家村召开出租房"旅店式管理"现场会。所谓"旅馆式管理"，就是村委会跟出租房屋的村民签订合同，从村民手中获得出租房经营权，统一装修，按照旅馆模式管理。

沈凯2017年2月才调到枫桥派出所，他在陈家村摸底考察时发现，村民出租房屋管理混乱，大多数出租房是老式木质结构，有的快垮塌了，电线老化，屋内又没有消防器材，火灾风险很大。租赁房屋的外来人员出入时间跟本地村民不一样，影响了村民的生活，经常有吵架事件发生。有的租客开小作坊，杀鸡宰羊，不讲卫生，周边村民怨声载道。同时，租客中一部分人希望提高出租房的安全系数，改善他们的居住条件。

如何解决这些问题？沈凯很头疼，不过他知道这些闲置的老房子必须出租出去，不仅仅是房租收入的问题，房子需要人气养着，没有人居住，房子老化更快。

沈凯跟派出所领导和村干部沟通，决定进行大刀阔斧的改革，由村委会把能够出租的房子统一收回管理，不适合出租的一律关停。为了让老百姓理解派出所的一片苦心，沈凯大张旗鼓地在村里进行宣传，制造气氛。陈家村的人大都姓陈，是一个家族的，村干部和村里有威望的人作用很大。另外，陈家村下面有4个自然村，总共214名党员，只有党员想通了，带头去做，才能影响村民。尤其是关停的出租房，涉及党员亲属的，党员必须出面劝导。为此，沈凯和村干部组织村里的党员开会，让党员统一思想。

最终，村里确定关停112间出租房，统一回收500多间。很多房客一时很难找到房源，也不愿意折腾，都不想搬走。沈凯和民警们挨家挨户做工作，帮助他们寻找房源，跑肿了腿、磨破了嘴，花了一个多月的时间，终于完成了搬迁腾空工作。

在腾空出租房的过程中，枫桥镇政府给予了大力支持，派执法队、消防队全程协助，还给所有参加清理工作的人员免费提供餐饮。搬迁清理集中在晚上六点到九点，这段时间，打工的人都回家了，不影响他们的日常工作。为此，他们还总结出“延时工作法”和“错时工作法”，警务站一天二十四小时“灯不灭、门不关、人不空”，在午饭后和晚饭后，趁大家都在家，登门帮助群众排忧解难。

统一装修和管理的好处，就是有助于加强管控，减少安全隐患。装修的时候，他们给每个屋都配备了灭火器、独立卫生间和厨房，设置了公用的电瓶车充电间，租客基本上可以拎包入住。房屋的各种设施齐全，卫生条件大大改善，但租金不比原来贵。房屋出租采用线上和线下，线下设总服务台和人脸识别，线上有手机 APP 软件。房子出租必须经派出所审核，这样派出所就能第一时间掌握租客的信息。

沈凯原来在大唐派出所，到枫桥后，他最大的感受就是这里群众基础好。“红枫义警”让他受到启发，觉得陈家村也可以效仿。他跟村干部动脑筋想主意，正好村里有一些大嫂自发组织文艺演出，村书记陈乐琴就是其中一个。于是从她们当中挑选了 16 个人，成立了女子巡防队。最初她们的任务就是巡防，但沈凯设法让这支队伍发挥了更大的作用，配合派出所工作，参与村里的各项管理，比如出租房管理。她们各自认领了距离自家比较近的旅馆，每人分管五六户。此外，她们都是女性，在调解工作上也有优势。在女子巡防队的带动下，陈家村又成立了“陈家村村嫂服务协会”、“陈家村居民先锋队”、“乡贤参事议事会”、“乡风文明理事会”，等等。

同时，陈家村还制定了《陈家村村规民约》，让村干部和村民们自觉规范自己的行为。村支书陈乐琴说：“村规民约并非谁说了算，而是把老百姓的意见一条一条地收集上来，通过我们村委会和党员会议表决后形成初稿，再反复征求群众意见，大家共同遵守。”

农村里大事不多，琐事不少，今日是我占了你的道，明日就是你家的鸡鸭跑进了我家院子，社区民警一趟趟往村里跑，全是鸡毛蒜皮的小事儿，这也在一定程度上制约了警力资源的配置。陈家村自从有了村规民约，人民调解在解决矛盾纠纷时发挥了重要作用，大大减少了派出所的直接介入。

我对沈凯的采访进行了一半，他接了一个电话，告诉对方说：“你别急，我马上就到，一定等我。”扭头又对我说，“对不起衣老师，有人报案，我要去看一下。”

说罢，沈凯一溜烟跑了。怪了，沈凯接到报案电话，语速可是不慢呀，怎么跟我聊天就像老太太拉呱一样了？刚才他在电话中劝慰对方“别急”，他自己却火急火燎丢下我就跑了，不是慢性子呀？

愣怔片刻，我明白了，办案时的沈凯雷厉风行，一旦进入聊天拉呱模式，就变成了慢性子。原因很简单，他在群众中泡的时间太久了。

赵信是“90后”，2015年12月分配到枫桥派出所，入警快三年了。小伙子稚气未脱，说话还会脸红。他是独生子，家里经济条件很好，父母原来开办家庭小工厂，挣了不少钱。按照父母的想法，不想让赵信当警察，担心他没黑没白地工作，折腾坏了身体。

赵信分管七个社区，确实挺忙的。虽然年轻，但赵信在工作中善于动脑子，很多工作走在前面，远近闻名的“红枫义警”就是他倡导组建的。

赵信跟枫桥派出所有缘。警校大二的时候，因为他家在诸暨，就利用暑假去做了“枫桥经验”的调研。“有的人不愿意来枫桥，因为枫桥民警的工作量太大。我跟别人想的不一样，分到枫桥后，感觉是命运在成全我。”

“李媛事件”后，枫桥派出所跌入低谷，日子很不好过。赵信作为新民警，心里憋着一口气，就想用自己的行动去为枫桥派出所正名。钟山村是赵信的辖区，最初赵信跟村干部和群众接触，并不被他们重视。他们觉得赵信是个小毛孩子，胡子都没长，说话还脸红，估计靠不上。赵信对我说：“现在的老百姓跟几十年前不一样，不是看你穿警服就尊敬你，而是看你有没有办事能力。”

刚进枫桥派出所，赵信的师父吴嘉军就告诉他：“跨进枫桥派出所的门槛，要先过群众工作这一关，走得进群众的家门，坐得下群众的板凳，拉得起群众的家常，解得开群众的矛盾。腿要勤，每天到社区走，让社区里的每一个人都熟悉你，记住你这张脸。”

赵信在警校的时候，就知道枫桥派出所有个民警叫杨光照，是调解矛盾纠纷的专家。到派出所后，他曾看到一张照片，老杨推着自行车，周围站了几个老百姓跟他说话。当时派出所给民警配发了电瓶车，但是太笨重，充电也麻烦，不适合走村串乡，只能用来巡逻。赵信就用第一个月发的工资买了一辆自行车，想做一个杨光照式的好民警。他说：“为了尽快熟悉情况，赢得群众的认可，我每天骑自行车在街巷胡同奔走，挨家挨户分发警民联系卡，想办法让群众记住我这张脸。”

钟山村和枫一村有26家宾馆属于赵信分管，他骑自行车灵活，有点儿空闲就见缝插针地去转一圈，尤其是G20峰会期间，每天都去检查一遍。老百姓看到赵信骑自行车，都很奇怪，说你们的警车呢？赵信跟老百姓开玩笑说：“警车是派出所的，不是随时可用的，自行车是自己的，用起来方便。”

赵信每次下社区，兜里都装着一个笔记本，把老百姓反映的事情及时记录下来，闲时就拿出来翻一翻，想想怎么才能解决。在走村入户过程中，他发现谁家的门没关好，就喊一声主人的名字，提醒把门关紧；看到有电动车没上锁，就把车主家门敲开，给车主普及一些防盗常识。赵信说：“在枫桥派出所当社区民警，不能什么事情都请示领导，必须学会自己动脑子，就地解决矛盾。比如两个人打架，只要打上了，就可以拘留。拘留很简单，可是拘留以后怎么办？当事人放出来以后怎么办？没有真正解决矛盾，还会加剧矛盾。”

枫桥有一个微信群，名字叫“雷厉‘枫’行”志愿服务队，是由枫桥派出所的民警、协警组成的。赵信分配到枫桥派出所后，也成了“雷厉‘枫’行”的一员，他与师兄师姐们一起，下乡开展安全防范宣传，走访困难户，为群众上门解决生活难题。这样活动了一年多，赵信突然有了一个大胆的想法，志愿服务队里都是所里的民警、协警，覆盖面小，能做的事也有限，如果把枫桥的热心群众动员起来，加入这个队伍，那该是多大的力量啊！都说群众路线是“枫桥经验”的法宝，为什么不把这个法宝用起来？

他把这个想法跟所领导汇报后，得到了领导的支持。经过反复讨论，枫桥派出所决定成立“红枫义警”。下一步，赵信就开始想办法组建队伍了。

恰巧，枫桥古镇建成后，天竺村居委会要搞宣传，办一场文艺晚会，赵信觉得这是“借台唱戏”的好机会，就去找陈荣周商量具体方案。陈荣周这个人在枫桥很活跃，有人脉有热情，是最好的人选。两个人一番策划，从诸暨借来 20 套衣服，现场却来了 40 多名志愿者。他们对志愿者进行分工，有维护秩序的，有照顾老年人的，成为晚会上一道亮丽的风景。

2018 年 2 月，“红枫义警”成立党支部，赵信被任命为党支部书记。赵信的名气越来越大，老百姓有事就找他，有人送了他一个亲切的称呼：“邻家小哥”。现在你若去钟山村和枫一村社区，提起“邻家小哥”，都知道是谁。

英雄时代（节选）

——深圳警察故事

李　迪

蒋海泉，深圳市公安局福田分局福田派出所副所长。

“80后”，从警十三载，雨雪风霜！

见他时，在靶场。

枪在手，弹上膛！

李老师，“80后”是深圳警队主体。我们这帮人，想干活儿，有担当！我们没吃过苦，但我们不怕吃苦！我们宁折不弯，要弯也有韧性在！老刑警教会我们勇猛睿智，敢冲敢闯。我不是最牛的，一人就一双手，但我的团队是最牛的！追捕蹲守，风餐露宿，福田的兄弟们为什么？为给老百姓保平安造福田！我们给老板办了再大的案，他都觉得这是你警察该做的。但老百姓不一样！案子再小，对他们都是天大的事。我们给破了，他就记你一辈子，拿你当天！这些年，我有几个好兄弟离开了队伍，说不知熬到什么时候是头儿，他们去腾讯，去阿里，年薪过百万。他们有他们的才华，我有我的情怀。我家世代当警察，连我爱人都是。我要坚守！我舍不得这身衣服，要对得起这身衣服！

当初，我穿上这身衣服，新兵蛋子一个，第一天巡逻就遇上事。

那是个冬天，凌晨三点，我开车巡逻到一个路口，忽听有人喊，紧跟着，一个黑影从巷子里跑出来，后面有个女的喊，他抢我包啦！我停车就追，追到一个垃圾池，冲上去把黑影扑倒，扑了我一身脏水。我把抢包的拉进附近派出所，交给值班民警。值班民警认真处理了这起案子。巡逻是我的职责，以后遇到这样的事情我还会冲上去，仗剑为民，伸张正义。

我心里当时就发誓，如果哪天轮到我，我一定会做得更好！

说轮到，就轮到。

这天上午，我跟联防队员强哥正在辖区巡逻，忽然来了警情，说有人入室盗窃，家里可能没人。

该着碰上我，我就在附近！

我带强哥冲上二楼，来到门前。

外面是铁门，里面是木门。

我把警用辣椒水塞给强哥，说我破门进去，拿盾牌一顶，你就喷，干倒他！

我心想，小屁贼顶多有把刀，盾牌一上，辣椒水一喷，拿下！

我把铁门撬开，一脚踹倒木门，大喊一声，不许动，警察！

喊完我就傻了——

一把枪正对着我！

枪口黑洞洞。

谁说家里没人？

一个年轻女子的手脚被绑嘴被封，眼前横着一把刀！

案犯躲在她身后，一手横刀，一手举枪。

我叫了声有枪，推开强哥，拔出枪来。

枪是拔出来了，不能开。不能伤了人质。

我谅案犯也不敢开，要开他早开了。

双方持枪对峙，空气瞬间凝固。

我说，我这是真家伙，快把你那假枪放下！

案犯说，有本事你过来，过来我就开枪！

人质惊恐万状，两眼睁得吓人。

不行，人质危险，不能硬来。

我笑了笑，得了，咱俩谁也别吓唬谁，都不要拿枪对着，谁开枪都没好果子。这样吧，我先把枪收起来，你也把枪放下，有话好好说。

说完，我就把枪插回枪套。其实，这是个假动作，看上去枪回套，手却没离枪把儿。一旦紧急，我就能迅速射击。

案犯看我收了枪，也把枪放下。

就在他放枪瞬间，我突然发现右侧卧室的床上，被窝一动！

哎哟，有人！

一室一厅，案犯不知道卧室里还躲着人。

我朝卧室探探头，说我拿个凳子，咱俩坐下谈。

案犯稍一迟疑，我噌地冲了进去，一掀被窝儿，里头缩着个姑娘，我拽起她就往外跑。

屋里突然拽出个大活人，把案犯吓一跳。他马上又举起枪，不行，你不能让她走！

我心说这可由不得你了，救出一个是一个，你要开枪就开吧！

我一侧身子，挡住了姑娘，回手一推，把她推出大门。

案犯没有开枪。

一挡，一推，眨眼瞬间！

我是一堵墙。

案犯很惊慌。

我对他说，让孩子出去，咱们两个大人谈。

他说，我不跟你谈，你太猛了，叫你们头儿来！

不用叫，我们来啦！

身后传来梁副所长的声音。

我回头一看，他和张欣争所长都闻讯赶来了。

梁副所长瘦瘦小小，一脸书生样儿。

我跟你谈行吗？他笑眯眯地看着案犯，像只猫。

案犯看他瘦小，说行。

谈来谈去，案犯提出条件：五万现金，一辆车。

梁副所长说，不多，不多，说明你实在困难了。得了，谁都有为难的时候，我们就帮帮你。海泉啊，你去找五万块钱，再开一辆车来！

我转身下楼，到村委会借了五万块。捆好，拎了回来。

张所长朝我一伸手，我会意，马上把钱递给他。

你看，钱来了！张所长举起钱，对案犯晃了晃。

他刚要进屋，案犯说，你别过来！

那怎么给你？

扔过来！

行啊，接着！

张所长说完，把钱往案犯身边一扔。

案犯弯腰就捡。

就在他弯腰瞬间，张所长唰地扑过去，一把抱住人质，就地一滚。紧跟着——

砰砰！

枪声响起，案犯应声毙命。

谁打的？

梁副所长！

他不是猫，是豹！

枪声响处敌胆寒。真刀真枪，惊心动魄。在党中央、国务院开展的扫黑除恶专项斗争中，我和战友们该出枪时就出枪！我们深圳公安打出了威风，铲除了黑恶势力和他们的保护伞。过后你让我说，只记得一身正气砰砰砰！反而一些小案子，印象很深刻。

有一次，辖区打工妹阿芳下班回家，正走着，忽然前面有个大叔掉了钱，自己没发现。这时，正好跟阿芳并肩走的姐妹俩说，哎，你看见那老头儿掉钱了吗？看见了。我们也看见了，见者有份，咱们分了吧！其实，这是很老套的街头诈骗，叫捡钱分钱。阿芳单纯，又贪小，说好啊。姐妹俩捡起钱来就咋呼，哎哟喂，是大美刀耶！这下可发财了，走，咱们去银行兑人民币。走了几步，妹妹接了个电话，说我们有急事不能去了，要不，把这些美刀给你，你身上带了多少钱就给我们多少。阿芳说我没带钱。你带卡了吗？我卡里只有一万三。一万三就一万三，这些美刀买房子都够了！阿芳也不想想，真要能买房子她们傻啊！当局者晕。路边正好有个取款机，阿芳就把钱取出来给了她们。她拿美元去兑换，差点儿被抓起来，假的！她跑来报案，哭得死去活来，说这是打工三年的积蓄，我该死啊，我贪心啊！我好言相劝，生怕她想不开。她哭着走了，说来报案就为心里好过些，知道没希望。

她说没希望，我就要给她希望！

三天后，我在一家宾馆抓住了姐妹俩。一审，茂名电白的。假装掉钱的叫灰叔，年纪挺大的，已经跑回老家了。我追到电白乡下，当地警察带我去村里找，没人。说上山砍竹子了。大太阳的，我又追上山，汗水摔八瓣儿，总算找到了他。他腰不好，吃着药还来砍竹子。我喊灰叔，他说你是谁。我说我是深圳的，知道找你什么事吗？知道。那你也不用跑了，跑到哪儿我都能找到你。你分了多少钱？两千。哎哟，还不够零头儿，俩丫头真黑！他一听就来气了，她们说是平分的，就六千！我说你也别气了，回去好好说说，都干过几回？得，不等回去，路上他全倒了，真没少干！

就这样，阿芳的钱回来了。我打电话叫她来领，她一听，哇的一声哭起来，比被骗那天哭得还厉害，震得我脸麻。我说姑娘你哭什么，人抓了，钱也追回来了。她说我做梦也想不到，你们把一个打工妹的事当事，谁都躲着我们……

还有一次，卖烟酒杂货的小董，也是哭着来找我，说让人骗了。我问怎么回事，他哭得说不出话。原来，他开的小店常有港人光顾，买买东西，有时拿港币换点儿人民币，也有反过来换的。两币之间可赚差价，小董搂草打兔子。时间长了，都知道他能换钱。前不久，有两个人开着一辆黑色奥迪来，在他旁边开了个茶庄。抬头不见低头见，很快混熟了，时常拿人民币跟他换港币。几千块，一万块。一个多月后，说要换笔大的，急用。多少？65万！哎哟，大买卖！小董心想，他们有车有茶庄，平时也没少换，错不了。结果，65万元人民币，除面上是真的，下面全是假的！小董发现受骗，再去茶庄找，人去楼空，只剩车轱辘印儿了！被骗的港币是小董赊来的，拿什么还？一个芝麻小店，如何能承受？老父亲想不通，当天就气绝身亡。

小董父死财空，哭成泪人。

我安慰他说，你先回去办后事，案子交给我们了！

这两个骗子，老谋深算，绕路不怕跑烂鞋。

别说前期耍手腕，就看他们假币玩得多溜吧：每十万一捆，以专用塑料硬胶带固定，再封一条白纸带，盖两个银行职员的人名章。我们一查，还真有这两个职员：一个管人事，根本不上柜台；另一个早退休了。

茶庄呢，房子是用假身份证租的，茶叶是赊的。

线索只剩下黑色奥迪。

车是假牌子，而且不断换。

可是，牌子换了，前车窗挂的小饰物没换，这就给了我们机会。

监控追踪！

深圳这么大，还别说出了深圳，在成千上万台车里寻找这辆黑色奥迪，真不是好玩儿的！全体上阵，不分昼夜。竹篓打水，大海捞针，看晕了脑壳看花了眼。

最终，锁定！

就在小董老父亲出殡当天，罪犯被捉拿归案！

小董叫了声老天爷啊，扑通一声跪下，放声大哭……

李老师，这些年我办的案子不少，体会只有一个，要对得起良心！兄弟们问我，泉哥你总冲在前面，不怕吗？今天上靶场，遇见去年调走的一个兄弟，讲起他们前天抓偷汽车后视镜的，说泉哥如果是你的话，你绝对当场下令，绝对开车直接撞那帮贼了，时机一错就没了！这位兄弟说着了，我就是这样一个人，正气，敢干。人就是要有正气，正气不是用嘴巴说的。现在社会就缺正气。我们再没有，哪还行！

当然，有正气，还要动脑子，就拿我办的一起入室抢劫案来说吧——

案发那天夜里，打工妹刘艳睡得正香，想不到从冲凉房窗外爬进一个人！

窗外没安防盗网吗？没安。

为什么？住得高啊。

多高？17层！

我听了报案都吓一跳，好家伙，蜘蛛人啊！

不是蜘蛛人，是蒙面人。

蒙面不说，手指上还包着胶布。看不到模样儿，也留不下指纹。持刀进屋后，把刘艳扒拉醒，别睡了，拿钱来！刘艳还以为在做梦。一睁眼，魂飞了，哪儿是梦啊，大活鬼！怕他祸害自己，就挣巴起来。一挣巴，蒙面人把自己手指割破了，胶布掉下来。

问这人长什么样，刘艳只说出衣着和大概身高。也行。

福田的监控非常完善，先看看监控再说。

还是那句话，看监控，说出来轻描淡写，其实要做大量工作，甚至十几个人日夜不停。要把路面所有的监控，按案发时间段连成一个网。在每个时间段，案犯到底在哪个节点、哪个位置出现过。他不会凭空出现，也不会凭空消失。打个比方，看到送快餐的进楼了，几点进去的？几点出来的？是不是空手？谁进去就没出来，必须要追进电梯找到他，看他从几楼出来的，确定他是租户，还是来干什么的。可想而知，工作之海量！

我们死盯着监控，没有蜘蛛人爬墙，那案犯就是从楼下大门进去的，然后上楼，翻窗入室。

衣着。身高。看来看去，看了两天，呀，怪了！

在大楼门口，居然没有发现案犯的身影！

既没有进。

也没有出。

为什么？两个可能，一个是他就住在楼里，几天没出门了；另一个是他带了几套衣服，换进换出。

我走出监控室，前往实地勘查。

离老远，看见这是两座相邻的高楼，双子楼，分A座B座。刘艳租住在B座。二楼有个连廊，把两座楼连接起来。

噢，原来如此，两楼相通！

案犯很可能是从A座进门，再通过连廊进入B座，事后原路返回。所以，B座门口就没有他的身影。

连廊正在施工，中间用防护网隔开。

防护网下堆了许多干树枝。物业绿化砍的，还没运走。

我走近连廊细看，忽然发现——

那堆干树枝有用脚踩过的痕迹，枝条断了不少。

再一看，防护网把连廊封死了，要从侧面绕过，就会踩着树枝。树枝是干的，一踩就断！

我乘电梯上 17 楼，来到案发现场。

楼层这么高，案犯怎么翻的窗户？

打开窗户，探头上下一看，答案来了——

17 楼窗下挂着一个空调外挂机，而 18 楼没有。案犯很可能从上面下来，踩着外挂机翻窗进屋。16 楼和 19 楼都有外挂机，案犯很难翻爬，一不留神就空中飞人。可以排除。

只有 18 楼具备作案条件。

来到 18 楼一看，相对应的房子空着，没人住。

我找到房东。你的房子空着，没租出去吗？

刚退租。

原来租给谁了？

租给了文华公司。

办公还是住人？

住人，都是员工。

我找到文华公司，你们为什么搬出去？

噢，我们租了别处的房子。

原来租的 18 楼，谁有钥匙？

住的员工都有。

男的女的？

女的。

退租以后，钥匙呢？

都给房东了。

我回过头又找房东，问还钥匙的事。

钥匙都还了。

你再想想，还有谁有钥匙？

房东一拍脑门儿，对了，房管员老赵有一把！

是吗？

我给他留的，如果有人要租房，让他先打开看看行不，免得我白跑。

房东说的老赵，叫赵瑞。其实并不老，刚过四十。

马上，他就进入了我的视线。

我再次搜索18楼电梯监控。

哎哟，既没他上楼的，也没他下楼的。

难道他是爬楼梯上下18楼的吗？

真够玩命的，也是绕路不怕跑烂鞋。

我又了解到，赵瑞本人住A座23楼物业员工宿舍。眼下就他一个人，其他两个探亲去了。

如果他真是爬18楼作案，事后不会再爬23楼了吧！

我调看A座电梯监控，果然，发现他半夜乘电梯上行的图像——

好嘛，大喘气啊！胸部起伏嘴乱张。

18楼，爬上又爬下，你不喘谁喘！

再看他的衣服，哎哟，跟刘艳说的不一样。

作案后换衣服啦？

最终，我发现了关键疑点：抹汗时，左手食指带伤！

我决定正面接触。

找到他，他很淡定。

但这种淡定在我看来不正常。过了！

我说，楼里出了事，你是管理员，你有责任，跟我回所说说情况。

把他带回所里，我就叫人到他住处去搜查。

搜查无果。去的人发回短信，说会不会抓错了人。

我抓抓脑壳。

赵瑞跟我回所后，我有意不理他，把他撂一边儿。

时间长了，他有点儿沉不住气，你不是找我了解情况吗？

我说，你觉得我要找你了解什么情况？

他看了我一眼。

你相信今天找你不是偶然的吗？

他不吭声。

你手指怎么回事？

搬砖碰的。

碰伤了为什么不包胶布？

不碍事，不用。

不是不用，是掉了吧！

说着，我拿出一个透明塑料袋，里面装着他掉的那块胶布。

他看了一下，闭上眼。

赵瑞，你听我给你分析分析啊，包胶布本来是为了掩盖指纹，现在，胶布让我们捡到了，跟你的指纹一对就能对出来。再有，你手破了，流血了，血样我们也提取了，现在拉你去做DNA鉴定，你身上的血也是改变不了的！楼多高啊，你爬上爬下，累得大喘气，电梯监控都录下了。还有，你踩着树枝过连廊，把树枝都踩断了。要想人不知，除非己莫为。我今天叫你来，就是想给你一次机会，只要你现在把事情讲清楚，就当你是自首的，日后判刑会轻点儿。你日子还长，早点儿出来回归社会。你听懂了吗？

听懂了。

说吧，是不是你做的？

能给我一支烟吗？

能啊！我递上烟，又给他点着火。

赵瑞交代了。因为赌，输了钱。

作案过程没跑出我们画的圈儿。

刀，蒙面布，作案时穿的衣服，抢的钱，都找到了。

侦破三四天，审他一支烟。

赵瑞能很快拿下，除去前期工作到位，与他是初犯也有关。尽管计划周密，招数多多，胆也够大，可一旦被带进派出所，心就虚了。如果是老手，就没这么简单，没有直接证据很难拿下。有了都不开口，零口供。

当然，也有比赵瑞还好办的——未成年人犯罪。

我办的这类案子虽然不多，但每起都扎心。

有一起案子，涉及北京、福建、湖南、湖北，跨了这么多省市，最后栽在我们手里。

什么事？

这是个六人组合：一个老妇女，一个大肚婆，三个刚生完孩子的女人，再有，就是一个未成年的小姑娘。干吗？专门偷售货员手机，特别是卖衣服的。手法很简单，这帮人一进去，叽叽喳喳要买衣服，你试这件，我试那件。售货员一看，哟嗬，买卖来了，高兴得霞光万丈，忙去帮着挑。这一高兴一忙活，把手机放在柜台上了，或者手机本来就放在柜台上。结果，这帮人咋呼半天，屁也没买，走了。售货员还客气呢，欢迎下次再来！回头一看，手机没了，花容顿失！

谁偷的？小姑娘。

得手溜了，再找一家店。

有没有失过手？

有啊。抓到又咋样，小屁孩儿，好奇，还给你。没脾气。

就算一锅端了，老妇女老得都嚼不动了，大肚子说话要生。三个女人个个揣着出生证明，哺乳期啊。就剩小的了，哎哟，小屁孩儿！都处理不了，滚！

滚就滚。没皮没脸。

没走多远，又进一家店。

就这样，偷遍多地无敌手。

流窜到深圳，被我们盯上。我天天穿着便服背个烂包，跟着这帮女人。

眼看她们几次没得手，想要开溜，就招呼兄弟们全按了。

因为没抓到现行，审起来难度很大，个个比油条还油。

突破口寄希望于小姑娘。我说，我来！

小姑娘叫周燕燕，刚满 14 岁，黄瘦的小脸儿。

当时，天都黑了，我跟了大半天，知道她没吃饭，早饿了。我赶紧翻办公桌，找到一碗泡面，浇上开水。

说老实话，香味儿一出，我差点儿连纸盒一起吃了。

我把泡面端到她眼前，燕燕，吃吧，饿了吧？

她看看泡面，又看看我，真给我吃吗？

我说，是啊，真的给你吃。

她两眼还是看着我。

我说，好孩子，快吃吧！

她这才端起碗来，一口就吃下半碗。

我说，燕燕，你为什么不读书，跟她们出来干这个？

她没回答，一直低头吃。

我说，燕燕，其实，叔叔也没吃饭，也饿。泡面只有一碗，你是孩子，叔叔不吃，也要给你吃，不能让你饿着。

她停下来，望着我。

我笑着说，快吃吧，别凉了。要是不够吃，我再出去买。

谢谢哥哥，够吃了。

我笑了，你怎么叫我哥哥？

你比他们都年轻。

比谁啊？

比你们派出所的警察啊！

啊？哈哈！

真的。你还是他们领导，对吗？

你怎么知道？

我看出来的。

你真聪明！

你们真好，别的地方的警察可凶呢！

我笑了，他们是恨铁不成钢，心都是好的。

没你心好。

你真会逗我，说我年轻，又说我心好。

本来嘛！

燕燕，你是个好女孩儿，妈妈知道你干这个吗？

不知道。

你长大了以后，也会当妈妈，你愿意你的女儿干这个吗？

她摇摇头。

我说，这就对了。其实我也知道，你不愿意，害怕被抓，害怕挨打，可是你没办法，对吧？

她点点头，我能信任你吗？

你可以信任我。

你能帮到我吗？

要看怎么帮你，你说实话我才会帮你，不说实话谁都帮不了你。现在，我给你一个机会，如果你跟我说清楚你们是怎么回事，我就原谅你。你记住我一句话，能帮到你的只有你自己。我知道手机是你动手拿的，可每次你能分到多少钱呢？

就给我十块，有时候五块。

她们真是太欺负你了！

就这样，聊着聊着，燕燕把她们里面的事都说了，谁是头儿，谁负责什么，去哪里偷，卖了多少钱，都说了出来。

甚至，突然说——

我妈妈也在里头。

啊？你妈妈是谁？

燕燕又不说。

我说，我保证保密，你相信我。

……就是，大肚子的。

噢，我点点头。

妈妈带着女儿出来偷东西，这是什么家庭啊！

后来，我才知道，燕燕说了谎。她说漏了嘴，收不回去了，我又追着问。她为了保护妈妈，所以说大肚子是。其实，她妈妈是其中一个带着出生证明的。

然而，这个女人说什么也不承认燕燕是自己的女儿。

想起来，真让我心酸！

燕燕不但说了六人组合内幕，还带我去偷手机的地方指认。

在指认现场，有人骂她。燕燕哭起来。

我护住她，说你们骂什么骂！你们谁敢自己说长这么大没做过错事？她还是个孩子，知道错改了就好，谁再骂就跟我回派出所！

没人再骂了。可是，燕燕哭得更伤心了。

我知道她为什么哭。

我搂着她。劝她，劝不住。

再后来，法院开庭。燕燕未成年，又有立功表现，免予起诉。

其他人都被判刑入狱。

可怜的孩子，她怎么办？

燕燕的爸爸妈妈离婚了。她爸爸在广西打工。

我费尽周折，找到她爸爸，希望他接收女儿。

他说自己养自己都很难，不愿意。

没办法，我只好把燕燕送到救助站，那里有个救助学校。

可是，她在救助学校天天哭，天天闹着要见我。

我跑去见她。她说，我不愿意在这里，我要跟你走！

我摸摸她的头，她又哭了。

我说，好吧，我带你回家。

我想，先让燕燕跟我们生活一段时间。可是，这要告诉她爸爸，毕竟这是他的亲骨肉。

我又去找她爸爸。

我说，你要是同意，我就带燕燕走了。你想她了，就来看看她。

他哇的一声哭起来，身子抖得像风中的草。

我，我去领孩子……

燕燕跟她爸爸走了。哭着走了。

走出好远还回头，哥哥，我会想你的，你一定来看我啊！

我说，一定，一定……

说完，再也忍不住泪。

中国刑警的福尔摩斯方程式

——多维视角下的刑侦专家刘忠义

冯　锐

不同中国刑警的名字加上不同的“X 项”侦查历程，就是一个又一个“福尔摩斯”故事，这一个又一个故事构成了一道又一道“福尔摩斯方程式”，并一定会成为世界警察史上独一无二的“中国刑警方程式”。此刻，我们需要解读的是一名特殊刑警的故事，尤其重点解读他的“X 项”——因为，他的“X 项”里隐藏着中国刑警不同于福尔摩斯的悬疑跌宕，更隐藏着中国刑警走向世界前列的“达·芬奇密码”。

——作者题记

引子

“刘忠义，这个人有故事，而且忠厚，是特别值得一写的警察。但是，采访他特别难，因为他这个人太低调，谦虚得很，估计什么也不会对你讲，也不会给你太多的采访时间……”

我那已经退休的老处长，是全省公安机关德高望重的大手笔，当白发苍苍的他和我说这番话时，眼睛里放射着光芒。这个倔老头儿靠着写文章获得了满墙奖章，也“收获”了高血压、糖尿病、严重的颈椎病、难以治愈的眼疾等。

那个阳光明媚的周末，我接到了公安部刑侦局商请函，任务是采写该局副局长刘忠义。我的脑海里立刻浮现出曾经围绕刘忠义写出精彩文章的老领导，于是便去登门请教。

刘忠义，是 2017 年全国“公安楷模”荣誉称号获得者。在老处长的寒舍里，他捏着一个小酒盅努力给我各种写作启发，同时也对我提出了高标准的要求。

“刘忠义是从黑龙江基层刑警中走出的杰出代表，你要是写不明白可说不过去。”他说。

老处长是个不折不扣的批评家，凡事喜欢红脸较真儿和批判。退休前，即使遇到比他官大的领导，只要与他观点不符，一概唇枪舌剑。虽然偶有酸腐之类的评价扣在他头上，但大多数人都很敬重和喜欢他。

“他这个人，和一般的刑警不一样，凡事一点儿不喜欢突出自己。当年我写他，是一路坐着绿皮火车追着采访，人家还不愿意接待。后来啊，我和他急赤白脸了，我告诉他，是组织安排的，你不接待也得接待。但说真的，他的这股子甘当绿叶的劲头，我喜欢，也由衷钦佩。”老处长很陶醉地喝掉一盅酒说道。

“关于他的报道，我都读过了。目前，还没有哪个报道，能够用具体事实来清晰、细致地说明刘忠义在每一起大要案侦破中的关键作用，用的形容词倒是很多，比如刑侦专家，比如‘他是参天大树’，要不就是‘东方福尔摩斯’……”我继续和老处长探讨。

“福尔摩斯？刘忠义一定是不喜欢这个称谓的，咱们中国警察里优秀的人物很多，哪个不比福尔摩斯精彩？没有哪个人喜欢戴这个福尔摩斯的帽子。”说到福尔摩斯，老处长一下子站了起来，情绪有些激动。

“那么，您觉得应该怎样形容刘忠义？”我问。

“刘忠义就是刘忠义！记得2010年的时候，厅里准备给他申报二级英模，材料都准备好了，人家本人就是——不同意，坚辞不就。他这个人，极其低调和安静，他的心里只有案件。”

“他的故事一定很多。”

“故事多，但他也不会多说。你这次采访一定很艰难，看看你的运气吧。我觉得他这个人禀性难移，他会用沉默和礼貌对待你。但是你记住，写好刘忠义这样的警察，就是在记录历史，意义重大。写作中的困难，要有心理准备……”

的确，写作刘忠义遭遇了意想不到的困难。最初几次繁忙中的擦肩而过，他会显得对你特别尊重与友善，会不断向你询问一些老领导和老同事的身体状况、生活状况，会特别理解和体谅文字工作者的辛劳与执着。但最为关键的问题还是出现了——他对于自己的各种故事三缄其口，并以各种方式回避，最多也就是重复中央电视台采访他时说的那些：1. 每一起案件都是大家共同努力的结果；2. 大家齐心努力，侦破命案积案是对历史负责任；3. 我们这些刑警的努力，是为了让人民群众知道我们国家有这样一种力量；4. 国家的指令是第一位的，国家让我们做什么，我们就做什么；5. 一些积案能侦破，是我们公安战线几代人民警察呕心沥血的结果，是老一代刑侦专家传承带动的结果……

刘忠义说这些话的时候，郑重而庄严，神色中体现着一名当代刑警的担当。

除此之外的刘忠义，大多数情况下都保持着一种很安静的状态。安静的人有很多种，但刘忠义的那种安静很特别，那是一种能化解一切浮躁微尘的心神宁静。

刘忠义不愧是刘忠义，作为一名审讯专家，回避媒体问话的技巧无懈可击。但是，这不是我想要的。我想要的是尽可能展现细节的人物素描，因为这种素描里潜藏着一名中国刑警的从警之道，而这种“道”是中国公安史上的一处精神高地与方法模型；这个时代的警察晚辈们，会从中释疑解惑，细细品读更会受益匪浅。

于是，围绕着“零口供”的刘忠义，我开始认真研究各种破案报告与新闻报道，力求发现他在侦破每一起案件时最为关键的环节——发挥的“决定性”与“不可替代性”作用。我还开始四处寻访取证，其中有国宝级刑侦专家乌国庆、崔道植，也有刘忠义的老领导、老同事，更有当前刑侦局里老老少少的战友们。

通过大家碎片化的报料，刘忠义的方程式里的“X 项”逐渐清晰，多维视角下的刘忠义最终以立体的方式真实呈现出来。

我发现，这个方程式里的“X 项”，大多是谦卑与淡然的刘忠义本人刻意回避的，或者是由他本人亲手在媒体面前“掩盖和模糊化”了。他永远都是“功成身退”、“功成不必在我”，他永远都是在疑难案件攻坚时无限量地前进，却在案件侦破之后尽一切可能退到幕后和远离欢呼人群的地方。即使是击毙周克华那样的案件，即使是《南方周末》的采访高手，也没有发现刘忠义的“达·芬奇密码”。于是，写作刘忠义本身这件事情，就是一系列“疑难案件的二次侦破”。

华人社会里，如果形容一个警察破案多么多么厉害，的确会时常将其冠以“福尔摩斯”称谓，国内的很多警察享受过这样的殊荣。但作为破案高手的刘忠义没有读过一本与福尔摩斯有关的书籍，很明显他也不喜欢福尔摩斯这样的称谓。从刘忠义身上看不到福尔摩斯那种衣冠楚楚与皮鞋锃亮，他总是那样安静着、思考着。可以肯定地说，中国刑警的方程式完全是一种有别于福尔摩斯的特殊方程式。

X1：独特视角一次次打破案件僵局

“刘局负责侦办的每起案件都是通天的，尤其是现案压力比较大，仅仅我们处就涉及爆炸、放火、投毒等三十四个罪名。就拿 2014 年 1 月 13 日凯里爆炸案来说吧，当时贵州冬天特别阴冷，而刘局刚刚做过腰间盘手术，他强忍疼痛，在大年正月里一度‘躺’在椅子上指挥、决策，而他的独特视角一次次打破案件僵局。”公安部刑侦局一处一位侦查员说。

第一时间浮出水面的嫌疑人

近年来，公安部刑侦局的工作模式由过去的单纯指导，已经逐渐演化为直接指挥、直接参与重特大案件侦破。

2014 年 1 月 13 日贵州凯里爆炸案发生后，刘忠义副局长带着时任一处副处长的柳佳很快赶到了现场。柳佳每天会把贵州警方的所有工作情况汇总，把瞬息万变的侦查进展以文字形式报送刘忠义。无论是汇总情况的柳佳，还是副局长刘忠义，他们每天除了战略层面的宏观思考、宏观总结、宏观指引外，更有战术层面的具体侦查动作，他们会像一名普通侦查员那样去思考、去行动。

柳佳工作时有吸烟的习惯，大量吸烟。那段日子，他每天两盒烟一定不够。现场的一切，嫌疑人的面容，在烟雾中此起彼伏，凯里阿 Q 就包括在里边。凯里阿 Q 四十多岁的样子，无儿无女无固定住所，凡事好骂娘气不公，好逞能又无能。那段时间，阿 Q 在凯里市龙场镇一个叫老山村的地方，给一个非常火爆的“滚地龙”赌博窝点放哨打更，见很多赌客赢得沟满壕平，直羡慕得垂涎欲滴，却又因自己没如此好运天天骂娘。老板没拿他当个人看待，也没人把他当回事，阿 Q 气得牙痒痒，恨恨地道出了“等我把你们都炸了”，但也没引起人们对他的重视。

没人知道阿 Q 吹牛是有基础的，他家里真私藏有炸药。被人轻视的阿 Q 常望着炸药发呆，眼前呈现着赌场被自己炸掉的景象，他因此一个个夜晚都在自我满足的笑容中睡去。

“滚地龙”是流行在贵州、湖南、四川等地的一种赌博道具，由一个两米宽、八米长的超级大盒子和三个大骰子组成。这种道具分量很重。

三个骰子成平行状从盒子顶端滚到盒子底部，通常以点数大小来押注，或者是在三个骰子里画鸡、蛇、龟等动物来决定输赢。

一般情况下，“滚地龙”会选择在僻静的山坡上搭建帐篷开设赌局邀人来赌。这种赌博活动的第一环节是“堂主”，他们开设赌场，主要靠向庄家收取“提成”，有时也充当庄家。堂主之间按照股份分钱。

第二环节是庄家。庄家通常是拥有巨额资金的大赌客，他们开设赌局，并以两种模式向“堂主”缴纳提成：按时间，庄家每小时给“堂主”两千元到五千元；按赌资额，庄家以每场所赢赌资的百分之十或百分之二十的比例给“堂主”交钱。

第三环节是小赌客，这部分人输多赢少。

第四环节是大赌客，输赢数十万元都很平常。

第五环节是放高利贷的人。他们不参赌，而是提着现金站在赌场放贷。一万元的利息为每天五百元。

这一“滚地龙”链条还催生了相关“产业”：接送赌客的司机每天可以从赌场领二百元，望风的人、打手一天可以拿一百五十元到五百元，卖烟、水、盒饭的小贩每天可以赚数百元。

阿Q所说的“等我把你们都炸了”，就是要炸掉这些人。

2014年1月13日14时33分，老山村的这个赌点果然爆炸了。距离炸点三公里的村民都听到了爆炸巨响，还以为是临近的煤矿又在放炮了。但是，这个赌点内的人们却没有听到爆炸声响，因为他们瞬间无一例外全部被炸晕了，每个人都像失去重力一般在爆炸冲击波形成的场域内飘浮又落地。距离炸点近的，在落地之前肉身已经解体；距离炸点远的，在落地后也是缺胳膊少腿。

这次爆炸，并不是有人拿着炸药包进入赌场引爆，而是在地下预先埋好炸药发生爆炸，总计造成十五人死亡、二十二人受伤。民警在爆炸案发后调查发现，阿Q开始在家里烧衣服并准备外逃，神色慌张如惊弓之鸟。

可疑线索一个接着一个被否定

贵州警方所有通报都显示，此次爆炸与赌博有明显关联。考虑到参与“滚地龙”的赌客大多是社会的中下层人员，这些人好赌，妄想一夜暴富，本身却并不富裕，警方也好，社会舆论也罢，人们在讨论中大多认为此次爆炸或为输惨赌徒的疯狂报复。

混乱的赌博架构，加之混乱的爆炸现场，公安机关面临的工作量是常人难以想象的。贵州警方的工作细之又细，他们没有把目光仅仅停留在阿Q身上，短时间内设定了多种可能，比如输钱后的赌客或其亲属的复仇、赌场间的竞争、股东之间的矛盾、赌场内放高利贷人员之间的竞争、针对特定仇人的爆炸、极端个人行为……

即便是阿Q，警方把他兜上来也是花费了一番工夫的，别的线索就更不用说了。包括阿Q在内，可疑线索一个接着一个报上来……

除了阿Q，黔东南州公安部门还发出协查通报，通缉此案中有重大作案嫌疑的黔东南州施秉县三十五岁男子吴某。1月14日，吴某的母亲及女友的亲属均向媒体证实，吴已于14日上午在距离凯里四十七公里外的都匀市落网。贵州警方行动之快、工作效率之高可见一斑。

爆炸的赌场约有十个“堂主”，股份最大者系一个凯里人。其中，爆炸案发生后外逃的吴某嫌疑最大。吴某被拉入伙成为“堂主”之一，是因为其他股东看中他好赌，能拉人过来赌博。爆炸前一天的中午十一点半，吴某给好友张老七打了个电话，笑着说这段时间赢了钱，欠账也快还完了，接下来打算多开几个“堂子”。吴某亲属及朋友均否认吴某为爆炸实施者：作为“堂主”，作为赚了很多钱的“堂主”，怎么会炸自己的场子？

但是，吴某为什么在爆炸案件发生后疯狂逃跑？贵州警方抓到吴某后，他说：“死了那么多人，我害怕，我因为害怕才外逃。”

可疑线索一个接着一个被否定……

独到的见解、精准的判断力令人折服

凯里爆炸案 13 日发生时，刘忠义副局长正在河南聚精会神研究一起恶性枪案。得知爆炸案发生，刘忠义按照部领导要求第一时间奔赴郑州新郑机场，直飞贵州方向。

登机前，刘忠义在机场洗手间锁好门后，用力将腰间的绷带裹至最紧。他刚做过腰椎手术不久，医生说术后需要静卧八个月到一年的时间恢复。可这对于刘忠义来说不可能。他已经适应了与疼痛“和平共处”，腰上扎着绷带可以最大程度缓解疼痛，扎得越紧，缓解疼痛的效果越好。

14 日，刘忠义到达凯里。此刻，他的心中除了现场，还是现场，没有其他。贵州公安在等待他指点迷津。

这起案件，公安部党委和贵州省委省政府高度重视，具体侦办工作却迷雾重重。冰雪泥泞，大量围观人员、医护人员进入、踩踏现场，触动现场物证，使现场破坏较为严重。而一些物证被破坏后，又被薄雪二次覆盖。雪地、泥泞中，能够留下什么样的核心物证？足迹是否明显？犯罪嫌疑人蹲点位置在哪儿？又是怎样逃跑的？

技术民警对现场进行了网格式勘查，但部分参战技术员从没勘查过如此大的爆炸现场，经验不足，加上素质参差不齐，使得提取的物证目标不明确，现场勘查显得很凌乱。与此同时，现场物品管理也出现混乱。技术层面，法医过多对尸体残片提取固定，理化人员过多提取爆炸残留物，导致重复登记和漏登错登。一些物证被办案组借走，又被转借，使得归库困难，物证去向不明。种种乱象消耗着大量人力、财力和侦破案件的宝贵时间。

这是同一个世界，这是另一个世界；这是不同现场，这是同一个现场……针对不同的案件，刘忠义都有自己独到的感悟。身处核心爆炸现场时，所有人都对他抱以期待的目光。

中心炸点是一个大坑，深度零点八米，直径三点三米，地下翻出的黄土与周围积雪形成鲜明反差。炸药，系本案元凶搬开沉重的赌具后，埋在中心炸点的。

刘忠义默默凝视着眼前的一切：沉重的赌具、一具具尸体、一块块断肢碎片、凝固的血迹……

他整个人是静静的。他的目光扫视着现场的每一个细节。他在那个夜晚的静，给现场的所有人留下了深刻印象。有人发现他偶尔会念叨几个字，但谁也听不清晰。现场有人大声说话，但立即被贵州省厅领导制止了，并示意所有人不要干扰到刘忠义。

巨大的工作量，考验着所有人。公安部法医专家、贵州省厅及凯里当地公安民警都在高速运转，得出的主要结论大致是：凶手没有受伤或没在中心现场。而炸药的类型却一直无法确定。

对于阿 Q，刘忠义果断将他否掉了。因为对于一人独居而性格孤僻的阿 Q 来说，没有任何结伙条件，更为重要的是，他一个人根本不会有力量抬起重达 360 斤的赌具，又在埋下炸药后把沉重的赌具搬回去。即使阿 Q 本人招供，也不可能是他。

而后刘忠义主持的一系列侦查实验表明：阿 Q 的确不是犯罪嫌疑人。至于他一再承认是自己作的案，原来是因为内心的不安。爆炸炸死炸伤那么多人，也炸伤了阿 Q 脆弱的神经系统。既然吹牛吹这么大，说不是我炸的，谁信？

阿 Q 被释放了，而对于专案组来说，则是由希望变成了失望。

这时候，刘忠义对案件定性提出了自己独到的观点——此案具有抢劫嫌疑，应该把抢劫作为案件定性的可能性之一。

很多人回忆起刘忠义给案件定性时，无人不为他的判断力折服；但他最初提出这种可能的时候，很多人却是持反对意见的。

刘忠义身上似乎有着一种神奇的力量，当他一次次以自己独有的心神宁静面对一个又一个犯罪现场时，犯罪现场曾经的一切仿佛会单独为他一个人呈现。这让很多与他共事过的人感到佩服。这是一个谜，一个谁也解释不了的谜。

既然将抢劫作为一种可能，那么嫌疑人的搜索范围就要扩大许多，而中心现场则是与潜在嫌疑人获取联系的最重要纽带。

因此，刘忠义要求：对中心现场区域的网格化勘查尽最大可能细化，核心区域的小方格被设定至不到一平方米的最小面积。同时，他指定专人对物证进行规范的统一管理，漏登和错登的情况得到快速弥补。

承诺一个月破案后的第三十一天拨云现日

在刘忠义主持下，现场勘查细之又细，即便是被害人指甲内的泥土，都被提取做了化验。第一个突破很快出现了：炸弹坑内提取到疑似电雷管脚线皮一段、纽扣电池一枚，炸弹坑外围区域提取到了被炸损的电路板、蓄电池外壳……

最让刘忠义欣慰的是那块电路板——这是网格勘查一次次重复工作的结果，是刘忠义一次次鼓励大家不要灰心保持信心与斗志的结果，更是他一次次千叮咛万嘱咐要求大家细之又细的结果。

这块电路板，充分证明了是遥控爆炸。

就在刘忠义带领大家获取电路板的时候，爆炸当天到过现场的四十六人已经找到了三十一人。

对此，刘忠义冷静地保持着自己的观点：要找的嫌疑人，不会是其中之一。

既然是遥控爆炸，犯罪分子就不会距离炸点很近，而炸弹何时埋好却是一个未知数。可以肯定的是，爆炸发生之前，爆炸主动权掌握在潜在的真凶手里。

随后公安部专家组确定：这块电路板来自摩托车的遥控装置。

沿着现场勘查结果，贵州警方下达命令：第一，寻找与电路板匹配的遥控器；第二，找人。

转眼间，半个月过去了。一切都没有新的进展。参与勘查工作的民警们面露倦态。

倦态，并不是第一次出现。短短半个月时间，数不清的小会议不算，光刘忠义就已经主持召开了四次大型会议，参加会议的人员范围尽可能扩大。

扩大参会人员范围，是因为刘忠义深知，所有指令必须完整贯彻到具体侦查人员，以往工作中单纯由指挥部成员传达工作决策，往往会在传达至民警环节出现失真现象。如此这般一竿子插到底的会议模式，使得案件侦查工作效率提高了数倍。而事实上，每一次会议还有一个重要功能，那就是刘忠义为大家“打气”，鼓舞斗志。

刘忠义骨子里的坚持，不断复制到专案组每一个成员身上。

围绕凯里爆炸案侦查的，是一个多达六百人的队伍，其工作强度超乎常人想象。而刘忠义每天都坚持工作到后半夜两点。

半个月过后便是农历除夕，长时间处于紧绷状态又无实质进展的侦查员们出现了倦态。

勘查工作已经细之又细，是否可以封存现场，释放出一部分警力轮流休息？

对此，刘忠义态度坚决：如果春节歇息几天，精气神就没了！为了保持这股劲儿不懈怠，在凯里过年！

山间的帐篷里，刘忠义的腰伤一次次发作。他开始还能坐着工作，后来就是拿来几把椅子组合在一起，躺着看资料并发布各种指令。

领导坐镇，指挥部帅不离位。

案发时，时任贵州省委书记赵克志同志批示两个月必须把案件拿下来，但在这一年的除夕夜却依然看不到希望。案件压力巨大。

除夕夜，时任贵州省委常委、政法委书记、副省长秦如培，时任省政府党组成员、省长助理、公安厅厅长孙立成专程来到指挥部驻地鼓舞士气。

大年初一二十二点，专案指挥部依然准时召开案情汇总、分析会。秦如培问刘忠义："大约多久能破?"

刘忠义回答："一个月，正常还需要一个月左右的时间。"

"一个月"的概念，在随后的很长时间里，谁也说不明白刘忠义凭什么作出如此大胆的判断。因为在那个时候，每个人除了压力什么也看不到。

压力越来越大，几乎每天晚上都开会到十二点左右。

参战的侦查员回忆："这起案件的侦破工作，特别摧残人的精神。各方面信息比较多，线索来了不是，再来了又不是，侦查员懈怠了、怀疑了，甚至认为方向错了。但刘忠义局长的指挥一直很有力量，一点儿没乱，而且很有章法。"

侦办这起案件期间，柳佳因为高强度工作，左耳出现了神经性耳聋，且至今一直未能痊愈。这是柳佳的秘密，他从未向任何人提起。从柳佳身上，完全可以看出刘忠义以及全体侦查员们当时承受了怎样的压力！

刘忠义白天出去工作，晚上听汇报，并且一边工作一边总结分析。他总是在鼓舞着大家：方向没错，必须坚持到底！

话是这么说，但是随后的更长时间里，还是没有任何突破。

转眼间，距离除夕已过去了二十一天，2 月 21 日，一个鼓舞人心的消息传来——疑似用于引爆的遥控器找到了！

二十一天，对于刘忠义和六百人的专案组来说，就像是过去了整整二十一年！正是由于他们坚持、坚持、再坚持，曙光才会出现。

第二十二天，侦查人员终于找到了该遥控器的生产厂家及卖出这个遥控器的商家，并在商家配合下锁定了购买遥控器的两名嫌疑人：杨文龙、杨盘中。十天后，二人到案，案件成功告破。

犯罪嫌疑人杨文龙、杨盘中供认：爆炸目的——抢劫！

X2：共和国史上最疑难的九起“命案积案攻坚”

乌国庆说：“我退休时建议部里调黑龙江刘忠义来刑侦局，就是因为他除了在办案方面是人才，作风更是过硬，而且人品过关。”

自2004年公安部组织开展命案侦破专项工作以来，全国命案发案数逐年下降，现行命案侦破率逐年提高，目前已稳居世界前列。近年来，中国社会治安持续好转，离不开命案侦办工作的高水准拉动。而中国刑侦事业的进步，离不开一个群体的执着努力，那就是被誉为共和国刑侦专家的群体，其中包括家喻户晓的乌国庆、崔道植，等等。

刘忠义是乌国庆的爱徒。在乌老狭小的卧室里，刘忠义曾经和他进行过无数次案件研讨。“公安部尤其需要能够静下心来搞案件、有实力的专家，刘忠义就是这样的人。”乌国庆退休时，向部领导提出建议。

2011年1月，听从组织召唤的刘忠义，带着优秀刑警特有的信心，以及对案件特有的执着，来到公安部刑侦局报到。

在刑侦这支高手如林的队伍里，刘忠义是个干起活儿来不要命的人。他做侦查工作严谨不说，作风方面尤其要求严格。公安部票务中心的数据显示，刘忠义每年有两百多天都在出差。局里的年轻同事说，他们每个人都可以二十四小时全天候向刘忠义汇报工作。他的身上固有着与乌老、崔老一脉相承的朴素、节俭和用心，秉承着老一辈刑侦专家严谨的工作作风和对刑侦事业极致的信仰，他的全部心神，都集中在各种各样的疑难案件上。

刘忠义说：“人们都会以专家称谓乌老和崔老，人们看到了他们的太多神奇，却不知道他们背后的默默奉献。他们的精神境界和大家风范，他们对国家和人民的大爱以及品质的高贵和洁净代表了中国刑侦专家的特性。”

刘忠义自己又何尝不是这样！

挑战刑侦极限：展开九起“世纪悬案”攻坚

侦破凯里爆炸案等，在很短时间内见证了刘忠义与众不同的超凡破案实力。随后五年里，在刘忠义的指挥下，全国有广泛影响的重大恶性案件都得以快速侦破。2016年，公安部刑侦局作出了一个见证中国刑警勇气和血性的决定——在全国范围内挑选最为疑难的命案积案若干，开展疑难命案积案攻坚行动！

血淋淋的案件要重新捡起来，这是这一代刑侦人的责任和使命，体现了新时代中国刑警的担当。上报，挑选最为疑难的案件上报。全国各省、市、区公安厅陆续拿出多年来最为困惑、付出心血最多、侦查工作已经步入绝境的案件上报，公安部刑侦局则从中选出了九起难中之难的案件。

以往，公安部工作组都是以专家身份辅助地方，破案的侦查指挥权在当地。这次行动，公安部刑侦局创新了案件侦破模式，由刘忠义负责指挥，直接组织侦办案件。

在命案现案侦破取得历史性进步的基础上，向命案积案发出挑战。可这些案件很多被称为“世纪悬案”，发案时间大多距今十年以上，最长的已近三十年，物证不全、现场灭失、民警信心不足等问题十分突出，破案难度可想而知。

公安部党委对这次挑战给予了肯定和全力支持。在时任公安部副部长李伟、刑侦局局长杨东的领导下，刘忠义牵头对改革开放以来在全国具有重大影响的甘肃白银“1988·5～2002·2”系列强奸杀人残害妇女案、贵州凯里1998年杀害民警抢枪抢劫杀人案、山西绛县“2010·4·19”猥亵杀害三名女学生案等九起久侦未破的命案积案直接组织侦办。

疑难积案，没有非同一般的魄力搞不了。刘忠义又一次站在了风口浪尖上。

有些人出于各种原因，不愿意触碰这一类案件。有人说：“这些案件都是硬骨头，有的都快被人淡忘了，你何必揭这个盖子？”

可刘忠义认为，这些案件多年未破，被害人亲属难以释怀，如再不抓紧攻破，这些案件就将成为死案。而且，这些案件始终是压在那个年代刑侦战线指挥员、侦查员心头的一块巨石。他们壮志未酬，离岗、退休，甚至临终前仍对案件念念不忘。这是新一代刑侦人的历史责任，必须敢于担当，奋力攻坚，向历史还账，给人民群众一个交代。

刘忠义由衷地说：“什么叫党性？党性就是要敢于碰硬。越是难的案件，我们越是要上，不允许任何退缩。”“我们要给人民群众一个交代，那些没有破的案子，是我们背的债。我们不能把它们放下。”

接下来一年半中，刘忠义经常通宵达旦、夜以继日地投身到案件侦破中。

在刘忠义的科学指挥下，这九起疑难积案中的六起成功告破，为此次公安部疑难命案积案攻坚行动起到了极大的示范作用。

择疑攻坚标准：看疑难度大小而非破案希望大小

这些积案不破，阴影永远存在。老百姓始终关注着这些案件，而且网上也会不时翻出来炒一炒。炒来炒去的结果就是，案件的很多内容甚至会被民间演绎，越传越玄乎。再有，谁家的人被侵害了，只要自己生命不结束就会不安心。那些没破的案件，对于很多老民警来说也是心病，比如曾经侦办白银案的一位刑警队长，临死前都对那起案件念念不忘。破案是用来解惑的——这是刘忠义的观点。

白银案件的犯罪嫌疑人已进入老年，要是在这一代不努力侦破的话，也就永远没有机会了。白银案的破案难度最大，但中国刑侦队伍已历练出一批高水平的专家，另外还可借助全新的科技手段，完全可能把历史的积案攻下来。

在九起疑难命案中，有些案件的办案单位最初并没有申请由公安部组织侦破，因为案件难度大，破案信心严重不足，他们已记不清成立了多少次专案组，但侦办一次失败一次。

是刘忠义的团队指定将案件拿上来。

这时，出现了一种声音："拿上来，怎么办？没希望破的拿上来干什么？"

刘忠义强调："我们选择疑难命案积案的案件标准，是看案件的影响和疑难度的大小，而不是看破案希望的大小。"

话音铿锵有力！这无疑就是当代中国刑警的担当。

刘忠义开始在这些案件现场反复走。前期工作什么样？队伍什么样？侦查条件有什么？能挖掘什么？下一步配什么样的队伍？配什么样的专家人才？所有问题，无一不需要细细思考。

在刑侦局局务会上，刘忠义向有关同志通报了情况，说明了系列案件的大和难。但大归大，难归难，刑侦局上下对即将到来的这场硬仗都十分支持。有这样一种"集体勇气"作为后盾，刘忠义信心倍增。

这是一场大战役之前的准备。刘忠义综合考虑所有情况，做好各种准备，为这场具有历史意义的命案积案侦破行动打下坚实基础。

但是，行动开始之初，到年末还有七个月时间，如果一起不破，怎么说？人们又会怎么看公安部的承诺？

刘忠义定调：不带任何功利心破这些案件！对外不宣传不宣扬！不破三起不合格！

谁也没有想到的是，九起案件竟然侦破了六起。

其中白银案系公安部硬性敲定的攻坚目标，由刘忠义亲自担任案件总指挥。

从 1988 年至 2002 年的十四年间，甘肃省白银市有九名女性惨遭入室杀害，部分受害人曾遭性侵害，年龄最小的八岁。犯罪嫌疑人作案手段残忍，且极具隐蔽性，造成了巨大的社会恐慌。经警方交叉比对，证实九起案件均为同一人所为。2004 年，白银市警方向外界公布详细案情，并悬赏二十万元人民币，希望能够获得线索。

白银案，是笼罩在这座城市上空的寒流。公安部自 2001 年 8 月就挂牌督办，而多年来，甘肃省公安厅始终开展着接力式侦查，为后续工作奠定了基础。现在，这起案件被列为九起案件攻坚之首。

2016 年 3 月 27 日，刘忠义率工作组第一次到达白银。

侦办中，白银案的画面总会轮流出现在刘忠义脑海当中，尤其是那个被害的八岁小女孩。刘忠义一遍遍翻阅案件资料，一次次来到案件发生地，考量嫌疑人潜在的性格特点，分析嫌疑人曾经的行走路线。案件发生的地方，如今大多已物是人非，但一切都不影响刘忠义穿越时空，把时间回溯到案件发生的那一刻。

刘忠义首先组织公安部 DNA 专家给甘肃警方传授最新 DNA 技术，并指调甘肃警方技术人员赴 DNA 技术先进地区学习。这一点成为日后侦破案件的关键。同时，他邀请当时已近八十三岁高龄的刑侦专家崔道植及公安部物证鉴定中心副巡视员闵建雄、安徽省公安厅原副厅长陈小平、湖北省公安厅原副厅长尚武、贵州省公安厅原副厅长赵翔等专家，深入白银市召开案情分析会。值得一提的是，这些专家不仅是崔道植，其他人大多也已经退休，但侦破疑难案件的职业使命感、责任感让所有人都义无反顾。专家们为了一个共同的目标，为了捍卫中国刑警的荣誉，围绕案件的侦破全力倾注着智慧和心血。

白银案侦破期间，八十三岁高龄的刑侦专家崔道植给人们留下的印象无疑最为深刻。一个又一个夜晚，崔老在实验室里研究指纹的身影，鼓舞着每一个人。更为称绝的是，专家组经过对多起案件的足迹分析，确定其中若干起案件当中，嫌疑人始终穿着同一双布鞋，并在白银一家停产多年的小鞋厂中找到了鞋样。

每当身处昔日现场，刘忠义就仿佛看到那双鞋一步一步前行着。那是罪恶的脚步，那是警方多年苦苦寻觅的脚步。那脚步时快时慢，时而犹豫，时而疾速，脚步之上是一张忧郁而狰狞的模糊脸面。刘忠义在努力，努力看清他的真容。

根据白银案的具体情况，刘忠义决定将最先进的 DNA 技术用于破案，甘肃公安机关认真贯彻执行这一侦查思路，加大人员血样采集检验力度，一举发现了犯罪嫌疑人的亲属，并最终顺藤摸瓜，擒获杀人真凶高承勇。

破解绛县迷局：越走越远的侦查触角被瞬间拉回

与白银案同步开展工作的山西绛县残害幼女案的案情，虽然没有白银案复杂，却也是一个走不出的迷局。这两起案件的共同点是被害人均为女性，白银案受害人中有一名幼女，而这起案件中却是三名。

2010年4月18日中午，山西省绛县古绛镇十一岁的赵某、十岁的杨某和九岁的吉某三个小女孩午后结伴来到小溪边捉蝌蚪，可直到夜幕降临，三名小女孩仍未回家。

三名捉蝌蚪小女孩的身影渐行渐远，她们的欢笑声与身影最终消失在所有人的视线里，并在若干年后成为一个谜。

当年三名女孩的家人报案后，女孩亲属和派出所曾努力寻找，可找到的却是尸体，且都是在绛县西沟内一处废弃的窑洞中被找到的。经法医检验，三名女童均遭受了不同程度的猥亵，死亡原因均是窒息死亡。其中，有两个小女孩是死不瞑目的状态。

三名女童被害的消息如同一声炸雷，在这个三十万人口的小县城引起轩然大波。

省市县三级公安机关抽调警力组成专案组，迅速开展侦破。警方从三名女孩的身体、衣服以及现场遗留物上成功提取到犯罪嫌疑人的生物物证，随后从案发现场开始排查，一直到县城，最后到全县，共排查了绛县附近居住的十万余名男子，其中包括在案发前几天来到绛县、案发后离开绛县的人。接下来的六年，山西警方累计出动警力两万余人次，摸查范围扩大到全国多个省市，行程十万公里，排查和直接接触到的人员达十万余人。当地民警用生物检材比对，意外地破获了其他刑事案件一百多起，但是此案嫌疑人却始终没有踪迹。随着一个个线索被兴奋地发现，最终又被失望地排除，每一位参战民警的意志都经受了巨大考验。

案发后，三名女孩的横死让三个家庭遭受了毁灭性打击，孩子的父母从刚开始的悲痛欲绝，逐渐变成了一两年以后的互相埋怨，再到三四年以后矛盾进一步升级，直至离婚。三个好端端的家庭被彻底毁掉了。

生活的不幸，尤其加重了三位母亲对抓住凶手的期待。她们时常给公安局打电话，害怕民警把这桩案子放下。可此时山西警方已把现有的刑事技术侦查手段全部用尽了。案件似乎到了山穷水尽的绝境。

就在这时，刘忠义领衔的攻坚战役将目光锁定在了这里。

2016 年 4 月，处置完白银案先期铺垫工作后，刘忠义带着他的团队辗转来到山西绛县。围绕九起案件，刘忠义和他的团队同步开辟了多个战场。时间，对于刘忠义团队来说显得尤为珍贵。那天，他刚刚到达绛县县城便下达指令：“五分钟以后集合，我们去现场。”

虽然已时隔多年，刘忠义仍多次带着专家组重新勘验现场，对嫌疑人的生物检材进行复核，不放过任何蛛丝马迹。他始终坚信：现场呈现的综合信息，就是判断研究下一步工作方向的准确目标。

刘忠义还选择接近案发的那个时间段亲临现场，去体验那种感觉，模拟犯罪嫌疑人的作案心态，然后进行自己的判断。

对于刑侦局三处处长刘杰来说，这起案件始终是他的一个心病。因为这起案件，有时他会在夜晚睡不着，因为那三个孩子的身影总会浮现在他眼前。这一次陪着刘忠义再一次来到绛县，刘杰信心十足。刘忠义在黑龙江省时就是部里的专家，刘杰曾多次按照领导要求约请他来部里会诊疑难案件，每次刘忠义精准异常的判断都令刘杰钦佩。搞这次命案积案行动以来，看到刘忠义局长拼了命地干，刘杰相信，天道酬勤，在刘忠义的带领下，他们一定会破获绛县这起案件。

刑警破案，就要求把所有精力都集中在工作上，这个时候智慧就会自然而生。心到了，智慧就出来了，而刘忠义在破案方面就是这样一种状态。

一天，刘杰边走边思考着许多案件的细节，思考着刘忠义连日来的很多观点。想着想着，他突然看到路边有三朵小花，这使他想起了那三名遇害的女童。他坚信遇见三朵盛开的小花是一件吉利的事情，这预示着这起案件一定会在刘局的带领下侦破。看到三朵小花在晨光里摇曳，刘杰的眼睛湿润了。

与刘杰的情感一致，从看到绛县这起案件材料的那一刻起，那三个捉蝌蚪小女孩的身影便反复出现在刘忠义的梦中。他内心的宁静鲜有被打破的时候，但面对这样一起案件却难以平静。每次注视着现场的时候，仿佛那三个小女孩就在身边，他突破案件的决心就会更加坚定。

当时，山西警方因为本地侦查工作穷尽，侦查触角越走越远，工作范围已经延伸到外省的很多地方，侦查局面是进不得，也退不回。

刘忠义认真研究着现场的每一个细节：现场遗留的香烟在本地有销售，选择在窑洞作案，而且是星期六白天，说明嫌疑人一定熟悉这一带的环境并知道现场那一带人不多。

刘忠义开始在脑海中复原现场——开始应该是引诱，外地口音是不好引诱的，孩子们会警觉，甚至会喊叫；引诱过后，才是威逼。

立足现场，刘忠义还发现一个非常特别的地方，那就是嫌疑人作案后用荆棘堵住了窑洞口。

所谓的荆棘就是当地的枣刺。围绕这样一个特点，刘忠义详细向当地人了解后得知，当地人在田里劳作完以后，为了防止牲畜啃食农作物，都习惯性拿着枣刺堵田埂口，这是当地人常年养成的一个习惯。

“这已经很明显，当地特征出来了嘛。”刘忠义作出了一个果断的判断，嫌疑人就是当地人。“咱们以案发现场为中心，向周围辐射五公里。”

越走越远的侦查触角，被刘忠义的判断瞬间拉了回来。

刘忠义的判断，让民警们吃了定心丸。

专案组重新组织精干力量对以案发中心向外辐射五公里内的所有男性进行血样采集。刘忠义根据周边情况划了几大块，每块谁负责，怎么样推进，都讲得一清二楚。

工作开展不久，民警就在距离现场一点五公里的地方发现了有关线索。在采集人员的血样中，和嫌疑人基本一致的特征越来越近了。又经过近一个月的延伸排查，一个和嫌疑人生物检材接近的线索浮现在民警面前。2016 年 7 月 21 日凌晨一点，运城市公安局主任法医师刘彦军面对着电脑屏幕里的点位图，高声地喊了起来：“朱政、朱政、朱政……”

朱政！和犯罪嫌疑人的数据完全吻合。凌晨四点，经突审，犯罪嫌疑人朱政对犯罪事实供认不讳。消息传来，民警们喜极而泣。

刘忠义却没有感到一丝轻松。

24日，刘忠义和他的团队再次来到绛县，结合犯罪嫌疑人的交代，对前期的分析、研判和排查工作进行总结，进一步提高对案件的认识，寻找不足，以利再战。

在侦办这起案件的过程中，参战人员总会因为各种挫折而灰头土脸。这时候，刘忠义就会以情感鼓励大家说：“孩子没了，家庭解体了，父母离婚了。我们一起把被害人当成自己的孩子吧，给孩子一个说法，给三个曾经的家庭一个说法。”

刘忠义每次去现场都有新突破，沿着他的思路往下走最终就会拨云见日。

对于刘忠义确定的五公里排查范围，也是众人比较惊讶诧异的地方。之前谁也不敢确定这样一个范围，刘忠义的胆识让人佩服。

对于这个问题，刘忠义一是从嫌疑人熟悉现场环境考虑判断，其居住地应该距离现场不远。二是以当地的工作量计算。由于当地公安局里能用的民警不到百人，范围划太大，工作容易不细，以前的漏网现场弄不好还会出现。而排查范围五公里的决策非常有针对性，有利于精细化操作。

刘忠义从警三十二年，长期战斗在打击刑事犯罪的第一线，成功破获了上千起重特大疑难案件。在此次攻坚行动中，可以说刘忠义承担了很大的业务风险。原本确定的侦破目标是保一争二，结果在刘忠义的科学组织指挥下，九起案件侦破了六起。从结果论角度来说，刘忠义挑战疑难命案积案成功了，他更是为中国警察刑事侦查工作留下了一段荣耀的历史。

X3：刘忠义的“执着”与独一无二的“细节发现能力”

公安部刑侦局二处副处长刘景杰说：“刘局到了公安部接到的第一个任务就是没日没夜地追击周克华。他在 2011 年 1 月调入公安部时，肝部血管瘤直径 1.8 厘米，当年 6 月手术时直径 5.2 厘米，但手术完毕仅仅二十天，他便开始继续追击周克华——从 2011 年 1 月至 2012 年 8 月 14 日周克华被击毙，长达一年半的专案侦查过程中一直马不停蹄。”

《江湖情》、《英雄好汉》、《喋血街头》、《喋血双雄》、《英雄本色》……这些香港电影，早年的周克华看了一遍又一遍。屏幕里完全是另外一个世界，他的视线顺着放映室小窗的光束前行，那个世界近在咫尺。周克华喜欢把自己沉浸在黝黑的剧场之中，仿佛这样现实的平庸和渺小就会渐渐远离他，他会觉得自己就是一部部影片中提着手枪四处大开杀戒的人，而枪的弹夹里永远有着用不尽的子弹。每当那时，周克华就会觉得自己异常强大，天下无敌。但当那个光束熄灭，走出电影院的时候，一切又回到现实，一切幻想破灭。如此反复交替，令作为一名力工的周克华更加沉默寡言。

改革开放初期，香港电影绝对是当时内地观众的犯罪“教学片”，很多“60 后”、“70 后”歹徒劫匪都曾坦言受这些片子影响很深。回顾中国刑事案件高发期，轻易就会发现“60 后”、“70 后”犯罪分子制造的涉枪案件与暴力火拼案件绝对是一个高峰。这些影片令香港的影业公司爆赚，也成就了一批巨星，但作为犯罪“教学片”，其对内地的不良影响也客观存在。与很多人不同，周克华除了观看《江湖情》这类影片外，也会观看《沉默的羔羊》、《汉尼拔》等，尤其是《沉默的羔羊》，他都数不清自己看了多少遍。

也许是周克华的欣赏水平真的很高，也许是他的变态思维使然，他对《沉默的羔羊》的兴趣远远大于《汉尼拔》，作为续作，《汉尼拔》显然没有超越《沉默的羔羊》的高度。但与众不同的是电影《汉尼拔》并不再单是一部惊悚悬疑片，爱情成为其独具匠心的一笔，而对汉尼拔这一情感充沛的高雅变态罪犯的塑造，使安东尼·霍普金斯的演技在此片里得到了更为出色的迸发。当人们解开那变态食人手法的外衣时，更为深层次地感受到了一种不寒而栗，一种“恐”由心生的恐惧。很显然，周克华只喜欢惊悚悬疑，却对爱情戏码的独具匠心不屑一顾——因为他的目标是比汉尼拔更加变态，他注定要“主导”一部更加使人不寒而栗的“恐怖电影”。

在周克华自己“导演”的“恐怖电影”里，没有爱情、亲情和兄弟情，他只留下了自己和“羔羊”。

周克华的家庭，自其幼年开始便另类而压抑：其父亲周正喜本是“城里人”，做会计，20 世纪 60 年代因生活作风问题被下放农村劳动；其母陈世珍则是一名离异有两个孩子的妇女。婚后，周正喜夫妻俩做得最多的事情就是争吵。1970 年大年初一，周克华就出生在这个穷困而嘈杂的家庭。周家的房子在村边狮子山接近山顶处。至今，这栋房子附近仍没有邻居，孤零零的。这也正是周家一直以来的交际状态。在那个特殊的年代，周正喜一家在当地毫无地位。村里的红白喜事，周家几乎从不参与。而周正喜结婚、生子，以及周克华自己结婚、生子，也都未摆酒宴请客。

“沉默寡言”是邻居和亲人对周克华最大的印象。周克华不抽烟、不喝酒、不打牌，平时没事就喜欢抱着本书看，尤其爱看侦探小说。沉默的少年在成为杀手之前，有一个逐渐“升级”的过程。1986 年，未考上高中的周克华闲了一年后，来到了渝中区牛角沱江家友巴渝建筑公司打工。同年 3 月，他因调戏妇女被治安拘留十四天。1987 年，回到家乡后，周克华在井口江边码头给货车上河沙，每天能获得二十多元的报酬，如此持续了四年相对平静的生活。

1991 年 9 月，周克华在沙坪坝井口半边街蒋云波家盗窃现金一百二十元、粮票一百余斤、猎枪一支。两年后，他携枪跑到武汉，被巡警发现后拒绝缴枪，朝地上射击并逃跑，后被抓获，因妨碍公务在武汉汉南劳教所被劳教两年。

1995 年劳教结束后，周克华回到重庆在火车东站当搬运工。次年，周克华与前妻结婚。在即将步入庸常的婚姻生活时，他在 1997 年又跑到云南边境，在文山购买五四式手枪时被抓，处罚后被释放。后来，周克华回到重庆的集装箱公司当叉车司机，随后又与妻子共同经营中巴车。2001 年年底的一场车祸，使周克华面临巨额赔偿。2002 年春节与妻子离婚未遂后，周克华选择了离家出走。

周克华是个欲望超强的人，可现实却让他过着平庸的生活，他不甘于就此认命。因为他的心中还有一部属于自己的“恐怖电影”，他会在那部电影里“天下无敌”。

可惜，高调的杀手周克华遇到了低调的警察刘忠义，他不再是“天下无敌”。

没人知道系列血案元凶叫“周克华”

2011年，初到公安部担任副巡视员的刘忠义，奉命成为“苏渝湘系列持枪抢劫杀人案”的专案组负责人。

2011年之前，反侦查能力极强的周克华已多次从警方眼皮下脱逃，甚至当时的情况是——没有人知道“苏渝湘系列持枪抢劫杀人案”的元凶是一个叫作“周克华”的人。

后来当人们回头看那起案件，大多会有一连串的疑问：在侦办此案一年半的时间里，刘忠义率领的团队是如何在茫茫人海中锁定周克华的？周克华的内心密码又是如何被刘忠义团队一一破解的？

2004年4月22日，重庆市某公司职工赵某到江北区五黄路分理处取款后，被持枪歹徒开枪打死，并抢走现金七万元；接着，歹徒又打伤一人后逃逸。歹徒的抢劫方式是——上来直接杀人抢钱。

一年后的2005年5月16日9点30分，重庆市沙坪坝区汉渝路附近再次响起了枪声。一对刚刚走出银行的夫妇被射杀死亡，劫匪当场抢走现金十七万元，并将一名路人击伤。

这起案件可以确定，嫌疑人是单独作案。可画面上的男子一直困扰着警方。他到底是谁？从哪里来？藏身何处？

而接下来的时间，这个人却突然从人间蒸发了。

这是一个很棘手的对手，其作案手法嚣张，却又极其谨慎，如果意识到危险就一定会放弃。这又是一个永远不会心存侥幸的对手。这样的平静持续了四年，2009年10月到2012年8月，长沙、南京、重庆再次陆续响起了罪恶的枪声。

系列案件发生之后，被串并侦查。公安部将此系列案件列为全国第一起“有广泛社会影响的恶性案件”挂牌督办。刘忠义2011年1月到公安部任职，3月1日奉命成为该系列案件的专案组负责人。

那时，虽然距离2004年4月22日那起案件已经过去了整整七年，但具体嫌疑人一直没有锁定。而与之相伴随的是，犯罪嫌疑人频繁作案，气焰嚣张。网民给他起名叫“爆头哥”。还有人传言说他在境外当过雇佣兵。

接手案件时，刘忠义感觉到这个对手的目的就是要制造社会恐慌，对方有着一种强烈的反社会心理和挑衅心理。

2009年3月19日晚7点42分，周克华身穿浅色风衣，头戴黑色线帽，将成都军区驻渝部队十七团营房门口的哨兵开枪打死，抢走81－1自动步枪一支。监控录像显示，周克华随后徒步穿过石桥铺社区，在距现场约三百米远处乘坐一辆等候多时的出租车逃逸。

当重庆为哨兵遇袭案层层设卡时，周克华已来到湖南长沙。接下来他在此地生活了两年之久。同年10月14日下午两点，周克华在南郊公园“黑松口”处枪杀了五十六岁的李某。李某是一名刚到长沙一个星期给女儿带小孩的农民，身上仅有二十元钱。这是周克华所犯十案中唯一未以钱财或枪支为目的的，且他并未对其一枪毙命，而是开枪七次，使李某身中六弹而亡。对此次作案流传甚广的一个推测是，凶手要练枪。如果细细分析，结合周克华的性格特点，这个案子可以展现他的N种动机，这里暂不赘述。

五十天后，周克华又犯下“12·4”案，在铁道学院西门外的农业银行门口，打死一名取钱者，抢走现金四万五千元。此处距离南郊公园仅两公里之遥。南郊公园紧邻高架桥与湘江，其内里其实就是一座山林，四周仅有低矮围墙环绕，一旦躲藏其中极难寻找。

发生在2010年的长沙“10·25”血案中，周克华选择了在树木岭立交桥下的一溜平房门面下手，枪杀了“环城经贸公司”经理，抢走笔记本电脑。此血案集中展现了周克华对理想中作案地点的挑选。距现场五十米处有一条隶属长沙重型机器厂的货运铁路通过，东边是一大片老旧小区，道路狭小到两车难以错开，西面则是一座高架桥，十分嘈杂，多位目击者在听到枪响后，最初都以为是爆胎。

血案发生的当天，长沙警方除了设卡盘查围堵外，还出动警力对1690家无证中小旅馆进行大规模清查，其依据是“多起重案犯罪嫌疑人都曾在无证小旅馆落脚藏身”，但最终一无所获。

周克华，不是一般的重案嫌疑人。他在等待，等待一个更加高深的对手与其较量。

其实，在2009年的一个案发现场附近，监控设备曾拍到过嫌疑人的影像。但很遗憾，几段关于嫌疑人的监控录像，清晰度都很低。也正是由于连长相都无法确定，所以在2011年之前，警方只能根据目击者的描述向社会发布模拟画像，进行悬赏通缉。

长沙警方曾在2009年和2010年分别对周克华做过模拟画像。前一次画像上的周克华方脸平头、戴着墨镜，与重庆警方在2005年做出的模拟画像极为相似。周克华“平头男”的绰号也正源于此。但在后一次的画像上，周克华摇身一变，成了一个戴着棒球帽、露着刘海的尖下巴男子。

模拟画像的大相径庭，给抓捕工作带来了巨大困难。长沙市民广泛怀疑周克华整过容。当地一家美容机构的老总在对比了2005年和2009年的画像后，怀疑周克华进行过鼻子整形和脸部磨骨手术。

破案前期工作可以说是穷尽手段，耗费了数不清的人力、物力、财力。画像不逼真，嫌疑人如何能够找到？刘忠义会使出什么高招攻破系列疑难问题？

面对这道疑难的“福尔摩斯命题”，刘忠义以他特有的细心，对现有材料进行了重新梳理。

刘忠义认真研究了已发案件所有细节，通过对现有资料的反复甄别，提出了二十四个字的侦查思路：抓住不变特征，回头观看视频；去除外在伪装，发现正面图像。

发现正面图像？怎么发现？当这二十四个字的侦查思路最初摆在人们面前时，并没有瞬间激发大家的热情。

二十四个字的侦查思路会成为破解凶手密码的良方吗？

第一个问题首先来了——视频已经看了N遍，伪装也试图去除N遍，但是没有任何突破性进展。

后来人们回忆起刘忠义在这起案件中发挥的作用，发现：刘忠义所谓的指挥和言语少之又少，沉默寡言的他即使是处置这样一起棘手案件，依然惜字如金，以至于他几次关键性的表态，都让大家记忆如此清晰；而每一次关键表态，又都会对案件侦办起到“质变”的推动作用，彻底改变了这起案件的侦查格局和走向。

一个瞬间决策使敌我力量对比和成败翻转

围绕2009年10月25日长沙案件嫌疑人一段作案踩点视频，专案组组织近百名民警，昼夜轮班对近3500T视频资料全面进行回看、甄别。

在这段作案前踩点过程中呈现的905路公共汽车乘车的视频里，嫌疑人在岳麓区某公交站下车后便消失了。

他不是走下905路公共汽车后消失的吗？以那辆公共汽车各个站点为圆心延伸二百米去看。刘忠义的这个决策，就像给大家打了鸡血，破案的希望被重新燃起。

参战人员采用人工方式，一帧一帧地审视着每一段视频，每个人都预备了滴眼液，累了就往眼睛上滴点儿药水，而后接着看视频。

3月29日，嫌疑人的无伪装视频就是凭借着这样的工作方式被发现的！

那是一段嫌疑人2010年10月18日6点15分在长沙市岳麓区购买早点的无

伪装视频。画面中嫌疑人步态轻松，不慌不忙，但民警见了这段视频却血脉偾张。

这段小视频是3500T中最为珍贵的一段了，除此之外再无其他有意义的图像。当大家为此发现兴奋不已时，所有的线索却又戛然而止。

这仅仅是一段孤立的视频，虽然无伪装，但依然无法清晰地辨认嫌疑人的面部特征，无法精准地确定嫌疑人的面容，也找不到与嫌疑人活动规律、性格特点等有关的细节。

很显然，嫌疑人的一切都是有备而来的，偶尔的“春光乍泄”似乎无碍于他的隐蔽生涯。这个对手，果然厉害。

这段视频，就像一条断头路，给人以希望却又瞬间让人走进死胡同。

一定会发现他！刘忠义来到了嫌疑人买早点的位置，将自己置身于嫌疑人出现的点位，注视着周围的一切。

此时的刘忠义，感觉自己距离未名的元凶是如此之近。正义与邪恶，两种意念力在隔空激烈地交锋缠斗。

但当时，没人从神色安静从容的刘忠义脸上发现什么。更没想到，这个早点的位置，就是一个决战决胜的位置。刘忠义站在那个点位扫视的时候，仅一瞬间，敌我双方力量对比和成败翻转已经悄然而至。

在点位旁边，刘忠义发现了一个银行，于是问：“那个银行，门前有摄像头吗?”

最初的答复是“没有”。刘忠义不死心，前往银行附近踏勘，终于发现了一个摄像头。调取这个摄像头所记录的图像，再一次发现了嫌疑人一闪而过的身影。侦查员沿着这个转瞬而过的身影继续向前查看，发现有人进了一个网吧——帅帅网吧！

所有新闻报道对这个过程都没有过多关注，只是轻描淡写一带而过。事实上，没有刘忠义和他带领团队的细心和执着，就很难发现这个网吧。细之又细，亲力亲为，才能发现这个网吧与周克华的必然联系。

刘忠义很清楚对手，既然他喜欢挑衅，必定会关注他“导演”的一部部“恐怖剧”，看警方的动静，看自己如何高明，满足自己的虚荣心。如何才能知道警方的动静，清楚每部“剧情”的社会影响？他是不便找人去打听的。而到网吧，他不但可以知晓自己的影响力，还能陶醉在自己所设置的迷局中，看网民自以为是的分析和评判。

刘忠义果断决策：还原网吧场景，还原每一台机子的上网记录，核实清楚上网人员身份。

专案组的精气神瞬间再次爆棚。结合视频推理出嫌疑人进出网吧的时间，排查上网人员信息，警方很快发现了一个持周波身份证的人与上网人员身份不符。经核查，周波是一名摩的司机，从未去过网吧，身份证曾被人骗走。此后嫌疑人又使用周波的身份证多次在网吧上网。据网管回忆，这个男人每次上网前都会有意无意地将摄像头挪开，极为谨慎。

通过嫌疑人的上网机位，网安民警终于成功找到了嫌疑人两张面部清晰的照片，并通过旁边临近电脑的摄像头同样发现了其清晰的面部照片——这是专案组开展工作以来，第一次确定嫌疑人的真实面貌。虽然由于视频角度原因，嫌疑人的面部有些变形，但是熟悉的人已经能够认出来了。这是七年来警方获得的最有价值的破案线索。

周克华很喜欢看军事网站的特点，此时已经被发现。同时很明显，他是想从影视作品里学习作案方法。调阅周克华的上网记录，《沉默的羔羊》与《汉尼拔》，他看了十遍！

七年，经过长达七年的较量，终于发现了他的清晰照片，见到了嫌疑人的庐山真面目。可是，照片上的人具体是谁？

获取犯罪嫌疑人的样貌信息只是第一步。此时刘忠义还不知道他叫周克华。接下来该如何确认嫌疑人的身份呢？

以两张清晰照片为依据，在全国公安机关内部开展了大范围排查，重点是四川地区。这时候的工作突破，取决于群众发动情况以及民警排查工作质量两个方面。

刘忠义开始耐心等待。

2011 年 6 月初，就在侦查工作刚有了突破性进展的时候，刘忠义却因为肝脏区域严重不适，不得不住院了。

肝脏大手术二十天后重新踏上追捕路

此刻，刘忠义的腰椎疾病已经不轻。腰椎的疼痛，无论多么剧烈都可以忍耐，实在忍受不了，还可以借助药物止痛，可肝脏的问题却无法忍耐。

刘忠义在 2011 年 1 月调入公安部时，肝部血管瘤直径是 1.8 厘米，当年 6 月直径已达 5.2 厘米，肝功能已经出现严重问题。一向头脑清晰的刘忠义有时会感觉浑身无力、视线模糊，甚至偶有的模糊意识已经开始影响意志力与情绪了。医生说只要手术成功，一切就可以缓解。

这次手术不是微创，而是胸部“大揭盖”那种手术模式。可手术完毕仅仅二十天，刘忠义没有在病床上休息，便直接奔赴长沙……

医生惊呆了，家人流泪了，但没有人能够阻拦他。也没人知道沉默寡言的刘忠义在接受手术时都在思考自己的对手，直到麻药发挥效力。当手术完后思维意识恢复的第一秒，系列案件的画面又重新呈现在他的眼前。

周克华是一个亡命徒，却不知道警察刘忠义在缉捕要犯时，更是一名不折不扣的“拼命三郎”。

就在刘忠义手术期间的2011年6月28日9点37分，周克华在长沙市黑梨路选择一处与“10·25”案地理特点极为接近的门面门口，再次枪击伤人。当天正午，长沙天降暴雨，两小时降雨量达140毫米，交通大规模瘫痪。除周克华案外，长沙还接到53起交通事故报警。这给长沙警方布防带来极大困难，周克华在暴雨中再次逃脱。

刘忠义获知这一消息时，刚能够从病床上坐起来。

去长沙！他豁出去了。

妻子和儿子知道他的性格特点，拦也拦不住，劝说也没有用，因为这样的工作状态就是刘忠义的生命方式，没有人能够改变他。

犯罪嫌疑人光天化日之下在闹市区开枪杀人，公然挑战社会公共秩序，危害人民群众生命财产安全，社会舆论反响强烈，警方压力巨大。此刻，刘忠义的内心是郁闷和惋惜的。那些被害人在现场的惨状频繁在刘忠义脑海中浮现。

身份的隐藏，成为周克华最后一道护身符。

暴雨中作案完毕后的2011年8月、9月间，周克华因父亲去世回家服丧、守灵。他之所以能够安然来去，是因为他的身份信息还未暴露。

此刻的周克华不知道刘忠义已经在向他步步逼近。

他的名字最终被摆上台面，仅仅是时间问题。周克华最为关键的一张底牌——身份信息，即将被警方侦破。

2012年1月6日9点54分，南京市下关区和燕路东门街2号的中国农业银行门口，江苏某建筑公司员工程某取款后走出银行大门，周克华对其头部开枪，后捡起装有19.99万元现金的纸袋逃离。

枪击案发生后，南京方面出动全城警力排查。周克华则再一次展示了他所具备的反侦查技能。在南京街头的监控中，周克华在逃跑中途经一处上坡前，好像预先知道正面设有监控，刻意压低了棒球帽，用手和帽檐挡住整张脸。作案前踩点过程中，周克华也用帽子、口罩严密地包裹着自己的脸部，从不显露真容。

他的伪装，还不仅仅是遮挡面部。在此案作案前的视频中，周克华走路时外八字非常厉害，而且以非常夸张的幅度左右摇晃肩膀。“外八字”这一特征也出现在通缉令中。而作案后，周克华走路时肩膀竟然纹丝不动。

但这一次，周克华仅仅是暂时躲开了警方搜捕，却栽在了公安机关为他编织的更大的法网当中。因为他不知道他的相貌已经被刘忠义团队清晰掌握。

总结了2011年6月长沙案件的教训，刘忠义通过多种方法组织了更大范围的群众发动工作。长沙警方在悬赏，南京警方在悬赏……从帅帅网吧获取的两张照片被贴满苏湘渝地区的大街小巷，以及所有网吧的每一台电脑桌面。

照片比对和DNA样本比对确定“周克华”真身

如何持续保持民警的信心与激情？确保群众发动工作高效有力？这是刘忠义心中紧绷的一根弦。

拖着尚未痊愈的躯体，刘忠义频繁地往来于苏湘渝地区，给大家鼓劲儿，确保每一座曾经发生案件的城市始终处于全城发动状态。

南京警方的工作力度是空前的。2012年1月13日中午十二点，南京栖霞区农场山上一处坟墓群中，五十二岁的刘某发现一棵松树大约有二十多条树枝被砍断。顺着踪迹刘某来到一块长三米高七十厘米的大石头边，见有许多松树枝将石头下方盖了起来。因为与朋友约好打麻将，他当时只是看了看，也没掀开，就下山了。

下午三点左右，刘某在山脚下遇到邻居关某，说了在山上看到的一幕。三十二岁的关某是一名户外爱好者，当时正好准备上山砍竹子搭菜园架，便随后上山查看。他发现那是一个乱坟堆，坟堆左前方十米处有一个人，约四十岁左右，身穿黄格子西服，戴着一顶黑皮帽，帽檐压得很低。

难道是扫墓的？两人对视一眼后，关某继续前行。在前面一平坡处他看见地上有个鼓鼓囊囊的黑色尼龙袋，打开一看是睡袋。怎么会有睡袋？此人会不会是警方通报抓捕的那个人？关某有些纳闷儿，当天晚上约了几个人打算第二天上午一起去看。

14日上午，他们在那个松树枝条盖起来的地方，又看到一个牛皮纸袋、一副白纱手套、一袋五香牛肉、一张1月10日的《参考消息》及一本《轻兵器》，以及几个空娃哈哈矿泉水瓶和一个迷彩双肩包。这些不寻常的物品引起他们的不安和怀疑，于是报了警。

大批警察赶到，当晚便进行封山，并搜山至15日傍晚。搜山警力虽未发现周克华，却在现场遗留物中发现了超市购物袋和位于瑞金路的金润发超市购物小票。警方随后调取了该超市监控资料，掌握了嫌犯的正面图像，并将这些图像通过视频截图制成了照片，特征和先前发现的两张照片一致。此外，警方还发现了被掩埋的粪便，及周克华吃剩的食物。通过这些生活垃圾，周克华的 DNA 被发现。

刘忠义站在周克华选择的这个藏身地，仔细打量周围的环境，分析其生活习性：山间乱坟岗，人迹罕至，更易于藏身；随身带《参考消息》、《轻兵器》；会把遗留的矿泉水瓶上的编码都划掉，掩埋生活垃圾……这的确是刘忠义近年来遇到的反侦查能力较强的一个人，而且是一个自命清高的职业犯罪人。刘忠义坚信：在长沙，他也一定有这样的“生活区”。

刘忠义指令专案组向苏湘渝警方发布搜山命令，立足山区公墓与乱坟岗交界地带，搜寻嫌疑人藏身地。

刘忠义的想法之一，就是立足对手的藏身地寻求突破。

重庆、长沙警方均派民警赶赴南京。重庆警方还提供了多个可疑人员的名单供比对。原来，重庆市公安局沙坪坝分局井口派出所在排查中，发现辖区有过贩卖枪支前科的嫌疑人员周克华长期不在家，便拿着比对照片与获取的周克华照片认真研究，越看越像，于是将其列为重要嫌疑人之一。而后当地警方提取了周克华父母的 DNA 样本，并与南京警方所获的 DNA 样本进行比对，结果相符——就此确定嫌犯是“周克华”。

周克华，这个名字最终彻彻底底地暴露在所有人面前。

此刻，长沙警方在长沙岳麓区周围的山区坟地进行搜索时，在天马山一大片荆棘丛中发现了一小块平地，此处遗留了周克华的排泄物等痕迹。

这些证据与周克华前妻徐蓉的证词得到了匹配。徐蓉承认，周克华所劫赃款大部分都给了家里，其中他在长沙期间曾多次使用徐蓉本人的银行卡进行转账。

徐蓉告诉警方，周克华曾透露其近几年在外逃亡期间不管春夏秋冬，都靠睡袋睡在坟地中，并且平时还会坚持做俯卧撑、越野跑等体育锻炼。周围群众介绍，该坟地并非公墓，只是附近居民死后偶有埋葬在此，平时人迹罕至。从该坟地南面的一条蜿蜒小路下山，左拐经天马路即可进入帅帅网吧。

案件调查工作又重新回到帅帅网吧。网吧老板回忆，周克华每次上网吃盒饭的时候，都会把垃圾带走，从不遗漏。

刘忠义已经逐渐看清了周克华的底牌。此时，周克华所有的行动特征与身份信息已全部被掌握。

2012 年 6 月，公安部工作组和重庆市公安局开始全速运作。刘忠义主持研究了两个预案：第一个预案是怎么查控？第二个是枪响了怎么办？

2012 年 7 月，刘忠义召集全国相关的刑侦专家，冒着暴雨，顶着 30 多度甚至超过40度的高温酷暑，赴长沙、南京、安徽、重庆等地，把嫌疑人去过的每个地方都逐一重新踏勘。上过的网吧，进过的小食部，去过的洗澡堂子，经过的小卖部、商店、商场，住过的坟圈，上过的山，挨个儿都走一圈。不仅如此，专案组还围绕周克华的知情人和关系人，一一开展深入调查工作。刘忠义认真研究了周克华所有的心理状态和行为特征，包括他扔在家的日记都找到并认真研读。

经过深入细致的研究分析，8月9日，专案组对“苏湘渝系列持枪抢劫杀人案”形成了一个有针对性的查控缉捕方案。

2012年8月10日早晨，刘忠义正在重庆布置怎么在全国缉捕周克华的时候，案件又发生了。

以往都是周克华作案后，警方跟在后边侦查追击，而这一次周克华在重庆作案，是双方的直接遭遇，真正的面对面较量。

8月10日9点34分，周克华在重庆市沙坪坝区凤鸣山中国银行储蓄所门口，持手枪打死两人打伤一人，抢走现金七万元。9点45分，周克华在逃跑途中遇到铁路民警朱某，连开三枪将朱某打死。通过“8·10”案现场提取的弹壳和弹痕确认，确定与三年前重庆“3·19”哨兵被枪杀案中的作案用枪一致。自此，并案过程中最后的一个难题也被解开：周克华被判定共开二十四枪，打死十一人，抢走半自动步枪一支、现金五十余万元。

此刻，公安机关发动的群众攻势再一次见效：8月11日，群众举报有疑似周克华的人在重庆大融城商场出现。

最为关键的一次争论

2012年7月1日，刘忠义带着专案组会合到重庆，准备在重庆围绕周克华集中火力清场。同样也是在7月1日，周克华领着女友张某从宜宾回到重庆，研究再次作案。

刘忠义通过对周克华作案一年的研究发现，周克华从来不会有侥幸心理，不是万无一失决不出手。那么多视频找不到一张脸部照片，若不是在帅帅网吧发现其真容，后续的困难不知还有多大。同时，周克华不用手机，不和任何人交往，其孤僻的行为方式增加了发现难度。

结合周克华的作案规律、活动轨迹，判断其可能出现和再次作案的重点区域，刘忠义决定采取“双保险”的办法，在重点地区的山边路口、所有银行网点，投放大量便衣民警化装蹲守，并根据周克华早起活动的规律，精心布阵，张网以待。

对于8月11日大融城商场获取视频中出现的男子是不是周克华，研判时产生了激烈的争论。重庆警方个别领导列出七条意见予以否定。而刘忠义根据自己对周克华的研究，提出八条意见予以肯定。其中，最为重要的一条就是：大融城商场出现的这个人，走路特征与此前对周克华的步态特点判断一致。

争论的结果，刘忠义的意见占据主导。因为他已经把周克华研究得很透彻，熟知了周克华身体及心理的所有特征：走路时呈明显的外八字脚，下电梯先迈左脚。同时断定，周克华作案以后不会立即出逃，因为他知道案件一发，公安机关就会在主要路口设置盘查点。

这是一次十分关键的争论，最终使大家坚信周克华没有离开重庆。

接下来，大兵压境很快有了结果——2012年8月14日6点54分，震惊全国八年之久的"苏湘渝系列持枪抢劫杀人案"案犯周克华因拒捕，被警方在重庆沙坪坝区童家桥一带当场击毙。随后，经法医验明正身，确系周克华本人。

"走错了。"这是周克华毙命前的最后一句话。

2012年8月14日凌晨6点50分，周克华被两名便衣民警跟踪已有五分钟。他不徐不疾走过一条国道，加速向东，折入一条叫莴笋沟的死胡同。前进三十米至一根电线杆旁，他突然转身，掏枪，射击；便衣民警躲避，还击。枪战持续时间很短，周克华三枪未中，警察还击，周克华倒地，抽搐，死去。

沿着莴笋沟这条全长五十米的小巷走了三十米，返身，嘟哝了一句"走错了"，周克华迅即抬手向民警开枪。在此之前，四十二岁的沙坪坝公安分局微电子园派出所民警周瑨还并不肯定眼前的人就是周克华。他看上去比通缉令上的照片要瘦些，戴了眼镜。三个多小时前，专案组的全城布控刚刚结束，他和同事王晓渝接到上级指令在覃家岗街道的邮政储蓄所蹲守。

周克华向周瑨和王晓渝各开一枪，分别击在电线杆和距离王晓渝腿边一厘米的地上；开第三枪时，周瑨和王晓渝同时还击，各开两枪。过后，周克华中枪倒地。

两把枪和六十二发子弹，是周克华的遗物，另外还有两张电影票，分别是11日和12日上午十点多的《听风者》和《太空一号》，一部谍战片和一部逃狱片。此前四天，他刚刚射杀两人，伤两人，抢走现金七万元。大部分人都认为他逃向了歌乐山或更远的地方。

讽刺的是，周克华在现实中的"谍战"和逃亡中一命呜呼。

8月11日下午3点38分，有市民看到他出没在江北区大融城。接着在8月13日晚，警方根据周克华的特点，制订了详细工作方案。

枪击、蛰伏、折返、现身闹市，这一套动作多么熟悉。过去八年里，周克华如是反复接连犯下大案，不仅以凶残闻名，更以其犯案后近乎愚弄公众的从容而令公众恐慌。

从容的周克华，遇到了更为从容的对手——刘忠义。

一次次与众不同的决策来自骨子里的从容静气

身处疑难案件现场，最需要的就是“静气”。

作为中国最早一批刑侦专家，乌国庆选徒弟的标准就是“能够静下心来一心搞案件”。崔道植评价一名刑警优秀与否的标准是“技术 + 精神境界”。乌老和崔老对刘忠义的评价如出一辙：他能静下心来，他能始终保持不言败的精神！

2012 年 8 月 14 日早晨七点前击毙周克华的巷战，外行看的是热闹，一场惊心动魄的大热闹。很少有人知道，这次巷战完全是由刘忠义和他的团队一起导演的。

与电影导演导一出影片完全不同，影片是按照有形的剧本表演出来，而对于一起大要案的指挥员来说，他所导演的一切要玄妙得多。表面看起来似乎有着那么多一系列的方案，而在具体的操作环节，却是在无形中演绎。事发一定有因，但指挥员的导演却是在无形中推波助澜。

刘忠义脑海中无形的剧本与周克华心中有形的剧本隔空交锋，也许刘忠义会出现战术上的暂时挫折，但把握大势的胜算能力却是周克华无法望其项背的。

街头枪击、从容逃走、坟地蛰伏、闹市与山间折返……周克华身上有着一种邪恶的静气。他会因这种静气而感到自己天下无双，无人能够与己匹敌，他还曾怀着傲慢向自己的女人吹嘘。但是，周克华不知道他的背后这一次出现了一个比他更加有静气的人。这个人的名字叫刘忠义。

隔空较量当中，刘忠义摸清了周克华很多很多特点，其中就包括周克华早起的习惯。

8 月 14 日早晨那次统一行动，重庆警方原定八点统一上岗开展查缉工作。刘忠义说：“不行，必须六点，因为他早起。”

“不行，必须六点，因为他早起。”正是这又一次掷地有声的决策，改变了周克华的命运，也决定了那个早晨的巷战。

周克华于当天 6 点 54 分被击毙，如果是八点开始行动，后果不知会怎样。

刘忠义骨子里的从容静气，让他作出了一次次与众不同的决策，而这些决策又一次次发挥出了不可替代的作用。

原本，刘忠义 9 日正在重庆研究发布多媒体通缉令，第二天就要向全国发通报，结果10日发案了。

对于大范围发布通缉令和公布嫌疑人的每一个特征，有一种观点坚持认为不妥当："发这样的通缉令，会引起恐慌，是不讲政治！"

刘忠义的观点则十分明确："我的政治，就是破案！破了案，老百姓才能支持你，所有特征一个不留，都发老百姓！"

刘忠义已经把周克华这个人吃透了，他对原来的现场组织专家们一遍遍复勘，把周克华的特征习性等每一个动作都印在脑海里。海量的举报线索，都是由刘忠义最后确定是或不是。刘忠义每次在"是"与"不是"间进行决策时，都是一瞬间完毕——既快又准。

11日在商场发现嫌疑人周克华的，是一个女孩。这个女孩先是跟着周克华一路前行，但越跟越害怕，于是打电话报警。

警方这边有一种观点认为：不可能，昨天杀人今天来商场？当时，歌乐山正被三万人包围着。

面对商场提供的视频，正在指挥部吃午饭的刘忠义端着饭碗说："11日白天，周克华不在山上，逛商场这人就是他。"

别人看了看，没人敢吱声。

刘忠义端着饭碗接着看，不由自主地说："就是他！"

有人小声建议："这么模糊，你说是他？搜山任务这么紧张，如果不是，那不就扰乱军心了？"

刘忠义说："我下去核实一下，再调视频，再找那个女孩，情况就清楚了。"

这样的时刻，民主的研讨是有利于案件分析的。刘忠义指着视频说："他在南京干完案子也是第三天去商场，你看看这个视频，同样是嫌疑人下电梯先迈出左脚，走十五步就回头。"

又有人提出："作案现场视频，和商场这个走路姿势不对，这应该是最基本的经验吧？"

刘忠义说："要说姿势，作案时的运动是高度紧张的，和生活里不一样，去商场恰恰是他的原态特征。走十五步左右回头，是他的本质行为特征。你们说的是正常经验，是在拿作案时不正常的状态和他的正常状态比较，这样不科学。我们追了一年多，既要关注这个人的不正常，也要关注研究他正常的一面。"

刘忠义累计驳回的七条反对意见，决定了接下来三天的工作走向。

这一次，指挥权在公安部，压力则全在刘忠义一个人身上。决策的瞬间偏差，将会导致与周克华失之交臂。

事实证明，刘忠义在坚持个人观点方面敢于碰硬，没让侦查工作走进死角。

沿着刘忠义的决策向前工作，更为细致的内容出现了。警方通过视频侦查进一步发现，周克华在商场三楼打过电话，很快查明是打给他女友的。周克华打完电话，就把手机关了。

此时，有种意见说：“晚上，等他手机开机，抓人！”

刘忠义清楚，周克华不会因为手机犯低级错误。他说：“不能等！围绕进山和出山做文章，重点是寻找周克华在歌乐山上的墓地落脚点。”事后证明，周克华打完电话，就把手机扔了。

便衣人员开始在歌乐山上展开大范围行动，找到若干公墓和私人墓地的交接地方，四百个便衣布置上去。

13 日的夜晚，是寂静的。刘忠义坚持说：“歌乐山，他会从山上下来，这是没问题的。”

于是，才会有次日早晨的统一行动，才会有原定八点开始的行动被刘忠义提前至六点；才会有六点上岗警力发现周克华走下山，才会有警方沿着周克华当天早晨的行走路线接力式发现周克华；才会有周克华走进死胡同，才会有周克华在 6 点 54 分被击毙。

X4：面对荣誉他坚持功成不必在我

刘忠义说：“生活简单化，衣食住行够了就行。减少欲望，坚守初心，荣誉既是光环也是紧箍咒，永远都要沉下心来、静下心来。”

最初的“荣誉关”和“荣誉观”

刘忠义刚当警察的时候，是鹤岗市铁西派出所最年轻的。一个夜晚，他跟着老民警一起巡逻。当他们来到一个楼道门口时，清楚地听到了一声女人的惨叫，惨叫声过后是死一般的寂静。两人驻足，辨听声音传来的具体方向。接下来，又传来第二声惨叫，刘忠义毫不犹豫冲进楼道，老民警动作当然没有他快。两个人上楼时速度虽快，脚步却很轻。

那是刘忠义记忆深处非常恐怖的一个夜晚。女人的喊叫不是那种连续的，而是每一次独立的惨叫与随后的寂静交替着。转眼间，刘忠义来到四楼，发现一户人家开着门缝，声音就是从那里传来的。

此时，刘忠义耳边除了惨叫和寂静，又额外增加了一个声响：咔、咔、咔……

这种“咔咔咔”不是连续的，也是响了一下之后停顿一会儿，然后又接着响起。但，每一次咔声过后，女人的惨叫就会响彻一次——那是女人的丈夫用菜刀砍她头部的声音，是刀刃碰到头骨后发出的声音。

刘忠义出现在门前时，疯狂的男人直接举刀朝他砍来。他虽然年轻，却异常冷静，就在菜刀即将砍到自己的一刹那，他看准时机扭住对方手腕，将刀夺下扔进水池，又在老民警的帮助下将其制服。

带血的菜刀，将水池里的一池子水染得鲜红，女人得救了。时至今日，那个女人生命里最为感谢的人就是那个年轻警察——刘忠义。

那是刘忠义从警后第一次与歹徒面对面交锋，印象尤为深刻。那一次事件后，立三等功的奖章却给了老民警。年轻的刘忠义不干了，他去找所长理论。所长却对他说：“当好警察，要过很多关，这次过的是‘荣誉关’，你抓人表现优秀，但在‘荣誉’面前不过关！”

刘忠义不好意思地道歉：“所长，我懂了，我差远了……”

不久后，刘忠义又和所长一起夜巡。当路过一排平房时，突然看到一户人家人影绰绰，像是有争斗。两个人立即走进院子，打开房门一刹那，眼前是一个令人惊呆的情景：一个浑身捆满炸药的人，正要引爆导火索！

见警察突然而至，那人加速了引爆动作。用于引爆的两节电池已清晰呈现，其却没想到眼前的警察闪电一般冲到身边，瞬间控制了他即将点燃导火索的手，连整个人也被这个小警察控制得一动不能动了。

当弄清歹徒身上的五公斤炸药，不仅可以把这个房间里的十多个人炸得粉身碎骨，还会把周围一排平房炸平时，老所长和现场十多个人的汗水一下子几乎把衣服全湿透了。

这一次，所长要给刘忠义申报三等功。但他坚辞不就：“不要不要，我得过‘荣誉关’。”

老所长告诉他：“这一次必须要！因为——事儿，太大了！”

随后的几十年，刘忠义接连在“太大”的事儿里发挥出太大的作用。

指纹是凯里十八年积案最关键的突破口

1998 年 10 月 17 日深夜，贵州省凯里市公安局大十字派出所原副所长安坤在租住地楼梯间转弯平台处被人用钝器击头、用匕首刺穿胸膛遇难，配枪丢失。四十四天后的 12 月 1 日中午，惊魂未定的小城再发命案，时任中国银行凯里分行行长乐贵建和妻子房晓远、十四岁的女儿乐雅娴以及邻居刘巧云被他人持枪射击和用锐器捅刺致死，案发现场被大面积翻动，弹痕检验结果显示，子弹来自安坤丢失的六四式手枪，两案遂并案侦查。

该案曾由公安部督办，黔东南州公安局成立专案组，先后选派五百余名警力参与侦破，调查相关人员一万余人，形成卷宗七十八卷。调查显示，嫌疑人对受害人有一定程度的了解，但作案动机是寻仇还是谋财，十几年来内部一直有争议。

刘忠义接手这起案件以后，重新分析了现场的痕迹物证，判断犯罪分子与被害人之间并无私人关系，其抢枪的目的就是侵财。

一起案件的侦破工作，案件定性是最起码的首要问题。这也是最为考验侦查员及指挥员水平、智慧的课题。

对刘忠义的果断定性，有人认可，有人怀疑，但是大家沿着他的思维开展工作却是坚定不移的。

凯里案件，由于被害人身份特殊，当地对案件性质一直有不同认识，对案件性质的把握成为核心问题，也 度成为难题。以往的侦办，始终考虑被害人与其他人的矛盾点，希望通过找到矛盾点来突破案件。同时，十八年来案发现场一直保留着，不断被重新勘查。

刘忠义的观点是这样的："如果跟个人有矛盾，如果要杀这个行长，在门口、在其他隐蔽地方，犯罪分子很容易动手找到他，不用枪就能杀了他。干吗非得进屋，冒这么大的风险，还是在大中午？这都是不合常理的。"

2016 年 6 月 23 日，封存十八年的案发现场被再次打开，刘忠义率公安部特邀刑侦专家对现场又一次重新勘查。

在案发现场，警方曾提取到四枚连贯的指纹，这四枚指纹均系斗形纹。

除了案件定性问题，以往的侦查还有一种观点，就是认为系外地人作案，而且这种观点已经基本占据了上风。

针对斗形纹特点，刘忠义说："一个人一只手上连着四个斗形纹，这个特征很特殊，但恰恰是当地少数民族的特点，还到外地找什么？"

对于一起案件，刘忠义总会比别人做更多功课。

从案件定性，到嫌疑人是外地人还是本地人，刘忠义的理由拿到台面上时，表面看起来既简单又有力，似乎也没有多少神奇，但就是这样一次次看似平常的判断和分析，决定了一起又一起疑难案件的走向。至于刘忠义在幕后花费了多少工夫和精力，往往是人们所不知道的。

刘忠义提出的斗形纹代表当地少数民族特征，让工作组找到了突破口，明确了立足本地、以指纹找人的主攻方向，采集所有33岁至63岁男性指纹展开比对。

然而，此项工作6月份布置，8月份却还没动。两个月没动的原因是："很多警力都用在旅游安保上，没有警力。"

刘忠义十分清楚，这项工作的确耗时耗力。假设还有其他办法，也不用下如此大力气。他鼓励大家："嫌疑人就在这个空间，还活着，但跑不出去。"

有魄力，也得有智慧、有方法。刘忠义没有发脾气，他保持了对基层公安机关的理解。

他进一步指出："警力有限，民力无穷。警力没有，你们有什么？"

凯里方面答复："有计划生育干部，还有转业待分配军人。"

刘忠义对此很满意："好！由民警培训这部分人一个月，而且每采集一枚指纹，给予一定奖励，提高积极性！"

采集指纹的工作量极大，但这一次的效率很高，总共采集了当地48万枚指纹。

正是由于刘忠义的坚持和有力度的要求，营造了一种有效压力和氛围。否则，就不会有想要的效果。案件破获后，有人这样总结：态度决定一切。如果工作安排不细致，将会功亏一篑。

最终，看守所在押人员、原凯里市棚户区改造办副主任黄德坤的指纹与案发现场指纹成功比中。而此前，这名案犯的指纹迟迟没有采集，是因为该犯系职务犯罪，检察院不让采集的目的是为了隐瞒身份。

11月25日，专案组对黄德坤进行审讯，黄德坤交代出同案犯潘凯平。专案组顺线于12月2日将潘凯平抓获。二人对1998年因欠下赌债杀害民警安坤，抢其手枪，后持枪抢劫杀害乐贵建等四人的犯罪事实供认不讳。2017年年初，两个人作案后丢到江中的枪支被打捞上岸，悬了近二十年的命案真相终于浮出了水面。

凯里积案嫌犯落网后，两人的代理律师一度在网上宣战：按照目前的证据状况，难以判处二人死刑……律师这一次显然低估了警方的力量。

由于两个人交代将作案枪支扔进了江水中，刘忠义决定把这支老枪打捞出水。

"抽刀断水"捞枪，这样的魄力和决心令大家惊讶。打捞枪支？这么多年过去了，无异于大海捞针。

刘忠义鼓励自己也鼓励大家：我们再挑战一下我们工作能力的极限，看看这个极限能否突破！

嫌犯当年扔枪的大致区域被划定，然后设置围堰。军方对此予以大力支持，而且在用探测装置进行第一轮搜寻没有结果的时候，专门为警方这起案件重金购买了更为精密的探测设备，最终将作案用枪找到。

抽刀断水水更流，“抽刀断水”捞枪则成为两名嫌疑犯的“致命伤”。刘忠义和他的团队不仅挑战工作能力的极限获得成功，也获得了将两名嫌疑犯送上断头台的铁证。

把握犯罪嫌疑人心理“脉搏”发现细节

依据作案现场和犯罪嫌疑人行为，探查把握犯罪嫌疑人的心理“脉搏”，进而作出精准判断，是刘忠义全身心静观现场后，发现别人难以发现细节的不二秘密。

2015 年 3 月，某省的一个县城发生特大杀人案，犯罪分子持枪杀死四人。经专案组缜密侦查，确定当地居民姚某具有重大嫌疑，但姚某杳无踪影，故请求公安部予以指导。在此之前，专案组已经穷尽一切手段，若干种可能查来查去都查进了死胡同。山穷水尽之时，专案组向公安部发出求助：如果再找不到，我们就要发 A 级通缉令。

专案组的山穷水尽，是否会成为刘忠义的山重水复？

刘忠义到达现场后，在认真勘查现场、充分了解犯罪嫌疑人详细情况的基础上，认为该人虽然事先有所准备，但作案当天应系临时起意，对杀人的后果预见不足。

“滥杀无辜，是心乱。姚某，心乱了……”

刘忠义认真研究了嫌疑人姚某的最近遭遇：家庭正处于矛盾的旋涡中，情绪很不稳定。刘忠义对嫌疑人的判断很特别。

姚某，心乱了？这个时候，参与办案的民警，心也乱得不行。

刘忠义接着给姚某画像。姚某作案后回家，换了一条裤子，裤兜里有八百元现金，在逃跑时并没有带走。除了这八百元现金，姚某家里还有三千元现金也没有带走。作案用枪一直没有找到，说明他是带枪逃走的。

春节前，姚某从银行取了四万元现金，这是已经调查清楚的。看来，这些钱都是姚某没花完剩余的。此前，大家理解为姚某杀人后慌忙逃窜，甚至忘记了带钱离开。

忘记带钱离开？刘忠义先在这里画了一个问号。

刘忠义又调取了姚某病例。四十九岁的姚某患有严重的高血压、糖尿病等。

现场勘查民警在姚某家里并没有提取到什么有价值的物证，但刘忠义却发现了很多“宝贝”。除了遗落的金钱，还有很多治疗高血压的药物，以及胰岛素等。

这些原本没有谁在意的东西，刘忠义却非常感兴趣。他把所有的注意力都集中在了姚某遗落在家里的这些东西上。

刘忠义说：“姚某，做好了作案准备，却没有做好逃跑准备。”

大家面面相觑：“没做好逃跑的准备，现如今也逃跑了，而且还带着枪，逃得无影无踪。”

刘忠义指出：“大家不要着急，他自杀的可能性很大。现场勘查不能马虎，分析判断也不能仅停留在痕迹物证的表面现象上，要研究犯罪心理。四十五岁以上的人把怨气发出去以后，往往会选择自杀，尤其是身体有疾病的。”

他接着说：“姚某病重，可该随身携带的那些药物都没带，钱也没带，这些都很反常。没带的原因，是他根本不打算带了，没必要带了，因为他不想活了……即使野外羊倌也要发动起来，即使旮旯胡同隐蔽处也要找个遍。我们警察找人是点对点，依靠社会力量才是大面积找人。再这样工作几天，如果还没找到，再发A级通缉令也不迟。”

指令发出，第二天中午十二点开始寻找，结果当天下午两点就找到了——姚某在一个山沟上吊了，枪在一旁。

刘忠义喜欢复杂现场，尤其喜欢伪造的复杂现场。他总是会在复杂之中最终发现突破全案的关键要素。

2003年9月1日上午9点40分，黑龙江省齐齐哈尔市公安局110指挥中心接到报警电话称，建华区萨拉伯尔酒店的三楼平台上发现一枚炸弹。接到报警后，由消防、防暴等组成的拆弹队伍到达现场，可却束手无策。时任建华公安分局治安科民警于尚清徒手上阵，在距离炸弹定时还差三分钟的时候将炸弹从天然气管道上拆下来。炸弹为两个小饮料瓶并排捆绑在一起，内装汽油，旁边设一雷管，与一个改装成定时器的小闹钟相连，闹钟指向中午11点15分。接下来，四楼平台上又发现一枚同样安放在天然气管道上的炸弹，这枚炸弹在下午2点10分左右被于尚清拆除。不久，警方又在酒店内相继发现八个爆炸装置。在萨拉伯尔酒店现场发现的爆炸装置制作手法相当老到，十一枚“炸弹”有真有假，除少部分用闹钟作定时器外，其他均采用传呼机定时。所有炸弹，均被于尚清拆除。转业军人于尚清并没有拆弹知识，一切仅仅是靠着勇气和细致。3日凌晨，于尚清成功拆除最后一个爆炸装置，这个爆炸装置被一个饮料箱包裹，一度被现场的很多人传来传去。时任局长要求在酒店地下室将这个爆炸装置进一步拆解，并称：这个炸弹多存在一秒钟，对人民群众的威胁就多一秒……这是一个明显错误的决策。最起码应把炸弹移除至野外空旷地带射击引爆，至少不应该对一个没有专业排爆队伍的公安机关下达命令——在地下室拆解“不拆就不会炸”的炸弹。于尚清被错误的命令推上前台。优秀军人出身的于尚清有着坚决执行命令的勇气，但这勇气和他特有的细致没有保全他。拆解爆炸装置时发生爆炸，于尚清被严重炸伤，若干年后因为这次爆炸旧伤失去了生命。

案件发生不久，加之于尚清重伤，警方的力量和工作节奏明显加大加快了，而结论是：案件性质系熟人报复老板。市公安局开展现场勘查和调查走访工作，最初确定这是一起有预谋、有准备的爆炸犯罪案件，犯罪嫌疑人十分熟悉现场情况并与酒店老板有直接或间接的利害矛盾，报复恐吓酒店老板的可能性很大，复杂的排查工作随即展开。

时任黑龙江省公安厅刑侦总队副总队长的刘忠义到达现场后，指出：这是侵财案件。当然，作案人必是熟人，报复和恐吓都是表象，现场伪装炸弹和真实炸弹的本质是“侵财目的”。

刘忠义的这个观点和大多数人相左，而且引发了激烈争论。但他独自反复勘查现场二十多遍后，越发坚持自己的观点。

此前，案件真凶谷树坤被办案人员简单询问审查后，便解除嫌疑释放了。但最终按照刘忠义的观点，他又被抓了回来。

以侵财为目的的侦查，远比以报复为目的的侦查要做更多的工作。谷树坤被成功挖了出来。

落网后的谷树坤和贺景新坦白：一直在该酒店当领班的谷树坤，以敲诈六十万元现金为目的，组织策划安装了系列炸弹。

案件发生后的 9 月 1 日上午九点，谷曾给酒店打电话索要钱财，却因酒店员工开会没有人接电话。上午十一点，二人想再次打电话时，公安机关已经进驻现场，二人最终没有得手。正因为索要钱财的电话一直没有拨通，一度显得无声无息的嫌疑人，给公安机关造成了一个单纯报复滋事的假象。

没想到这个假象却被视角独到的刘忠义拆穿了。

该案的成功侦破，给了所有人一个答案，同时也给了身负重伤并最终为此失去生命的优秀民警于尚清一个交代。

有些犯罪现场是没有痕迹的，没有痕迹如何发现细节？

在刘忠义看来，没有痕迹也是痕迹，要从“没有”中发现“有”。

2002 年 10 月 31 日，双鸭山矿业集团双阳煤矿被盗，丢失雷管十箱，共计一万发。当时正值党的十六大召开前夕，各级领导十分重视。时任副总队长的刘忠义临危受命，当夜即驱车赶到双阳煤矿。

双阳煤矿火药库距市区4.5公里，四周有高压电网防护。库房只有通风窗户上的19厘米×22厘米铁栅栏孔与外界相通。在这个铁栅栏外有攀爬的痕迹，其他门窗则完好无损。现场试验这个铁栅栏孔任何人都钻不进去，但是迹象表明盗雷管的人就是从这个地方钻进去的。由于现场没有留下任何有价值的痕迹物证，侦查工作一时找不到突破口，连久经沙场的刘忠义也觉得很棘手。

刘忠义在现场来回踱步，反复思考：能把现场处理得这么干净的人，肯定不是第一次作案。别人钻不进去，他能钻进去，这种特殊技能就是侦查工作的方向。

刘忠义指示把近年来发生的钻爬盗窃案都收集起来，逐个研究，归类分析。

很快警方就发现，八个月前该矿二采区曾发生一起钻窗盗窃案，犯罪嫌疑人从一个篮球般大小的暖气管道孔钻入库房，盗走价值一千元的锚杆（一种矿用金属品）。此案至今没破。另外，侦查员在调查中获得一个线索，另一个采区的管库员提供，有一天他到库房取材料，打开门发现屋里有一个人。问他是怎么进来的，他说是从暖气管道钻进来的，动机是好奇，想试试是否能钻进来。该人名叫毛铁汉，本矿区人。

综合这些线索，刘忠义下令就查这个毛铁汉。

侦查员围绕锚杆被盗案进行工作，很快获得了证据。当年11月4日，毛铁汉被传讯到案，他很快就交代了盗窃锚杆的犯罪事实，并供出了两个同伙。但当侦查员问及雷管案时，毛却极力否认，并信誓旦旦地表示：第一，双鸭山刚刚破获“8·28”炸药被盗案，作案人被判了重刑，绝不敢再干这样的事。第二，我们几个就是小偷小摸，维持生活，从没偷过雷管炸药。第三，半个月前有人找我弄雷管，我没答应，我怀疑这个案子是他干的。为了让侦查员进一步相信他说的是实话，毛铁汉表示，如果放他出去，两天内他就能把雷管找回来。

“此地无银三百两。如果案子不是他干的，他上哪儿去找一万发雷管？这个案子就是毛铁汉干的！”刘忠义肯定地说。

经过调查得知，毛铁汉所说的找他弄雷管的人是一个多年的在逃犯，根本不在双鸭山。毛的谎话，意在转移警方侦查视线。

在刘忠义的指挥下，专案组调整计划，由双鸭山市公安局刑侦支队领导亲自主审毛铁汉。经过四个小时的斗智斗勇，毛铁汉终于败下阵来，交代了伙同他人盗窃双阳煤矿火药库一万发雷管的犯罪事实。

筋骨柔软、善于钻爬作案的毛铁汉后来反思才明白过来：过分显示自己的作案技能以及那句此地无银三百两的表白话，在刘忠义面前是十分愚蠢的。

毛铁汉把雷管埋在了山上的一片坟地里。他在带领侦查员起雷管时，仍不甘心地与刘忠义斗小智。

他指着眼前的一大片坟地，狡黠地问刘忠义：“刘总，听说你是刑侦专家，考考你，你看看我把雷管埋在哪个墓穴里了？”

刘忠义略加扫视，指着一座坟头，语气坚定地说：“就是这座。”

毛铁汉惊讶而又敬佩：“真行！你猜对了。为什么？”

刘忠义不屑一笑：“小儿科常识，别的坟头雪下长有蒿草，这座没有，证明有人新动过。”

案子告破时，距离党的十六大召开还有三天，刘忠义长长地吁了一口气。

既坚持独特视角又信奉集体智慧

刘忠义分管的公安部刑侦局一、二、三处接的都是急活儿。

三百六十五天每分每秒都是一部侦探大片，怎样才能做到急而不躁？怎样才能在不同案件交错而至的工作状态下，又立足不同案件做到急中生智？

从事刑侦工作三十多年来，刘忠义把所有精力都集中在“破案”这一件事上。他当年在黑龙江省公安厅当刑侦总队副总队长的五年时间里，公安厅大院能把刘忠义的人和名字对上号的并不多。原因很简单，一年三百六十五天他有多半时间在出差办案。

刘忠义的作息时间毫无规律可言。吃饭、睡觉都跟着案情走，车上是他睡觉最多的地方。他的理论是在车上睡觉不耽误赶路，一举两得。对此，他的司机小房最有感触，为了让刘总睡得踏实一点儿，他总是尽量把车开得稳一些，但是遇上颠簸的路他也没辙了。记得有一次到农垦地区办案，三天跑了两千多公里，小房几乎把骨头都快累散架了，但刘总下车就研究案子去了，后半夜才回来。

2003 年冬天，侦破肇东市一派出所所长全家被枪杀案时，刘忠义在案发地一住就是八十多天，元旦、春节、元宵节都在现场度过，其中三天三夜几乎没怎么合眼。

这起案件，最初的观点大多认为是报复或侵财。刘忠义却提出嫌疑人激情杀人的想法，而且是熟人作案。

当时，刘忠义刚刚侦办完惊动全国的齐齐哈尔大小地主涉黑案件，直接从齐齐哈尔赶赴肇东。

这个现场，刘忠义累计去了几十次。一次次身处犯罪现场，刘忠义认真观察着三名死者的倒地位置，结合弹道走向认真分析，发现嫌疑人应该是站在门框处射击的。其中，一名死者的旁边有一台电风扇。就是在这台电风扇底下，刘忠义又发现了一枚弹头，而此前总共发现五枚。

刘忠义认真感悟着现场的一切，一点点复原案件发生时的现场情节——嫌疑人跟被害人一家很熟，他当时是倚在门框上，跟坐在电风扇底下玩儿电脑的所长聊了很久，而且聊得很不愉快。被害人一家三口对其很轻视，自顾自做着自己的事情，丝毫不知道倚在门框上的人已经动了杀机。他瞅准了所长挂在衣帽架上的配枪，之后朝毫无防备的三名家庭成员开了枪……

沿着这个思路，排查与所长家有矛盾的亲属、朋友，很快排查出一名嫌疑人，后来证明该人就是凶手。作案起因及现场行凶过程与刘忠义的判断完全一致。杀人的动机是因一些旧纠葛临时起意。

出任公安部刑侦局副局长后，刘忠义负责组织侦破全国重大严重暴力犯罪案件。

他依旧是案件一发生，拎包就走。他总会在第一时间赶赴现场，以独特视角还原现场。

2014 年 1 月，河北省发生炸药运输途中丢失案件。一辆运送炸药的货车停留在服务区时部分炸药莫名丢失。监控视频由于受雾气的干扰什么线索也提供不了。

刘忠义到达现场后，通过对环境的观察和对话了解，直觉敏锐地将该案定性为普通盗窃案。

他判断：嫌疑人看到是炸药，可能要抛掉。

发动群众找！

果然，丢失的炸药在次日中午被找到了，案犯也抓到了。

2014 年 1 月 15 日晚上九点，崇左市一个夜市发生爆炸，当场炸死六人。嫌疑人很快查清，但他也在这次爆炸中殒命。

嫌疑人从一个自然村辗转到爆炸发生地，自己却被炸死了，其动机是什么?

刘忠义综合判断后，认定：系误碰，嫌犯自己酿造的事故!

后来警方在嫌疑人住处找到了其制作录像的视频，证实了刘忠义的判断。

关键时刻，是刘忠义的拍板定性，扭转、把正了工作走向。否则，就会虚耗许多的人力、财力、物力。

2016 年，山东省某县一村民给刑侦局发来一封涉黑举报信，反映该县在打击一个涉黑团伙过程中将小喽啰抓了，主犯一直不处理，涉案村主任也是抓了就放。信中列举了这个团伙主犯帮助无良开发商介入拆迁，组织流氓带着枪、开着车浩浩荡荡在拆迁现场胡作非为等行径。

刘忠义收到信件后，非常重视，部署警力开展侦查，发现情节的确恶劣，随后成立专案组深入调查，最终将所有主犯抓捕归案。

这一次，被抓的人再也没有被放出来。可有一次，刘忠义却将别人抓了就放的人“永远放出去”了。

2002年，黑龙江省某县发生一起杀人案，一对母子被杀害。当地公安机关经侦查，认定死者的前夫千某具有作案嫌疑，但缺乏直接证据，未能进入诉讼程序。嫌疑人抓了又放。被害人家属因此上访。2007年十七大前夕，被害人家属放言：“你再抓了放，我去天安门……”

当地公安机关希望刘忠义能够帮忙找到铁证。当时的省厅领导则不赞成刘忠义接手这个烫手山芋。

本着对命案高度负责的态度，刘忠义觉得应该研究一下，于是前往案发地。

最初，刘忠义一声不响，查看了当地警方提供的各种现场物证。他拿起一件嫌疑人遗留的衬衫，把前后左右和领口看得异常仔细。随后，他又认真翻阅了案卷。

最后，刘忠义说：“放了千某是对的，以后也永远放了他吧……”

“放？那边都要到天安门告状了，还要放？邀请您是来帮我们的，不是帮助千某。”

刘忠义指出：“你们提取的现场物证，这件衬衫，嫌疑人一米七，千某一米七六，谁整天穿着小号衬衣？被害女子是裸体死的，离婚两年了，矛盾很大，还能发生关系？”

就这样，刘忠义接手案件的第一天，就否定了千某作案的嫌疑。

接下来，刘忠义发现案件中遗留的唯一有价值的物证是半枚血指纹。但因为血指纹模糊不清，五年来对案件侦查一直没有发挥作用。多家权威鉴定机构检验得出的是“指印特征少，不具备认定条件”的结论。

特征少并不等于完全没有。刘忠义向痕迹专家崔道植求助。

2007年9月2日，指纹被送到崔道植案台前。崔老研究了整整一夜，成功地对指纹进行了修复处理。经过反复观察检验，发现有七点比较稳定的特征。崔老的认定，进一步确定了原嫌疑对象千某作案证据不足。

刘忠义再翻阅五年来的调查材料，均反映被害女子非常本分。但他重新组织侦查后，却发现了很多不同的情况。而后他前前后后调查筛选出四十二名可疑男子，并把四十二名犯罪嫌疑人的指纹提供给崔道植。

崔老利用两天两夜的时间把这四十二枚指纹全部看完了，其中崔某的左拇指印在种类、个别特征的数量、位置、相互关系上均符合。但一向严谨的崔道植并没有过早下结论，他让刘忠义陪着他来到案发当地，重新捺印此人指纹。

在计算机上看了大约有一个小时，崔老认定，杀人现场报纸上留下的血手印，就是此人的左手拇指外侧留下来的。

案件侦破后，刘忠义始终强调着崔老不可替代的作用，而淡化了其他因素。

可以肯定的是，这起案件的成功侦破，是他们师徒二人的合力杰作。

刘忠义说："很多疑难案件，分析研究再对再准，没有技术、没有法医还是不行。各方面信息都是专家经验汇总后，才形成了你的判断。所以，有很多案件的突破，都是信奉集体智慧的结果。"

同样，九起疑难命案攻坚案件均为严重恶性案件，犯罪手段均十分残忍，在案发地乃至全国影响极大。虽然案发地公安机关连年攻关，但都久侦未破，案件侦破长期陷入僵局。攻坚行动工作组接手后，如何在前人的积累上寻找新突破，成为破案的关键。

其中一起案件，警方掌握的唯一线索，就是一枚变了形的指纹。因为作案的时候，犯罪嫌疑人在动。这枚指纹怎么用？刘忠义请来多名专家进行重新标注和研判。

经过十一名专家两周时间的反复研究，2016 年 7 月 28 日，指纹被重新标注。7 月 29 日进入全国指纹库提交比对，当天就成功比中了犯罪嫌疑人。7 月 30 日上午，嫌疑人被抓获。其对犯罪事实供认不讳。九起案件中的又一起被成功破获。

这就是刘忠义一向坚持的侦查理念和专家结合的侦查思路。

指纹还是原来的指纹，DNA 还是原来的 DNA。完全看怎么再拓展应用。

有的现场什么物证都没有，但是现场给警方的信息是什么？这个人离现场到底有多远？反映出的一些综合信息如何应用？按照怎样的方向才能找到犯罪嫌疑人？

由内而外的静气，加之信奉集体智慧的成熟理念，使得刘忠义总会有特殊的视角。

荣誉是光环更是紧箍咒

虽然近年来侦破了很多世纪悬案和数不清的大大小小案件，刘忠义却这样定论——有些别人破不了的案子，我虽然组织侦破了，但并不意味着我能力强，咱们不算是能力最好的，有能力比我们强的，却没机会干这个活儿。我的底线是，工作和生活都得努力做好，既然有机会从事侦查破案工作，就需要不断、细致地积累经验。从政治站位角度来说，要对国家和人民担起这份责任，对得起这份信任。

刑侦局柳佳处长坦言：刘局这个人，凡事总会尽量缩小自己突出别人，从来都是把立功机会让给同事。刘局爱学习，懂得技术的重要性，因此尤其尊重技术干部。比如乌老那边，他会定期买些水果，他没时间就让局里年轻同事帮忙送过去。

2017 年 10 月，公安部举行第二届全国“公安楷模”发布活动，刘忠义光荣当选。

对此，刘忠义说：“要能够懂得感恩，要有满足感，否则就会焦虑。搞案件，干工作，一定要沉下心来，不该得的决不要。荣誉对我来说是光环，更是紧箍咒。”

有人说，在刘忠义的手里，没有破不了的悬案。

刘忠义却说：“任何人都不敢夸下这个海口。我只是赶上了好时代，能够静下心来研究工作。那些未破案件，只要拿上来，就是在我们的视线中。只要犯罪分子作了案件，不管多狡猾，作得多么天衣无缝，到最后都会被战胜。下一步，我们还要继续攻坚克难，侦查破案没有终点，永远在路上。”

X5：刑警真谛就是忠诚履行责任

那座鹤岗小城在他心底存续着寒意也存续着温暖

刘忠义出生在黑龙江省鹤岗市。勤劳的矿工父亲，靠着一双有力的大手养育着一家人。小时候，伙伴们会奔跑着来到矿上等待收工的父亲们从矿井里坐着升降机一点点升起。父亲们清一色的炭色，从升降机鱼贯而出的时候，呼出的气体会在寒冷冬日里形成浓厚、洁白的雾气。于是，炭色的父亲们会被那雾气紧紧缭绕包裹着。小伙伴们眼巴巴望着，谁也分不清前方清一色的炭色与雾气中，哪一位会是自己的爹……

只有一个瘦削的孩子，会瞬间找到自己的父亲。神色，没有其他孩子脸上那种焦急，水汪汪的大眼睛总是沉静而愉悦着，他能从那些炭色的步态、举止间判断出哪一个是自己的父亲。

这个瘦削的孩子，一直想到井下看看父亲工作的地方，父亲当然是不同意的。有一天，这个瘦削的孩子趁着父亲不备，在升降机即将关门下降之前的一瞬钻了进去。大门关闭的一刹那，他看到了父亲欲说还休的无奈表情。

升降机下到矿井数百米深的地方，一阵阵寒意侵袭，那种感觉并不好玩儿。回到地面，瘦削男孩得到的不是批评，而是父亲对他的勇敢和机灵劲儿的表扬。

男孩十五岁时，父亲因为矿工常见的肺吸尘病去世了。男孩再一次来到矿上，像以往那样站在老地方看着鱼贯而出的炭色，但却再也等不到那个无比熟悉的身影。男孩努力不让自己流泪，冷静地面对着生活留给他的一个又一个艰难课题。他会在悲伤的时候到操场奔跑，之后一次次在运动会上获得中长跑冠军。他也曾一次次乘着升降机下入深井，那里虽然寒意袭袭，却仿佛父亲就在身旁，于是他心底就会涌动出一丝丝温暖。

家里生活最为艰难的日子，他瞒着母亲偷偷放弃学业，来到力工市场打零工。当男孩把辛苦赚来的钱一分不少交给母亲的时候，母亲流着泪颤抖着说："没有爸，还有妈呢……"

母亲的爱与刚强，让男孩重新回到学校，也让未来中国警察队伍里出现了一个铿锵有力而又闪亮的名字——刘忠义。

后来的岁月，每当深入一个又一个残酷的犯罪现场时，刘忠义都会感觉到一如矿井深处的那股子寒意。

但就像当年的寒意并没有把他侵袭裹挟一般，刘忠义在寒意中永远保持着冷静。而心底存续的对被害人和其亲属的温暖，永远支撑着他一路向前。

初入警队临危不惧显身手

从警后入党是1990年6月，配备的第一把五四手枪枪号是31058026……与最初从警有关的记忆，在刘忠义心中始终清晰如昨——那是初心，那是出发的起点。

刘忠义1985年从黑龙江省警校毕业后被分配到鹤岗市公安局，先在南山分局铁西派出所当了一年半片儿警，之后在分局刑警队跑了一个月龙套，又被调到大路派出所任治安警。那时的刘忠义年轻又有一股机灵劲儿。

1987年1月6日晚上，有群众到派出所报案，在四季春饭店有一男子怀揣菜刀，一边喝酒一边扬言要干点儿惊天动地的大事。正在所里值班的刘忠义立即与另一民警夏怀东赶往现场。在四季春饭店大厅里，他们看到一个身着羽绒服的男子，两眼通红，一边往嘴里灌着酒一边警惕地注视着刚刚进屋的他们。从其敞开的衣领里，他们看到了隐露的菜刀把儿，并判断该男子鼓鼓囊囊的衣服里可能还藏着别的东西。

此时，刘忠义觉得如果直接去审查该男子，可能会产生意想不到的后果，而且他们二人手中都没有枪。他略加思索，悄悄给夏怀东递了个眼色，高喊："老板娘，整俩菜，喝点儿！"

酒菜上齐后，刘忠义端起酒杯靠近该男子："怎么了，哥们儿，一个人喝闷酒?”

恰在此时，意想不到的情况发生了。一个熟识刘忠义的女孩闯进了饭店，见到刘忠义就说：“刘哥，听说你调到刑警队了?”

听闻此话，该男子忽地一下从凳子上跳起来，将手伸向了怀中，空气仿佛一下子凝固了。

面对突如其来的情况，当时只有二十二岁的刘忠义没有慌。瞬间反应后，他接过女孩的话茬儿：“去啥刑警队呀，犯了点儿小毛病，‘皮’都叫人扒了，现在到矿上上班了。”

该男子闻听此话，长出了一口气，又坐了下来。

隔了几分钟，见那男子情绪已稳定，刘忠义又端起酒杯走过去：“哥们儿，喝杯酒。”

趁那男子犹犹豫豫举杯的一瞬间，刘忠义扔掉酒杯，闪电般抓住对方手腕，同时一个侧踹将其踢倒在地，当场从该男子怀中拽出一把菜刀。

在夏怀东的配合下，该男子被彻底制服。拉开其羽绒服衣链，在场的人都惊呆了。该男子身上捆绑着十七筒液态炸药和完整的起爆装置。如果给其机会拉响了，周围几栋房屋将会被夷为平地。

挑战疑难案件是长期的习惯

向疑难案件挑战，是刘忠义从警以来长期养成的习惯。刘忠义早年刚刚担任鹤岗市公安局刑警支队支队长时，鹤岗、七台河、佳木斯连续发生盗窃金柜案件，所有案件无一侦破。由于最初发生的第一起案件在鹤岗，刘忠义非常用心。

一次，嫌疑人又在佳木斯某学校作案，被更夫发现后，嫌疑人随即将更夫绑了起来。后来，更夫悄悄解开绳子报案，嫌疑人慌乱逃跑时遗留了大量物品。

刘忠义听到消息后，连夜给佳木斯打电话，问现场怎么样。佳木斯答复说没有线索，现场遗留的东西也没啥意义。刘忠义说：“我现在安排人过去，把现场遗留的东西带回来。”

“明早吧。”对方回答。

“明早不行!”刘忠义回答的时候已经安排人上路了。

去佳木斯的同志拿回了两大袋子“宝贝”。这些东西在别人眼里没啥意义，在刘忠义这里却是货真价实的“宝贝”。两大袋子里边，包括已经褪色的武警衬衫、撬棍、修车专用的螺丝刀等。

武警衬衫上的部队番号、血型都洗没了，但用于佩戴徽章扎的眼儿还有。修车专用螺丝刀，更代表着嫌疑人应该是从事汽车修理人员。

除了这些，刘忠义还发现一个小手包。小手包有个夹层，仔细一看是空的。像是冥冥中有一些元素在指引刘忠义一样，他对这个小包“情有独钟”，将其拿在手里一点一点捏来捏去。捏着捏着，他听到了包里“嘎巴、嘎巴”发出微弱的声响。刘忠义顺着声响在夹层角落发现了一张底片！

照片洗出后是一家三口，背景是百货大楼。送看守所组织辨认！刘忠义立即作出安排。

果真有人辨认出来，照片上的人是负案在逃的王某，曾从事过汽车修理工作，他的舅舅曾当过兵。

刘忠义亲自带人来到王某家进行抓捕。在那座平房前，刘忠义看到屋里的灯光亮了又熄灭了，熄灭了又亮了，最后又熄灭了。半夜时分，从平房里走出一个人，就是王某。

王某落网后说：“这个晚上，感觉特别闹心，原本计划天亮跑，因为太闹心了，就决定今晚动身。但因为犹豫不定，一会儿开灯，又一会儿灭灯，最后决定还是晚上走时，刚出来就被按住了。”王某家各种作案用的工具应有尽有，如果不是刘忠义行动快，王某一定外逃无疑。

刘忠义先后担任鹤岗市公安局南山分局大路派出所副所长、刑警大队副大队长，市局刑警支队副队长、预审科长，兴安分局副局长，市局刑警支队支队长，后进入省城出任黑龙江省公安厅刑侦总队副总队长、政委、总队长，2011 年调任公安部刑侦局工作至今。先后荣立个人一等功三次、二等功六次、三等功四次；获评全国优秀人民警察、黑龙江省十大杰出青年、黑龙江省“五一劳动奖章”等荣誉称号。

对人民有感情就得把被害人当家人

刘忠义是伴随着改革开放成长起来的共和国新一代刑侦专家，却依然和老一代专家保持着相同的朴素情怀与价值观。沿着初心一路走来，在一起起疑难案件侦办中，在与被害群众和被害群众亲属的一次次互动中，刘忠义的思想境界与业务能力一起成长起来。

“对人民有感情，就得把被害人当家人，不当家人也必须担当这个责任。”很多老同事都记得，刘忠义在侦办 2001 年冬天奸杀少女案件时的表态掷地有声、虔诚庄重。

坐落在黑龙江畔的孙吴县群山乡社办村 2001 年冬天发生一起奸杀少女案。

村民老林的爱女晶晶在早晨去同学家的山路上被人强奸杀害。奸杀现场惨不忍睹。零下30多度的严寒里，被歹徒剥光衣服的晶晶躺在山上的一个雪坑里，身上用柞树枝掩盖着。晶晶的脸上遭受暴力击打流出的血液已经结痂，颈部有绳索的勒痕，嘴里被塞满了树叶。

案发后，孙吴县公安局成立了专案组，将该案立为重大案件进行侦查。根据案发时间、地点以及犯罪嫌疑人对现场的熟悉程度和强奸后的灭口行为，确定为当地人作案。

侦查人员首先围绕晶晶的离家时间、行走路线以及接触人员进行了调查，并对案发地临近的群山乡三队、四队、五队、乡直、社办等村屯进行了大面积逐人逐户的地毯式走访调查。其次对所有村屯中年龄在16岁至55岁的男性村民进行定时定位，对外来打工、探亲访友、案发前后突然离开、情绪反常以及在野外地窨子过冬的人员进行调查。经过七天七夜的工作，专案组从调查的260余名男性村民中发现王某具有重大嫌疑。王某在被审查时又交代了李某为同犯，二人被刑事拘留。但是，在抽取二人血样送省公安厅检验后，却排除了他们的作案嫌疑。后王、李二人被分别予以释放。

案件侦破工作刚刚开始就走错了方向。由于错案导致部分参战民警及领导被追究责任，加之错案当事人以及因长期未破案被害人亲属等先后多次到省进京上访，重重压力压在了孙吴县公安局以及县委县政府的头上。

案发后的五年里，孙吴县公安局几乎没有间断过对这起案件的侦查，多次进行过大规模的走访排查和外出调查取证，可案件真相仍然石沉大海。那五年，民警们背负着沉重的压力。一位年轻民警回家都不敢面对弟弟，因为弟弟就是晶晶的同班同学。许多民警走过晶晶遇害的山前时都要驻足伫立一会儿，面对一个屈辱的芳魂离去的地方，他们的心在滴血。

2005年11月9日，刘忠义带领命案督导组到黑河市研究命案侦破工作时，孙吴县公安局将“12·31”强奸杀人案作了汇报。

按理说，一个肩负数百起命案侦破工作督导任务的省公安厅副总队长，对这样一起五年前的单人被害案原则上指导一下也就可以了。况且这是基层搞了五年的疑难案，稍有一点儿私心的人都要尽力回避的。

但是刘忠义没有回避。面对晶晶被害后那惨不忍睹的现场照片，刘忠义动容了。他说：“我决定把这起案件作为特殊督办案件。不光督办，我还要和你们一块儿干，一定给孙吴县人民一个交代。”

刘忠义在仔细研究案情后认为，此案虽然历经五年曲折之路，但仍有两个好的基础条件：一是发案地域范围不大，围绕社办村及其周围只有三千余户，除去老少儿童和妇女，能纳入视线的中青年男人只有一千余人。二是现场提取了足够的犯罪嫌疑人的精斑作为DNA检材。

针对这种情况，他拍板定方案，将纳入视线的一千余人重新提取血样，做进一步DNA验证。同时他还决定，为了防止漏验、伪验、替验、逃验，在提取血样时必须有民警、法医、村干部、乡领导四方人员在场，确保提取的血样与本人核对的准确性；并要求在提取血样时，注意观察被提取人的现场表现是否反常，做好记录备查。

由于案件久侦未破，又有错案在先，加上以前多次打扰，使群山乡的部分群众产生了抵触情绪。警方再次采集血样遇到了前所未有的困难。

北安市公安局的会议室里，刘忠义在为侦破“2005·10·9”奸杀幼女案做再动员。他说：“假如被害的是我们的妹妹、女儿，我们怎么办？还能按部就班无动于衷吗？还能为了怕辛苦不去认真追查每一个线索吗？”

说这话时，人们看见他的眼睛里闪现着晶莹的泪光。

刘忠义告诫大家，一定要带着感情去办理每一件案子，只有把感情转化成一种责任和动力，才能给那些受到伤害的人深深的慰藉。刘忠义给大家讲起当年自己在鹤岗市公安局当刑警支队长时，连续发生了十一起强奸残害幼女案。最后一个小女孩被歹徒残忍地撕裂阴道，在医院缝合时打了麻药还痛哭失声。刘忠义在征得家长同意后把所有办案民警都叫到病房看手术，很多民警当场掉下了热泪。三天后，这起系列奸杀幼女案告破。

一番鼓励过后，大家的信心重新燃起。

技术大队长王宏伟带领民警谷继国、李红军、郑大伟、张玉新挨家挨户宣传，终于得到了群众的支持和配合。他们冒着零下三十多度的严寒，每天工作十四个小时以上，只用了七天就完成了第一批近三百人的血样采集工作，比预定的时间提前了三天。

2005年12月7日，刘忠义亲自率领孙吴县公安局的法医和民警带着血样抵达北京。为了求得公安部物证鉴定中心的支持，他们把晶晶遇害的情况、几年侦破工作所走的弯路以及当地党委政府和公安机关面临的压力如实地作了介绍。物证鉴定中心的专家们被他们的责任感和敬业精神所感动，也为晶晶无辜惨遭残害义愤填膺。物证鉴定中心领导当即决定，全力支持黑龙江的工作，连夜进行检验。

9日，仅仅两天的时间，物证鉴定中心的专家们就将带去的267份血样全部做完了。这样的速度和效率在世界上也是少有的。但是这267份血样中仍然没有发现犯罪嫌疑人。看着黑龙江民警们略带失望的神色，专家们建议，再从这些血样中挑一部分做血缘关系鉴定。这样又做了17份血缘关系鉴定。专家们发现，一份标明“群山乡五队邢兆建”血样的DNA数据与“12·31”案件现场遗留精斑的DNA数据有单亲血缘关系。据掌握，邢有两个儿子，一个在外地，一个在孙吴县奋斗乡工作。消息传回孙吴县，专案组立即对邢的大儿子邢加友采取了控制措施并抽取了血样，同时布置力量寻找邢的另一个儿子。

11日，邢加友的血样被送往公安部进行技术鉴定。12日18时许，鉴定结果出来了：邢加友的血样与案件现场遗留精斑DNA数据十二个基因位点相符合。强奸杀害晶晶的就是他。

当天晚上，曾经立过三等功、被列为入党积极分子的奋斗乡打字员邢加友被“请”到了公安局。面对毋庸置疑的科学证据，这个在法外逍遥了五年的元凶低下了头：“我相信科学。其实你们在抽我血时，我就知道我的末日到了。”

案件侦破后，刘忠义对专案组同事说：“什么是刑警真谛？我认为就是忠诚履行责任。一名刑警如果没有了忠诚履行责任的品质，就没有了灵魂，没有了动力。这起案件，我们真正履行了作为一名刑警的责任。”

一名刑警，要善于和罪恶的灵魂对话，更要能静下心来，不断发现常人难以解读的破案密码。

刘忠义的繁忙身影与睿智频现，深深印在家人、同事的脑海里。中国，正是由于有了像刘忠义这样的“战斗型刑警”，国家平安稳定的天平上才会始终保持着一个厚重的砝码。

刘忠义的名字，加上专属于他本人的若干个“X项”，是一本厚重的中国刑警故事书，也是中国刑警特有的方程式。

过去，我们形容某某刑警破案如神，往往会说他是福尔摩斯。细细想来，与“福尔摩斯”相比，刘忠义的故事是那么不同，因为他的故事里，藏着西方国家无法解开的新时代中国刑警的探案密码。

毫无疑问，新时代中国刑警的探案密码，正引领着中国刑警走向世界前列，为中华民族伟大复兴保驾护航。

天柱盲警

陈　晨

宽敞的大厅里，前方有一块巨大的屏幕，占据了差不多一面墙的面积。大屏幕由 20 多块电子屏组成，随时切换着各处的监控情况。大屏幕的对面，有一排操作台，上面摆放着电话和电脑。一位民警身着警服，眼戴墨镜，端坐在操作台前，在电脑上进行操作。民警的左臂已高位截肢，右手仅剩中指和小指。随着中指和小指在键盘上快速敲击，一行文字出现在屏幕上——某时某分，接报警人某某电话，某地发生一起交通事故……伴随文字的还有语音。

这是贵州省黔东南州天柱县公安局 110 指挥中心的接警大厅，使用读屏软件在电脑前操作的是天柱县公安局的民警张秀昊。

他是一位盲人，一位双目失明、一级伤残的盲警！

一

“如果知道那枚自制的炸弹早就埋伏在你 26 岁最美好的青春年华里，它将把你的人生炸得面目全非，你是否还愿意选择当一名警察？”

“如果知道 18 年前的那次处警会导致你双目失明、肢体不全，终生生活在黑暗中，你是否还要义无反顾以身犯险？”

这是 18 年里，张秀昊始终绕不开的话题，也是他在黑暗里思考时自问最多的假设。人生没有假设，“如果”没有意义。即便知道后果如此严重，结局如此惨烈，人生从此改写，18 年前，他依然会选择把危险留给自己。因为，他没有别的选择。

18 年前，在偏远的贵州黔东南州天柱县，不可能有精锐的排爆队伍，不可能让战友冲在前面，不可能牺牲无辜的群众，不可能置之不理一走了之……这么多不可能，除了牺牲自己把危险留给自己，他哪里还有别的选项？

不是为了要当英雄，而是因为职责所在，使命所然。

当时他是天柱县公安局刑侦大队凤城中队的中队长，参与处警的只有他和同事李斌，而且冲锋在前一直是他处警时的习惯做法，把危险留给自己一直是他的行为模式。

那枚与他狭路相逢的自制炸弹，是他失明前仔细看过的最后一样物品，并且，此后的18年里，这枚炸弹无数次在他的梦中突然炸响，让他一次次唤起惊惧和剧痛的回忆。他永远记得它的模样。

那枚自制炸弹被装在一个鞋盒里，与两盒西洋参和一封匿名信一起，以礼物的形式，出现在了村民罗传政的出租屋内。匿名信上写道：“罗兄，听人说你在辣子坪发了大财，现我有事相求，恕不能登门拜访，送上礼物一件，望小心对付。祝美女如云，财源滚滚。黑旋风。”字写得歪歪扭扭，内容不伦不类，不知所云。

张秀昊事后才知道，其实那个报警人罗传政做下了亏心事，他婚内出轨，那间出租屋是他与情妇同居租住的房子。因为一直担心会被“教训”，所以一见到这个从天而降的“礼物”，他吓得心惊肉跳。但是面对前来处警的警察，他并未老老实实地交底，只说这个“礼物”来得蹊跷，十分可疑。

张秀昊遵照规范的程序迅速对现场进行了勘查，记录了匿名信的内容，绘制了房内设施的方位图，并判断这个胶带封着的鞋盒里面很可能是自制的炸弹。张秀昊所在的黔东南州天柱县，盛产贵金属，发生过多起不法分子私制炸弹炸山盗矿的案件。这种自制炸弹大多采用硝铵等材料，稳定性差，极易自爆，杀伤力极强。如果不及时把爆炸装置拆除，很可能会造成屋毁人亡的严重后果，而且这一带的房屋建得比较简陋，屋子连着屋子，一间房子爆炸，很可能殃及旁边的房子和村民。

情况紧急，张秀昊命令李斌带着当事人撤退：“李斌，你们快撤，这里面很可能是炸弹！”

“让我来！”干过缉毒、巡警工作的李斌非常勇敢。

“你说了算还是我说了算？快走，万一是定时炸弹……”张秀昊不由分说，强行将李斌推出房间。

看到有警车在这里，越来越多的群众围过来看热闹。张秀昊一看，急了，严厉禁止群众继续围观，告诉他们屋内很可能有定时炸弹，责令他们立即疏散。群众一听，吓得四散而逃。

人群散去，四周出奇地安静，听得见心脏加速跳动的声音。张秀昊蹲下身子，定了定神，开始小心翼翼地拆除炸弹。时间一分一秒地过去，几分钟后，张秀昊撕下贴在盒子封口上的透明胶带，成功地摘除了一枚电雷管。他轻吁一口气，以为爆炸装置被解除了，没想到，当他的手接触到盒盖的另一侧时，犯罪分子安装的另一套引爆装置接通了电源，只听见“轰”的一声巨响，他眼前一黑，失去了知觉……

这枚自制炸弹威力极强，砖木结构的房子被猛烈的气浪冲成一片废墟，退在外面但未远离的同事李斌和报案人罗传政都受了伤。所幸群众都已疏散，没有伤亡。

那天是 1998 年 12 月 19 日，那是张秀昊生命中最铭心刻骨的一天。从那天起，他再也没见到过太阳，再也没有见到过亲人的脸庞，再也没有见到过这个五光十色的世界。

二

张秀昊苏醒的时候，距离爆炸已过了整整三天三夜。

他不知道他已经在鬼门关上走了一圈，不知道在他昏迷的三天三夜有多少人在为他悬心。

他不知道上至省公安厅、下至县公安局的领导时时刻刻都在关心着他的生命，让医院不惜一切代价进行抢救。他的战友得知他大量失血，一个个红着眼圈、撸起袖子，抢着对医生说：“我来，我来，抽我的血，我是 O 型血……”此刻，他的血管里流淌着很多战友的血。

经过医院紧张的抢救，20 日凌晨，疲惫不堪的医生推着浑身缠满白色绷带的张秀昊走出了手术室。医生告诉大家：张秀昊的生命保住了，但双眼球已被摘除，左臂高位截肢，右手只剩两根手指，双耳耳膜被震破，右臂肱骨骨折。

尽管早有思想准备，但这个结果还是让候在手术室外面的家人和同事震惊不已，大家哭作一团。

昏迷了三天三夜后，从死神魔掌中挣脱出来的张秀昊，翕动着香肠一样肿胀的双唇，意识模糊地说出了被炸伤后的第一句话：

“枪，我的枪，记录本，李斌，群众……”

他的战友知道他在记挂着什么，连忙凑到他跟前告诉他：“张队，你放心，群众没事，没人受伤。李斌和报案人受了点儿伤，但没有生命危险。”

张秀昊缓缓地点了点头。

队友又说："三名涉案的犯罪分子已经被抓捕归案了。"

张秀昊又缓缓地点了点头。

张秀昊不知道，他被自制炸弹炸伤后，震惊了省公安厅的领导，要求全力破案，缉拿犯罪嫌疑人。他的战友们怀着极其悲愤的心情投入到侦查破案之中，很快查明此案真相，并抓捕了唐维政、杨清和、唐秀英三名犯罪嫌疑人。原来唐秀英是报案人罗传政的妻子，因为对丈夫与其他女人在外姘居不满，多次向弟弟唐维政哭诉，并且与弟弟一起密谋如何教训这个"禽兽"。唐维政决定为姐姐出气，就和朋友杨清和一起，用硝铵制造了炸弹，装在鞋盒里，放到了罗传政的出租屋里。得知把一名警察伤得那么重，三名犯罪嫌疑人后悔不已。

三

苏醒后，复原的过程缓慢而痛苦。尽管26岁的张秀昊体质良好、意志顽强，但来自体内的断裂和疼痛还是让他无法抵挡，时不时地陷入昏睡状态。间或醒来，浑身上下到处都是锥心刺骨的疼痛，整个人被纱布裹得严严实实，丝毫动弹不得。秀昊知道自己伤得很重，但仍然心存一丝侥幸，暗暗祈祷：断手断臂都不要紧，但一定不要伤到眼睛。

秀昊向家人询问自己的伤势，家人心有不忍，吞吞吐吐，欲言又止。十天后，秀昊脱离了危险期，伤势稍稍稳定。在他的连连追问下，妻子终于对他说出了眼球已被摘除的实情。

他听了，如一记闷雷砸在了脑袋上，差点儿晕过去。最不愿意听到的消息，最担心的预想，最不能承受的结果，最终还是不偏不倚地降临到了他头上。起先，他和家人还有一些不甘心，缠着医生问，还向北京、上海大医院的权威眼科医生打电话咨询，有没有可能通过移植眼球的方式，让眼睛复明，但得到的都是否定的回答，因为伤到的是玻璃体，整个眼球都已被摘除，根本没有复明的可能。

他听了，一次比一次沉默。他看到自己生命里亮着的灯一盏接着一盏熄灭，他想象不出用什么照亮未来的路。

妻子李兰怕他想不开，一遍一遍在他耳边告诉他："以后，我就是你的眼睛，我会照顾你一辈子。"

他还是不说话。

他的父亲张孟修，那年60岁出头，刚从天柱县民族中学语文老师的岗位上退休不久。在儿子面前，他永远都是一副镇定自若的样子，似乎在告诉儿子，有爸在，一切都会没事儿的。但是，有一天，他在上厕所的时候，突然想到儿子双目失明，只剩下两根手指，将来连上厕所都需要别人帮忙，后面几十年的人生之路该怎么走啊？不禁悲从中来，放声大哭。那一通长哭，如山洪，如海啸，让他积压在心底的悲怆奔泻而出。足足哭了半个小时，他才擦干眼泪，振作精神，重新走进儿子的病房。

眼泪流过之后，张秀昊的父亲心想，儿子已经这样了，要接受这个事实，一家人都沉陷在悲伤之中是没有出路的。他苦苦地思索着怎样在精神上鼓励儿子，让他有生活下去的信心和勇气。感谢苏联作家尼古拉·奥斯特洛夫斯基，他的那本《钢铁是怎样炼成的》曾经给许多困境中的人带来战胜困难的勇气，书中的主人公保尔·柯察金成了一个时代的精神偶像。这一次，保尔·柯察金又一次成了灯塔，指引着秀昊的人生方向，让秀昊获得了绝处逢生的力量。父亲从图书馆把《钢铁是怎样炼成的》借来，一页一页地读给儿子听。他以一个语文老师40年的修为读给他听，以一个父亲全部的爱读给他听，他期盼着他的朗读唤醒所有的神灵，庇佑着他的儿子坚强起来；他幻想着他的朗读延展成无数有力的臂膀，托举起他的儿子挺立起来……

父亲读累了，妻子李兰接着读，每个清醒的时刻，秀昊的意识都跟随着父亲和妻子的读书声走进保尔的精神世界。也许是因为榜样的力量，也许是因为亲人的安慰和陪伴，也许是因为性格中固有的坚强和乐观，张秀昊慢慢地接受了自己残疾的事实。

想到不能再给温柔的妻子和年迈的双亲增添新的悲痛，秀昊终于说出了知晓伤情后的第一句话：“我没事儿，你们放心。”

四

在万般煎熬中，张秀昊送走了他的1998年，迎来了他的1999年。从来没有想到过，辞旧迎新是一件如此让人伤感的事，因为他送走的是他耳聪目明、身手矫健的1998年，迎来的是身体残疾、缠绵病榻的1999年。

这天，他正躺在病床上听父亲读《钢铁是怎样炼成的》，突然听到了妻子的声音：“宇宇，叫爸爸，快叫爸爸。”随后，他听到了儿子迟迟疑疑的叫声：“爸……爸……”

20多天没见到儿子，猛然间听到儿子的叫声，张秀昊一激灵，本能地想坐起来，挣扎了两下没能动弹，他沮丧得想落泪。他想起12月19日早上他离开家时，儿子张开小手要他抱，他亲了亲儿子说："宇宇乖，等爸爸下班回来再抱你。"时隔三个星期，儿子就在跟前，但他残缺的手臂无法抱起儿子，失明的双眼无法看见心爱的儿子。

一同前来的母亲和岳母看到他黯然神伤的样子，连忙岔开话题，告诉他，今天是1月10日，是宇宇的一周岁生日，大家就在病房里给宇宇过生日。

陆陆续续地，来了很多家人，他的姐姐、哥哥，还有他的岳父、岳母，坐满了他的病房，所有的亲人都在说着吉利、宽心的话。

一周岁的宇宇，先是胆怯地看看这个浑身包着白色纱布的人，不敢靠近，后来在张秀昊柔声细语的召唤中，渐渐地听出了爸爸的声音，胆子慢慢地大起来，终于敢靠在病床边叫"爸……爸……"。

那一声声"爸……爸……"，口齿不清，奶声奶气，钻进张秀昊的耳朵里，格外动听，瞬间让他的心融化了。他忘记了伤痛，忘记了自己，心里只有这个小小的人儿。那一天，他的耳朵始终捕捉着儿子的一举一动，儿子走到哪里，他的心就跟到哪里。他感觉到自己的心里有柔柔的温情在慢慢地荡漾，他听到有一种力量在自己的心底慢慢地生长。那是爱的力量。

那一刻，他甚至有一丝庆幸，虽然自己已是残疾之身，但到底保住了生命，他的父母还有儿子，他的妻子还有丈夫，他的儿子还有父亲。只要人还在，那么希望就还在。

他想，既然不能看着儿子一天天长大，那么我就听着儿子长大吧。

五

几个月后，张秀昊出院了，回到家中休养。

处处都是看不见的障碍，处处都是意想不到的羁绊，处处都是难以预料的崎岖不平，再也不能来去如风，再也不能随心所欲，再也不能健步如飞，在一次又一次的碰壁过后，张秀昊不得不重新调整原先的行为模式，一点一点摸索着前进。

受伤前的张秀昊，是个喜动不喜静的人。受伤后，即使行动不便，他也不愿意坐在黑暗里胡思乱想。臂上的骨折慢慢痊愈后，他就一心想着要积极锻炼，逐渐恢复体力。

天柱师范学校的后面有一座山，名叫洪家山，山上有茂密的树林，还有一汪清泉，泉水不知名，但甘甜可口。以前，这座小山曾是秀昊和李兰的热恋之地，现在这里成了秀昊的康复和散心之地。每天清晨，李兰牵引着秀昊，穿过天柱县城的街道，穿过清晨的薄雾，穿过林中崎岖的小路，一步一步往山上爬。

清晨的小山上，幽静而宁和。树木无声，以华盖给他们庇护；鸟儿婉转，以鸣叫向他们问候；山泉叮咚，以甘甜给他们滋润。

在泉边，他和妻子李兰并排坐着，静静地听着风吹过的声音，他想起了很多年前与妻子最初相识时的情景。那时，他高大帅气，她窈窕漂亮，两个人都喜欢运动，常常能在运动场上见到对方的身影。学生时代的他们，尽管彼此心生爱慕，但从来没有表白过，直到大家都走上工作岗位，才在热心人的撮合下，牵手走到了一起。

结婚后，秀昊的心里只有忙不完的工作，眼里只有破不完的案子，根本没有时间陪伴妻子，甚至在李兰生儿子的当天，他都没能陪在身边。

现在，他再也不能风风火火地赶来赶去，他终于安静地陪在她身边了。那一刻，李兰的心里有了小小的满足。

听够了鸟儿的歌唱，听够了泉水的和弦，他们就把带来的空瓶满满地装上泉水，背回家去。

有时候，他们还会一起去天柱县城郊外远足。天柱县城的东郊，有一个天然石柱，几丈高，取名“石柱擎天”，天柱县即由此得名。眼睛受伤之前，秀昊曾经多次看过石柱，如今故地重游，他只有靠回忆来想象石柱突兀峻拔、凌云擎天的风姿。那石柱，渐渐地成了他心中的图腾，内化为他对自己的精神要求。他想，男子汉大丈夫，也当如这石柱一般，顶天立地，岿然不动。

经过几个月的远足和爬山训练，张秀昊渐渐地恢复了体力，双腿重新有了力量。

行动渐渐自如以后，秀昊想到妻子还年轻，他不愿意连累妻子，不想让她终身都守护在他这样一个残疾人身边，他希望她有更好的生活，于是就几次三番主动提出要离婚，甚至不惜故意找碴儿，逼着李兰离婚。几次吵吵闹闹分分合合之后，俩人发现彼此谁也离不开谁。李兰对秀昊说：“我们这个家不能散，儿子还小，不能少了爸爸也不能少了妈妈，我们一家人风雨同路。”

是的，这一路注定会比别人走得更艰辛，所以更要与爱的人在一起，迎风送雨，携手同行。从此，她是他的眼睛，是他探路的盲杖，是他前行路上的灯盏；而他，则是她精神世界里的支柱，即便身有残疾，却依然是她可以倚靠的大树。他沉静的内心是辽阔的海，能够收纳命运给予的大不幸，也能够收纳日常生活中各种琐碎的小烦恼，他是她的主心骨。

六

张秀昊的英勇事迹经过国家、省、州等各级媒体相继报道之后，鼓舞和激励着广大群众，尤其在黔东南州公安系统的广大民警中引起了强烈的反响。

1999 年 5 月，公安部授予张秀昊“全国公安战线二级英模”荣誉称号。

1999 年 9 月，张秀昊在妻子和时任贵州省公安厅厅长姜延虎的陪同下，一起前往北京参加英模代表大会。平生第一次，他坐上了飞机，第一次到了首都北京，第一次来到庄严的人民大会堂，胸前佩戴着二级英模勋章，接受党和国家领导人的接见。领导一边握着他残疾的手，一边关切地嘘寒问暖。尽管他看不到领导亲切的目光，但听着领导温暖的话语，他感受到了来自组织的肯定和褒奖，感到从未有过的光荣和自豪。

第二天清晨，晨曦初露，在公安部的组织下，张秀昊和另外 50 位英模代表来到天安门广场，观摩升旗仪式。张秀昊微微仰头，凝神站立，听到旗手嚓嚓嚓的步伐由远及近，整齐而有力。嘹亮的小号声穿过晨雾清脆地响了起来。从来没有觉得《义勇军进行曲》是那样动听，那样鼓舞人心。他感到有光植入了自己的体内，身体里的小宇宙重新有了光亮，他分明看到五星红旗在冉冉升起，迎风招展。那一面红旗，像一把升腾的火炬，照亮了他的人生之路，让他重新有了前进的方向。他情不自禁地站直身体，举起右手，庄重地敬礼！

升旗仪式后，他用仅存的两根手指抚摸人民英雄纪念碑，有摄影记者抓住这动人瞬间，拍下的新闻照片标题叫《听升旗》。

这一次的“听升旗”给予张秀昊的感动和影响是极其深远的。这些年里，每当他遇到困难险阻，感到自己无力突破重重困境的时候，他的脑海中总会响起嘹亮的国歌声，仿佛又看到五星红旗冉冉升起，他的心里就会重新升腾起无穷的勇气和力量。

七

时间是疗愈伤口的良药，时间也是掩盖光芒的沙砾。当所有的伤口都渐渐愈合，所有的褒奖和关注都渐渐淡去，必须直面残疾人的生活时，张秀昊才知道原来自己要面对的困难比预想的要大得多，不是仅仅靠意志品质就能克服的。最难对付的是无边无际的寂寞和无所事事的空虚无聊。山区的电视台早早地就没有了节目，电台的信号也时断时续，每天都有大把的时间不知道如何打发。每天都是漆黑的夜晚，长夜的后面还是长夜，永远等不来天亮，永远被滞留在命运的深谷，永远等不来救援。每当夜深人静的时候，张秀昊总是难以入睡，他焦虑，他绝望，他暴躁，他觉得自己每天都在混吃等死，只会连累家人，他甚至一度觉得生无可恋。

张秀昊的父母和妻子看在眼里，痛在心里。张秀昊的父亲还是想用保尔·柯察金激励儿子，他说："你写吧，你小时候语文基础很好，我相信你可以成为一个作家。"要想成为作家，当然首先要解决一个书写的问题。父亲把秀昊带到盲校，但是盲校老师仔细看了看，张秀昊左臂已截肢，右手只有两根手指，只好遗憾地摇了摇头说，学习盲文要靠十指的触觉去摸，他只有两根手指，根本没有学习的条件。

张秀昊不想让父亲太失望，就说，盲文学不成，那我就试着自己写吧。但是哪有那么容易啊！在平面的纸上，完全找不准方位，一写，所有的字都挤到了一堆，根本无法辨认。父亲苦思了几天，找来几张硬纸片，在上面刻上凹痕，让儿子再试试……

试试，再试试。失败了，换一种方式再试试。尽管很多尝试看起来是徒劳的，也没有听说过其他盲人有成功的先例，但张爸爸始终相信天无绝人之路，他心中永远有一个信念，他的儿子终有一天会把他内心的所思所想自如而流畅地书写出来，他会成为一个自强不息的作家，一个永不言败的勇士，一个不向命运屈服的强者。

坚强的父亲和坚强的儿子，组成了抗击命运的强大组合，他们始终在寻找从困境中突围的途径，始终在寻找一条光明的出路。

终于，转机出现了。

2002年，张秀昊的大哥替他找到了一种可以帮助盲人上网浏览网页、阅读文章的电脑软件。尽管这套软件功能不全，使用起来很不方便，但是张秀昊一家看到了希望。2004年，张秀昊终于通过媒体发现了一种读屏软件，利用它可以上网浏览、聊天儿、收发电子邮件，更重要的是，还可以用它来打字，当今电脑及互联网的各种功能盲人都能够借助它使用。就像当年哥伦布发现新大陆一样，张秀昊为这一新发现激动万分，他又重新能够读书，能够了解外面的大千世界，能够写自己想写的东西了！

张秀昊在家人的帮助下买来了电脑，一个星期后，又收到了那套软件。从此，每天除了五六个小时的睡眠和吃饭时间外，秀昊都坐在电脑前孜孜不倦地学习着。他用残缺的半节拇指和食指去配合中指、小指来按键，遇到用残缺手指不能兼顾的时候，就用嘴咬住一支铅笔去按住一个键，再用右手按其他键，也学着用中指一个键一个键地摸索着敲击出一个个字……

八

有了电脑之后，最让张秀昊高兴的，是他可以自由地徜徉在辽阔的网络世界里，进行浏览和阅读。

他在网上阅读了很多适合儿子听的故事，临睡前讲给儿子听。《安徒生童话》、《格林童话》、《西游记》、《皮皮鲁和鲁西西》等，这些都是儿子小时候爱听的故事。李兰见宇宇喜欢听故事，也曾试过用录音机放故事磁带给儿子听，但宇宇不要，说爸爸讲的故事好听。临睡前的亲子故事时间，是儿子宇宇的快乐时光，也是秀昊最享受的幸福时光。躺在他怀里的小生命，那样无条件地依赖着他，让他如此满足和感激，也让他满怀心酸和愧疚，他总是觉得亏欠儿子很多，不能像其他父亲那样带着儿子奔跑、游戏。每天晚上给儿子讲故事，这是他唯一能给儿子做的事。

让秀昊和李兰欣慰的是，在这种特殊环境里长大的宇宇，懂事而善良，从小就知道体谅大人。

宇宇三岁的时候，和爸爸一起去奶奶家。一开始他好好地牵着爸爸的手，快到奶奶家时，他放开爸爸的手，自己飞奔着跑去了奶奶家。奶奶看到宇宇一个人来了，就问他，爸爸呢？宇宇说，爸爸在后面。奶奶急了，连忙出去把秀昊接回来。到家后，奶奶跟宇宇说："爸爸眼睛不方便，出门的时候，你要保护好他，不能把他一个人丢在路上，听到了吗？"这是三岁的宇宇第一次听到大人把爸爸的安全托付给他，懂事地点了点头。

从那时起，宇宇就成了爸爸的好向导，带着他过马路，带着他散步，带着他去操场上跑步。

宇宇上幼儿园了，秀昊和李兰每天早上一起送他去幼儿园，中午一起接他回来。突然有一天，宇宇悄悄地跟妈妈说，以后不要让爸爸去幼儿园，只要妈妈一个人接送。

李兰觉得很奇怪，就问宇宇怎么回事。

宇宇委屈地说，幼儿园里的小朋友嘲笑他有个瞎子爸爸。

李兰听了，心里很难过，告诉儿子："你爸爸是英雄，是为了保护别人才受的伤。”她把秀昊受伤的经过告诉了儿子。宇宇边听边哭，那时他才四岁，很多事情似懂非懂，但他小小的心里对勇敢的父亲充满了崇敬，他为自己有个英雄爸爸而自豪。

秀昊把对儿子的爱写进了一篇文章，文章的题目叫《儿子，爸爸在听着你长大》。他在文中写道：“儿子，从你在爸爸的病房里蹒跚学步到现在成为爸爸出门的向导，从你的牙牙学语到现在你读课文的琅琅书声，爸爸从声音里感觉着你一天天长大。在那生命一百八十度转向的时刻，在那段从天堂到地狱的痛苦挣扎中，在那从对五彩缤纷的眷念到平静地面对无尽的黑暗，从可以天马行空自由翱翔到必须小心翼翼、亦步亦趋，儿子啊！你都似放入咖啡里的那块方糖，成为冲淡爸爸心中苦涩的甜蜜。”

尽管不能像其他的父亲那样陪伴儿子成长，但像所有望子成龙的父母一样，秀昊对于儿子的教育从来都没有放松过。对于儿子的品行，他言传身教，教给儿子做人的道理，用自己的意志品质影响儿子。

儿子从小的学习，也都是秀昊自己在抓。宇宇上了小学三年级，开始学英语，但他似乎不太喜欢英语，英语成绩不够理想。秀昊很着急，就每天晚上帮着宇宇一起背诵英语单词。宇宇读单词，秀昊把单词记录到电脑上，考查时，秀昊戴上耳机，说出中文意思，让儿子拼写出英文。这项考查工作从宇宇三年级开始，一直持续到宇宇高考前一个星期才结束。其实宇宇在学习上是个自觉的孩子，逐渐长大后，并不真的需要父亲天天盯着背单词，但也许是因为习惯成自然，也许是因为父子二人都很享受背单词过程中互动的感觉，所以才会坚持了十年。爱是彼此的需要和彼此的成全，坐在一起背单词的场景，是父子二人心中永远珍藏的画面。

在秀昊持之以恒的督促之下，2015 年，宇宇成功地考入了上海大学。

秀昊的家庭是一个侗族家庭，随着民族的融合，他们的生活方式都已逐渐汉化，但他们身上还保持着真诚朴素的本色，正直向上，重亲情，重友情。秀昊的父亲去年生了一场病，病愈后记忆力严重衰退了，与人交流时，常常会长时间地沉默，似乎不知道如何插入谈话，又似乎忘记了要说什么话。逐渐老去的父亲，永远心疼着自己的儿子，常常会在长时间的沉默之后，时不时地冒出几句一辈子铭心刻骨的话。他说：“我的脑子不大好了，很多事情记不住，但秀昊受伤时的样子我都记得。”还说，“宇宇是秀昊的命根子，是他的全部。”是的，宇宇是秀昊的命根子，秀昊又何尝不是他父亲的命根子呢？血脉相连的两对父子，身体里流淌着同样的血，传递着同样宽广而博大的父爱，传递着生生不息绵延不绝的薪火，也传递着人间最平常而又最深情的爱的力量。

九

凭借着盲人读屏软件，秀昊一步步进入广阔的互联网世界里，也在“爱盲互联语音聊天室”里结识了很多盲人朋友。境遇相同的人，因为同病相怜，所以更能彼此理解与关心。虽然大家都是生活在黑暗中的人，但都能依靠透亮的心，感知来自同类人群的温暖和友谊。在热心盲人网友的帮助下，秀昊学会了使用QQ等聊天工具和电子邮件与网友们交流，学会了在浩瀚的网络世界里获取自己需要的信息。

在和其他盲友的交流中，秀昊也学会了更多的生活技能。2004年年底之前，秀昊从来没有一个人出过门，一旦需要外出，总会有家人、同事陪伴。有一次，在网上聊天儿时，一位上海的盲友告诉秀昊，你可以尝试着自己一个人出门，试过了，你会知道其实并没有想象中那么困难。听了这位盲友的话，秀昊大受鼓舞。在家人的帮助下，他添置了盲杖，独自一个人一步一步探向久违的街区。起初的尝试当然也会磕磕碰碰，但经过几次训练后，秀昊对周围的环境越来越熟悉，在一些经常活动的区域，完全可以自己一个人自如地来回。

在网上，秀昊也用自己的专业知识去帮助其他盲人朋友，一度他还应聊天室主持人的邀请，每周四晚上在“爱盲互联语音聊天室”给盲人朋友们讲解法律知识。上警校期间学到的法律知识不够用了，他就在网上寻找有关资料，先自学充电，然后再去讲解，这一讲就是三个月。

坐在电脑前的秀昊，似乎回到了跑跳自如的从前，让他重新变得自信和快乐。每天除了吃饭、睡觉和锻炼身体以外，他大多数时间都在电脑前度过。上网读书、写作、与盲人网友们交流成了他主要的生活内容。有了电脑的陪伴，寂寞远离了张秀昊的世界，生活重新变得有声有色。

秀昊自小就爱好文学，有着较好的文字功底，有了电脑以后，他开始了自己的创作。他把自己热爱生活、乐观向上的思想感情表达在字里行间，创作了近十万字的诗歌和散文，先后有《珍惜生命》、《享受孤独》、《电脑引领我走出生命的冬天》等17篇作品在《人民公安报》、《贵州都市报》、《盲人月刊》等报刊发表。

十

熟练掌握了电脑操作后，重回岗位的念头不断在张秀昊心中滋长，像一团火苗越烧越旺。

那一顶镶着国徽的警帽，曾经牵引过他幼年时敬仰的目光，承载过他少年时的梦想。穿上帅气的警服，做一个除暴安良的好警察，一直是他的职业理想。高中毕业那年，他不顾父母反对，毅然选择考入警校，经过刻苦的专业训练，成为一名光荣的人民警察。

他知道，自己始终是用生命在爱着警察这个职业、这支队伍的，做梦都想早日归队。

1998 年受伤后，刚刚苏醒的秀昊，对着一直在等他醒来的领导说："等身体康复了，我一定尽快归队。"这位领导已经从医生处知道了秀昊的伤情，想想秀昊这辈子再不可能归队了，忍不住掉转身去悄悄地抹泪。

2001 年、2003 年，张秀昊先后两次向县公安局领导提出工作要求，申请去值班室接电话，领导从爱护他身体考虑没有批准。

2007 年 9 月，在前往省公安厅开会途中，张秀昊得知目前局里已基本实现了电脑化、网络化，自己完全可以胜任 110 接处警的工作，更加坚定了重返工作岗位的决心。回到家，他用自己仅存的两根手指在电脑上打出了《关于请求重返工作岗位的申请》。

次日，在妻子的搀扶下，秀昊走进局长办公室，郑重地递交了申请书。他说："我提出重返工作岗位的请求，并不是心血来潮，而是我这九年来都未泯灭的愿望。我才 35 岁，实在不甘心自己的下半辈子就在碌碌无为、无所事事中度过。"这一字字、一句句掏心窝子的话，深深地感动了在场的每一位局党委委员。局党委经过慎重考虑，报经州局党委，最终批准了他的请求。

2007 年 11 月 13 日，张秀昊在失明了九年之后，重返工作岗位。上班的第一天，秀昊换上崭新的警服，穿上锃亮的皮鞋，在妻子的搀扶下，走进了公安局大院。那是一个爽朗的晴天，秋日的阳光明净而温和，同事的招呼热情而友善，无不让他心生欢喜。当年锥心刺骨的折磨有多痛苦，今日重生的喜悦就有多强烈；当年独坐黑暗里有多孤独，今日被战友情谊包围就有多温暖。向死而生，凤凰涅槃，久违的幸福从他心底慢慢地弥漫开来。

失而复得的工作机会，让张秀昊无比珍惜。他以最大的热情投入到 110 指挥中心的工作中，以期尽快适应新岗位。为了尽快熟悉和掌握接处警系统的运用，他死记硬背系统的项目，用两根手指慢慢地摸索和敲打键盘，一遍遍地练习。就这样，凭着顽强的毅力，他仅用一个星期的苦练，就准确无误地掌握了这套系统的运用，熟练地投入到接警工作中。每个星期五，他都根据接处警情况，认真分析政、社情动态和发案规律、特点，把警情分析材料上报局里，为局党委决策提供依据。

张秀昊所在的天柱县110指挥中心，为了建“天网”工程的需要，2014年搬出了县公安局大院，搬到距离县局本部两公里的特巡警大队驻地办公。

在这个指挥大厅里，只有张秀昊一个专职民警，协同他的是几位年轻的协警。由于当地协警的待遇相对较低，人员的流动比较大，所以张秀昊还有一个任务是培训和带教新成员，但常常是一个新来的协警刚刚培养好，没过多久，又因为找到了更好的出路而辞职了。

虽然这里只有秀昊一个专职民警在带队工作，但天柱县公安局的领导对指挥中心的工作很放心，因为秀昊在这里，他比谁都尽责。黔东南州公安局指挥中心的领导说，全州16个市、县的指挥中心，天柱县指挥中心的110接警记录最规范。这些接警记录每一笔都出自张秀昊之手，即便其他人记录了，他也会很不放心地“看了再看”，直到规范为止。

从2007年11月重返工作岗位，到如今，张秀昊已连续工作了九年多。九年来，他和战友们一起共接处有效报警47970起，没有发生一起接处警不当的事故。

在天柱县公安局每个民警的办公桌上，都放着一块牌子，上面写着：“向英模张秀昊同志学习，争做优秀人民警察。”张秀昊身残志坚、乐观向上、不畏困难、热爱工作的精神，感动着全局民警，也激励着全局民警奋勇前进。

他越做越得心应手，越做越有信心。工作着的张秀昊是充实而愉快的，当每天的时间被工作填满、每天的活动都与这个世界发生着紧密联系时，他感觉到自己是个对社会有用的人。

他的精神激励和鼓舞了无数的人，党和人民也给了他更多的荣誉：2009年，被评为第三届“我最喜爱的十大人民警察”；在争创人民满意的公务员活动中记个人二等功一次；荣获全国青年“五四”奖章、全国道德模范提名奖；被授予“全国自强模范”、2011年全省优秀共产党员等荣誉称号。他被誉为“中国的保尔”、“贵州的张海迪”。

十一

经历了生死的张秀昊，对人生有了更深的感悟。当年，他那只残缺不全的右手终于挣脱了绷带的束缚重获行动的自由时，他迫切地想用它干点儿什么。哥哥给他递上笔和纸，他在黑暗中摸索着一笔一画地写了四个字：珍惜生命。他看不见他写的字，但这四个字已工工整整地镌刻在了心上。

18 年前，他无意成为英雄，只是因为根植在内心的责任和担当意识，让他作出了那样的选择。重返工作岗位后，他也无意获得那么多荣誉，他只是觉得既然在岗位上，他就有责任把工作做好。他觉得工作着就是幸福的，能够做一个对社会尽责的人，就没有虚度这一生。

当年，当他深陷命运的低谷之时，他的父母、妻子、儿子给了他强大的支撑；如今，他的父母逐渐老迈，他的妻子体弱多病，他的儿子正在成长，张秀昊再一次感到重任在肩，他必须强大起来，成为全家人的精神支柱，就像他父亲当年一样。

这贯穿他生命主线的责任意识，并不是他想刻意表现，正是因为发自内心，因此可以穿透命运的尘埃，穿透崎岖的岁月，把性格磨砺得无比刚强而又无比柔韧，把生命的质地锤炼得无比坚硬而又无比精纯。

这一生，他只能生活在黑暗里，但他的心始终无比敞亮，有责任，有尊严，有崇高的理想，有柔软的希望。

他，始终如同天柱县城东郊的石柱，突兀峻拔，凌云擎天，傲然屹立于天地之间！

赛音查嘎达

贺美兰

我是以警察的身份进入内蒙古巴彦淖尔乌拉特戈壁草原的。

之前，关于这片草原和这片草原上一个叫潮格温都尔的派出所，以及从这个派出所走出来的民警宝音德力格尔，《人民日报》、中央电视台、新华社及各级媒体都有报道。据了解，新中国成立以来，全国公安系统活着的一级英模不过百位，而内蒙古只有宝音一人。除此以外，他还获得了多项桂冠——全国爱民模范、全国优秀共产党员、第五届“我最喜爱的人民警察”荣誉获得者，等等，但宝音现在的身份还是一个派出所民警。

在那么多关于宝音的采访报道之后，我是否还应该接触这个题材？我真的是没有底气也没有勇气。但巴彦淖尔市公安局宣传处周恩立处长对我说，你是警察，你应该以警察的身份去写一写。

所以，我说我是以警察的身份进入乌拉特戈壁草原的。

一

巴彦淖尔是蒙古语，意为富饶的湖泊，位于河套平原和乌拉特草原上，背靠阴山山脉的一支乌拉特山脉，黄河自西向东横贯全市，市内全长345公里，北与蒙古国有369公里长的边境线。这里自古是各民族融合的地方，也是中国恐龙的故乡，被誉为“塞上江南，黄河明珠”。

然而，鸟瞰巴彦淖尔地区，与实际地貌却有着惊人的差异。飞机即将抵达巴彦淖尔机场，突然之间我看到群山倒置，天际浑黄，机身下的沙漠犹如一块巨大的黄色幕布，从天空斜倾而下，分不清哪里是天，哪里是沙……这种视觉效果是震撼的。我要走近的英雄人物宝音德力格尔，就生活在这片土地上。

他是1672平方公里戈壁草原的辖区民警，在这片比两个北京市区面积还要大的辖区里，分散着5个嘎查1175家牧户。媒体开始关注他的事迹时，他那50多公斤的体重、一米六三的身高，在这片辖区已经行走了15个年头。而到我采访他时，已是20个春秋。

各种媒体上的报道我看多了，那么，即将和我面对面的那个宝音，会不会符合我的预期呢？真实的他会是个什么样子？是那个站在人民大会堂颁奖台上镁光灯下身着警服的羞涩警察？还是骑着摩托车奔走在茫茫戈壁草原，背驮老阿妈、怀抱小羊羔的憨厚汉子？抑或是在明月高悬的夜晚惦念妻子、思念儿女的情义男人？

巴彦淖尔市副市长、公安局局长吴铁城告诉我："他是个朴实到让人掉泪的人。"他的话为我提供了方向。

乌拉特后旗面积近2.5万平方公里，人口6万多。从巴彦淖尔市政府所在地临河驱车到达乌拉特后旗政府所在地巴音宝力格镇，有80多公里的路程，由此向北50公里到达赛乌素镇，潮格温都尔派出所就坐落在这里。镇上的人口约有四五千，大部分牧民根据季节在草原上分散居住。

从巴音宝力格进入潮格温都尔的道路虽然在国家的"十一五"规划中全部铺成了柏油路，但它是穿山路，有的路段因为是前些年拉矿石车的必经之路，受到损毁，加之道路两旁的乌拉特山系风化严重，雨后常出现山体滑坡。我到达的第二天，巴彦淖尔喜降中雨，这对于年均降水量100至200毫米、蒸发量却高达3179毫米的牧区来说是件大好事，但对于进入山区的车辆就是另一回事了。乌拉特后旗公安局的同志打电话告知我，一定要小心滚石。

走着走着就看到了昨天下雨道路上滚下来的石块，还没有完全清理干净。看来进入潮格温都尔也不是一件容易的事。这还是草原最好的季节，如果是春秋两季刮沙尘暴或者冬天下大雪，那行路就更难了。

还算顺利。一个多小时后，我们来到了白墙蓝顶的潮格温都尔派出所。之前为了宣树宝音，我和大队人马来过这个派出所。五六年间，各路媒体和作家都先后抵达这个派出所，接待工作和公安工作一样成为常规。但是，从迈进派出所大门的那刻起，我看到的依然是他们一如既往的真诚与热情。

所长柴永强参加旗局安排的井冈山轮训学习外出，教导员哈斯宝力格接待了我们。哈斯宝力格三十多岁，小小的眼睛，圆圆的脸，即使不言语，微笑也挂在他脸上。他的战友李勇相貌帅气，脸黑黑的、憨憨的，没什么话，为我们端上两盘水果，然后静静地站在一边。宝音与我不是第一次见面了，但依然羞涩，躲在一旁低着头，好像我来这里跟他无关。

他是土尔扈特蒙古族后裔。17 世纪蒙古土尔扈特部反抗沙俄残暴统治回归祖国的历史，被拍成电影《东归英雄传》，片尾曲《鸿雁》广为传唱。这是一个英雄的民族，在回归祖国后，大部分进入新疆，少数进入内蒙古西部。宝音的祖先经过长期的迁徙，最终留在了内蒙古巴彦淖尔乌拉特草原，用宝音的话说："小时候我们家在沙窝子里住着呢。"

那么，沙窝子里的土尔扈特后裔宝音，是怎样由一个放羊娃成为人民警察，又是怎样从一名普通片警成长为一级英模的呢？在这个只有一条没安红绿灯的街道，即使下班时段也难以看到超过二十个人的镇子里，我跟随宝音的脚步，找寻边境牧区一级公安英模的足迹。

二

其实，一开始我就被宝音放了鸽子。

这个所的民警加协警共有八个人，所长柴永强在井冈山学习，副所长胡国庆在旗局办理刑事案件，教导员哈斯宝力格已经值班一周，本来要回巴音宝力格接替妻子接送小孩儿，因为我的到来，他要接替本周值班的宝音，以方便我的采写；那四位协警，图娅是不到两岁孩子的妈，管理户籍，另外三位李勇、嘎拉图和云龙也都是一两岁孩子的父亲。他们八个人说是两班倒，但忙起来两个星期也休整不上一天。

而且，哈斯宝力格也没能替下宝音。早上宝音告诉我他有事，让我等一等。可是一等再等，宝音也没来。记得去年为了配合全国社会治安防控体系建设现场会在内蒙古召开，我们邀请了央视的记者来潮格温都尔采访。人家央视记者也是时间金贵，我们约好宝音正要出发，他接了一个电话，说等一等。也是一等再等，宝音也没回来。最后，我们在一户人家门口找到了他本人，他正和一位大爷说蒙古话呢。见到我们，宝音腼腆一笑，告别老头儿要走。就在宝音跨上摩托车时，老头儿一拳打在宝音肩上："马拉戈壁！"

事后，我把这事讲给单位的同事，大家问大爷说的是什么意思，蒙古语怎么翻译。我说这是汉语，不用翻译，大家乐得前仰后合。当地人告诉我，老头儿名叫呼日勒陶高，是个"坏人"，孤独一人，脾气暴躁古怪，和所有人都合不来。但他们又说，宝音是他干儿子。

宝音今天是不是又被他这个干爹给纠缠住了呢？等不到他，打电话也没用。宝音就这样，只要是有警务，不管谁来找，他都会让你等一等。不如先到派出所对面的供销社去买些肥皂毛巾之类的日用品，我在这里还不知要待上几天呢。

之所以叫供销社，是因为20世纪计划经济的痕迹依然存在，门楣上还有“发展经济，保障供给”的字样。这样的房屋，年轻人只能在电影中见到了。商铺里冷冷清清，陈列的商品是大城市卖不出去的东西，布满灰尘。大概是随着国家经济政策的调整，去产能使这里的矿业关门，流动人口大为减少，商铺也少人问津。

在所有的商品中，风沙帽、胶鞋和褡裢是一大特色。风沙帽是牧民用各色花布制作的，可以把头全部包裹起来，有两根结实的带子，系好了风就不会把它卷跑，女人们放牧外出全靠它；胶鞋利于在沙窝子和山区行走；褡裢更是牧民骑摩托车运货的好东西。这三样东西，离开这里估计很难看到。在一个卖花布的铺面前，我问胖胖的女老板：“认识宝音不？”

“派出所的宝音？认识了哇。这里谁不认得他？可好人呢，没嘴言（不爱说话），实实在在给人做事了。那个阿拉腾花，火桶满了喊宝音，宝音就笑眯忽楚（笑眯眯）地帮她倒火桶，喊宝音就跟喊她家儿呀似的。”女人说着方言收不住闸，讲了好几个人的名字和故事，但都是蒙古名，我没能记住。总之，宝音“可好人呢”。而且，宝音不单单是给“马拉戈壁”当干儿子，好像还给这个叫花日的女人当干儿子呢。

转了一圈，宝音也没露面。上午九点多，阳光渐渐毒辣起来，街上行人寥寥，两位卖石头的年轻些的女人把头和脸全包裹起来了，只有一位老阿妈不惧烈日，扬着黑黑的笑脸张罗着买卖。她的摊子上摆满了形状奇特的戈壁石头，我想这就是所谓的沙漠奇石吧。老阿妈看出我是外地人，操着生硬的汉话对我说：“石头，我们这儿产的！玛瑙湖的！”

早就听说这里有一个玛瑙湖盛产各种玛瑙石，南来北往的人都来这儿捡石头，但现在资源已近枯竭。我实在看不懂这些相貌奇怪的石头怎么会变成钱，可老阿妈说可值钱了，是好的东西。

“这个是红玛瑙，那个是玉。”她热情地为我介绍，还指着一块奇怪的石头给我看，她管它叫沙漠漆。老阿妈那沧桑的脸上溢着微笑，一说话，洁白的牙齿和黝黑的脸庞形成鲜明对照。

如果你一直生活在大都市，当你听着悠扬的马头琴声，陶醉于“风从草原刮过，留下多少传说”或是“鸿雁向南飞，今夜不醉不归”时，你的眼前就是辽阔的草原、蓝天白云、河流弯曲、鸿雁南飞的美景。如果你是艺术家，这里就是天堂。难怪内蒙古走出的歌唱家腾格尔创作出享誉世界的歌曲《天堂》，来赞美草原，赞美家乡。但是，当艺术变为生存时，大自然的另一面就是实实在在的残酷。这里少雨干旱，风一旦刮起来，天地不分，沙尘蔽日，有时候把蒙古包都能埋了，牛羊丢失是常事，寒冷的天气也会冻死人。在极端恶劣的环境里，大家只有凭着勇气、耐力、智慧和团结才可能活下去。

我对于草原民族充满由衷的敬意。为了表达敬意，就必须买老阿妈几块奇石，给南方的朋友作礼物。价钱自然公道，开心的是这里居然有快递，这真是一个奇妙的时代。

“你来这儿做什么来啦？”老阿妈的问话打断了我的思绪。

“来找宝音，您认识吧？”

“派出所的宝音？认识。我们这儿的人都认得呢。”老阿妈问，“昨天宝音摩托车上驮的就是你？”

“是啊。”看来作为一个外地人，只要从这条街上走过，就能被群众雪亮的眼睛认出来。

“怎么样，宝音？”我明知故问。

“好人！赛音查嘎达！”老阿妈竖起大拇指。在这片草原上，蒙古语称警察为“查嘎达”，好人就是“赛音”。“赛音查嘎达”就是好警察。

正在讨论赛音查嘎达呢，赛音查嘎达就来了。宝音不知从哪里钻出来的，摩托车停在我身边。见我手里的石头，他问我：“你买了？”

老阿妈笑嘻嘻地招呼：“宝音！”接下来，他们用蒙古语交谈甚欢，我则成了聋子。

离开老阿妈，我问宝音我买的东西便宜还是贵，宝音只是笑，没回答。很多时候，他那腼腆一笑就是回答。也许在宝音的眼里，老阿妈是本地人，我是熟人，用他们当地话叫“都惯惯儿”，手心手背，该怎么去计算呢？

在草原上，计算清楚本身就是很麻烦的一件事。管他呢，好不容易逮着宝音，赶紧采访。但是，宝音的电话又响了，莫非又是“马拉戈壁”？

还真不是，宝音说他得回趟家。回家？他家在50公里之外的巴音宝力格镇，莫非他又要放我鸽子？正疑惑间，宝音对我说：“不是现在的这个家，是以前的那个家。”

这样的话你听不懂就算是听懂吧。宝音全家讲蒙古语，这里百分之八十的牧民是蒙古族，即使是汉族，人家也是吃着蒙饭念着蒙书长大的。在1998年从警之前，宝音连汉语都听不懂，更不要说汉字怎么写了。所以，当你听到“这个那个”之类的指示词时，就当是听懂了，跟着感觉走吧。我跨上他的摩托车，他去哪儿我就去哪儿。

不远。摩托车驶出不到五分钟，我们拐进一个特别狭窄的胡同，宝音打开院门径直走进去。我想，人家这个地方的社会治安就是好，门也不用上锁，像我小时候在农村，出门时只要把大门闩一下，防住牲口进不去就行了，至于防人，那是谁也不想的。

宝音一进门，就冲着院子西边的野草奔过去，弯腰拔下两把灰菜扔在地里。这个院子很宽阔，东西足有100米，一条石板路把院子分割成两个区域，一边的空地堆放杂物，另一边种着葱和土豆。这宝音，业余时间还来个“农夫山泉有点甜”。谁说人家忙得顾不上家？这不，人家在地里撒上羊粪珠珠，还给家人提供无公害蔬菜呢。

掀起门帘，我们进了屋。说实话，屋里真乱。里屋的门敞着，一个老头儿靠着被窝儿坐在床上。这就是宝音“以前的”家？或者是他“后弟弟”的家？

你知道“后弟弟”是什么意思吗？告诉你，后弟弟也是亲弟弟，只不过是排行在最后的亲弟弟。这就是蒙古语翻译成汉语闹的误会。

这两天和宝音搞翻译，宝音要把蒙古语译成当地方言，我把它还原成一个句子，连贯成一段情景，再问宝音是不是这个意思。宝音“嗯”一声，大致就翻译对了；如果不“嗯”，就得重新揣摩。比如宝音管人骑马摔下来腿骨折叫“一圪蛋跌下来腿歪了”，管《钢铁是怎样炼成的》叫“钢铁是怎样成炼的”，管从学校毕业叫“毕业了学校”，更听不懂的是他管红枣叫囫囵洞。当然，我用汉语读出来的“赛音查嘎达”也是这样的结果。我们就像玩游戏一样，不得不在两种语境中艰难行走。

特别佩服以前那些采访过他的各路媒体人，他们是怎样做到的？在采访过程中，如果你不会蒙古语，就很难全面理解主人公故事的来龙去脉。即便你是蒙古族，也要把蒙古语翻译成汉语表达出来，就算来个蒙汉兼通的，还要懂得巴彦淖尔方言，还必须了解公安工作……

语言真是沟通最大的障碍。怎么办？开弓没有回头箭。好在我能听懂巴彦淖尔方言，又是有着二十七年警龄的老警察。警察最大的特点是从来不缺乏勇气，用当地话叫“愣”。那就只能“愣”着上了。

再看眼前的老头儿，看上去足有七十多岁，说啥也不像宝音的后弟弟呀？想着，话就从嘴边溜出来了：“这是你弟弟？”

“不是，是孤寡老人。”宝音说，这个人叫朝鲁门，以前是修水利的，后来没了工作，成为“三无人员”流浪到这儿了。

在“这儿”修水利？“以前”是哪个以前？按照宝音的修辞方式，此“这儿”也许就是彼“这儿”。据资料记载，巴彦淖尔水资源丰富，黄河流经磴口县、杭锦后旗、临河区、五原县、乌拉特前旗，境内全长345公里，引黄灌溉面积达57.4万公顷。境内大小湖泊300多个，多数分布于河套灌区。巴彦淖尔自古就有修水利的历史。中央电视台科教频道播出过大型纪录片《河套长烟》，讲述了此地的历史文化，有一集专门介绍了修水利，有民国到新中国当地修水利的影像记录。

可这茫茫戈壁草原上到处都有黄河灌区的存在。所以，宝音讲老人在“这儿”修水利，大概是指离此地几十公里的磴口吧？因为那里有三盛公黄河水利枢纽工程。

磴口也好，乌拉特后旗也好，总之，那是“以前”。而现在老人流浪到此，就在宝音的床上坐着呢。宝音说朝鲁门没亲没靠，没地方去，只好在他以前的家先安顿下来。“找我办户口呢，啥也没有。不过总算是办下来了，低保也吃上了。”

宝音和老人像父子俩在说话，可惜我一句也听不懂，只能看表情了。宝音给了老人一张纸，老人熟练地从床上的盒子里捻上烟丝，卷成烟卷儿抽起来，然后对着我哇啦哇啦讲话。宝音的脸腾地红了。我不知道发生了什么，傻子一样呆看他俩。宝音翻译，老人说烟叶子四十多块钱一斤，宝音买的。哦，原来是夸奖他呢。

出门的时候才发现老人的腿有点儿跛，朝鲁门比画说他“来”的时候就“摔过腿歪了”，让宝音媳妇斯琴格日乐看过了，现在好多了。

“来”这个汉字表达的是面朝着我们身体的方向，但在蒙古语翻译成汉语时，“来”“去”“回”“到”都是一件事儿。比如宝音没回家过年，人家叫没来，没去哪里办事，人家也叫没来。所以，既然老人来了也找他了，就得管着。宝音媳妇斯琴格日乐在旗蒙医院上班，是儿科大夫，但宝音不管你啥科，只要是有病的牧民，就给她领去，至于再到哪个科室找谁看病拿药，那是她的事儿。

出了宝音“以前”家的门，往前走一排，到了宝音后弟弟的院子。门也没上锁，宝音一推就开了。一个胖老头儿迎出来，染黑的头发没能遮盖住新生长出的白发。难道这是宝音的后弟弟？看上去，他比朝鲁门小不了多少——在戈壁草原上，长年与风沙为伴，人的面容和实际年龄很难符合。

“这也是个孤寡老人，叫张树义。”宝音说，他以前在这儿修路。

又是以前，哪个以前？估计是20世纪六七十年代来这儿修路的，具体在哪里修，也和修水利的朝鲁门一样搞不清楚了。这是历史遗留下的痕迹，也是生存的痕迹。就像沙子、野草被风刮着，刮到哪里就是哪里了。人的命运亦是如此。

甘肃老汉张树义也是“三无人员”，找宝音办户口。因为没地方去，又不符合当地的相关政策，好多事情办起来比较麻烦，宝音先把他安置在后弟弟家。据说张树义的媳妇以前坐班车回家，因为没钱买车票，被赶下车冻死了，当时赔500块钱了结了，但现在他一想媳妇就伤心，就要上访。

其实这个以前是很以前了，大抵像童话的开篇，从前有座山，山上有座庙。可是人不是这样，伤疤好了，一遇阴雨天还会隐隐作痛。事儿本来也不是宝音的事儿，但任何遗留问题终归是个问题，总得有人来管，直到大事化小，小事化了，最后让它清零。宝音有句话，都会好的，慢慢会好起来的。可“慢慢”就是一个付出努力的过程，是一个艰难的过程。

张树义身体好，宝音每天自掏腰包给他15块钱，让他和朝鲁门做饭吃。这样，两个老汉，一个蒙古族，一个汉族，在宝音的安排下搭伙过上了。“马拉戈壁”还不知在哪儿，这里又冒出两位。真不知道宝音有几个干爹、几个干妈，或者是不是还有干子女或者其他干亲戚？

甘肃老汉张树义早已是地道的牧民形象，但总算讲汉话。今天看来他心情不错，和朝鲁门两人吃油泼面。他得意地指着刚做好的面说：“他想吃甚我给他做甚，你看这面不赖呢！”

确实不赖，雪白的面条油汪汪的，上面还有翠绿的葱花儿。原来，一级英模当农夫不是给妻子儿女提供无公害蔬菜，而是种给这俩老汉吃的。出门的时候，朝鲁门拄着个棍子来了。见了面，俩老汉有说有笑。原来，张树义比我强多了，人家能听得懂蒙古语。

自始至终我也没见宝音的后弟弟在哪里，倒是在门外碰到一位大哥，怀抱着小孙子喊宝音呢。这位大哥是宝音以前的邻居，叫李福生，听说我是来采写宝音的，就说：“现在还有这样的人呢！可好人呢！”然后还夸奖我，“你大老远跑来写宝音，也要表扬，要给你单位写表扬信。”

我感动得一塌糊涂。

俩老汉吃上了，我们也返回派出所吃午饭。午饭后我没联系到宝音，下午下班时他才来，说中午接到报警，哈日朝鲁嘎查的王喜说牧民巴图正用铲车把他家的羊圈往倒推呢。宝音、李勇、嘎拉图三人没能休息，来回驱车80多公里出警，现在总算平息了。这里的80公里不是城市平坦的柏油路。几天后，当我跨上宝音的摩托车跟随他下牧区时，才知道了路的意义。

宝音灰头土脸地坐在办公桌前，他明天一大早就要坐班车到旗里开党建工作会，作为全国优秀共产党员、巴彦淖尔党代表、宝日布嘎查党建工作的带头人，党务工作也是他一项重要的工作内容。晚上，他要整理一天的案件材料上传，还要撰写当地推送他为全国道德模范的材料，共两份4000字。

看他疲惫不堪，想想这些活儿干完起码得后半夜了，反正也采访不了，不如替他写材料分忧。宝音一听，立马精神起来，笑容洋溢在脸上。晚上九点多，我们愉快地合作写完材料，宝音执意送我回宾馆。考虑到他还有一堆没完成的工作，我说想自己走走，起身告别。

夜色真美。

白天的炽热渐渐散去，夜晚相当清凉。卖石头的老阿妈和一位卖文化书籍的西北汉子还在摆摊儿，有三五个人在灯光下挑选。天空有一轮圆月，金黄金黄的。行走在这个整条街也看不到十个人的地方，眼前的景象突然变得不真实起来。美国声音生态学家、作家戈登·汉普顿在《一平方英寸的寂静》中描述，位于美国华盛顿州奥林匹克国家公园霍河雨林的方寸之地，可能也找不到一平方英寸的寂静。因为，头顶不时掠过的飞机增加了噪音的分贝。但这里的夜晚真是万籁俱寂。

遗憾的是，宝音没时间享受这份寂静。零点之前，派出所的灯光肯定是明亮的。不管今夜多晚入眠，明天早晨六点钟，宝音必须坐上开往巴音宝力格的第一趟班车。

三

直到第二天吃晚饭，我才看见宝音。用巴彦淖尔方言表述，宝音被风刮得灰眉蹙眼，同样灰眉蹙眼的还有李勇，他们俩的头发干枯杂乱，很符合戈壁草原草木的样子。

桌子上的饭菜微凉了，酸黄瓜、大烩菜、米饭。李勇肯定是饿坏了，狼吞虎咽。做饭的阿姨问他："你儿的满月？"

李勇憨憨一笑，露出雪白的牙齿。

"唉，连个蛋糕也没买。"阿姨慢声细语。

"买了也回不成，值班呢。"李勇放下碗筷，从手机里找出照片给大家看。

这是他的一双儿女，女儿大概三四岁，非常可爱，儿子今天满月，像只毛茸茸的小鸭，眼睛黑黑的圆圆的。一对宝贝，活脱脱两个天使。可即使是再可爱的孩子，即使他们的家和派出所的距离不足几百米，也不能阻挡父亲出警的脚步。

今早六点，宝音坐上开往巴音宝力格的班车，去参加旗政府召开的党建工作会议。十点半会议结束，又到流动党校参加拍摄仪式，然后到乌拉特后旗第二完全小学——他作为这个学校的学生凤凤小朋友的资助者和监护人，在政府给孩子的申领款上签了字。中午来不及回家看一眼他的一儿一女，在街上随便找了个面馆吃两口，又乘班车往派出所赶。他接到报警，镇上开面皮馆的小王说，他饭馆的玻璃被人砸了。

李勇和嘎拉图呢，锡日淖尔嘎查发生了草场纠纷，他俩一大早就驱车下牧区了。近年来国家搞生态建设，当地政府也在发展光能建设，有很多政策补偿，钱一出现，各种纠纷就多起来了。

下午三点，又有人打起来了，关系到修路。苏商建设公司去年承揽了潮格温都尔镇到阿拉善的路段，连贯内蒙古到新疆哈密。然而，修路虽然是好事，却也免不了摩擦。苏商建设公司在汗乌拉嘎查的牧民乌兰巴特尔的草场上修了个搅拌水泥的大坑，但没有做好防护，牧民家的两只羊掉进水泥坑淹死了，要求公司赔偿。争执中双方发生口角，牧民先动了手，修路工郑某二十出头，年轻气盛，一看自己的同伴被推翻在地，上去就是一拳，结果下手重了，乌兰巴特尔被打伤住进了医院。

处理完砸玻璃的事，宝音就和李勇驱车去处理打架的事，嘎拉图留在所里接警。嘎拉图二十八岁，从部队复员回来成为协警。昨天夜战到凌晨一点多，早上起来没吃上饭，用嘎拉图的话说，这叫“塑形”。不用说，嘎拉图长得帅，尤其是穿着一身警服的时候，可以打败很多小鲜肉。但是，常年没有规律的作息，经常加班吃些方便面之类的加工食品，又用香烟作补品来提神，不但身形没塑成，还有点儿虚胖，真影响了他的整体颜值。

晚饭相聚的时间很短。李勇的手机响了，他起身走了，大家也作鸟兽散。宝音被我缠住，跟我到宾馆接受采访。

这个叫众鑫的宾馆是当地挖矿的人赚了钱翻新的，是这个镇子条件最好的宾馆。但是，它的条件也是极其有限的。先不说浴室的喷头流不出水，床坚硬如石头也不重要，要命的是墙壁上五个电源插孔，有四个是坏的。

宝音有三部手机，移动的、电信的和联通的，他是为数不多同时享受三大运营商服务的人民警察——在牧区找不见信号是常事，不能在一棵树上吊死。十几年前，宝音的手机就是个流动警务室，他的通讯录里存着320户牧民的电话。没有手机信号的牧民家，宝音只能每个月多跑几趟。如今，一级英模早已跟上时代的步伐，他的三部手机里共有12个微信群，联系人2085个。

牧民巴特尔丢羊了，宝音在微信群里转发，胡日查就在里面喊话，说在他家附近的坡上发现了这只羊；这个季节正是绒毛收购季，两天前派出所接到报警，一辆拉绒毛的车在路上丢了一包绒，宝音他们一边组织警力寻找，一边通过微信发动大家提供线索，并提醒司机注意货物安全。这样发动群众真是方便快捷，也节省了警力。

此时坐在我对面的宝音，正在为他的三部手机畅通作保障，在唯一的插孔上轮换着给手机充电。看他那心神不定的样子，估计我的采访又要泡汤。

果然不出所料，聊了不到半个小时，宝音的上下眼皮打起了架。他早晨六点奔车站，马不停蹄地开会、办事、出警，往返几百公里，肯定累得够呛，我干脆让他回所休息明天再说。可宝音说，睡不了，他接到镇里的通知，明天旗妇联要慰问老人，回去他还要把全镇七十岁以上老人的名单列出来。

“这也归你管？”我真纳闷了，一级英模管妇联了？

正说着，传来了敲门声，开门一看是李勇来了，手里捧个果盘，上面用保鲜膜包裹着：“姐，给你拿点儿水果，风大别上了火！”

保鲜膜揭开，葡萄、香瓜、苹果、西瓜整齐地码放着。这个今天儿子过满月却留在派出所值班的年轻爸爸，这位冒着漫天黄沙为我精心准备水果的协警兄弟，让我情何以堪？

四

昨天因修路打架的事还没有了结。一大早，派出所的调解室里烟雾弥漫。以乌兰巴特尔为首的当地牧民一方五人与以郑某为主的修路一方两人，双方因理赔事项蒙汉双语交锋一直持续到中午，赔偿金额从十万元降到两万元，然后进入僵持阶段。宝音、李勇、嘎拉图三个人轮番上阵，但双方谁都不肯让步。下午两点半，终于谈崩了，只能走法律程序了。

修路者郑某被叫到所长办公室，宝音告诉他相关法律程序，同意就在《治安调解协议书》上签字。这时，牧民一方中一个中年女人走进来，对郑某说：“拘也不行，你再去修路，我也得去拦你！”

“拘是一回事，你再拦你就违法了，我给你说清楚。”李勇反应真快，女人悻悻地走了。

嘎拉图取出警械，出门给车加油。旗局的拘留所正在翻修，他们要把郑某送到100公里之外的杭锦后旗公安局。谁去送？三个人商量半晌，但无论与谁搭档，宝音都必须去，因为三个人中只有他是正式民警。其实，在场的还有一个人也是正式民警，那就是我。

当地牧民一看真正进入法律程序了，他们的计划就会随着当事人被拘而竹篮子打水一场空。五人中有一位穿着讲究的年老妇女，一看就是这家的主事人，她给家人使了个眼色，和宝音讲了句蒙古话，一家人随后进入宝音的办公室。

不到十分钟时间，他们出来了，女人对郑某说，我们也有孩子，你这么年轻，和我孩子也差不多，不想把你拘了，不行再谈谈。郑某和同伴听不懂蒙古话，傻傻地等警察翻译。对他们而言，似乎这是一场不对等的较量。一是牧民一方是当地人，和警察惯熟；二是在交流中人家蒙汉双语都会，他们既听不懂蒙古话又听不懂当地方言，信息不对等。

我不知道宝音他们怎样把一碗水端平。大约又过了十几分钟，双方都出来了，说是谈成了，一万五千元赔偿。这样，宝音他们也不用去100多公里之外送人了。当地牧民一方五人开上崭新的越野车走了，外地修路一方两人开上破面包车也走了。奇怪了，就去了宝音办公室一趟，事情就摆平了？

宝音说，老太太刚才找到他说，宝音你看咱们都是本地的蒙人，惯惯儿的，咱们羊也掉下去啦人又被打着啦，得多赔钱哇。宝音告诉老太太，本地的哇怎呀，外地的哇怎呀，人打得也没怎地医院也有证明了，人家公司给你垫付了医疗费，你人也不住院的了，看病也没花下多少钱。再说人家给咱修路也是方便大家出行，是个好事，没有路你就是买上再好的车也出不去哇。咱们就是为了个面子，人家外地人出来修路也是打工的，不容易，到年底估计还结不出工资来呢，再说你也打人家了……这种民族语言的交流，加上入情入理的劝解，双方就和解了。

李勇说："除了我和嘎拉图打起来，宝音哥调不成，其他的都能调成。"

我问："为什么？"

"你想，他把办法尽教给我们了哇。"

晚上，白龙局长来了，他是乌拉特后旗的副旗长兼公安局一把手。这位出生于20世纪70年代的基层公安局长，既是老警察的儿子，也是警院新学员的父亲。他皮肤黝黑，看起来比实际年龄要大许多。

来这儿之前，就听说他们局搬进了新办公大楼，各种基础建设和配套改革正在落实。当我们谈到派出所警力问题时，他说这也是现在基层公安工作面临的最大问题。维护社会稳定需要专门力量，但是，他们这儿属于高海拔地区，气候恶劣，医疗条件相对落后，有一批民警面临年老、体衰、多病的境况，做不成营生，而现在也没有合适他们的政策能退休，他们占着公安编制，所以进不来人，只能用警辅作补充。可警辅人员是协助警务，主体不合法，和当下公安"四项建设"的要求不相符。有些案子诉到检察院，人家首先问你授警衔没，还有交警执法、派出所都面临这个问题。

他说，期望公安改革能落到实处，"我们基层也好做营生"。接着他又兴奋地说，以前旗局没有法医，好多案子得市局帮忙，今年他们争取到两个编制，进来两名法医，好做"营生"了。

五

早饭还没吃，派出所就来了十来个人。

所长柴永强回来了，第一件事就是以实际行动，带领全所人员落实学习精神，密切联系群众，全心全意为人民服务。他的办公桌前，五六个人因为各种事等着他签字呢。

年轻所长的办公桌上放着新鲜姜片，你知道这是干什么用的吗？不是治胃病，是治头发的。从去年开始，无规律的工作生活节奏导致他的头发出现四块明显的斑秃。这不，在工作间隙，柴所长还要拿起一块鲜姜来擦头皮，指望用小偏方治大病，以维护他的帅哥形象。

宝音的办公桌前站着一个小头人，他的头颅看上去比普通人明显小许多，且上面小下面大，眼睛也有些斜，两条腿交叉站立，一只脚踩在另一只脚面上，一看就是个残疾人。办公室空间本来不大，这小头头站在宝音桌子前面，挡住了人们的视线。宝音并不理会他，站起身来和坐在沙发上的一位八十多岁的老人用蒙古话交谈，他的儿女在一边帮他增强听力。沙发上的老人手里拄着棍子，喘息着，不知道他有什么重要的事，这么大岁数还非要亲自来找宝音。

小头头不管宝音是不是忙着，一个劲儿地对宝音说："宝音叔，你就给我100块钱，我真的要去东升庙呀。"看他相貌也是30岁左右的人了，还管宝音叫叔，真是有困难找警察叔叔了。

东升庙就是巴音宝力格。内蒙古很多地方盛行喇嘛教，与藏传佛教有很深的渊源。传说是一位喇嘛云游到此地，想建庙传播佛法，但不知何处是建庙之地。当他念诵经文一亿遍时，已疲惫不堪，坐在一座敖包下歇息。此时蓝天高远，经幡风动，突然他看见敖包上的石子发出七色光芒，豁然开朗，此地正是他苦苦寻找的建庙之处。蒙古语的"一亿"译成汉语有偏差，汉人就叫"东升"庙，后来在行政区划上，当地人就把巴音宝力格称为东升庙。

传说很美妙，现实很骨感。小头头紧追不放向宝音要钱："宝音叔你就给我100块钱哇，明天就给你还！"

我寻思这还带还的，还不是狼吃鬼没影的事儿，宝音欠他钱啦？

宝音办公室墙上挂着的书法格外醒目，是"草原卫士"、"人民公仆"。此时"卫士"正在给老人办事呢，老人的事也不是小事。这里大部分老人吃着国家的低保，而派出所提供的信息关系到很多人的生计，想来这位老人也是如此。办完手续，老人和他的儿女一起去柴所长办公室签字。小头头加紧他的计划："宝音叔，你就给我哇。"

这回"公仆"彻底没得躲了："前天给你的钱呢？"

"花完了哇！"小头头理直气壮。

小头头的名字其实不错，叫田俊清，是宝音的帮教对象，六七年前因为偷盗被宝音处理过。他有一个妹妹，还有一个有精神疾患的母亲。考虑到他们的生活问题，宝音千方百计为他们跑政策，办理了低保。可是，因为不会计划，田俊清拿上低保的钱没几天就花没了，有时还收留一些流浪狗喂养，自己的生活很快就接不上了。

宝音没办法，把低保卡要过来替他保管。在宝音的控制下，有计划的日子好过了些。今年，田俊清的妹妹，这个家里唯一的正常人在外面打工处上了对象，要求宝音还她低保卡，她说她给家里安排。没想到，妹妹拿上卡以后，钱自己花了，家里人不管了。这不，他哥田俊清又来找宝音要钱了。

镇子上的人说，宝音是田俊清的干爸。哪有四十出头的人给三十多岁的人当干爹的？宝音告诉田俊清，要等他妹妹把钱用微信转到自己账上再给他钱。田俊清看宝音今天情绪不高，没敢继续坚持，不情不愿地走了。我问宝音今儿怎么不给，宝音说昨天妇联献爱心的面也给他家吃上了，他要钱做甚呀？万一坐上班车去东升庙胡闹怎么办？不能由着他性子来！

唉，一级英模忙得连自己家的娃娃也管不上，给人家三十多岁的人当干爹，这也叫管理？

乱哄哄的上午没等结束，派出所就接到报警，一个在镇上打工的东北老汉高某喝多了酒，跳进一户牧民家，乘外屋人不备，进里屋盗得了这家女主人的钱包。柴永强和宝音赶紧前去抓捕，结果上演了电影里生死一线的场面。

高某看到警察，知道自己的罪行暴露，爬上一座废弃的楼房二楼，手里拿着一把刀扬言要自杀。宝音和柴永强一东一西上楼包抄。高某口里含混不清大喊大叫，西边的宝音给他做工作要他冷静，但他根本听不懂宝音的汉话，交流十分费劲儿。柴永强从东边的楼后包抄上去，靠近目标。

宝音看时机成熟了，一边向楼上爬一边与高某纠扯。高某的注意力被宝音吸引，没想到宝音与柴永强已完成了对他的包抄。两个人一左一右，拼尽全力制服了高某。高某反抗无效，干脆装醉，赖在地上不动了。柴永强和宝音要把这个死沉死沉身高足有一米八的家伙从楼上弄下来，带回派出所，还要走访目击证人、采集报案人材料、调取监控视频……忙完这些，两个人已经累得像死狗一样。

高某本是包头东北移民，去年来潮格温都尔镇的一家宾馆看门，身份证在派出所备了案。当晚，民警们几轮讯问，只要问到关键词，人家不是醉得没醒，就是装聋作哑。总之，零口供。

这些年，随着执法规范化的推进，零口供追诉的案件也越来越普遍。所以，宝音他们在调查取证上，通过证人证言、视频监控、物证等，形成了严密的证据链，锁定了高某入室盗窃的事实，即使他再抵赖也不会影响案件的进程。

第二天晚上，旗局刑警队来了人，派出所要移送入室盗窃的高某。高某这回真的不醉了，就在他被刑警提押出派出所准备带走时，乘人不备钻到警车轮胎下，叫嚷着："轧死我！"柴永强、宝音和旗局来的两名刑警，四个人拽胳膊拽腿才把他从车轮下弄出来，抬上警车。

记得以前在自治区公安厅信访处，老民警侯宝山曾对我说过，公安工作面对的不是"难过的"就是"难看的"事。有犯罪就有打击犯罪，有危险就有救援，有困难就有帮扶，有治理就有服务。在这些矛盾聚集的风口浪尖上，所有的基层民警总是要迎接"难看的"和"难过的"人与事。

这不，"难看的"和"难过的"事，连个安生的夜也没过，又来了。

凌晨四点多，派出所接到报警，哈日朝鲁嘎查有人用汽车撞人了。二十出头的年轻牧民哈达与其力木格，二人在一起饮酒到深夜，结果因为琐事话不投机不欢而散。本来睡上一夜就没事儿了，可哈达越想越气，继续喝酒，喝到早晨，他开上汽车去找其力木格，在路上相遇，脑袋一热，开车撞向对方……

按时作息对于一线警察来说就是奢侈品。二十年的片警生涯，牺牲小我，对宝音来说是经常的事；同样不能回避的是与危险遭遇，甚至是与死神面对面。

六

宝音小时候住在沙窝子里。他出生的那个地方叫海力素苏木巴音温都尔宝力格，汉语的意思是多树的地方，因为那儿生长沙地榆树——几天后下牧区，我看见了那种独特的树。

宝音兄弟姐妹多，父母养活了八个孩子，宝音排行老五。在宝音成年之前，姥姥对他影响巨大。提到姥姥，宝音就难过得不行："我姥姥没生过孩子，她男人当兵走了以后再没来。姥姥经由得（抱养）我妈，她身体好，给我们做饭，爱我们！"

姥姥的男人就是宝音的姥爷，再没来就是没回来。至于去了哪里，兵荒马乱的岁月，估计也像沙窝子里的沙子一样，谁也不知道刮到哪里去了。姥姥是从外地来的，周围没有一个亲戚，男人走了以后没再成家，抱养了宝音的妈妈，把女儿拉扯大，然后又一心一意照看女儿的孩子。

姥姥手巧，针线活儿做得好。嘎查里有个人叫桑布，儿子在十岁时从山上掉下去摔死了，他媳妇受了刺激，得精神病去世了。桑布孤独一人，没人给缝衣服，就拿上绸布来找姥姥，姥姥就给他缝。他和姥姥聊天，管姥姥叫妈妈。桑布爱读书，有文化。失去妻子和儿子后，他就供宝音和他两个弟弟读书。大弟弟供到小学毕业，小弟弟供到初中毕业，宝音到锡林浩特读中专时还接受过桑布的帮助。

自打来了这个地方，姥姥就没能再走出去，只有把希望寄托在孩子们的身上。宝音的大哥学习好，姥姥希望大哥能成才，可大哥骑马掉下来摔坏了腰，念不成书了。二哥和其他几个弟弟驯马、驯骆驼是一流的，却不是念书的料。只有宝音从小爱看书，她希望性格安稳的宝音能走出去，学到本领，成为家里的顶梁柱。她对宝音说："你要往外走，人多不孤单。"这样的想法支撑着她，只要是能帮助宝音成长的事，不管自己吃多少苦都心甘情愿。

贫穷人家养活八个孩子不容易。宝音的父亲有手艺，会盖房子，会雕刻石头，会看病，一年到头在外漂泊，帮别人盖房、雕刻，被人们叫作"喇嘛"。母亲承担了家庭里父亲的角色，而姥姥则扮演了母亲的角色。母女俩一个在外放牧、割草，一个在家做饭、缝补，艰难养育着八个孩子。

宝音小学四五年级时，假期给一家牧户放羊，因为羊放得好，这家人特别喜欢宝音，找宝音的妈妈商量，想收养宝音。妈妈考虑到家里的情况，答应了。眼看要开学了，宝音还没回家，姥姥才知道这事儿，去人家硬是把宝音给要回来了。姥姥说："骆驼跑得再远也得回家，家再穷娃娃也要自己养！"

1992 年，宝音给姥姥争了气，考取了锡林浩特畜牧中专，成为嘎查里唯一外出念书的孩子。宝音回忆："我很少见姥姥哭，我送走时，她掉眼泪了，让我学好！"

那时候牧区往外面的道路不通，人们也很少出远门，宝音又不会讲汉话，谁送他出去念书成了问题。姥姥认得色登的妈妈，帮他们家缝制过蒙古袍，她请色登帮忙送宝音到锡林浩特。色登和宝音的大哥是同龄人，会拉二胡，汉话也讲得好。就这样，大哥、色登和宝音，三个人骑了三匹马，驮着姥姥缝制的被褥，带上肉干和奶食子出发了。

到了那仁宝力格苏木，大哥骑着自己的马，牵着宝音和色登的两匹马回去了，色登陪着宝音坐班车先到临河，然后从临河坐火车到张家口，再从张家口坐班车到锡林浩特。在锡林浩特畜牧学校，色登帮宝音安置好，临走前还把身上的钱都给了宝音："弟，你在外念书，难，钱留着有用。"

念书的日子自然是艰难的。每个假期宝音都要去搂发菜、剪羊毛，或者去工地脱土坯，赚取学费、饭费和路费，有时候放假也不能回家，要在当地的工地上干活儿。即使这样，也有断炊的时候。有一次，宝音眼看着就没了饭钱，给家里写信求援。信件几经辗转才到了苏木，再通过海力素边防派出所的民警送到家里，前后用了一个月时间，而这时候的宝音，伙食费早就花光了，只能靠一天三个馒头度日，从此也落下了胃萎缩的病根。但是，无论多么困难也不能让他放弃读书，姥姥的叮咛时常响在耳畔："再苦也得念成！"

三年的中专学习结束后，宝音回到了潮格温都尔，在畜牧部门工作两年后，1998 年，他参加了蒙文招考，以第一名的成绩被录取，意外地成为一名人民警察。可是，他还没来得及好好孝敬一下亲他爱他的姥姥，姥姥却与他永远地分别了。当时宝音在下牧区，人们找不到他，等他知道这个消息的时候，姥姥已经去世九天了……

按当地习俗，四十九天后，要送死者最后一程。宝音回家了，兄弟姐妹也都来了。母亲、宝音和兄弟姐妹骑马来到安葬姥姥的草场。青草还没有生长，旧草一片枯黄，大地寂静，天空蔚蓝，哪里还有姥姥的踪迹？他们把冰糖、红枣、果条、茶叶撒向天空……

提起这件事，宝音总是一脸内疚："我大哥爱喝酒，我不敢和他喝，他喝多了肯定骂我，姥姥去世、两个兄弟结婚，我都没来……"

其实，宝音的家人都不知道，刚参警的时候，宝音险些再也见不到他们了。

七

参加公安工作第二年的秋天，刚过完国庆，宝音在到汗乌拉嘎查的路上迷了路。

头天晚上，宝音还向嘎查的陶不勒道尔吉书记了解过，陶书记告诉他从哪里走是近路。第二天一早，草原上天高云淡，风清日和。宝音收拾好褡裢里的报纸、杂志、书籍，装上路上吃的茶食子、肉干儿，备好修车工具箱，出了派出所。

离开潮格温都尔镇，摩托车行驶了一个多小时后，他找到了陶书记说的那条羊肠小道。走了不到十里，突然起风了。两个多小时前还晴朗的天空卷起了黄褐色的云彩，云朵泼墨似的化开，顷刻间天地一片浑黄。狂风打马走过，横冲直撞，本来一望无际的戈壁草原上能见度居然不足20米，羊肠道找不见了！

更要命的是，摩托车的后轮胎爆了。这辆破摩托车不是宝音的，是他从派出所的同事贡布斯仁家借的。那时他刚参加工作，没攒够买摩托车的钱，单位保障条件也差，不仅没有经费为民警提供交通工具，甚至连警服的钱都要民警自己出一部分。宝音只得把摩托车推到一个避风处修理。车胎补好后，他小心地骑行了一段，顺着风就进了山沟。哪里还有羊肠小道？天昏地暗中，宝音来来回回折腾了一个多小时，终于彻底迷了路。

我跟随宝音下牧区时亲眼见过，茫茫戈壁，大晴天你可以看到草地上到处有车辙，哪都是路，跟迷宫似的。即使是好天气，生活在牧区的人也会迷路，初来乍到的就更别说了。要是恶劣天气，那就相当于把自己的命交给了老天。

摩托车走出去一圈，又返回原地，再出去，还是一样。两个多小时后，宝音终于爬出山沟，上了山顶。还没来得及反应，一阵狂风袭来，瞬间人和摩托车就飞出去了，摩托车的前轮压在他身上，他昏了过去。

不知过了多久，他终于睁开眼睛，天地更加昏暗，先前的黄龙已经下班，黑龙来上班了。宝音真是怕了。这前不着村后不着店的地方，谁知道是哪儿啊？他没有手表，都不知道现在是几点了。怎么走出去啊？他挣扎着从车轮下爬出来，抖抖身子，意外发现自己居然没伤着。原来，摩托车上驮的褡裢先甩出去，正好垫在他身下，里面的报纸和书籍起到了缓冲作用。

他扶起摩托车，前车闸失灵了。这会儿不能再修车了，不一定能修好，还浪费时间，一旦天黑下来，后果不堪设想。这里的昼夜温差有二十多度，如果再找不到路，他会被冻死在草原上。扔下摩托车，宝音背起褡裢往出走。这死心眼的傻子，到现在还舍不得把书从褡裢里扔出去，这些书多沉啊，而这时候保存体力是多么重要啊！

“那时候牧区生活封闭单调，牧民们想了解外面的世界，书、报纸、杂志都很抢手呢。”回首往事，“傻子”笑眯眯的，好像要死的不是他。

骤降的温度让宝音意识到，天真的黑了。不但黑了，还飘起了雪花。好在宝音是早晨出来的，穿着军大衣和皮袄。即使这样，人也必须不停地活动，一旦停下来就是要命的事儿。

好运气又一次降临，宝音走着走着，终于发现了一处夏羊盘，也就是牧民夏天放牧时临时搭建的简易房子。推开门一看，还好，牧民临走时放置了柴火。这是牧区的传统，不管是夏羊盘还是其他不住的屋子，离开前必须放置柴火和一些简单的生活用品，关键时候，这是能救人命的啊！

宝音点燃了炉灶里的柴火，拿出茶食子、肉干儿吃上，看来要在此过夜了。

你在寂寥的草原的夜里听过风声吗？没听过？不要紧，让听过的人来告诉你。

草原上的风有两种，小风和大风。微风是没有声音的，能吹乱头发的风就是小风，这样的风就有了声音。戈壁草原没有虫鸣，小风轻灵地掠过草地上空，或与石头相遇，或与沙子相亲，或者是风与风相聚，声音犹如落单的马呼唤马群的长啸，尖锐、悠长而悲伤。草原上的男人出去放牧或是打仗或是流浪，守在家中的女人因为寂寞，因为思念，把胸中的忧郁哼成一曲长调，就像吹乱人长发的风一样。按照中医理论，肝属木，这种声音也叫“木音”。这样的小风是直抒胸臆的，是女人的风。

而另一种风则是大风，是男人的风。大风从草原刮过，就像万马奔腾，遇到阻挡它们的任何东西，都要进行一场死打硬拼。草木被连根拔起，石头经不住它的刮削，变得奇形怪状，沙丘被它推移着，顷刻搬了家，甚至河流、湖泊也会改变模样。这样的风刮起来，就是“金音”，像冷兵器时代武器撞击的声音，像狼群的嚎叫，狂野而悲怆。五行中“金”克“木”，此时的风是击打人肝脏的。

宝音被困在夏羊盘的是夜，草原上一夜都刮着男人的风。在这样的“金音”击打中，困饿不是最重要的，他想的是怎样不被冻死，熬到天亮走出去。虽然从小生长在牧区，但独自面临这样的局面，他还是第一次。首先要给身体保暖，他脱下军大衣，想蜷起来把腿也给包住。大衣里面穿的是警服，宝音对我说：“奇怪了，看到自己身上穿的警服，一下不怕了！”

这样坐了一夜，天空终于明亮起来，风力减弱了。宝音走出夏羊盘，雪停了。但天空中依然有云层在聚集，过会儿还得变天，他得赶紧走。于是，他逆着风往前走，一边走一边吃东西。

他带的茶食子不是在城市里的蒙古餐厅常见的那种果条。我在牧民家见到了所谓的茶食子，类似油饼，不过是用纯羊油炸的，白白的，有一层羊脂凝固在上面。羊油遇冷凝固，如果面没发好，或是放置时间过长，那就坚硬如铁了。可怜的宝音，水壶里早已没水了，他只好一口茶食子就一口雪。

天气又变脸了，逆风行走了几个小时，草原上的白毛风卷起积雪飞上天空，宝音的警用棉帽子结了霜，围脖也被冻住了。又走了十几里地，他实在走不动了，找了个避风处躺下来歇会儿。你可能会问，宝音傻呀，怎么不求救呢？问题是，要是能求救，那还叫困住吗？那时的牧区通信条件差，即使是现在，宝音也得带着移动、联通、电信三部手机，怕的就是没信号。

求救是根本没可能的。唯一的可能就是靠自己的勇气和智慧，还有长生天赐给的好运气！宝音知道，只要找到有羊粪的地方就离羊场不远了，找到羊场就能找到牧户。他爬起来往西北方向走，翻过几座大山，进入了沙河槽。在沙河槽里走了一个多小时，还是看不见路，他只能原路返回。此时的他人困马乏，两条腿也不听使唤了。更危险的是，如果再走不出去，天又要黑了。

他躲在一块石头背后喘口气。风小了些，浮尘遮住视线，能见度还是很差，但隐隐约约的，他看见前面有几棵沙地榆树。有树的地方就有水，有水的地方就有人家。他爬起来，朝有树的西南方向走。走着走着，远处终于有人影出现了。他想喊，可是嗓子发咸发干，早已出不了声。幸运的是，对方发现了他。这个人叫苗满林。

宝音的判断是对的，不到一里地，就到了苗满林的家。苗满林和他媳妇把宝音扶上炕，打来一盆子冷水，脱下他的鞋子。宝音对我说："他把我的鞋在冷水里泡呢。"

"是泡脚吧？防止冻伤。"我纠正。斯琴格日乐说过，宝音对一些意义相关的名词不怎么敏感，经常搞混，比如鞋和脚。

宝音的双脚泡在冰水里，冰冷刺骨，疼痛钻心。好在命在，他已经安全了……这次经历，宝音从来没和家人说过。

在苗满林家住了一夜，天晴了。苗满林是当地有名的马倌，熟悉路，根据宝音的描述，他和宝音骑上马返回戈壁，找到了摩托车。把摩托车简单修理了一下，他骑上摩托车继续上路，他的目的地是汗乌拉嘎查，那儿的牧民还等着他呢。再大的困难和危险，都阻止不了他下牧区的脚步。

八

和宝音说好了，今天我跟他一起下牧区。宝音对于下牧区有一种超常的热情，他那孩子般纯真的脸上洋溢着微笑，眼神干净明亮。收拾好摩托车，从备勤室取出各种报刊，驮上早已备好的瓜果蔬菜，我们准备出发。

报刊是从 48 号邮箱取来的，这是宝音在潮格温都尔镇邮局申请的专属邮箱，也是他二十年来服务牧民的邮箱。牧民居住分散，邮寄东西不便，即使现在快递业务已经延伸到镇里，但到达牧户还有很远的距离。过去，牧民们外出打工寄往家里的信件、汇款，了解政策法律的报刊，都要由 48 号邮箱主人宝音的摩托车送到家里。现在，一些快递物件宝音也会在下牧区时顺路捎上。

戴上宝音的警用摩托车头盔，跨上自治区公安厅奖励给英雄的警用摩托车，揽住"草原摩托警"的腰，我们一路向北风驰电掣。柏油马路平展展地向前方延伸，广袤的草原舒展开她宽阔的胸怀，长风猎猎吹过，反光镜中的我英姿飒爽，人一下子年轻了十几岁。因为跟随了英雄，因为接应了地气，天地间豁然开朗。

摩托车从柏油马路拐下去，进入一条土路，一级英模带我访问的第一个牧户家到了。

“赛白努（你好）！赛白努！”宝音和一位大叔点头弓腰用蒙古语互致问候。

这位大叔好生眼熟，莫非我们见过？在对宝音前期的选树中，我们匆忙进入过好几家牧户拍摄，却没有记得他们是谁，与宝音是怎样的关系。就在我疑惑的时候，突然望见窗外那片草地，草地上有一块巨大的石头，形状酷似一位僧人合十打坐。

想起来了，为了配合“全国公安社会治安防控体系建设现场会”在内蒙古召开，我们拍摄牧区防控体系视频时来过这儿。当时大叔为了配合我们的拍摄，特意穿上湖蓝色滚金边的蒙古袍。那独具区域、民族特色的温暖画面，给来自全国公安战线的同行们留下了深刻的印象，加深了他们对于内蒙古这方热土的了解，也使内蒙古公安构筑独具区域特点的治安防控体系、打造安全亮丽风景线的经验在全国传播。

这次我记住了大叔的名字吉格米德，是宝音 1672 平方公里管辖区哈日朝鲁嘎查的牧民，也是离此地几公里外一座藏传佛教寺庙的大喇嘛（相当于住持）。听宝音说，这个大叔会给人看病，更擅长找水源。我想，莫非大叔就是传说中的得道高僧，除了具有肉眼，还开了天眼、慧眼、法眼，甚至是佛眼？

老人给我们沏了茶，开始颂唱式地念了起来，音律宏阔，动人心弦。唱罢，老人请我们喝茶，他用汉语对我说：“这是颂茶歌，不是念经。我没有那个技术。”

啊？大喇嘛不会念经，还管理着一座寺庙？宝音说：“这里的喇嘛是有技术的人，不是嗡嗡嗡念经，不是。”

我更加迷惑了。当喇嘛的不会念经，是不是有点儿不可思议？我注意到炕正中央的墙壁上挂着一张黑山的照片。夕阳下，黑山笼罩在一片金色的光芒里，越发显出它的神圣。黑山又名朝格山，只要进入潮格温都尔，就会看到这座在平坦的草地上屹立的山峰，它是牧民心目中的神山。

“我年轻的时候学会了看水（寻找水源）技术，跟苏联人学的。我会汉话，给他们当翻译，跟他们学看水……看水要看多个山，这边、那边的高低，才能找到水。我有这个技术。”大叔用汉语给我介绍他看水的技术，有的句子翻译不过来，就“这个”“那个”。宝音也帮着翻译。

大叔还跟下放的“右派”大学生学会了医术，又自学了蒙医，当过赤脚医生。后来从医疗系统退休，每月能领三四千元的工资，生活得很好。大叔说他现在还给人看水，有个年轻人跟他学习，但蒙医没人学。年轻人都进了城，这里留下来的人少，估计这门技术要失传了。大叔指着炕上的一箱伊利牛奶骄傲地说："我这奶子啦、水果啦，尽是看水人家给的！"

大叔的家很破旧，身上的衣服也很旧，尤其是脚上的一双军用皮鞋，鞋头子明显张开了嘴。但他脸上却洋溢着幸福的笑容——虽然他没有念经的技术，却拥有为牧民治病看水的技术。宝音说："我们这个地方叫喇嘛的就是有技术的人。"

这时我才明白，在草原上，不是会念经的才叫喇嘛，拥有智慧、技术和手艺，实心实意为大家做事的人，就是牧民心目中的"大喇嘛"。

"赛！赛！"牧民赛朝鲁和妻子金花迎接我们。

听说宝音要来，还要带查嘎达"姐姐"来，金花夫妇宰了一只羊，准备了丰盛的饭菜，还邀请了他们的好朋友、邻居一起相聚。他们中有于六六，汉族，会讲一口流利的蒙古话，他的蒙古族妻子已去世；有呼格吉乐图、华秀兰夫妇，呼格吉乐图是蒙古族退役军人，华秀兰是东北蒙古族，两个人都是党员；有额尔登孟克和斯不力其其格夫妇，额尔登孟克是原政协委员，号称"二喇嘛"；还有一位沉默的牧民叫阿拉腾敖其尔。

桌子上的饭菜有炖羊肉、茶食、自制酸奶、奶皮、炒米、肉干，在少菜的戈壁草原，居然还有一盘白菜萝卜拌的凉菜。大家热烈地用蒙古语交流，这回我是彻底蒙圈了。

我被金花邀请到主座上。在牧区，不管贫穷或富裕，几乎家家户户的墙上都挂着各个时期党和国家领导人的画像，有的与成吉思汗画像挂在一起，还系上蓝色的哈达。

一级英模像鱼儿入了水，羊儿找到了家。他起身沏茶、削肉、拌酸奶，仿佛到了自己家，平日里的腼腆羞涩荡然无存，居然还点上了香烟，与大家一起吞云吐雾，完完全全是一个豪爽的土尔扈特蒙古族后裔了。

金花用汉语招呼我这个外来客，这时我才明白，不仅于六六一个汉人会讲汉语，大家都会讲汉语。正是金花告诉我，茶食子不是用植物油炸出来的，制作工艺也很讲究。先要煮肉，把煮肉时浮在上面的油撇出来，放进面粉中揉匀，然后反复醒面，直至光洁如玉，再放入羊肠油中炸成微黄。听着，我取了几根茶食子放入口中。酥脆适度，甜中微咸，唇齿留香，绝对能上《舌尖上的中国》，这才是真正的地道材料地道货啊，比宝音迷路时吃的茶食子不知强多少倍。

此时的一级英模正在大快朵颐。这两天在派出所食堂，我们都是一起吃饭。派出所为了照顾我，每餐都变着花样做。这里的羊是散养的，草地上长着梭梭、碱柴、红柳、柳条、霸王等多种植物，有的植物还是名贵中草药，比如肉苁蓉，加之这里雨水少植物干硬，所以羊肉含水量少，有一种独特的香味。这样好吃的羊肉在城里很难吃到，加上大师傅精心烹制，我吃得心满意足，饭量大增。平时宝音吃得不是很多。我还以为是他人瘦饭量小呢，现在真开眼了。我惊呼："宝音，你可是把三天的饭都吃下去了!"

大家都哈哈笑起来。宝音被说得又回到了羞答答的状态，腼腆地说："这个特别好吃，派出所的饭调料大。"

哦，明白了。在牧区，煮肉依然保持着最原始的做法，除了葱、姜、盐，其他调料一概不放，以免各色香料掩盖了肉的鲜美。宝音就是在这纯天然无污染的饮食环境中长大的，难怪他吃得不亦乐乎呢!

席间，宝音一边吃喝一边掏出几张纸，又开始用蒙古语交流。他们每个人轮流签上竖排的漂亮蒙文，大概是他们每个人的名字吧。民族地区就是有意思，连治安责任书都是一式两份，分蒙汉文的。

饭后，各种漂亮的蒙古袍被取出来，穿扮好准备拍照。宝音又活跃起来，帮金花姐姐、华秀兰姐姐、斯不力其其格姐姐绑腰带。这时我才知道，蒙古袍的腰带有两种，一种是彩色绸子做的长腰带，一圈一圈裹在腰间。另一种是短的，男人用皮子制作系上银扣，女人用袍子一样颜色的绸缎滚上边儿。

不知谁给我也拿来了蒙古袍，是湖蓝色滚金边系同色腰带的袍子。袍子刚过膝，是短款的，和我的身高正好匹配，也不知是谁这么巧妙用心！宝音是这里唯一穿制服的人，不知道他穿上蒙古袍是什么样子，我想，那应该就是一个地地道道的土尔扈特蒙古族牧民了吧。

大家欢声笑语走出蒙古包。蓝天真的很蓝，蒙古包白色的顶子在宝石般纯净天空的映衬下，越发显示出它的洁白与吉祥。天高地阔，大家摆出各种造型拍照，灿烂的笑容无拘无束地展现在明媚的阳光里。今年正好喜逢内蒙古自治区成立七十周年，真是国家逢盛世，草原多欢乐!

金花真有创意，身着蒙古袍，头戴一级英模的警用头盔举手敬礼。记得刚进金花家的蒙古包时，他们管宝音叫赛音查嘎达。我说我是查嘎达，他们说你也是赛音查嘎达。我再次被感动得一塌糊涂，英雄的荣誉就是我们全体警察的荣誉。群众对英雄的崇尚，就是社会主义核心价值观的真实践行。这样的真实，绝对是内心情感的自然流露。而这真实的情感认同，是宝音二十年来一点点用真心真情换来的。

乌拉特戈壁草原，说是草原，事实上很多地方是生命禁区。这次到牧区，我真切感受到了戈壁草原地形的多样性，它有绵延不绝的大山、沙漠，也有广袤的草地、沙河槽，从一户牧民家到另一户，往往走一天也到不了。但宝音并不觉得远，他熟悉这里的每一片草场、每一座荒山、每一段河槽，他能根据脚下的几颗羊粪蛋儿判断出最近的牧民家有多远。这要得益于他当年迷路被苗满林救命的经历。这样的经历让他明白，想做好本职工作，就要尽快熟悉辖区。

1999年，他开始独自绘制辖区联络“地图”。没有工具，采取的都是笨办法。宝音每到一个牧户家，就掏出随身携带的本子记下大致的方位，他以公路为主干，绘制两侧牧民的居住图。首先，他以宝日布嘎查沙石公路川敖线为主线，东面是山、西面是滩，标出一家家牧户，注明大敖包、小敖包、饲料集中存放点及河槽的位置，只要找到一位牧户，就可以沿图找到周边的其他牧户。

为了这第一份联络图，宝音记录了几个笔记本的资料。有了第一份，就有了第二份、第三份，他把这些零碎的图纸拼凑起来不断完善，形成了涵盖1672平方公里戈壁草原的大图。这份大图不仅成为当地政府土地普查的参考，也被巴彦淖尔公安机关录入警务平台指导警务。

图纸是平面的，凝聚起来的点点滴滴却是人民警察宝音对牧民的一片心。回族牧民尕拉马撒是位单亲妈妈，贫困无依，宝音资助她失学的儿子重回校园；蒙古族牧民阿拉腾花的儿子智障，自己患有严重的风湿病，宝音帮他们送药看病；汉族牧民雷金花丢失了羊群，宝音二话不说骑上摩托车飞奔而来……虽然宝音是蒙古族警察，但他心里对各民族牧民却一视同仁，只要是这片草原上的人，只要是需要他帮助和服务的人，他对他们的爱心是一样的。

如今，图纸上的信息鲜活地装在一级英模的心里，宝音进入牧区更像是回到了自己的家。

九

进入戈壁草原深处了。黑色的沙石路犹如穿过洪荒岁月，裸露的地表上到处是尖锐的碎石，石缝间偶尔有几株沙蒿、骆驼刺，颜色如同褐色的沙石，分不清哪里是植物哪里是碎石地。巨大的黑色高原，到处是沟沟坎坎，犹如滚滚的泥石流铺满大地，人站立其中，仿佛忽然间穿越到蛮荒年代。

在这黑褐色大地的映衬下，蓝天却更加湛蓝，云彩如洁白的哈达，一条条飘舞在天际，两相对比，形成独特的视觉效果。但一级英模不能只是抬头望天，他需要时刻注意脚下的路。其实，地上并没有路，摩托车走得多了就变成了路。路是一条极细的摩托车车辙，他必须准确无误地把轮胎驶进车道，以免被碎石扎破。怪不得以前的报道说他十五年骑坏了六辆摩托车。这样的路，毁六辆摩托车算少的。

颠簸就不用说了，吓人的是这沙漠泥石流中还有很多河槽，河槽中沙子、土和碎石相杂。每次开进去，宝音的两脚就要蹬地，像划桨似的划开沙子，摩托车才能前行。这真是他二十年练就的特殊本领，一般人早就被困在河槽里了。

翻越一座沙丘时，宝音说估计冲不上去了，问我能不能下来步行，我说行。等我下了车，宝音加大马力冲上山顶，转眼不见了踪影。我手脚并用往上爬，才觉得脚下戈壁坚硬如铁，碎石穿过国际大牌耐克鞋的鞋底，把我的脚硌得生疼。这些花架子鞋本来就是奉献给柏油马路的，哪如人家派出所对面供销社卖的胶鞋结实？

一级英模兄弟走在前，我怎么好意思掉队？终于爬上来了！宝音已冲下山路很远很远，站在山顶向下望去，在黑褐相间的大地上，宝音的人与车浓缩成一个渺小的黑点，与周围的景致浑然一体，不仔细看根本找不到他的存在。

会合后，车子拐进一个山坳，山坳里有一家牧户。宝音前去打开院门，没人。进了屋子，没人。他说牧户叫额尔德木图，估计是出去放牧红骆驼去了。红骆驼就是戈壁红驼，属国家一级保护畜种，素有“草原珍珠”的美称。莫非额尔德木图放牧的就是被称为“火神捍卫的长生宝贝”的红驼？可这儿连几根牧草都找不到，这些红驼吃什么呢？宝音说：“它们不吃不喝可耐呢。”

估计一级英模看我经历了一场辛苦，怕我太疲惫，逗我呢吧？摩托车再次驶入戈壁，过了约半个小时，在一片还算平整的戈壁滩上，褐色的植物多了起来，大型风力发电风车成排地映入眼帘。突然，十几头红驼出现了。和电影里高大的沙漠骆驼不同，红驼的外形显得瘦小低矮，正赶上刚刚剪过绒毛，像大鸵鸟一样，缓慢踏实从容地从我们身旁走过。

离开骆驼群，我们又去了两家牧户，家里都没人。此时已是下午五点多了，从金花家出来，我们已经在戈壁滩上行驶了四个多小时。太阳的光芒依然热烈，但骑在摩托车上，还是感觉风凉飕飕的。在这个昼夜温差巨大的地方，宝音穿着夏装半袖警服，也不知冷不冷。估计，他和戈壁红驼一样不怕冷，可耐呢！

好不容易看到远处的房子，摩托车在屋前停下来时，一只红母鸡领着三只小黑鸡迎接我们。宝音很自然地推门进去，走到炕边问候：“赛白努！”

屋里一位老阿妈头朝我们，身上盖着棉被躺着呢。宝音告诉我，这就是在金花家吃饭时沉默寡言的阿拉腾敖其尔的家，躺着的老阿妈是他生病的母亲乌都日玛，八十四岁了，已经病了一年多。

宝音攥住老阿妈的手，笑眯眯地和她说话，还拿出手机给她看照片。这时，一个年轻帅气的小伙子掀起帘子进来了。宝音介绍，小伙子叫青格乐图，是阿拉腾敖其尔的二儿子，刚从赤峰读大专毕业，因为要照顾奶奶，没出去打工。

青格乐图给我们沏上茶，让我们解乏。我是真渴了，端起茶水一饮而尽。宝音一直跟老阿妈聊着，临走，宝音把100块钱放在老阿妈手里，我也把钱塞在老人手里。老阿妈流着眼泪跟我说了一大堆蒙古话，我听不懂，看看坐在凳子上的青格乐图。小伙子今年二十四岁，在大学学习汽车制造，普通话讲得不错，他说等奶奶好一些了，就去呼和浩特打工。我鼓励他说，年轻人只要肯吃苦，不愁没前程。

我们握手告别时，老人对我喃喃道："长命！长命！"

我也学着她的话："长命！长命！"

"长命"，两个字看似简单，却是老人最美好最真挚的祝愿。摩托车驶出很远后，宝音对我说，老人看到我和她孙子交谈，知道是好事，说孙子碰上贵人了，也许能给帮忙找到打工的地方。她觉得我和宝音是一样的人，祝福我们"长命"！

原来是这样。老阿妈自己留守草原，心却像宝音的姥姥一样，希望子孙能够走出去，去看更大的世界。

宝音的工作在继续，下一家牧户叫额尔登毕力格，号称"三喇嘛"。按照宝音的说法，叫喇嘛的都有手艺，估计"三喇嘛"也如此。"三喇嘛"外出不在，给他放羊的羊倌牛先有接待了我们。事实上，宝音此行就是找他的。

牛先有外号"牛牛"，山东人，五十八岁。四十几年前，牛牛从山东讨饭来到当地，给一户蒙古人家当了上门女婿，生育一子。前些年蒙古族媳妇病故，才有了接下来的故事。眼前拿出油饼和饮料招待我们的高个儿年轻女人就是故事的女主角。

好在牛牛是山东人，女人自称是"甘肃呼和浩特"人，两人都讲汉话，能听明白事情的来龙去脉。女人说她小时候让亲妈领来内蒙古扔了，搞不清自己甘肃武威的家在哪里。她叫侯小平，和第一任丈夫生下个男孩儿，男人拿砖头打她，她跑了；第二任丈夫是呼和浩特土左旗人，所以她说她是甘肃呼和浩特人，这男人喝上酒也打她，前年她又跑了，跑到东升庙打工。说是丈夫，其实她和前后两个男人都是同居关系。现在她带着一个七岁的小女孩儿，不是和第一任丈夫生的，也不是和第二任丈夫生的。究竟是和谁生的，涉及隐私，我们也不便问。

她说她来东升庙打工，经朋友介绍认识了大她近二十岁的羊倌牛牛，两个人就过上了。女人说眼前这个男人对她好，对她娃好，准备长期过。羊倌牛牛说，他老婆死后爷儿俩也冷冷清清，人家不嫌咱穷，也不嫌咱老，觉得她这个人也行了。这样，两个人同居快一年了，因侯小平没有身份证、户籍，领不上结婚证。

这就是现实生活，两人可怜巴巴地相依为命，你能不让人家过？

宝音对牛牛说等你不忙了，我给你弄上点儿钱，领上侯小平到甘肃找一下她的家人，想办法把办户口的证明弄来，在这儿落了户，办上身份证，就能申领结婚证了……在你一句我一句的交流中我明白了，侯小平带过来的七岁女儿，宝音按照相关政策给落了户，还当起了孩子的监护人。

看得出羊倌牛牛是个老实人，我对侯小平说，你看你前面两个丈夫都打你呢，老牛也挺老实的，你这养得白白胖胖，也是过好了，不跑了吧？侯小平说："不跑了！闺女在宝音手里了，户也下了，孩子也在镇里上学了，我去学校接孩子老师不让接，宝音能接出来，老牛也能接出来。上回去了，闺女说宝音叔叔还给了她20块零花钱呢。"

老牛说："孩子上学吃小饭桌，一学期1500块钱，一年还要3000块钱，都交了。"

"谁交的？"我问。

"宝音哇，人家是我闺女的亲妈，我是后妈！"侯小平说。

"唉，我娶了个媳妇，顶如是宝音给娶下的。"牛牛说，没有宝音帮忙，人家侯小平也不能住下来。

告别时，女人执意要留我们吃晚饭。宝音说天快黑了，再不走就更不好走了。

晚上八点了，太阳还在乌拉特山上白着脸，但光芒已有了收敛，我们骑上摩托车一路颠簸往回返。天很快就暗下来了，宝音手脚并用，遇到险处，他的双脚左右蹬地，双手牢牢把住摩托车把。虽说宝音在戈壁草原骑行了二十年，练就一身绝技，但现在还载着一个人，骑行二百多里的沙石路，难度可想而知。

我紧紧搂住一级英模的腰，叮嘱自己千万小心，不能因自己的失误给大家添麻烦。摩托车驶上一个山顶后又向下俯冲，真是命悬一线，幸好有老阿妈"长命"的保佑，我们才顺利下山。

眼前一亮，摩托车神奇地停在一片绿色的草地上。在这长天辽阔大地苍茫之中，夕阳温柔的金色光芒笼罩着这片方圆不足一平方公里的草地。草地被一堵金红色的巨石墙围住，一条细长的溪流缓缓流向远方。真是"山重水复疑无路，柳暗花明又一村"。是不是人的命运亦如此，命悬一线又绝处逢生？

回望来时的路，早已在时光的流逝中不见了踪影。而在这些光阴中，与我们相遇的人，他们的影像一一在我的眼前回放："大喇嘛"吉格米德穿着破皮鞋行走在戈壁草原上，免费给牧民找水，免费给牧民看病；于六六和阿拉腾敖其尔妻子病故；金花失去了女儿；乌都日玛老阿妈病重在床……但在他们的脸上看不到苦难带来的绝望和抱怨，依然扬起阳光笑脸，依然有着戈壁红驼忍耐的精神，依然拿出最好的奶食，依然想着别人的“长命”。

生命在低处，灵魂在高处。他们是自然之子，他们也是万物之灵！因为，正是这片神奇的草原上善良的人们，养育出了我们的赛音查嘎达。

让我也真诚地祝福他们“长命”。

十

夜里十二点入眠，凌晨三点接警出警，直到整个上午，宝音和所里的民警忙碌得马不停蹄。早餐匆匆一见，到中午快十二点了，宝音才打来电话让我下楼。今天要去访问的牧户住在山里。这家人的家庭矛盾调解了快半年了，可父亲性格死倔说不通，宝音决定再到家里做工作。

我们顶着骄阳出发。此时的地表温度直线上升，感觉足有四十摄氏度。宝音跟我说中午饭就别吃了，他已买上了菜，去“他们”家吃。对于不吃饭就赶路，他戏称为姐姐你也活动活动减减肥。关键我也不肥呀，可人家都安排好了，我肥与不肥又能怎么样？

摩托车驶出潮格温都尔镇，上了柏油马路。耳边的风呼啸而过，我的警用摩托头盔被吹得跳起来落下去，虽然罩着面罩，可风还是无孔不入，护目镜根本挡不住，眼泪都被吹出来了。

“好看哇？”宝音的问话被风轻松地送入了我的耳鼓。他一边驾车飞驰，一边用左手指了指道路左侧矗立的一群恐龙雕塑。

内蒙古本来就是恐龙的故乡，尤其是查干诺尔恐龙享誉世界。二连浩特、鄂尔多斯、巴彦淖尔等地，包括首府呼和浩特，在很久很久以前，曾是植物繁盛海洋浩瀚的地方，各种恐龙遍布其中。自治区的很多地方都发现了这些大型物种的痕迹，恐龙的雕塑也随处可见，二连浩特市还把城市的地标设计成恐龙雕塑。

而眼前这些雕塑放置在戈壁草原上，自然与城市里大不相同。天空湛蓝，群山巍峨，草原苍茫。在远古洪荒的大远景下，这些雕塑与之浑然一体。可惜，我头顶烈日，饥肠辘辘，怎有心思欣赏景致？我告诉自己耐住性子不要激动，“好走的”路肯定在后面呢。

十六七公里的柏油路飞驰而过，摩托车进入土路后拐入一片开阔地。昨天晚上，宝音和牧户的儿子达赖约好，中午十二点在此处会合，然后一起到大山深处他父亲家。父子俩因为家庭矛盾，半年没见面了。宝音说，如果不提前联系好，山里手机没信号就麻烦了。

我们坐在山坡的平缓处休整，等待达赖的到来。等了将近半个小时，达赖终于来到了我们的相约地，摩托车上还驮着他五岁的女儿道茹娜。

“赛！赛！”除了能听懂他们的问候语，其他的蒙古语我就只能干瞪眼了。我看见宝音从裤兜里掏了一沓钱递给达赖，又从摩托车上的褡裢里拿出水果、蔬菜，转移到达赖摩托车上的褡裢里。看出来了，这是达赖给他父母的见面礼，出资方是宝音。

我们进山了。鲁迅先生说过，地上本没有路，走的人多了便成了路。而这里的情况是，地上本没有路，走的人多了也成不了路，因为我们走的是沙河槽，夹在山脉之间，以各种S形蜿蜒到山的深处。

没走多久，达赖的摩托车轮子就开始死命在沙窝子里挣扎，尘土飞扬。宝音迅速离开达赖碾过的车辙，自寻出路。

“他那走得不对！”宝音说，在这里绝不能走别人走过的路。二十年来穿行在1672平方公里的戈壁草原上，一级英模对于路况比牧羊人还要熟悉。

记得前年来拍摄宝音，我们的越野车进入戈壁草原后，陷在一段沙河槽里，我们一行三人又是找石头垫路，又是用铁锹挖沙，最后还是在我们的拍摄主角宝音的指挥下，才把车弄出沙河槽。宝音奋力推车的照片，至今还挂在我们单位的走廊上。而眼前的只是个沙窝子，我们马上要面对的却是20多公里的沙河槽。

达赖身后是个五岁的小孩儿，褡裢里的东西也不多。宝音的褡裢里报纸、书籍、蔬菜、粮食，加上还坐着一个一百多斤的我，他的辛苦可想而知。这就是牧民的生活，这就是牧区民警的生活，这也是整个牧区生活的真实写照。

咬牙扛过这20公里的沙河槽，一级英模的作训裤已经看不出原色了，他的脸被晒得通红，汗水顺着两颊从摩托车头盔里流下来。我也正享受着超级桑拿的感觉。作为坐机关的警察，好好接点儿地气吧！

挣扎出沙河槽，我注意到路边偶尔有一种灰绿色的植物，当地人管这叫席麻，宝音说这东西蒙古语叫“哈拉盖”。这种植物一旦碰到皮肤上，针刺一样痛，接下来皮肤要肿起大包，奇痒难耐。我们的摩托车不时掠过一丛丛的哈拉盖，好在我们的装备精良，警用作训裤面料厚实，裤角收紧，与席麻瞬间摩擦时，并没能伤到我们。可达赖和小女孩儿都穿着半腿裤，也不知他们被席麻扎到没有。也许，生活在这样的环境中，他们早就学会了与自然巧妙地周旋。

几十里的山路后，温暖人心的场面上演了。达赖父母家的白墙蓝顶出现在大山前面的开阔地上，两辆摩托车一停稳，小姑娘就跳下来，直奔五六只小羊，她要捉羊啦！随着道茹娜的笑声、叫声，两位老人掀起帘子出门迎客。他们是达赖的父亲巴图德力格尔、母亲巴达玛花儿。

“赛！赛!”我也学着宝音的样子向他们问候。这回我的身份是宝音的姐姐，城市人，没见过山里的景象，下来体验生活来了。

小姑娘大获全胜，抱着一只羊羔兴冲冲跑过来，高声喊爷爷、奶奶。巴达玛花儿起身端饭菜，招呼大家围坐一桌。当然，又是说的蒙古话，我能做的，只有察言观色。

达赖先把宝音给的钱放在父母面前，低声说了句什么。我看那钱足有1000元。小姑娘欢呼雀跃，一会儿抱爷爷，一会儿抱奶奶，一会儿抱宝音叔叔、爸爸，包括我，那份天真可爱实在令人动容。然而，即使是这样可爱的小孙女也没能缓解气氛。巴达玛花儿的声音很大，时而指着儿子达赖，时而指着孙女掉眼泪。

饭后我把宝音叫到院子里，悄悄问：“老太太是不是骂人呢?”

“是了哇!”

返回屋子时，宝音用汉语对小姑娘说：“叔叔给你带水果了，你去拿呀。”

小姑娘跑到厨房拿来葡萄，往爷爷、奶奶、爸爸、宝音叔叔和我每个人的嘴里塞，老太太说话的分贝很快就低下来了。他们用生硬的汉语辅以手势和我解释：“这个娃娃这么长长我们给看的呢，她爸她妈打工顾不上带她，我们一直给养到三岁才‘来’的。”

原来孙女是爷爷奶奶养大的，娃娃三岁了，她爸爸妈妈才打工“回”来。老人说孩子当时喝牛奶，都是喝的伊利蒙牛的盒装奶，光喝奶一年就要花不少钱……此后，又开始蒙古语的交流。

小姑娘根本不管这里发生了什么，无论吃什么东西，都会给每个人嘴里喂，甚至是几颗瓜子，也要分给每个人。在这个小可爱面前，爷爷巴图德力格尔的眼神温和起来，他从面前的钱里取出一张百元大钞给孙女，还给孩子拿了一块大冰糖。小朋友欢天喜地，拿着那张钞票跑到院子里去追羊，最后羊抱到手了，百元大钞却丢在院子里不管不顾。这时，头顶的云层突然厚了，接着掉下来几滴雨。

“下雨了！下雨了!”没等小姑娘喊完，雨又停了。这样一会儿下几滴，一会儿下几滴，雨蛋子真是比金蛋子还要金贵呢!

宝音说我们走不成了，怕下雨呢。我寻思这也叫下雨，人家是泪如雨下，这里是雨如泪下。但宝音坚持不走，我也不敢勉强，他在草原上生活了四十多个年头，我才来几天呀，他不走肯定有不走的道理。

不走，大家就坐在一起喝茶。他们这儿要么喝奶茶，白白的，看不到茶的颜色，估计是羊奶兑水；要么就是喝砖茶，但是放盐，而且很咸。这两种我都喝不惯，他们几个边喝茶边说蒙古话，我又听不懂，加上一路的疲惫，我开始打瞌睡，隐隐约约还能听见院子里小女孩儿的大呼小叫，还有羊群的咩咩声。

等我一小觉睡醒，已经是一个小时后。此时，一朵黑云从山顶上向屋顶压过来，有闪电在天空掠过。宝音说：“要下雨了！”

话音刚落，雨真的就“砸”下来了。豆大的雨滴砸在石头上，石头上顿时溅起一片烟尘。这样的雨砸在人身上肯定很疼，但两位老人很高兴，宝音和达赖也乐呵呵的。因为，终于下雨了，终于来金蛋子了。可惜，这样的雨也就几分钟，对面的山上已是蓝天白云，真可谓东边日出西边雨。我想，雨肯定不会再下了，看这一家其乐融融的样子，也不像再有什么矛盾了，那怎么还不走？宝音却很肯定地说，山里还有雨。

本来宝音想继续往山里走，还有两家人住在里面，但他说今天不能走了，等雨彻底没有了再出发，不然怕碰上雷暴。雷暴在这里的山区是常事，这里很多石头都含铜、含铁，现在快进入七月了，干燥的空气更容易让石头带电，引发雷暴的可能性更大。

德力格尔的儿子就是在戈壁草原上被雷暴击中死亡的，当时还不到十五岁。德力格尔也是乌拉特后旗巴音宝力格派出所的民警，全国优秀人民警察，是这里包括宝音在内的三位全国优秀人民警察之一。那一年，自治区公安厅评选我最喜爱的“十大北疆卫士”，德力格尔当选。我在那次评选活动中见过德力格尔，活动颁奖时，他已失去了孩子，形容枯槁、沉默寡言，看着令人心酸。

不得已，我们只好放弃进山的想法，原路返回。路上，宝音跟我说了达赖的事。他小时候被劳教过，释放后到派出所报到，认识了宝音。达赖有个哥哥，酒后死于车祸。达赖父母失去了大儿子，心情不好，也因小儿子犯错伤了心，自己又帮忙带大孙女，嫌儿子不给钱还不领情，干脆就不认儿子了，还要把儿子的户口给迁出去。父子俩春节前就僵上了，达赖再没回来，奶奶想孙女，以为死之前再也见不到孙女了，还因此生了病。

原来，宝音不单单是调解，达赖还是他的帮教对象。宝音说，达赖人不坏，现在改好了，主要是没钱。他头一个老婆死了，好不容易又娶了这个，生下这么好个娃娃，自己又想着规划挣钱，不是不给他爸钱，他打工养家也难了哇！我们是朋友，我让他把娃娃带来，两个老人一见娃娃啥都解决了，还给儿子拿了只大红公鸡吃。

这一级英模，真是抓在根儿上了，处理起事情来真是不简单。

之前，我也曾和达赖了解过情况。他说：“宝音哥哥可帮我了，我这也是拼命想赚钱，这两年在东升庙租房，娃娃念幼儿园，媳妇腰椎间盘突出干不了重活儿，熬过这两年，娃娃上了小学有国家补贴呢，生活能慢慢好起来的，只要一家人心往一处想，劲儿往一处使。”

回潮格温都尔镇的路要比进山时好一些，宝音高兴地说：“下雨了就是不一样，好走了。”

为了好走，我也祈求老天爷下点儿雨吧。可是，并没有再下雨，我和宝音也不用担心招惹可怕的雷暴了。这一趟，我们往返奔波了100多公里。

几天后，我一个人去了宝音在巴音宝力格的家，见到了他媳妇斯琴格日乐。谈到达赖，斯琴格日乐说：“他人倒是不坏，就是没个正经工作，家里穷。那年他领着老婆来医院，眼看要生了呀，住院费没着落，跟我借钱，我给拿了3500块钱，总不能不生娃娃吧？这3500块钱整整还了一年，肯定是人家让找我的。”

不用说，这里的“人家”就是宝音。斯琴格日乐说，达赖一困住就来找她借钱，不过也还钱了。我没敢把这次进山宝音给达赖拿钱的事儿告诉她，说不准这次不是“借”，纯属白给，万一多嘴，还惹出他们夫妻的是非来。我只告诉斯琴格日乐，宝音说达赖是他朋友。

斯琴格日乐只是笑个不停。估计，她男人这样的朋友多了，麻烦她的也不止这一个。不然，她为什么笑？

十一

周六早晨七点，我和宝音在派出所对面的巷子里会合，吃了碗粉汤油饼，出发再到牧户家。宝音说，要尽快与牧户签订“打击黄赌毒与缉枪治爆”责任书，上周他值班，案件、纠纷、电脑录入、开会、学习、稳控种种事务，这几户还没顾上去，赶紧做营生哇。

有了之前的行走，我已经估计到将要面对什么样的路了。毫无悬念，车子又一头扎进沙河槽里了。宝音给轮胎放气，然后在沙窝子里艰难前行。

今天的负担更为沉重，褡裢里装满了货物。过去的报道中说宝音有三件宝：摩托车、手机、褡裢。是这些宝贝把公安工作与广袤草原上的每一位牧户紧密联系起来的。这不，宝音一大早又把货物装进他的宝贝褡裢里去了。下周又轮到他值班，所以不管多晚他今天都要把这几家牧户给走访到了。

开过一段难行的沙石路，宝音的一句话令我心惊肉跳：“烂了哇？”

此时的摩托车声音巨大，汽油味也直呛鼻子。烂了的意思就是摩托车坏掉了，这才走进沙河槽不过十几公里，摩托车就烂了？放眼望去，前面是绵延的山峦，后面是绵延的山峦，脚下是七拐八拐的沙河槽，天空只有云朵，我们是彻彻底底进入大山的怀抱了。我只有默念老阿妈“长命”的祝愿，祈祷长生天保佑我们走出困境吧。

宝音倒很坦然，脸上也没有显示出任何慌张的神情。大概是见多不怪，这样的事对他而言不过是一些小问题。他说不影响，只是有点儿漏油，快了，再往前面走就有人家，我们的车到那里去修——他早上换了辆摩托车，忙碌中把工具包撂在那辆车上了。好吧，那就继续上路吧，但愿他说的那户人家早些出现。

又翻过几个小山包，挣脱了几段沙河槽，眼前的沙石路弯弯曲曲，还在向前延伸。再往里走，转过一座山崖，一块巨大的形状如沙发的奇石横在沙河槽上，有靠背有座椅，好像就是为了迎接我们的到来。为了不辜负天地的巧妙用心，我坐在石沙发上歇脚，宝音则单腿跪地，开始给摩托车放气，说要进沙漠了。我不禁诧异，刚才还是山连着山，怎么一下子就要进沙漠了？

果然，摩托车拐过山崖，沙漠就出现了。这是一座不算大的沙丘，一些沙地植物稀疏地趴在沙子上，给黄颜色的衣裳点缀了些绿色图案。我曾去过阿拉善的巴丹吉林沙漠，那里的沙丘如一座座高山，连绵起伏，浩瀚无垠。眼下这座小沙丘应该不会给我们造成多大麻烦吧？

我的如意算盘打错了。当我们爬上一个缓坡时，骑虎难下的时刻来临了！

上坡是缓坡，没想到下坡的坡度却很大，很像阿拉善沙漠里的旅游项目滑沙，类似城市游乐园里的过山车，只不过是汽车在沙脊上行走。当地经过专业训练的司机驾驶四驱车，一会儿跃上沙脊让游人与蓝天对话，一会儿跌入沙谷与大地亲吻，随着车子的急速上下，游人的心也是一会儿提到嗓子眼儿，一会儿又压得喘不过气来。

宝音面临的就是这样的极限运动。摩托车头朝下向坡地冲去，车重、物重，还有我们俩的体重……我都不敢往下想了，吓得大气都不敢出，只有心中默念“长命”。可宝音神情淡然，说没事儿。

啊？这还没事儿？莫非你个一级英模要制造我个二级英模呀？我只有闭上眼睛……宝音果真是个好骑手，如果不当警察，而去参加沙漠摩托车比赛，肯定能得冠军。摩托车居然下来了！老阿妈又一次“长”了我们的命。进入平缓地带，回望这可怕的沙丘，我诧异地发现它并不算高，此时正显示出金黄色的温柔来。原来角度不同，感受竟是如此不同。

过了这一段，摩托车又开上了沙石路，我们再次在柠条与席麻中穿梭。不久，一户人家终于出现了。一片开阔地上，蓝天之下是石山，石山脚下是白墙，白墙之上是蓝顶，这就是莲花的家。

莲花是个美丽的蒙古族女人，四十出头，睫毛很长，头发微黄卷曲。她给我们盛上今儿早上新制的酸羊奶，沏上茶，端来炒米、茶食子让我们解乏。一路劳顿之后，喝上一碗牧民自制的纯天然酸奶，真是既解渴又解饿。

宝音等待莲花的丈夫额尔登放羊回来修理摩托车。额尔登一时半会儿回不来，宝音闲不住，他知道牧人这个季节很忙碌，男人要放牧，女人留下来剪羊毛，还要喂养其他牲畜。喝完一碗酸奶，宝音拿出缉枪治爆责任书，莲花签上漂亮的蒙文，两个人起身向门外走去。原来他们俩要剪羊毛了。

羊圈的北面背靠大山，晒不着太阳，莲花抱来一只羊放在地上开始剪羊毛。宝音却拿起一块毡布铺在地上，他做什么事情都心思细密，大概怕羊在地上被捆住不舒服，又怕地上的土弄脏了羊毛。两个人一边剪一边聊天，大概怕我被冷落，莲花不时用汉话和我交流，她的汉话可比宝音强多了。

莲花说现在党的政策好，政府又给草牧场补贴，又给孩子上学免费，又给修路，但人心不能没够，政府的钱也不容易，也是从上班的人身上抠出来的。政府给个“身子”，你也要好好弄个“袖子”，不能躺在那儿等政府救济哇。政府修路占了她的草牧场，她就没意见，没有路大家都出不去，政府出钱修路，咱也要有力出力不是？宝音偶尔插一句：“怎不是呢？”

就这样你一言我一语地聊着，眼看五只羊剪完了，宝音的衣服上沾满了羊毛，活脱脱就是一个牧民了。

莲花的丈夫额尔登终于回来了。额尔登是个精干的蒙古族汉子，清瘦黝黑，一看就是能吃苦的人。这样的人家，只要撸起袖子加油干，肯定能过上好日子。

摩托车修好了，我们再次驶入沙河槽。

行驶了十几公里，我们来到第二户牧户马三家。马三的女儿刚从呼和浩特蒙专毕业，牧民供养个大学生不容易，马三请宝音帮忙给女儿找工作。宝音对我说：“姐，你在城里认识人多，回去帮打听打听。”我说：“行。”

此时已过中午，马三留宝音吃饭，宝音却谢绝了。因为有了之前的经验，我早上吃了两个油饼，刚刚又是两碗酸奶，一点儿都不饿。而宝音一大早就张罗进山的各种准备，早饭匆匆忙忙，只喝了一碗豆浆吃了一个油饼。从早上出发到现在，他翻山滑沙剪羊毛，体力透支可想而知，莫非一级英模真的和沙漠里的红驼一样，可以不吃不喝？

第三户人家户主叫张后生。张后生和他妻子外出放牧，他丈母娘从临河市来这里帮他照看两岁多的儿子。

宝音登记了张后生丈母娘的电话，这回彻底是讲汉话了。老人抱怨这里不好，连个人也看不见，不喜欢，不是为了照看外孙，打死也不来。想想也是，在这个洗脸盆里种葱头当花养、门对面除了沙子就是大山的环境里，一直生活在城市的老人自然感到诸多不便。不过，看看一旁睡得香甜的孩子，小脸胖乎乎圆嘟嘟的，老人也找到了些平衡。毕竟这里清新的空气、洁净的水、不加“料”的食物，让大人孩子都很健康。

翻过一座山，下午三点，我们到达了第四户牧户乌玲花家，她是莲花的姐姐。

乌玲花端上酸奶、炒米，沏上咸茶，宝音开始大口吃喝，他真是又渴又饿了。这个点儿，人家肯定吃过饭了，不会再准备，我肚子里的食儿也消化得差不多了，不知道还要去几户人家，晚饭有没有着落，未雨绸缪，我赶紧把炒米调进一大碗酸奶里喝下去。

大山里难得看见人，乌玲花的小外孙看上去六七岁的样子，见到来客就疯起来，屋里屋外到处跑，估计是憋闷坏了。当然，他也是唯一与我说汉话的人。宝音告诉我，乌玲花的儿子也是警察，在旗刑警队工作，过完年只回过家一次。

原来是警察家庭啊！正想着，宝音说你看那座山。顺着宝音的手势，我看到乌玲花屋子对面有两座山，中间夹着一座沙包。宝音说，山脚那条路就是进山拉水的路，再往里走才有井，这里没水，打不出井来。

这些天一路走下来，我注意到山里人的房子都是在背靠大山的开阔地上依山势而建，再往外走就很难找到平整地了。对于水源地与房子的远近，他们是没办法选择的。在这样的干旱地区，能找到水源已经相当幸运了。难怪“大喇嘛”吉格米德大叔那么自豪呢。

临别前，乌玲花用汉话对我说，你们骑摩托车，一个人还好，两个人不好走，一定要小心。她还让丈夫骑摩托车送我到路好走的地方，让宝音歇一歇。宝音估计是不好意思麻烦人家，谢绝了。

很快我就明白乌玲花为什么执意让丈夫送我们一程了。摩托车爬上一座陡坡后，停在山口子上，放眼望去，一条曲里拐弯的山石路夹在两山中间，向山下延伸。

“下去了不?”宝音问。

“下去了?!”我心惊肉跳。想想在沙漠里那段骑虎难下的惊险情节，为了“长命”，我说啥也不能再冒险。再说那段路是沙漠路，而这段路是沙石路，石道坚硬加上流沙助滑，刚才上山都那么不容易，下山更是难上加难。路上还听宝音说过，摩托车的刹车有些故障，这还敢骑着下?

宝音现在虽然有两辆摩托车，怎奈它们常年与这种环境打交道，出毛病是常事。以前的报道中说，宝音在牧区行走的十五个春秋，骑坏了六辆摩托车。我这一路跟宝音走来，才知道现在的路是修好的路，那没修好的路是个什么样子？十五年骑坏六辆摩托车，那是保养得好，不然十五辆也报废了。

我决定步行下山。宝音就难了。不要说骑着往下走，就是推也不轻松。要知道，除了摩托车自身的重量，褡裢里面还有好多东西呢。摩托车东倒西歪往下滑，宝音的身体也东倒西歪想控制住它，好几次，眼看摩托车就要倒在地上，宝音却像只灵巧的燕子一般从另一侧跃起，没有摔着。

扶起摩托车也是个力气活儿，我们俩死拽硬撑好不容易扶起来，宝音推着车没走多远，车身歪了几歪，又摔倒了。就这样摔倒扶起，循环往复。看他那么单薄的身体，着实可怜，而且这一路上他还没吃过一顿像样的饭……为了录下这段艰辛的经历，我没有再帮宝音。多少个春秋，他一个人在大山、草地、戈壁上行走，无人相伴，每次摔倒，有谁能帮他扶起摩托车？

我一边小心下山，一边用手机给他拍下四段视频，回去之后我一定要让大家看看，什么是内蒙古的公安工作，内蒙古的警察又是什么样的。

十二

千辛万苦，我们总算是下山了。我和宝音坐在温暖的沙子上休整。大山里清凉的空气，温热的沙子，湛蓝的天空，多姿的白云，真是很美很美。如果只是来观光该有多好，可惜，公安工作不是旅游，我们再次上路，艰险如故。

绕过前面的沙山，一户人家在山脚下出现了。这家的主人叫刘后生，宝音说这个人可能受了。“能受”即勤劳，就是好人家的代名词。刘后生没在家，但院门没上锁，宝音把褡裢里的东西包括治安责任书放进院子，又闩好门。

我们继续上路，又行走了十几公里，刘后生的弟弟刘曙光家到了，宝音说过，要在这儿吃饭。早晨七点从朝格温都尔镇出来，现在已是下午五点多，我们全靠几碗酸奶撑着。终于走到吃饭的地方了！我甚感欢欣。

其实按照宝音的“周密”安排，应该是中午到刘曙光家吃饭，前天晚上就和刘曙光联系好了。但计划赶不上变化，进山后，联通、移动、电信三部手机都没信号，我们没法儿和人家联系，人家也联系不到我们。即使联系上，这样的路况我们也只能一步一步走，飞不过来。

刘曙光媳妇一大早就拌好了沙葱羊肉馅准备包包子，但一整天都联系不上人，见我们终于来了，两口子马上进厨房蒸包子。包子很美味，宝音吃得香甜，眼看着五个包子就下肚了。吃饭的时候，刘曙光说今年的绒毛积压，还没人来收购，问我们能帮忙找到销路不——绒毛就是山里人的钱。在这大山里，作物都不能生长，粮食、蔬菜等生活物资要靠绒毛来换，绒毛销不出去，他们的生活就会陷入窘境。

正说着，刘曙光的妻外甥达赖（另一个达赖）来了，这是个健壮的年轻人，23 岁，在前面的山里住着呢。刘曙光说再往前走又是翻山路，两个人肯定上不去，让达赖开着他家的 212 越野车送我。

果然，山势很陡，越野车颠簸得特别厉害，溅起的沙石打在车身上噼里啪啦乱响。而此时坐在副驾上的我却倍感幸福，毕竟四个轮子比两个轮子稳当。越野车是敞篷的，不会遮挡视线，回头望去，宝音骑着摩托车正跟在后面。可自从离开了宝音的摩托车，就感受不到他骑行是不是费劲儿了，仿佛骑摩托车的都是一个样儿，真是应了那句老话，不亲口尝一尝就不知道梨子的滋味啊。

车停在山坡的平缓处，宝音也赶上来了，向达赖致谢。真是太感谢了，这段路比我们早先走过的那些路还难走，如果没有他，再加上一天的体力透支，能否爬上来我心里都没底。难怪在牧区家家户户的院门都不上锁，甚至家门也不上锁。过往的人只要看见牧户家，就可以推开院门，喝茶、吃东西、休整，碰到麻烦，大家都会出手相助。在这样艰苦的环境里，只有团结互助才能生存下去。

下山后，我们又去了两家牧户，宝音把宣传资料一一发放到他们手中，顺便了解社情民意。路上，我们与夜归的刘后生夫妇相遇。他们开着崭新的越野车，看上去确实是山里头靠着“能受”富裕起来的人。宝音与他们热情问候，不忘交代一些工作的相关事项。告别了刘后生，太阳早已落山，大山里的寂静和黑暗完全笼罩了我们，只有车灯的光亮照见前行的路。

晚上九点，我们到达了牧户黄二愣、黄金花夫妇家。手扒肉、肉肠、奶茶、酸奶，是他们夫妇对我们的盛情招待。在蒙汉双语的语境中，我得知他们的儿子在边防派出所工作，好久没“来”了。黄二愣身着迷彩作训服，腰挂望远镜，估计是他好久没“来”的儿子给装备的。听我讲述道路难走，黄二愣说这是个好季节，你等冬天再来，那冷得手都伸不出，再下点儿雪，路滑得根本走不成。他说他几次看见宝音骑着摩托车跌倒爬起，爬起跌倒。

“那是他身子轻，一般人早跌坏了！”这里人说事情总是轻描淡写的，我估计他说的跌坏了就是腿骨折了。

五点多刚刚六七个包子下肚，现在宝音又吃上了，一边吃一边憨笑，好像不是说他自己。这饥一顿饱一顿的，不得胃病才怪呢。难怪斯琴格日乐总给他备着胃药。

从黄家出来，明亮的星星已缀满夜空。宝音说山里还有人家，但要去就得住下，不去就往回返。妈呀，都这么晚了，要是打算住下，为什么刚才不住在黄二愣家？往回返还要重复来时的路？沙漠、戈壁、高山、沙河槽……白天都那么难走，这天都黑成这样了，怎么走？

“不走那条路了。”宝音的话让我放了心。接着他给我解释，我们一大早从潮格温都尔出来，先去谁家后去谁家是有规划的，不是一趟直线，而是绕了一大圈儿，现在相当于绕回来了，这里距离潮格温都尔镇并不远。

果然，十几公里的颠簸之后，我已经能看见无尽黑暗中潮格温都尔镇的一小片灯光了。此时在我眼里，它比大上海的灯光还明亮。但是，请不要激动，看见是看见了，离到达还是有很长距离的。听说过望山跑死马没有？

脚下依然是沙石路，两旁的乌拉特山脉隐没在夜空漆黑的背景里，雷暴不时划亮天际，大山的轮廓瞬间清晰闪现，那种震撼用语言无法描述。

宝音说，过去装备差，摩托车还是自己买的二手车，遇上天气不好，经常“烂”掉，住在牧民家回不来是常事。现在的车都是六七千块钱的好车，公家又给加上油，路也好走了，条件真是好多了。

夜里十一点，柏油马路终于像丝绸一样在我眼前铺展开，白马雕塑出现了，潮格温都尔镇的漫天星斗，把天都盖住了。来时的路在星空下悄然睡去，那些为我们杀鸡宰羊拌酸奶、沏茶修车加送行的牧人们也安然入睡了吧？他们的心犹如星空般明净，犹如草地般广阔。感谢他们对人民警察的深情厚谊，祝福他们好人好梦……

十三

宝音以党代表的身份到自治区首府呼和浩特参加会议去了，我来到了乌拉特后旗旗政府所在地巴音宝力格，宝音的家就在这里。

晚上九点，我爬上五楼敲开他家的门，斯琴格日乐笑着招呼我。十二岁的女儿傲嫩、三岁的儿子呼德以为爸爸回来了，兴冲冲地跑过来，可没见爸爸，呼德开始哭闹起来，姥姥赶紧过来哄他，却怎么也哄不住。斯琴格日乐说，她一个人忙得不行，就让妈妈过来帮忙照顾孩子。

我一愣。宝音就是被姥姥带大的，难道说，同样的故事又要在他的孩子们身上重演了？斯琴格日乐没注意到我的表情，她正被儿子纠缠着。没见着爸爸，呼德开始指使妈妈，把家里大大小小的玩具车辆搬出来，他尤其看中了一辆体积较大的警车，估计这是宝音的杰作，陪伴不了儿子，拿玩具车当人情呢。

遥控器一按，呼德的吵闹声便止住了，他的警车开始以出警的速度横冲直撞，在场的人必须把注意力都集中在他身上，不然他会故意让车撞你，以引起你的重视。而他姐姐傲嫩则安静地坐着，略带羞涩。三年前我第一次见她的时候可不是这样，一头金发，大大的眼睛，白白的皮肤，拽着我的手叫大姨，叽叽喳喳讲话，一笑两个小酒窝儿，和弟弟一样好动。

斯琴格日乐说，这孩子年龄渐长，性格却渐渐忧郁了。我记得有一次与宝音聊到傲嫩，宝音也有同样的担忧。他说他常年不在家，女儿有意见，和他不亲了，有时候他回去也不搭理。

能有这么严重？以前的采访中，听斯琴格日乐说，女儿最亲爸爸，每次爸爸回家都特别高兴，每次爸爸离开家时，女儿都要把他的东西藏起来不让他走。怎么这么快就不亲了呢？我把给傲嫩带来的礼物送给她，打开手机，把我拍摄的宝音的照片和视频给她看。这些照片和视频可以说是她爸爸工作的真实写照，有在派出所为群众办事的，有下牧区的。

我不知道一级英模回到家是个什么样子，更不知道他与一双儿女是怎样相处的。在他接送别人的孩子，在他给人家的孩子当“亲妈”当“干爹”时，他那一双儿女是否也有独自滞留在幼儿园和学校的经历？不然，女儿怎么会不亲他呢？

看着照片和视频，傲嫩的脸上现出惊讶的表情，问这问那，又恢复了从前可爱的小模样。在一组照片上，宝音的胳膊被太阳灼伤，正在大面积爆皮。女孩儿指着照片，眼睛睁得大大的：“这是怎了？”

“下牧区晒烂了。”我用当地方言回答她。

当她看到父亲在山里骑着摩托车摔倒爬起、爬起又摔倒的视频时，再也控制不住自己的情绪，双手捂脸泣不成声。这是心疼爸爸啊！怎能说不亲呢？我心里说，哭吧，孩子，但愿随着眼泪的流淌，你所有的小心思都能被化解掉，能够懂得父亲对你的爱一直没有变。只不过，他有点儿忙，有点儿累，找他的人有点儿多，对你有点儿没顾上，原谅他吧……

时间不早了，我起身告辞。傲嫩开心了不少，又大姨大姨地叫着，还要我在她家住下。但对于斯琴格日乐而言，作为妻子，作为妈妈，她所面对的一切，绝不可能像傲嫩的小情绪一样轻松解决掉。

2003 年春天，一条红线把斯琴格日乐与宝音联结在一起，讲述了一个春天的故事。

斯琴格日乐是乌拉特前旗的蒙古族，宝音是乌拉特后旗的蒙古族，虽然都是巴彦淖尔的蒙古族，但一个“前”一个“后”，一字之差，那区别就大了。前旗是“美丽的祖国是花园”的河套农区，后旗则是“大漠孤烟直，长河落日圆”的戈壁牧区。

“他们家就像是原始社会。”这是斯琴格日乐第一次去宝音家的印象。

从内蒙古民族医学院毕业后，斯琴格日乐来到乌拉特后旗蒙医院当医生。在偏远落后的牧区，当医生不亚于“大喇嘛”吉格米德找水，备受人们尊重。何况她是科班出身，属于专业人才。找一个当医生的女子做老婆，多少当地的年轻人连这样的梦都不敢做，可这样的好事就让宝音给碰上了。用当地话讲，这当警察的人真是机迷（聪明），肥水不流外人田，派出所民警呼和给宝音办了一件一生的大好事，就是把斯琴格日乐介绍给了他。

以斯琴格日乐的条件——大学生、医生、美女，而宝音的条件——中专生、片警、瘦小，这就不怎么般配，更要命的是宝音家穷，兄弟姐妹多，斯琴格日乐家却在黄河灌区，家中三朵金花，两位大学毕业。可缘分就是这么注定的，两个人见了一面后，经历了史无前例的“非典”，一位在后方医院搞救治，一位在前方一线堵卡执勤，三个月音信全无后再次相聚，拉着的手就再没松开。

到底看上宝音啥了？斯琴格日乐说：“不爱说话，人老实。”

简单吧？简单，而且简朴。即便是原始社会也没能阻止斯琴格日乐嫁给人民警察的脚步。就在斯琴格日乐嫁给宝音后，宝音的二哥把家里传下来的一只银碗给了她。也就是说，她不仅要照顾自己的男人、孩子，还要当这个穷家的家。从此，女医生的命运不仅与人民警察密切联系在一起，也与这个家里所有的人、与这片草原上的人紧密联系在一起了。

不要说妈妈、哥嫂、姐弟等家人看病吃药，就是桑布、“马拉戈壁”、朝鲁门、张树义，还有达赖……他们都来找她，开始还提宝音的名字，后来连名字也不用说了。

“呼日勒陶高乃个人不行，脾气太坏。”她指的是“马拉戈壁”。呼日勒陶高跌断了腿来住院，斯琴格日乐帮忙给他办住院手续，老汉这不行那不行地骂骂咧咧。

“不高兴对我也骂，可得理了，好像宝音是他儿子。”这些事在斯琴格日乐说起来，哪怕是让人气愤的事儿她也笑着。

“通通乃个娃娃不错。”斯琴格日勒说的是韩通。

六年前，宝音在一次走访的过程中见到了韩通，孩子十岁了，居然还没上学。韩通的父母来自甘肃，母亲患有精神病，父亲靠给当地牧户放羊为生，后来又找了个女人过，以前的女人也没离，他一个人两个媳妇。这次见面改变了韩通的命运。宝音为他联系了学校，安排他在东升庙二完小读书，一念就是六年。宝音为他支付了六年的费用，包括韩通的饭费、校服费、留宿别人家的补课费，等等。今年韩通十六岁，已经读完小学，秋天就要进入中学了。

听了这事我就有点儿来气了，韩通的爸爸算怎么回事？一个人和两个女人过，自己的儿子却让别人养？可一级英模不这样看："他也是没钱没办法……"

总之，气也没用。人民警察宝音同志已经供韩通读了六年小学，正准备再供他念初中，然后送他去当兵……一级英模的心里早就计划好了。

"通通不错，爱干活儿。现在安排在学校刘老师家里，又能帮老师干活儿，又能学东西。"斯琴格日乐不住地夸奖。可见，这孩子的成长不仅凝聚了宝音的心血，也凝聚了斯琴格日乐的心血。他不会成为文盲和流浪汉，也不会去犯罪，因为他命好，在一个合适的时间里与警察叔叔相遇。

那斯琴格日乐是否知道老韩和两个老婆过日子的事呢？索性我把这事儿告诉了她。她笑起来，什么也没说。也许在她和丈夫眼里，老韩也是没办法，或者牧区女人也没办法，他们只是在一起抱团取暖而已。理论是灰色的，生命之树常青。现实生活远比书本上冷冰冰的理论架构丰富得多，复杂得多。

斯琴格日乐是典型的实干家，不是她精打细算，贷款买房，一级英模和他那一双儿女也不会住在这里；不是她放弃做科室主任，放弃进修深造，全力操持这个家，两个娃娃也不能健康成长；不是她的善良，韩通也不能得到照顾，那些来找她的人也不能看病拿药。难怪宝音在多次报告会上，只要提到斯琴格日乐，就说自己娶下了世界上最好的女人。这就是一个警嫂所能付出的一切，爱我所爱，无怨无悔。

让斯琴格日乐忧心的，不是还贷款，不是按照丈夫的要求想方设法帮助别人，也不是一个人照顾两个孩子影响她的事业，而是呼德的病。因为是早产，呼德的发育不好，一岁时就突发抽风。起初以为是偶发现象，夫妻俩都没当回事，没想到，两岁时又抽了一次。这回，两口子都重视了。

2017 年，儿子又一次发病。斯琴格日乐开始预约北京儿童医院的专家，前前后后打了四十多个电话，总算挂上了号。要去北京时，赶上"两会"安保，宝音走不开。孩子姥姥要陪着去，可老人心脏不好，斯琴格日乐怕一个没看上，另一个又倒了。最后，她打通了儿童医院专家的电话，医生很同情，告诉她在当地先给孩子做哪些检查，然后带上资料来北京就行。

结果，斯琴格日乐没带儿子就去了北京。北京儿童医院的医生告诉斯琴格日乐，孩子因为早产身体发育不好，一是吃药调剂，二是要好好照料，长大一般就没事了。也就是说，呼德还有可能发病，在他长大到自己足以抵抗疾病之前，他是时时刻刻需要亲人陪伴的。

当年美人雪如花，如今女人花如雪。过度的操劳让斯琴格日乐明显衰老，皮肤不再细嫩白皙，黑发中也掺杂了白发。只是那开朗的笑依然如故，不管谈及什么都云淡风轻。也许，她的心思和丈夫一样：一切都会好起来的。

一切都会好起来的！

十四

宝音上次回妈妈家，还是三个月前。这回沾了我的光，宝音可以带着我回家看他妈妈。还没出发，周恩立来了，还带来了吴铁城副市长的关心问候。所以，今天不用骑摩托车了，周恩立驾驶特警越野车，我们一同前往。

通往妈妈家的道路是沙石路，宝音早就习惯了，但对于从没有自行驾车进入过戈壁草原的周恩立来说，沙石路是对他驾驶技术的极大考验。抽出一个宝音，派出所已经快忙不过来了，再抽一个人来当司机绝不可能。

道路比前些天下牧区的路好走，越野车的四个轮子也比摩托车的两个轮子稳当，这回宝音终于可以坐在车上歇息一会儿了，可周恩立却绷紧了神经。

这是真正意义上的戈壁草原，地势平展，大大小小的沙包分布其中，每个沙包上都长满柠条、沙柳等牧草，看上去犹如仙人掌上布满了小绒球。乌拉特山脉远去了，连绵起伏的金色沙山占据着草原的边际，在蓝天映衬下，沙脊线条明朗，如油画般美丽。

越野车冲上一个高坡，道路的北面约千米处是一座宏伟的佛教庙宇，叫善岱庙，有着几百年的历史。路南百米处则是一座敖包，五色风幡在长风中猎猎舞动。宝音小时候住在沙窝子里的家离此地还有百把公里，现在妈妈已经不在那里居住了，去年她搬了出来，到宝音后弟弟家住着。

经过两个小时的车技考验，周恩立把我们带到一座白墙蓝顶的房子前，门前有马厩，三匹马正在蓝天白云下悠闲自得地吃草料。宝音后弟弟的家到了。终于见到他的后弟弟了，才知道他的名字叫吉亚，小伙子高大帅气，和妈妈、媳妇、两岁的女儿一起迎出来。

厨房铁锅里的羊肉正在翻腾，七十四岁的宝音妈妈用最古老的办法烹制手扒肉，欢迎儿子回家，也欢迎我们的到来。刚刚坐定，吉亚两岁的小女儿就从桌子上拿各种食物分给每一个客人，像极了在达赖家的情景。孩子才两岁，小手几乎抓不住东西，但还是很努力地去做，那小可爱的样子让人的心都要化了。

一级英模一头扎进厨房，为了招待我和周恩立，他要拌些凉菜。牧区过去根本没有菜，他们也没有吃菜的习惯，只是这些年经济发展了，菜能运进牧区了，饮食习惯才有所改变。所以，除了宝音，家里人大概没人会做菜，在内蒙古纯粹的牧区，人家是只吃肉不吃“草”的。

妈妈不会讲汉话，也根本听不懂汉语。几句打招呼的话还是吉亚翻译的，吉亚汉话说得好，宝音说家里几个兄弟就数自己口才不行。不一会儿，吉亚两口子也到厨房帮忙去了，屋子里就剩下我、周恩立和宝音的妈妈，怎么沟通呢？我把一路拍摄到的照片给她看，指着照片上的宝音说：“您儿子，宝音。”

妈妈也笑着跟我说同样的话：“您儿子，宝音。”

看到有我的画面，我用手指着自己：“我。”

妈妈也说：“我。”

这样的交流简直是笑死人了。好在宝音和吉亚很快就把饭菜端出来了。妈妈拿了一块羊铲板子肉，用刀分成小块，递给每个人。宝音解释说：“大的人就要给分开，这块肉好吃。”

我想，他说的“大的人”意思是年长德高的人吧。我们虔敬地接受了“大的人”的祝福，也忽然明白了，在草原上，不仅是达赖的女儿，也不仅是吉亚的小女儿，不管是多么小的孩子，他们都具备与人分享的品质，这品质源于“大的人”早期的教育。

其实，他们分享的不仅仅是食物。桑布大叔除了资助宝音兄弟上学，也把自己所有的书拿出来分享。2012 年，桑布走到了人生的尽头，临行前，他把自己一生积攒的 160 本书全部留给了宝音。这些书现在还放在他在潮格温都尔镇的家里，正在陪伴那个以前来此地修水利的孤寡老人朝鲁门。

这些分享还包括吉格米德帮人找水、宝音父亲帮人盖房子、宝音帮助所有需要他帮助的人……分享就像一粒种子，种在草原的每一寸土地里，涵盖了人们所有的物质与精神层面；也像是一盏盏温暖明亮的灯，照耀着他们前行的路。

宝音的妈妈正在为这种分享开心，津津乐道地讲着蒙古话。宝音说妈妈可想和你们讲话呢，就是听不懂。我们也想说，我们也可想和妈妈说话呢，就是听不懂。我们就在这种听不懂语言的情境中，用心感知他们母子的情意。

吃完饭，宝音接了个电话，说得赶快回派出所。周恩立为他们拍下了一张全家福后，我们起身告辞。宝音接到警情，汽车撞人案发生了情况，被撞的人其力木格死了。案子的性质发生了变化，刑警队要求派出所配合补充材料。

回来的路上，宝音说本来公安部组织英模去海南休养，有他的名字，但因为工作忙没走成。再说妈妈腿不好，也走不了路。我说妈妈年岁大了，怎么也得腾点儿时间陪她去外地看看，即使南方远去不了，去趟北京也行。再说现在都啥年代了，看风景都有电瓶车呢，也不用走路。不然，你会后悔的。

周恩立也这么说，我俩你一言我一语，宝音被说得眼泪汪汪的，但还是没作声。我真心希望他们母子能够有这样的机会，让妈妈也走出草原，走出巴彦淖尔，走出内蒙古，看一看外面的世界。

十五

一大早，潮格温都尔派出所每个民警的办公室里都站着前来办事的人。户籍内勤图娅一边接待牧民，一边留意着自己的孩子。两天前，图娅在牧区生活的婆婆家里有五六只羊被狼咬死了，同是牧民的丈夫前去帮助处理家事，儿子没人带，只好跟随图娅来到派出所。

孩子站在妈妈办公室的宣传栏前，用力撕扯着牛奶袋子，估计早饭还没吃。图娅对儿子说了句什么，儿子快速跑到派出所院子里，从妈妈的摩托车车筐里取出玩具小汽车，满院子疯玩起来。而此时派出所院子里并不平静，不时有汽车、摩托车、电动车进进出出。

图娅支走了儿子，迅速投入工作，不知道她平时是不是也这样不管不顾地带孩子。看到孩子一个人在院子里孤零零地玩，又怕进出的车辆碰着他，我就陪他玩了会儿。孩子也不认生，只是听不懂我的汉话。不过好歹有人陪，他很开心，不时过来亲亲我的头发，这可爱的样子真是让人心疼。

看屋里的民警们忙活得差不多了，我领着孩子进了门。嘎拉图的情绪明显低落，坐在电脑前收拾材料，我和他打招呼，他却没理我。我不知道是不是我长时间的采访影响了他的工作，正感内疚，他却说了话："姐，昨天在东升庙我看见你了。"

"啊?"

"就在瑞东宾馆旁边的市场，我帮我媳妇卖衣服呢。"他一边说一边打着字。

哦，他说的没错儿，我是去宾馆旁边的市场买了些水果。本来打算送给宝音的女儿傲嫩和儿子呼德的，可现在这些水果却放在派出所值班室的桌子上。因为就在昨天，宝音家出了件事。

中央政法委"为了人民的平安"主题报告会在北京彩排，宝音作为表彰嘉宾受邀前往。会议结束当天，也就是嘎拉图看见我的前一天，宝音接到了妻子斯琴格日乐的电话，他大哥上午在医院去世了。

宝音给我发来微信时，我正在东升庙。采写工作还未结束，我接到单位的电话，领导要求我参与正准备投拍的电影《片警宝音》的协调工作。工作尚在进行，我的心却停留在宝音的微信上。

“作为老大，他为我们付出了很多。这次他到临河看病，医院说是肝癌晚期，已经没法儿救治了……我还想好好陪陪大哥，可是他已经走了……”宝音曾说过，最怕和大哥喝酒，怕大哥喝高了骂他不顾家。但现在他就是想陪大哥喝一次也不可能了，那个为他上学牵马送行的大哥永远地走了……

窗外的风刮了起来，天地一片昏暗。协调工作告一段落后，我几次联系宝音，但他的三部电话一直处于关机状态。这种情况对于要求二十四小时信号畅通的警察职业而言，宝音一定是仅此一次。他的心情肯定跌落到了谷底。

会后，我收到他的微信：“姐，我们不能麻烦你了。”他不同意我前去送大哥一程。但宝音没能拗过我，我径直打车到了旗蒙医院。

这时候的宝音穿着新警裤、新皮鞋，想必是去北京开会的装束还没来得及换，平时他的警裤都是很破旧的。进入告别大厅，没有看到大哥的遗像，也不知道大哥生前是个什么模样。供桌前点亮几盏油灯，花团围绕处也没能看清大哥躺在哪里，只有《大悲咒》的旋律一直在回响。

我与大哥的妻子，以及宝音的其他兄弟姐妹一一见过面。大哥的妻子头发全白了，满面皱纹，听说和我同龄，我却感觉她的面容与我母亲一样苍老。亲人们在低声交谈，没有人像汉族的葬礼那样轮番在灵前大声哭丧。大哥的女儿低声对我说：“我爸最可怜了，一辈子受苦，最后这几年政策好了，也不用外出打工了，人却走了。爸爸供我们姐妹读大学不易，我们没能尽孝……”

她的眼泪在眼眶里打着转，却始终忍着没落下来。听说她在旗电视台工作，是一位优秀的蒙古语主持人。

宝音脸色苍白，在大厅里迎来送往。想想他在北京接到噩耗是怎样坐火车奔回来的，那一路又是怎样的难过和挣扎。记得他给我发微信说，大哥住院他去看望过两次。第一次去时，大哥还清醒，问他不好好上班乱跑啥呢。第二次去时，大哥在昏睡，哥儿俩没能说上话。

侄女责怪他：“爸爸对你那么好，你应该去陪他。”可宝音却没抽出时间来，反倒是斯琴格日乐陪着大哥走完了最后一程。

《大悲咒》的旋律犹如牧人的唤奶歌，安宁祥和且有感召力。在草原上，老阿妈常用唱颂来唤醒骆驼、牛羊喂养自己的孩子。那是一种温柔如水的呼唤，是回家的召唤。所有亲人在喇嘛的诵经声中，送大哥的灵魂回家……

十六

第二天，宝音准时到达派出所。像往常一样，他一会儿蒙古话，一会儿汉话，忙着为群众办事。

一位蒙古族老汉坐在靠门边的椅子上，说了一会儿话，突然从马靴筒里掏出一瓶白酒拧开盖子喝上一口，再说几句，又掏出来喝，不大一会儿瓶子里的白酒就下去一半了。在他身旁，一位身材苗条的年轻女子正在抹眼泪。原来，她遭受了家暴，陪她来报警的是她父亲。

另一位蒙古族老人，听说是春节前借给女邻居两万块钱，本来打了借条，但不小心被火烧了。现在他向女邻居要钱，人家问他要条子，他拿不出来。以后再要，人家就要告他。

这一天好像是拍电影一样，我曾访问过的人差不多都来找宝音了。

孤寡老人张树义来了，一进门就认出了我。他跟我打了个招呼，从包围宝音的人群中挤进去，递给宝音一张纸。宝音抬起笑脸说了句什么，老汉对我一笑，走了。

小头头田俊清也来了，这回他不是一个人，而是牵着一个老年女人的手，估计是他母亲。两个人衣着干净齐整，只是他的装束有点儿怪异，下装是一条浅灰色的运动裤，上衣却是短款的黑色西装，袖口的蝴蝶结表明那是一件女式西装。看见我，他露出傻笑："姨，你还没走了？"我问他身上的衣服是哪儿来的，他说是宝音叔给的哇。"来找宝音叔，我妹妹聘（结婚）呀哇！"

"有困难找警察"，这句承诺带给人民群众多少安全感和幸福感，可警察也是血肉之躯，也是为人子，为人父母，他们有困难去找谁？四五个小时之前，一级英模还在与大哥生死告别，可现在，不管他的内心有多大的风暴，有多大的悲伤，他都忙得没有时间去想。知道他家事的单位领导和战友尊重蒙古族的送葬习俗，只是通过微信表达心意，然后忙碌在各自的岗位上——一个萝卜一个坑，不管出了多大的事，工作也不能停滞。

从派出所出来，我的情绪也低落下来。

潮格温都尔的街道并没有因为人的情绪而改变什么，行人依然稀少，只是靠近派出所的地段才算有些人气。我漫无目的地在这条不足一里地的街道上行走，虽然离秋天还有近两个月的时间，但今年草原没有下雨，树的叶子已经发黄，有的已经开始落叶，让人伤感。

众鑫宾馆墙上挂着的“欢迎电影《片警宝音》剧组入住”的红色横幅在风中飘动，宾馆里，编剧和导演正在为人物故事的平凡琐碎而努力寻找视点。可是，我分明看到真实的电影每一天都在上演……

听说金花他们一行六人到临河去体检返回牧区，路过潮格温都尔镇，想想前些天下牧区受到她的盛情款待，想想宝音心情不好，我提议由我做东，请大家吃顿饭。宝音这回没反对。

大概是为了进城，金花打扮得很漂亮；呼格吉乐图也来了，于六六也在，另外两男一女我不认得，宝音和他们很惯熟。

手扒肉、炖羊肉、沙葱包子，总之，这里能够做出来的菜都点上了。我为自己能在草原请牧民吃饭感到很骄傲，宝音因为姐姐请他辖区的群众吃饭，也很有面子。金花先唱起来了，歌曲的名字叫《思念》，她用汉语说：“姐姐走了几天了，我们很是思念，唱上一曲表达心情。”

她是用蒙古话唱的，虽然我听不懂，但那份情意却随着旋律拨动着我的心。

宝音不停地给大家敬酒，自己也喝了不少，还与坐在他右手旁的嘎查长对唱。看他那东倒西歪的样子，估计是喝得不少了。他患胃病多年，平时本来喝不了酒，但今天看来并没有要收场的样子。

在一曲曲的歌声中，夜深了。终于，一级英模与金花合唱一首之后，突然坐下来不再唱了，暗自低头落泪。大家兴致正浓，没有人注意到这一幕，只是以为他喝高了。

我没有把大哥的事说出来。就让美酒和歌声，让大家的欢乐，让人民群众对宝音兄弟的深情厚谊，来抚平他内心的忧伤吧。只有牧区的蓝天和阳光，只有牧人的歌声和笑脸，只有那些需要他的人，才是他心灵的港湾。

尾声

分别的时候到了，我将起程返回呼和浩特，周恩立赶来为我送行。

晚上，潮格温都尔热浪散去，微风轻拂。我和宝音、周恩立驱车来到黑山脚下的辽阔草地上。夜幕中，白马雕塑早已隐去，乌拉特山脉也不见了轮廓，只有黑山犹如哨兵般坚强矗立。而那些还没有安睡的“恐龙们”，正在等待一场盛宴从天降临。

潮格温都尔的夜空被漫天星光点亮，那一颗颗、一簇簇、一片片的星星，或明或暗，你拥着我，我拥着你，你照耀着我，我照耀着你，手牵着手，心连着心，终于汇成浩瀚的星河，再也分不清你我。

在这浩瀚的星河里，我看到了姥姥、妈妈、桑布、色登、“大喇嘛”吉格米德、乌都日玛老阿妈、金花、莲花、刘曙光等人的脸庞，看到了呼日勒陶高、张树义、朝鲁门、田俊清、达赖、韩通、牛牛等人的脸庞，也看到了宝音和他所有战友的脸庞。他们，有的人犹如明亮的星星，有的人犹如暗淡的星星，暗淡的跟随着明亮的，明亮的照耀着暗淡的，他们也是你照耀着我，我照耀着你，手牵着手，心连着心，终将汇成温暖的大爱河流，不分你我……

卧底医生（节选）

范玉泉　年世琳

第一章　引子

夜色阑珊。

送走了一拨又一拨的记者，印春荣终于可以独享属于自己的时光，对于这来之不易的安宁，他倍感珍惜。

连续两天，他都是在媒体的镜头下度过的，对于一个长期卧底的人来说，面对镜头是一件极其困难的事。这么多年，他学会的一项本领就是隐藏。

印春荣习惯性地点燃了一支烟，走到了窗前，已经几个小时没能抽一支烟了，对于他来说，这是难以忍受的。长久以来，他早已习惯把心事压在心底。

把秘密藏在心里是最安全的。

对于毒贩，他不敢说；对于家人，他不想说；对于战友，他不用说。香烟成了他排解压力的唯一方式。

胸前那一排排沉甸甸的军功章，在灯光的照射下，发出了耀眼的光芒，他清楚地记得每一枚军功章背后的故事。

印春荣紧紧握住挂在胸前那枚最沉的勋章，它由203克纯金打造，代表着军人的最高荣誉，是由习近平主席亲自为他佩戴的。

作为一名老兵，能得到这么高的荣誉，是印春荣从来不敢想的。当习主席将“八一勋章”挂在他胸前时，他热泪盈眶。

多少次面临着生与死的考验，多少次承受着痛苦与挣扎，多少次强忍着愧疚与不安，现在，抚摸着“八一勋章”，印春荣心潮澎湃。

窗外是灯火通明的城市，五光十色的霓虹灯闪着五颜六色的光，变幻莫测。

印春荣静静地看着夜色中川流不息的车辆、熙熙攘攘的人群，一切都显得那样平静、祥和。

这样的时光，正是印春荣所企盼的。

他历尽艰险，九死不悔，为的就是眼前的景象。

一个卧底一年之中看到的罪恶与丑陋比常人一辈子看到的都要多得多。对于印春荣来说，成天与犯罪嫌疑人打交道，每走一步，都不知道前面会不会是万丈深渊；每一个抉择背后，都有可能是万劫不复。

连续两天的采访，让印春荣不停地回忆自己走过的路。

现在想来，日月如梭，53 年的时光悄然而逝，他早已过了那“为赋新词强说愁”的年纪，现实已经把他从一个少不更事的懵懂少年，变成一个千锤百炼的硬汉。

或许是白天说得太多，现在他思绪万千，回忆如潮水般涌来，令他欲罢不能。他想了许多，从出生、成长、入伍、从医一直到缉毒，每一段经历都像放幻灯片一样在他脑海里一帧帧地翻过，画面清晰得好似昨日刚发生过一样。

第七十七章　牺牲之痛

已是凌晨三点，印春荣依旧毫无睡意。他笔直地站在窗前，宛如一尊雕像，凝视着北京的夜色，任思绪肆无忌惮地流淌。俯瞰北京，灯光熠熠，车流滚滚，夜色如此温柔，城市如此安宁。

在 20 多年的缉毒生涯中，印春荣随时随地都面临着生与死的考验，一次又一次承受着痛失战友的巨大悲痛。但他并没有退缩，仍旧英勇顽强地奋战在缉毒第一线。

也许一声“再见”，却是永不相见；也许走出家门，便是阴阳两隔。这是所有缉毒警察生活的真实写照。

当习近平主席将沉甸甸的“八一勋章”挂到印春荣的胸前时，刹那间，热泪模糊了他的双眼，他眼前出现的是一个个牺牲的战友的身影。

印春荣深知，这枚沉甸甸的勋章，不仅仅属于他个人，更属于那些已经长眠于祖国边防线上的战友，属于千千万万在祖国的边海防一线舍生忘死、保卫祖国安全的战士，属于一代又一代为了祖国的强大和人民的尊严浴血奋战的先辈，他只是代表他们来领受这个勋章。

紧握着这枚属于英雄的“八一勋章”，印春荣觉得自己是幸运的。他虽然历经许多磨难，可以说是九死一生，但他幸运地活了下来，而他的许多战友却已经长眠地下，为缉毒事业献出了年轻的生命。

印春荣一位战友的妻子，在丈夫牺牲之后，忍着巨大的悲痛，写下了这样一段话："我祈求和平的甘露洒遍世界每一个地方；祈求因战乱而贫瘠的地方早日祥和安宁；祈求每一个警察平安健康，早日凯旋，把荣光灿烂的勋章别在亲人胸前，把寓意美好的名字写进宝宝的笑靥。"

印春荣清楚地记得，那是2007年3月25日，他的战友们在抓捕毒贩时，遭遇武装贩毒分子的突然袭击。

抓捕地点有个浪漫的名字：月亮石。它在中缅边境，属云南省德宏傣族景颇族自治州盈江县支那乡。

那次战斗牺牲了三个战友，是冲在最前面的甘祖荣、徐胜前、白建刚。

隐藏在密林深处的毒贩不仅开枪射击，还投掷了手榴弹。现场枪弹声大作，硝烟弥漫。

排长甘祖荣当场牺牲。本来甘祖荣刚刚探亲回来，领导没安排他上一线参加行动，可倔强的甘祖荣软磨硬泡了半个多小时，硬是"挤"进了专案组。

"亲爱的，离开你四个小时了，我又开始想你了。其实，我很想和你一起看支那乡的日出。每次我一个人看时，我都想着，如果你在该有多好。我的愿望很快就能实现了，对不对?"那是出事前一天晚上，在甘祖荣遗留的手机里发现的，是他给女友发的短信。字里行间，浸透着真情挚爱。

"亲爱的，咋不等我看日出?"他的女友流着泪说，"本来在今年年底，他就要迎娶我了。可他工作太忙，几次推迟了婚期。"

"作为一名边防警察，戍守在祖国的边关，我感到很快乐、很充实。我最喜欢看的就是边关的日出，苍茫磅礴，使我充满了力量……"甘祖荣在生前的一篇日记中写道。

侦查员徐胜前腹部中弹，血流如注，就在离救护车不足100米的地方，流尽了最后一滴血。

副大队长白建刚被手榴弹弹片割断了主动脉，他留下的最后一句话是："我的儿子九岁了，学习很好……"

当时，印春荣正跟随"百姓最喜爱的十大人民警察巡回报告团"在山东作报告，听闻噩耗，他一夜未眠。第二天走上报告台，他难以抑制自己的感情，在报告台上说道："我的战友牺牲了，就在昨天。白建刚是我亲自从四川接来的兵。如果我不来作报告，这场战斗的指挥员应该是我，很可能牺牲的就不是白建刚，而是我。我不是什么英雄，那些牺牲的战友才是真正的英雄。"

话音至此，印春荣再也说不下去了，眼泪哗哗直流。

在众多牺牲的战友中，令印春荣最难过的要数他的徒弟陈锡华。那是他心里过不去的一道坎。他时常想，如果当时再努力一点儿，或许陈锡华就不会牺牲。

2011 年 3 月 30 日，印春荣调到畹町边防检查站任政委 15 天后，就带领情报侦查科查获毒品 7000 多克。据毒贩交代，毒品将卖给芒市的一个景颇族人。

由于当时印春荣工作比较忙，就让情报科科长带着专案组，押送毒贩去芒市跟进案件，进行控制下交付。专案组在芒市顺利地抓获了那名景颇族毒贩。

对景颇族毒贩审讯以后，专案组发现他与龙陵的一名毒贩还有联系，专案组又带着毒贩继续赶往龙陵延伸案件。

可能是在芒市的抓捕过于顺利，在龙陵延伸案件的时候，由于没有做好充分的准备，专案组吃了毒贩的亏，导致主犯逃跑，毒品丢失。

这样重大的失误，让印春荣心急如焚。他不敢怠慢，带着驾驶员连夜从畹町赶到龙陵，一路上都在想该如何补救，一刻也没有休息。

专案组负责人羞愧得抬不起头来，印春荣顾不上责怪，带领专案组成员查看现场，寻找线索。

在现场，印春荣并没有找到什么有价值的线索。连对方是什么人、驾驶的车辆号牌是多少都不知道。要想找出毒贩，简直像大海捞针一样困难。

但越是困难的事情，就越能激发印春荣的战斗欲望。他一边派人封锁了所有的交通要道，一边调看所有卡口的监控录像。

经过几个小时的努力，印春荣终于在进入龙陵加油站的一个卡口的视频中，发现一辆可疑车辆，并根据车辆信息排查出四个可疑人员。

从对毒贩一无所知，到锁定可疑人员，印春荣只用了短短几个小时。专案组成员提到嗓子眼的心也落了下来，心里由衷地佩服。在印春荣的指挥下，毒贩藏匿在一家医院角落的车辆被成功找到，还抓获了两名可疑人员。但经过一天一夜的审讯，也没能撬开嫌疑人的嘴，嫌疑人一口咬定自己没有贩毒。

看专案组无计可施，印春荣只得亲自挂帅，对嫌疑人展开心理攻势。几番较量之后，毒贩终于松了口。根据毒贩的交代，案件顺利延伸到了文山、昆明等地，抓获毒贩五人。案件侦办完以后，所有人都被印春荣临危不乱的指挥才能折服了。

但对于印春荣来说，这个案子是不完整的，因为逃脱的毒贩没有抓到，还需要继续追捕。

由于另有任务，印春荣便叫来了徒弟陈锡华。当时，陈锡华是保山边防支队侦查队教导员。印春荣将抓捕逃跑的景颇族毒贩的任务转交给了他。

印春荣万万没想到的是，就在他回畹町几个月之后，噩耗就传来了。陈锡华与毒贩展开殊死搏斗，掉进了湍急的河流，他的遗体被打捞上来时，手臂和毒贩的手臂死死地缠在一起，而这个毒贩正是当时逃走的景颇族毒贩。

听闻噩耗的印春荣抱头痛哭。那是他一手带出来的徒弟，他看着陈锡华从侦查员，一步一步成长为教导员。没想到短暂的分别以后，竟然是天人永隔。

印春荣恨自己，如果他不离开保山，或者是当时那个案子自己再努力一点儿，亲自将逃跑的毒贩追回，也许陈锡华就不会牺牲。

无论印春荣如何痛心，他也无法让时光倒流。

眼泪止不住地流，滴到了勋章之上。一枚勋章的背后凝聚着无数战友的血、亲人的眼泪。

“儿守边关缉毒犯，为国尽忠今长眠。儿是青山顶天站，英烈忠魂世代传……”印春荣默念着这几句诗。它并不是出自哪一个诗人之手，那是他的部下杨军刚牺牲以后，杨军刚的老父亲强忍痛失爱子的悲伤，挥笔写下的《悼儿诗》。

而杨军刚参与的这次缉毒行动，是时任普洱边防支队支队长的印春荣批准的。

2016 年 3 月 7 日上午，江城边防大队侦查队队长杨军刚带领八名官兵，分成两组在两个点查缉。10 点 20 分，杨军刚率一组在康平镇一带查缉时，发现三名男子神色慌张，形迹可疑。正要上前进行盘查时，三名可疑男子拔腿就跑。

“追！”杨军刚一马当先，战友们紧随其后。眼看距离越来越近，突然从草丛中跳出一名男子，持火药枪向官兵开枪射击，冲在最前面的杨军刚胸部和腹部被击中，鲜血顿时流了出来。这名男子射击后立即逃窜，杨军刚忍着剧痛，用手捂住伤口坚持追击，一米、两米……追出十多米后，他倒在了地上。

杨军刚身上多处受伤，战友们围上来，马上对他进行现场紧急救治。此时的杨军刚还在用微弱的声音问：“逮……住……没……有？”没想到，这是他留下的最后一句话。

噩耗传来时，爱兵如子的印春荣肝胆俱裂，伤心欲绝。杨军刚是他一手培养起来的优秀的侦查队队长。杨军刚的牺牲，令他如万箭穿心。

看着伤心欲绝的家属，印春荣收起了自己的悲伤。他清楚不论多么悲痛，都要擦干眼泪继续战斗。抓不到毒贩，他就无法向牺牲烈士的家人和百姓交代。

强忍着悲痛，印春荣连夜从普洱赶往江城。一路上，他的电话一直没有断过。

“排查一切可疑线索，所有人必须沉着应对！”印春荣在电话里说道。哪怕是在当时那样危急的情况下，他的每一句话依然掷地有声。

到江城的时候，已经是凌晨时分，印春荣第一时间赶赴事发现场进行勘查。

现场勘查的情况并不理想，急得印春荣犹如一头困兽。战友们看着印春荣的背影，一夜之间，他仿佛已经苍老，但那股倔劲还在。

天亮以后，印春荣不停地向当地群众询问情况，那是战友第一次看见他的眼神中流露出恳求。

在战友眼中，印春荣一直是临危不惧、战无不胜、威风凛凛的人。可是那天战友看到的，分明只是一个强忍着泪水的老侦查员在尽自己最大的努力，想尽一切办法去捕捉案发时的蛛丝马迹，想凭借自己的力量，给烈士报仇，给家属以安慰。

经过大量的排查和了解，印春荣终于锁定了一名老挝籍犯罪嫌疑人。

可当印春荣带着专案组前往犯罪嫌疑人的住所进行抓捕时，整个房间空无一人，犯罪嫌疑人逃跑了。

印春荣走到床前，伸手一摸，发现被窝还是热的，他断定犯罪嫌疑人一定是刚逃跑不久，便带着专案组人员拼命追赶。由于边境地区情况复杂，还是让犯罪嫌疑人逃回了老挝境内。

跨国抓捕非常棘手，但即使追到天涯海角，印春荣也不会放过凶手。无论如何困难，不抓到凶手，他誓不罢休。

印春荣当即启动中老联合执法机制，亲自率队到老挝，与老挝警方进行交涉。

谈判的过程是曲折而复杂的。印春荣心急火燎地想抓捕凶手归案，但老挝警方的态度很不明朗，总是找理由搪塞。

印春荣只得抑制着悲愤的情绪，有条不紊又非常有礼地和对方反复协商抓捕和交人事宜。

老挝警方总是说："你们回去吧，我们会给出交代。"

每次听到这样的话，印春荣心中的愤懑就增加一分。他不停地抑制自己的情绪，反反复复地与老挝警方交涉，但对方始终没有给出一个明确的答复。

自从到老挝之后，印春荣攥紧的拳头一直没有松开过。他的腰板挺得笔直，丝毫看不出来他已经四天四夜没有睡过觉了。

第一次谈话结束后，印春荣说要到犯罪嫌疑人居住的村寨去走走。

战友们听了都大吃一惊，坚决不同意。一来是想到这么多天以来，印春荣真的已经非常疲惫了；再有就是这个村寨枪支毒品泛滥，随时可能发生危险。

可没有人拗得过印春荣。他说："军刚含恨而去，老挝警方推三阻四，我们不能把希望寄托在对方身上，还得靠我们自己。"

最后一次与老挝警方交涉时，对方的态度突然变得非常不明朗，既不急着催我方返回，又不提抓人的事情，整个谈话一度陷入了沉寂。

此时的印春荣已经忍无可忍。他拿起一摞厚厚的文件，狠狠地砸到桌上，说：“我要是不抓这个人，我就对不起自己的兄弟！我要是不抓这个人，我没法对军刚的家人交代！我要是不抓这个人，我没脸回去面对全支队的官兵！你们听好，抓不到这个人，我就一直在老挝待着，什么时候抓到了，我什么时候走！”

老挝警方惊呆了，他们完全想不到这个其貌不扬的小个子会迸发出那么大的力量和决心。

最终，在印春荣的不懈努力下，老挝警方不得不出动大量警力配合抓捕，将向杨军刚烈士开枪的犯罪嫌疑人缉拿归案。

回到普洱后，印春荣攥紧的拳头缓缓松开了。那个晚上，他独自在没开灯的办公室里待了很久。

后来，印春荣从办公室里走出来，面朝江城的方向，行了一个无比坚定的军礼。霎时间，两行滚烫的泪水从他眼中奔涌而出。

男儿有泪不轻弹，只因未到伤心处。杨军刚烈士的仇总算报了，但亲爱的战友却再也回不来了，只能永远长眠于地下。

为有牺牲多壮志，敢教日月换新天。

在缉毒战线上，基本上每年都有战友牺牲。战友的牺牲令印春荣痛心不已，让他更加明白，缉毒就是一场你死我活的战斗。但他不会就此退缩，带着对牺牲战友的哀思，他的步伐更加坚定。

第七十八章　老朋友

印春荣擦干脸上的泪水。战友的牺牲成为他最痛苦的记忆，现在的他已经获得了军人的最高荣誉，但那些逝去的战友永远只能活在他的记忆里，他们的家属依旧承受着天人永隔的痛苦。

已是黎明时分，北京的夜似乎看不到黎明前的黑暗，各色灯光交织，令首都焕发着无限生机。

印春荣又点燃了一支烟，任回忆的思绪像烟雾一样飘散。

东莞围剿行动失败后，裘天消失了，再没有了他的消息。缴获的毒品中，印有“上帝之眼”标志的毒品也是寥寥无几，再没有人知道裘天的下落。

裘天在自己手中再次逃走，成了印春荣的心病。他发誓，不把裘天缉拿归案，决不罢休。

再次与裘天交手，已经是十多年后的事了。那时的印春荣已经是普洱边防支队的支队长。

那是在2015年10月，印春荣到澜沧边境检查站蹲点指导工作。在一次检查中，执勤官兵发现一个可疑人员，她说自己是到边境旅游的，身上却没有携带任何行李，在询问的时候，表现得有些紧张。当时，检查员推断她可能是人体藏毒的人员，于是报告给印春荣。

看着那名女孩，印春荣第一感觉就是她可能有问题。但照完X光以后，结果显示她并没有藏毒。鞋子、衣服都彻底检查过，也没有发现毒品。

就在大家都找不到问题的时候，印春荣在女孩的手机相册里发现了几张快递单的照片，快递单上写的寄送物品都是面膜。女孩买面膜不奇怪，奇怪的是一次性邮寄那么多，就不能不让人怀疑了。

“你是做什么的?”印春荣问道。

“我是一名在校大学生。”女孩回答道。

“快递单上邮寄的面膜都是你的吗?”印春荣问道。

听到邮寄单的时候，女孩变得紧张起来，吞吞吐吐地说道：“是……是的。”

“你一个人买那么多面膜干什么呢?”印春荣问道。

“我……我打算在网上卖。”女孩回答道。

面对印春荣的提问，女孩的回答总是遮遮掩掩。一般人都看得出她在隐瞒事实，更何况她面对的是明察秋毫的印春荣。

即便再老到的毒贩，印春荣都有办法撬开他的嘴，一个涉世未深的女大学生更不在话下。

在印春荣的劝诱下，女孩承认了自己的犯罪事实——邮寄的面膜内夹杂着毒品。

女孩告诉印春荣，她的家境不好。在学校，同学都穿得光鲜亮丽，自己却像个丑小鸭。爱美之心人皆有之，更何况是正处于青春萌动期的女孩。她不甘心做一只丑小鸭。听人说可以网上贷款，于是她便找了一家贷款公司借款，一开始只是想买几件漂亮的衣服，后来变得越来越虚荣，衣服、化妆品、手机、电脑都跟别人比，还经常邀约同学、朋友去酒吧玩。开销越来越大，毫无经济来源的她只得不停地向贷款公司借款，从东家借来还给西家，边借边还边用，所以黑洞越挖越大。当她发现事情的严重性时，已经欠下了几万元的贷款，天天被贷款公司催债。她迫于无奈，才出此下策。

据女孩交代，接货人是昆明的一家美容店的老板，她经常去她们家美容，也欠了老板几千块的美容费。

听完女孩的哭诉之后，印春荣既同情又气愤。一个大学生，家境即便不好，若能安心地完成学业，也能改变自己的生活。可虚荣心作祟，让她陷入迷途，白白断送了自己的前途。

从女孩反映的情况来看，美容店老板显然经过一场处心积虑的算计。她先让女孩欠她的债，在女孩无力偿还的时候，便引诱女孩帮她运毒。这样的害群之马，如果不及早铲除，不知道还要祸害多少无知的年轻人。于是印春荣亲自挂帅，带着专案组到昆明办案。

到达昆明以后，印春荣让女孩将所有包裹取好，按照约定给老板打电话，通知她来接货。

美容店老板让女孩把货直接送到美容店，她在店里接货。

为了不引起美容店老板的怀疑，印春荣除去了女孩的手铐，派一个侦查员化装成出租车司机，陪同女孩一起去送货。

当侦查员和女孩到达美容店时，发现美容店店门紧闭，店门口贴着一张告示：有事外出，暂停营业。

印春荣让女孩按计划给美容店老板打电话。

美容店老板让女孩把货先放到门口，她一会儿便来。

印春荣知道，这时候，美容店老板应该就在附近观察店门口的情况。卸货以后，如果伪装成出租车司机的侦查员再停留，必然引起毒贩的怀疑，说不定美容店老板会不来接货了。

印春荣只得通知侦查员，让其离开，留女孩独自等候。

约莫过了20分钟，一个40岁左右的女人出现在美容店门口，印春荣断定她便是来接货的人。

印春荣觉得这个女人有些熟悉，仔细一看，大吃一惊——来接货的女人不是别人，正是鲁迈。

看到鲁迈，印春荣不觉有几分痛心。她原本是一个善良朴实的农村妇女，因为毒品不得已出卖色相。想不到多年以后，她又变成了一个毒贩。

只见鲁迈与女孩简单地交流了几句，便打开店门，与女孩一道将几箱面膜搬进美容店。

眼见抓捕时机已经成熟，印春荣一声令下，侦查员迅速冲进美容店，将正在清点货物的鲁迈一举擒下。

鲁迈做梦也没想到，带队抓捕她的竟然是印春荣。

上次见到印春荣时，鲁迈以为印春荣已经变成了一名毒贩，比起做“冰妹”

的她也好不到哪儿去，所以没有距离感。但现在，她已经明白那时候的印春荣是打入毒贩内部的卧底。他还是那个刚正不阿、充满血性的边防警察。而自己，早已经变得人不人鬼不鬼了。印春荣率人逮捕了她，她既惊讶，又羞愧，蹲在原地，不敢抬头看印春荣一眼。

自从将鲁迈送进戒毒所强制戒毒后，印春荣便没有见过鲁迈。在得知她吸毒并做了“冰妹”后，印春荣也不再给她汇款，就此断了联系。没想到十多年以后，会以这样的方式见面。

眼前的鲁迈早已失去了往日的风韵，常年吸毒让她瘦得只剩下皮包骨，那双原本充满灵气的眼睛变得黯淡无光，脸上也爬满了皱纹。

从鲁迈的毒面膜里取出五六千克冰毒。普通的冰毒颗粒上一般都会印着一些字母，但令印春荣吃惊的是，这些冰毒颗粒是栗色的，应该是毒贩所称的“速度Ⅱ”。而且每片冰毒颗粒上都印有一个小小的“上帝之眼”标志，那是裘天独有的标志。

看着这些毒品，印春荣推断，沉寂多年的裘天又浮出水面了，这次一定要将他缉拿归案。

面对铁一般的事实，鲁迈无法否认，只得向印春荣一五一十地交代。

鲁迈告诉印春荣，从戒毒所出来后，她也尝试过做个好人，但最终还是敌不过毒品的诱惑，没过多久便开始复吸了。

鲁迈说，沾上毒品，就一辈子都无法摆脱。身体的瘾好戒，但心瘾是永远戒不掉的。从戒毒所出来的人，百分之九十以上都会选择复吸，根本戒不掉。

复吸以后，为了得到毒资购买毒品，鲁迈不得不做回了“冰妹”。

做“冰妹”靠的是年轻美貌。随着年龄增大，身材走样，已经没有资格继续做“冰妹”的鲁迈，充当起给毒贩运毒的马仔，基本上是靠人体藏毒的方式运毒，也拿不到多少钱。

为了获得更多的毒资，鲁迈便开始了自己的贩毒生涯。她利用做“冰妹”时结识的瘾君子，不断扩充自己的客源，将运回来的冰毒就地分销。几年下来，也积累了些资本，盘下了这个美容店，做起了老板。利用美容店做掩护，继续贩卖毒品，招揽运毒的马仔。

据鲁迈交代，她所有的毒品都是从一个叫王志的人那里买的。王志长期活动在普洱市孟连县一带，贩卖毒品。

最后，鲁迈说，她这一生真的被毒品毁了。丈夫吸毒致死，自己也成了瘾君子，儿子效仿她吸毒，去年也因为吸毒过量死亡。她已经生无可恋，只希望判她死刑，给她来个痛快。

面对鲁迈，印春荣也只能摇头叹息。他试过用自己的方式，帮助这个可怜的女人活下去，怎料她会走上一条不归路！可怜之人必有可恨之处，她只能吞下今天的恶果，一切都是她咎由自取。他不会再同情这个女人，就让她接受法律制裁，让她自己去承担曾经犯下的错吧。

第七十九章　难度陈仓

鲁迈口中的王志很快进入了专案组的视线。通过几天对王志的监视，印春荣断定他近期将会有动作。

几天之后，王志开着车，由普洱市区驶向景东县方向。

看来王志真的要行动了，印春荣让流动查缉点重点查验。

在对王志进行公开查缉时，检查员发现他表现得镇定自若，而车上的另外一个人则神情紧张，言辞闪烁，故意掩盖自己去景东的目的。

此人叫罗松，是当地人。

在车上，检查员并没有发现违禁物品，但轿车后备厢内一股异样的香味让检查员一下子警觉起来。“冰毒？没错，就是冰毒！”检查员十分确定这就是冰毒的气味。

印春荣判断这辆车在近几天内一定运过冰毒，而且数量还不少。多年的缉毒经验告诉印春荣，“鱼”在“水”里，王志还没有出货，于是果断决定“放长线钓大鱼”。他指示查缉组不动声色地予以放行，并让跟踪组对王志继续跟踪观察。

跟踪组尾随王志和罗松来到普洱市景东县的一家宾馆，两人登记入住该宾馆202号房间后，再没有走出房间。侦查员化装成服务员，以打扫卫生的名义对202号房间进行查看，也未发现异样。

毒品会藏在哪里呢？这个问题一直萦绕在印春荣脑海中。

印春荣一边让跟踪组盯紧王志，一边在涉毒情报研判中心通过信息化手段对王志等两人的身份信息和近期活动轨迹进行了调查。综合分析后，印春荣推断毒品就藏在景东县城，于是指示专案组在景东部署，实施抓捕。

连续两天，王志一直待在宾馆里，足不出户。有的侦查员等得失去耐心，建议先实施抓捕，再通过审讯突破。

印春荣觉得这样不稳妥，如果不能人赃并获，不利于案件延伸。

与毒贩打交道多了，他知道毒贩比狼还有耐心。要想抓住他们，就得比他们更稳得住，更沉得住气。越是没动静，越表明他们很快就会行动，就像暴风雨前的宁静。

果不其然，到了第三天，监控组的侦查员反馈信息：王志将他的黑色本田轿车开进一个租车行，并从租车行开出一辆丰田越野车，在景东县城边的公路上来回行驶，并不时接打电话。他的同伴罗松并没有随行，还一直在宾馆待着。

在景东县城兜了两个小时后，王志驱车从景东县驶往景福乡，并在景福乡的一个宾馆开了一个房间。这一情况让专案组非常疑惑：景福乡偏离交通主干道，无论是去普洱还是到昆明都不方便，而且也绕不过公安检查，取道景福乡运毒绝非明智之举。

"老狐狸在摆迷魂阵。"印春荣说道。在研究过辖区地图后，他断定，此次王志换车乃是"故弄玄虚"，在公路上行驶是在"探路"，这辆丰田越野车上没有冰毒，这应该是王志的"调虎离山"之计。

印春荣立即调整预定方案，将专案组分成三个小组：第一小组继续监视王志的动向，第二小组在景东至昆明必经公路的合适路段设伏，第三小组密切监控留在景东县宾馆的罗松。

一张无形的大网就此张开，只待这两只狡猾的"狐狸"露出破绽了。

第一小组反馈称，王志继续开着丰田越野车在乡村公路上兜圈子。印春荣指示第一小组将计就计，抵近跟踪王志的丰田越野车；第三小组密切监视罗松，并及时向设伏的第二小组通报其行踪。

抵近跟踪王志，果然让他误以为边防官兵中了他的"调虎离山计"，于是便打电话通知罗松出货。

没过多久，第三组便发现罗松鬼鬼祟祟地从宾馆出来，在街上转了几圈之后，径直赶到租车行，从车行开出一辆别克轿车，在县城兜了几圈后便往城外驶去。

一场戏演完，这辆别克轿车才粉墨登场。印春荣断定这辆别克车必是藏毒车无疑。

"收网!"印春荣随即命令三组官兵同时出击，迅速控制毒贩。

设伏人员设置的路障将别克轿车逼停在公路中间，罗松企图倒车强行冲关，可紧随其后的官兵让他动弹不得。

当专案组将别克轿车后备厢内三个还散发着诡异香味的麻袋摆在罗松面前时，他脸色一下子变得惨白，瘫软在地上。

另一边，和官兵玩"猫鼠游戏"的王志也束手就擒，现场人赃俱获。罗松、王志很清楚自己将面临的是什么，他们已无话可说。经检验，三个麻袋中装的是栗色颗粒状的冰毒，净重 46.99 千克。涉案毒品价值超过 1000 万元。王志怎么也想不到，他自以为高明的暗度陈仓的运毒诡计，居然这么容易被识破。

第八十章　儿子的谎言

医院永远离不开刺鼻的消毒水味，就像家属的心情，永远是七上八下。这里是救死扶伤的地方，有起死回生的惊喜，也有回天乏术的无奈。走进手术室，便是在生死线上走一遭。

李丽娟和儿子焦急地等待着手术的结果。虽然她自己也是医生，早已经见惯了生死，可当事情发生在自己的亲人身上时，却依旧忐忑不安。

印春荣是在审问王志的时候倒下的，医院诊断为急性心肌梗死，需要进行手术治疗。

早在发病前几天，印春荣就时常感觉到心绞痛，胸闷气短，有时候还会头晕、心慌、出冷汗，当时他也没在意，以为是工作累了，想着等案子结束，休息几天便能好起来，没想到会倒在审讯室里。

手术还算成功，印春荣被推出了手术室。

看着仍在昏迷的印春荣，李丽娟的眼泪止不住地流。当时接到印春荣的战友打来的电话，她就知道出事了。

这些年，李丽娟最怕的一件事就是接到部队打来的电话，因为她害怕哪一天接到印春荣牺牲的消息。

在缉毒战线上，印春荣已经走过 20 多年。对于李丽娟来说，每一天都备受煎熬，不仅见不到印春荣的人影，还要整天为他提心吊胆，每次听到印春荣的战友牺牲、负伤的消息，她就睡不着觉。那个时候，李丽娟很想给印春荣打个电话，想听听他的声音，更想看到他，抓住他的手。但是在印春荣办案子的时候，是不能给他打电话的，打了他也不会接。

每一次，印春荣出去办案子，李丽娟真的不知道，他究竟是不是还好好地活着，他究竟还能不能平平安安地回到她和儿子身边。

每个女人都希望有一个疼爱自己的丈夫，对于李丽娟来说，也是如此。但印春荣既然选择了穿上军装，选择了缉毒，就意味着要亏欠家庭。

李丽娟也后悔过嫁给印春荣，但当她见到那么多人因为吸毒家破人亡时，她也越来越理解他、支持他。毒品害了无数人，印春荣多缴获一点儿毒品，多抓一个毒贩，就能够多挽救一个家庭。他以前当军医，用医术救人；后来去缉毒，他和他的战友们，是拿他们的生命，拿他们这身军装，去治疗被毒品危害的社会，去治疗那些被毒品害得支离破碎的家庭。

李丽娟最大的心愿，就是世界上再也没有毒品，印春荣也就不用再这么忙了。一家人可以开开心心地逛街，和朋友聚会，再也不用过这种担惊受怕的日子。

可是李丽娟深知那只是个梦想。毒品背后是巨额的财富，毒贩是抓不完的，印春荣的脚步永远不会停歇。她唯一的愿望，还是那两个字："平安"！希望印春荣和他的战友们，每一个人都能平平安安地完成任务，平平安安地回家。

对于印春荣的儿子来说，这或许是第一次这样静静地看着爸爸。在他的记忆里，爸爸永远都是那么忙，仿佛一台永动机，一直旋转着。

儿子对印春荣的感情很纠结。他从小就知道，爸爸是边防警察，了不起。但是爸爸很少来学校接他，更不可能穿军装来学校接他。妈妈总是说，你爸爸在缉毒，在抓毒贩，在干大事情。但是妈妈又跟他说，这些事情，你不能跟老师说，也不能跟同学说。你爸爸经常做卧底，如果被人知道了，你爸爸就危险了，妈妈跟你也就危险了。

十多年前，印春荣被评为"全国十大杰出青年"，儿子很自豪。可是他不能跟老师、同学说，他就是印春荣的儿子。为什么呢？如果谁都知道他是印春荣的儿子，说不定哪天，他就莫名其妙被人绑架了，甚至有可能被人杀害。

好多次，他看见妈妈一个人哭。当他问妈妈为什么哭时，妈妈告诉他："你爸爸的战友牺牲了，白建刚叔叔，你认识的，牺牲了；陈锡华叔叔，你见过的，牺牲了……"他不知道该如何安慰妈妈，只能陪着妈妈哭。

上中学的时候，老师叫他们写作文，题目是《我的父亲》。一个简单的题目却难住了他，不知道该如何下笔。如果他拿起笔来就写：我的父亲名叫印春荣，是一个大名鼎鼎的缉毒英雄，他办了几百个案子，抓了上千名毒贩，缴获了好几吨毒品，老师、同学不笑他吹牛才怪。无奈之下，他只有去网上抄一篇。

他当然知道，缉毒是造福全人类的大事。他很佩服爸爸，也很理解爸爸，可是他没机会跟印春荣说一声："爸爸，我为你骄傲！"就算有机会，他也说不出口。

小时候，儿子总是希望印春荣能够陪他过一次"六一"儿童节，可是印春荣一次也没陪过他。有一次，他在日记中写道："今天，爸爸陪我过了一次'六一'儿童节，我很开心。"可那一天，印春荣是和战友们在办案。

那是2005年6月1日。原本印春荣已经安排好时间，准备好好陪陪儿子，怎料曼海检查站在一辆德宏方向驶来的东风欧曼型卡车上查获了242块海洛因，计重84.7千克，抓获两名嫌疑人。获悉曼海站查获毒品和运毒车辆后，支队党委十分重视，迅速成立了由印春荣任组长的专案组，负责侦办此案。

接到命令后，印春荣不得不又一次爽约，立刻投身到案件之中，带领专案组分析案情。他认为，要突破此案，必须从毒品的接货人查起，采取顺藤摸瓜的办法进行延伸。他随即带领专案组赴昆明实施控制下交付，在昆明成功抓获两名接货人。

对于案件来说，印春荣是有功的，但他又一次失信于儿子。当他看到儿子的日记时，被儿子这个“谎言”刺痛，心里充满了愧疚。

长大以后，儿子对印春荣也越来越理解，也慢慢懂得印春荣奉献背后的意义。他也想要成为像爸爸一样的人。现在看着爸爸安静地躺在病床上，他有说不出的心疼，泪水哗哗直流。

第八十一章　速度Ⅱ

麻药的药性慢慢退去，印春荣醒了过来。伤口的疼痛撕扯着他的神经，他意识到自己刚经历了一场手术。

病房里，妻子和儿子都守在病床旁边，见到印春荣醒来，一脸的兴奋和激动。

看着妻子和儿子，印春荣心里一阵酸楚。这些年，自己没有照顾好他们，反而时时让他们担惊受怕，这次又差一点儿就与他们永别。要是那样的话，对于他们娘儿俩来说，无疑是残忍的。

印春荣一直都明白，妻子和儿子都希望自己早点儿退休，早一点儿回到他们的身边，让他们拥有一个完整的家庭，不用再过担惊受怕的日子。但他更清楚，自己的使命还没有完成，毒品依旧危害着社会，令无数的家庭支离破碎。他无法停下脚步，陪妻儿心安理得地度过余生。这辈子，他注定还不清这份亲情债。

刚恢复意识，印春荣便在想案件延伸得是否顺利。

根据王志交代，他的毒品是从一个绰号叫华仔的人手里购买的。华仔是裘天的手下，制毒工厂在缅甸。裘天在孟连有一个存放制毒物品的窝点，近期囤放了一批制毒配剂，少说也有几十吨。

印春荣本想趁热打铁，根据王志提供的线索，一举摧毁裘天新的制贩毒网络，不料他在案件进行的关键时刻倒下了。

一连在医院待了十多天，印春荣感觉自己闲得都快发霉了。这么多年，他基本上一刻也没停歇过，突然间让他闲下来，他觉得浑身难受。

他心里牵挂着案子，成天心急火燎地催促医生，希望快点儿出院。

战友们来看过印春荣几次。每次印春荣问起案件的情况，他们都搪塞过去，说正在跟进。可从他们的表情，印春荣分明读出，案子进展得并不是很顺利，这让他在医院更待不住了。

熬了多日，终于可以出院了。印春荣感觉自己像一头走出牢笼的狮子，又可以纵横沙场了，顿时觉得心情好了不少。

印春荣没有听从医生的话，安心地回家静养，而是带着药直接回到了单位。

案子确实进展不顺利，基本上处于停滞状态。

普洱边防支队侦查队队长卫斌带着专案组赶到孟连的时候，发现裘天囤放制毒配剂的仓库早已经人去楼空，制毒物品都被搬走了。王志口中的华仔也一直藏匿在缅甸，没有入境。

案子都是在秘密跟进，专案组去裘天的窝点却扑了个空，这事情有些蹊跷，让印春荣有些费解。他命令专案组及时布控，严守各个查缉点和出入便道。

想要将几十吨制毒配剂运送出境绝非易事。当务之急便是要找到制毒配剂新的藏匿位置，然后再顺藤摸瓜。

实地勘察以后，印春荣推断毒贩不可能在短时间内将几十吨制毒配剂转移很远，制毒物品应该还在孟连县城内。

经过几天的排查，案件终于有了进展。专案组在孟连县环城东路的一个出租仓库找到了制毒配剂。这一发现，让整个专案组兴奋不已。

制毒配剂失而复得，让印春荣看到了案件的转机。他指挥专案组在仓库附近蹲守，等待毒贩自投罗网。

可一连等了几天，都没有任何动静，再等下去也不是办法。印春荣分析，行动可能已经暴露了，他命令专案组将囤放制毒物品的仓库端了。

在仓库内，专案组缴获了 50 多吨制毒物品，有氢氧化钠、酒精、电解液、氧化钾、酒石酸、苯基丙酮等化学试剂。令印春荣费解的是，在仓库内，并没有发现麻黄素。

麻黄素是制造冰毒的必需原料，不用麻黄素能够制造出冰毒的，在世界上只有一个人能够做到，那就是“冰毒之王”刘招华。他可以利用苯基丙酮作为原材料，化学合成冰毒，纯度高达 90% 以上。可刘招华早在几年前便被执行死刑了，他的制毒方法不可能外传。

难道裘天掌握了刘招华的制毒方法？印春荣在心里琢磨着。如果真是那样，那么后果不堪设想。裘天制造出的栗色冰毒，在业内被称为“速度Ⅱ”，纯度更高，比起刘招华制造的冰毒有过之而无不及。

如果这几十吨制毒原料流向境外，进入裘天的制毒工厂，生产出的毒品数量将难以估计，不知会令多少家庭遭殃。

缅甸还不具有生产制毒原料能力的加工厂，裘天想要制毒，就必须从国内走私制毒原料。印春荣下令，所有卡口必须严查过往车辆，防止制毒原料外流。一时间，普洱边防支队查获的制毒物品大幅增加，对制毒物品的管控力度前所未有。

第八十二章　人质

守住了制毒原料外流，就等于切断了裘天的制毒源头。印春荣断定裘天一定会沉不住气，肯定会有新的动作。

令印春荣没想到的是，他并没有等到毒品，而是等到一个劫持人质的案件。

正在研究案件进展的印春荣，突然接到普洱边防支队下辖的勐啊边境检查站报告：一辆缅甸籍丰田越野车从缅方一侧，冲过缅甸掸邦第二特区检查站，继而冲向我勐啊边境检查站，强行闯关入境后，向勐马镇方向逃窜。车上一名男子携带两支冲锋枪和一把菜刀，挟持驾驶员等两人作为人质，情况万分危急。

这一事件出乎了所有人的预料，绑架人质非同小可。印春荣不敢怠慢，接到报告后，他当机立断，立即启动处突预案，亲自赴前线坐镇指挥。

判明情况后，印春荣根据犯罪嫌疑人的逃跑路线，立即调动普洱边防支队处突应急分队，对闯关者的途经路线实行交通管制，及时疏散人群及车辆，火速布置路障设卡堵截，并在沿线要点位置布置观察哨。

霎时间，天罗地网已经张开。

很快，嫌疑人的车辆便进入了设卡伏击点，当即被设伏的官兵成功拦截。

闯关车辆被截停后，嫌疑人不停地向官兵叫嚣，用枪顶着人质的头。情况十分危急，枪战一触即发，现场的气氛紧张到让人窒息。

面对疯狂的嫌疑人，印春荣并没有慌张。他一边指挥特战队利用路障车辆作为掩体形成战斗队形，随时准备战斗；一边亲自出马，与嫌疑人面对面交涉，进行政策攻心，缓解嫌疑人激动的情绪。

面对如此惊心动魄的场面，有人建议让狙击手做好准备，寻找狙击的最佳时机，击毙犯罪嫌疑人，营救人质。

印春荣并不愿意那样做。出于对生命的敬畏，他建议，以政策攻心为主，不到万不得已，不要轻易开枪。

在现场，印春荣反复与犯罪嫌疑人进行沟通，晓之以理，动之以情。40 分钟后，印春荣的心理攻势终于有了效果，嫌疑人主动缴械了。

当设伏官兵将嫌疑人铐住以后，印春荣悬着的心终于放了下来，他长长地吁了一口气。

在整个处置过程中，印春荣有条不紊，对嫌疑人发动心理攻势时一针见血，直到将其心理防线彻底摧毁。他超群的指挥能力以及超强的心理素质，让现场所有人折服。

在没有人员伤亡的情况下，成功地抓获了犯罪嫌疑人，缴获81－1式自动步枪2支、子弹31发。令印春荣后怕的是，嫌疑人的子弹已经上膛，随时可以与设伏官兵拼个你死我活。

据犯罪嫌疑人交代，他叫岩依，是裘天的马仔，主要负责制毒物品的运送。近一段时间，边防武警加强了管控，他们的货屡屡被截，裘天迁怒于他，说是要对他下手。

对于他来说，摆在面前的只有两条路：一条是留在缅甸等死；一条是逃到中国，或许还有一线生机。听到风声后，岩依不敢在缅甸逗留，于是劫持人质闯入中国，这才有了这场闹剧。

岩依告诉印春荣，制毒原料运不出去，裘天变得越来越暴躁，但又无可奈何。裘天发起脾气时无所顾忌，令手下无所适从，成天提心吊胆。

如果像岩依所说，裘天的内部正在经历一场不小的动荡，人人自危，那么堵源截流的方法确实收到了效果。这或许是消灭裘天的最好时机。

专案组根据岩依提供的藏毒窝点，对裘天藏匿制毒物品的仓库进行了一次大扫荡，将他囤积的所有制毒原料一扫而空，切断了运输制毒原料的路线，使裘天在缅甸的制毒工厂成为一个空壳。

第八十三章　内鬼

摧毁裘天制毒原料的链条之后，又是一段时间的沉寂。对于这样的暴风雨前的宁静，印春荣早已经习惯，他在等着裘天的下一步动作。

狡猾的裘天决不会墨守成规，一成不变，现在他还不到山穷水尽的地步。他贩毒这么多年，依然逍遥法外，靠的就是贩毒手法多样，变幻莫测。

与裘天的这场较量，印春荣感觉就像两个太极高手过招，不仅要以静制动，也要疾如闪电，一招制敌。

把裘天逼回国内，这是印春荣的最终目的。堵源截流，让裘天不得不再次冒险，将制毒工厂向国内转移。印春荣感觉离抓获裘天的日子越来越近了。

事实证明，印春荣的推断是正确的。情报显示，近期裘天正在策划利用广东的一家化工厂作为新的制毒工厂，接头人正是华仔。

截获情报后，印春荣早早地布置好，就等着华仔自己送上门来。

这一天，印春荣终于等到了鱼儿入网的消息。

“华仔已经入境，是否抓捕?”侦查队队长卫斌向印春荣报告道。

“准备拦截，对华仔实施抓捕。”印春荣说道。

“不是要放线钓鱼吗?”卫斌不解地问道。

“不抓华仔，裘天不会上钩。”印春荣说道。

兵行险招。对付非常之人，有时候也要用非常的办法。

印春荣也想等裘天这条大鱼入网以后再收网，但这不现实。之所以作出这个决定，是因为几次消息的走漏，令印春荣有些不安。他不愿意相信，但他已经嗅出了裘天在部队内部安放了一颗棋子，放线钓鱼是钓不着的。

裘天的行事风格，印春荣再熟悉不过了，如果不抓华仔，他会让华仔一直在国内与警察折腾，再加上有内鬼传递消息，他自己则可以一直在境外遥控指挥。

印春荣也知道抓捕华仔是一招险棋，很有可能会打草惊蛇，放跑裘天这条大鱼。但也有可能沿着华仔这条线，将整个贩毒集团一锅端。抓与不抓，风险与机遇并存。

事不宜迟，印春荣带着卫斌，赶到了华仔必经之路的查缉点。

中午时分，华仔和他的马仔驾驶着一辆白色的奔驰轿车进入了查缉点。

印春荣指挥查缉官兵，不动声色地对华仔的车辆实施检查。

这个查缉点，华仔踩过已经不是一次两次了，基本掌握了大概的检查规律。他自以为这次检查的官兵也会像平时那样，简单检查一下便放行。

他万万没想到，还没等他作出任何反应，一副手铐便铐住了自己。

执勤官兵从华仔和他的马仔身上搜出制式手枪 2 支、子弹 511 发，毒品 81.5 克。

华仔年轻的时候在体校参加过射击训练，是一名神枪手，还参加过比赛。他自信，即便有突发情况，自己携带的枪支和子弹也可令他全身而退。

但他知道今天是退不了了。

只缴获了不到 100 克的毒品，这让印春荣有些意外。携带两支枪，还有那么多子弹，显然不是为了押运那么一丁点儿毒品。

“你们有什么计划?”印春荣问。

华仔看了看印春荣，说道：“你是三哥?”

“你认识我?”印春荣问道。自从上次打入裘天贩毒集团内部以后，他已经习惯了这个称谓。不管是黑道还是白道，都管他叫三哥。

“当然，你的人头值一百万。”华仔说道。在金三角地区，不光是裘天，其他毒枭也愿意出这份钱。

“这点钱也太少了点。”印春荣笑笑，说道。他知道所有毒枭都想要他的命，一开始还有些担心，久而久之，也就习惯了。

“在金三角，你算是名人了。所有老大都放话出来，遇到你，直接干掉。”华仔说道。

他也曾想过挣这一百万。在这种情况下，怕是挣不了了。

“既然你知道我，还是老实交代吧，以免浪费时间。”印春荣说道。华仔所言非虚。这些年，毒贩武装贩毒越来越猖狂，大部分案件都是枪毒同流，有的毒贩甚至携带手雷，缉毒工作面临着前所未有的挑战。

“我这次的主要任务是去广东联系制毒工厂，这些毒品就是我带的样品。”华仔说道。

“广东的制毒工厂是谁在负责？”印春荣问道。

“我只知道他姓霍，天哥的制毒原料一直是他在供应。”华仔说道。

“还有其他货一起运往广东吗？”印春荣接着问道。

“有，是一辆货车，今晚会从便道入境。”华仔说道。

问清楚货车入境的时间和路线后，还有一个问题纠缠在印春荣心中，那就是谁是内鬼。案件要延伸，首要的就是拔除裘天安插在内部的这颗钉子。

“在我们内部有没有你们的眼线？”印春荣问道。

“我不知道。”华仔说道。

华仔的话让印春荣有些失望。找不出内鬼，无论什么行动，裘天都会得到消息，想要抓到他更是难上加难。

第八十四章　不放弃

边境的夜晚一成不变，总是那么宁静，蚊虫嗡嗡地在耳边叫唤着，贪婪地将细细的毒针扎进人们的肌肤。

许久没有参加过设伏堵卡了，但印春荣觉得还是那样熟悉，仿佛回到了十多年前与杜风他们一起泡在雨水里堵卡的时候。身边的人虽然变了，但不变的永远是那份沉甸甸的责任和义无反顾的坚守。

华仔说今晚有辆货车入境，印春荣怕走漏消息，亲自带一队年轻的侦查员进行伏击。

时间一点点地过去了，已是午夜时分，依旧没有见到华仔说的货车。空气中安静得只剩下年轻侦查员的心跳。

印春荣看着身旁年轻的侦查员，他们不过20岁左右，当同龄人还在城市享受爱情的甜蜜与浪漫时，他们却穿上防弹衣，潜伏在遥远的边境丛林，随时准备生死阻击。看着他们那坚定的眼神，印春荣仿佛看到了当年的自己。

他们无所畏惧，他们内心纯净。虽有极个别的败类与毒贩同流合污，但这些年轻人才是部队的主流，才是未来的希望。

想到这里，印春荣激情满怀，信心倍增。

突然，安静的夜被汽车的轰鸣声打破，远远地看到汽车的车灯闪烁，所有人的心都提到了嗓子眼。

印春荣脸上露出了一丝微笑。一夜的守候并没有白费，运毒车还是来了。

“注意隐蔽，行动时要保护好自身安全。”印春荣低声吩咐道。

汽车越来越近，年轻的侦查员心跳得越来越厉害，整个身体都绷得直直的。

当汽车离伏击点大约十米的时候，印春荣一声令下：“行动!”

听到命令以后，侦查员们一跃而起，如离弦之箭扑了过去。印春荣紧随其后，动作依然迅速。

“停车，边防检查!”侦查员举着停车牌，大声地吼道。

可大货车非但没有停车，反而加大了油门，猛地冲向侦查员。

印春荣眼看不妙，一把将侦查员扯了回来，一股气流“唰”地一下掠过印春荣的脸颊。只要再迟那么一点点，侦查员便会被大货车撞飞。

惊魂未定的侦查员坐在地上，脸色煞白。印春荣则飞奔出去，率领其他人员包围了货车。

几声枪响之后，货车被逼停了。嫌疑人被印春荣一把从车上揪了下来，从车上搜出30多千克高纯度冰毒，还有一支81－1式自动步枪和200多发子弹。

据货车司机交代，还有一名接货人住在澜沧县的一家宾馆里。

兵贵神速，来不及休息片刻，印春荣便带着侦查员奔赴澜沧，对接货人进行抓捕。

到达嫌疑人住的宾馆以后，印春荣看到跟在自己身边的正是刚才被自己扯了一把的那名侦查员。

“怕吗?”印春荣拍了一下他的肩膀问道。

年轻的侦查员猛地吸一口气，想了想，点点头说：“多少还是会怕的。”

“这很正常！刚开始都这样，慢慢就习惯了。”印春荣说道。缉毒是一场你死我活的较量，说不怕是骗人的。刚开始执行任务的时候，印春荣也害怕过，但慢慢就习惯了面对恐惧与死亡。

"嗯。"年轻的侦查员点头说道。

"一会儿你跟在我后边冲进去！注意现场提取物证。"印春荣说道。

"是！"年轻的侦查员说道。

宾馆房间门打开以后，原本跟在印春荣身后的年轻侦查员，却冲在了印春荣的前面，一下子扑到犯罪嫌疑人的身上，将其死死地勒住。

抓获犯罪嫌疑人以后，印春荣轻轻捶了一下那个年轻侦查员的胸口，说道："你小子还行！"

"谢谢支队长！"年轻的侦查员说道。他其实有一肚子的话想要告诉印春荣，最后却憋出了这简单的几个字。

印春荣仿佛看懂了年轻侦查员的心思，说道："不怕，能力可以培养，勇敢是最重要的。"

年轻的侦查员点了点头，眼泪忍不住流了下来。

看着身边的年轻侦查员，印春荣有一种说不出的欣慰。虽然还不像自己一样老练，但他们也像自己一样，为了使命能够舍生忘死。

第八十五章　天哥现形

手术时的伤口还在隐隐作痛，印春荣只得又吃了一次止疼药。从医院出来以后，他的药就从来没有停过。实在坚持不住的时候，便吃上几颗止痛药，勉强支撑一下。

相比身上的痛，堵在心里的那团火更令印春荣难受。抓几个马仔并不是他的目的，把裘天的贩毒集团连根拔起才是他想要达到的目标。但现在有一颗钉子扎在内部，所有行动都已非常保密，但还是会走漏风声，这让印春荣如鲠在喉，十分恼火。

这次抓获的华仔和运货人，他们身上都持有枪支和子弹，武装贩毒的态势越来越严重，是时候与裘天的贩毒集团真刀真枪地干上一场了。

印春荣一咬牙，作出了一个令他极为痛苦的决定，那就是收网。他知道，这一收网，或许让裘天再次逍遥法外，但若不给裘天的贩毒集团致命一击，也无法找到内部的钉子，更无法抓到裘天。

收网行动开始后，印春荣坐镇指挥中心进行指挥。虽然在后方，印春荣却一刻也不敢懈怠。他双目炯炯，紧盯着大屏幕，一会儿教授审讯小组审讯技巧，一会儿调动外围侦查小组对重点区域进行秘密摸排，一会儿又拿起电话，协调境外警方协助调查。

从夜色苍茫到丽日临空，战友们清楚地看到血丝布满了印春荣的双眼。

战友对印春荣说道：“要不您去休息一会儿?”

可话还没说完，就被印春荣打断了，他说道：“我总不能看着兄弟们这么辛苦，自己却什么都不做吧。”但实际上，他做得比任何人都要多。

通过国际执法合作，境外警方给予境外侦查组大力支持，很快就锁定了裘天在缅甸的制毒工厂，抓获 13 名犯罪嫌疑人，捣毁了制毒工厂。

境外首战成功，境内捷报再传。根据外围调查小组的调查，专案组全面分析研判案情后，将裘天的六名得力手下全部缉拿归案，也拔掉了裘天安插在内部的钉子。至此，裘天的一条由境外至普洱再至其他省市的制贩毒网络被成功摧毁。

印春荣虽然不在现场，却对案件的每一步进展都了如指掌，运筹帷幄，决胜千里。

成功地摧毁裘天的新网络，拔掉钉子，辉煌的战果令印春荣很是欣慰。

没有逮到裘天，在他的意料之中。

他早已未雨绸缪，布了一个局。

印春荣落好的子就是广东制毒工厂的霍老板。早在第一次查到裘天的制毒原料的时候，印春荣便从华仔口中掌握了霍老板这一条线，之所以迟迟不下手，是因为内部的钉子没有拔掉，他怕节外生枝，打不到大鱼。

而霍老板一直为裘天提供制毒原料，裘天必定会与他联络。

现在裘天在缅甸的老巢被捣毁，身边的帮凶几乎都被抓获，他孤立无援，四面楚歌，成天东躲西藏，逃避抓捕，而迫于国际联合执法的压力，缅甸的其他毒贩是不可能与他合作的。

他很清楚做马仔的境况，让他低头去投奔谁，那根本是不可能的。

时至今日，裘天已无人可用，内外交困，真正到了穷途末路了。

而这一切，都是按照印春荣步步为营、鲸吞蚕食的计划走的。

按裘天的性格，他决不甘心，不愿就此认输，必定还要赌一把，铤而走险，去和制毒工厂的霍老板合作，图谋东山再起，赌回他作为毒枭的“颜面”。

看着斗志高昂、摩拳擦掌的战友，印春荣心里清楚，他已牢牢掌握了主动权。

对霍老板的监控很快有了结果。连续几天，有一个人变换着不同号码联系他。从行事的方法来看，印春荣推断，此人便是裘天。

印春荣指示监视组，既要密切监视霍老板的动向，又要注意隐蔽。裘天对警察的办案方法相当熟悉，稍有不慎便会暴露。

印春荣一直按兵不动，让裘天放松了警惕，终于与霍老板约定了见面的地点。

裘天等不及了，他已狗急跳墙，慌不择路了。

在约定的咖啡厅内，专案组见到了霍老板和一名40岁左右的男子。

眼见抓捕时机已经成熟，专案组却迟迟得不到印春荣的抓捕命令。

印春荣用望远镜仔细观察着霍老板和那名40岁左右的男子。只见那名男子的神色极不自然，根本无心谈事，好像就是在完成一个任务。明明是两个重量级的贩毒老板谈生意，可他的注意力一点儿也不集中，面部表情也很不自然，手好像不知该往哪儿放。

从细节来看，印春荣判断，来和霍老板交谈的人并不是裘天，只不过是裘天安排的一个替身。

印春荣环视着周围，在霍老板他们不远处，有一个男子正在悠闲地喝着咖啡。只见这名男子正襟危坐，身体笔直，下颌微扬，脸上显露着傲气与镇定。他的脸方方正正，轮廓分明。面前的咖啡冒着热气，他右手拿着一本杂志，但注意力分明不在杂志上，而是在有意无意地观察着四周，他的右手小指，轻轻地有节奏地敲击着咖啡杯的托盘。

所有表情和细微的动作表明，他一点儿也不悠闲，他的内心很焦急。

他在这里等待着。

他在等什么呢？

印春荣反复和掌握的裘天的照片对比。虽然照片是几年前的，但轮廓、神态基本相似，可以断定，眼前看杂志的男子便是自己苦苦找寻的裘天。

这一次说什么也不会再让他逃脱了。

印春荣让专案组死死盯住霍老板和其他可疑人员，命令狙击手锁定目标，自己带着侦查员走进了咖啡厅。

侦查员在四周坐定，印春荣端着一杯咖啡，慢慢接近了喝咖啡的男子。

当男子觉察到印春荣在向自己靠近的时候，想逃已经来不及了。他的手迅速伸向腰间，印春荣眼神犀利如电，面带微笑地摇了摇头。

男子把手放下，两只手拉了拉西装下摆。

印春荣坐到男子对面的座位上，说道："天哥，久违了！"

男子看了看印春荣，神情落寞，苦笑着说："三哥，你赢了！"

印春荣一直在想，亲自抓住裘天的场面会有多么惊心动魄，会警笛鸣叫，枪声四起，喊声震天。没想到是如此平静和优雅。

裘天没有做无谓的反抗，没有狼狈逃跑，直到铐上手铐的时候，他的脸上还有淡淡的笑意。

印春荣呷了一口咖啡，别有一番味道。他没想到与裘天是以如此简单的对白，结束了这场长达十多年的战斗。

十多年，十个字，结束了。

结束了？缉毒路漫漫，两句话岂能结束？

第八十六章　战士

天色渐渐发白，东边的天空渐渐亮了起来。那枚“八一勋章”在阳光的照射下，发出了金灿灿的光芒。

虽然荣获了军人的最高荣誉，但他深知自己只不过是缉毒战场上的普通一兵，这份荣誉凝聚着无数战友的汗水与奉献，凝聚着无数烈士的鲜血与生命。

印春荣整理了一下心情，将一夜的思绪装进了行囊，他要赶早班的飞机飞回云南。

他要回归自己的战场，因为他是一个战士。

小 说

鬼卡点

张　弛

1

贺崇武看到前方那个卡点，看到那个像鬼魅一般在暗蓝夜色和浓重雾气之中挥舞着“停”字牌的警察时，他的心一下抽紧了。一股冰凉绝望的感觉瞬间灌注全身，好像掉进了冰窟窿里。他本能地松开了油门，任车子凭着惯性慢慢向那个警察滑过去。混乱的头脑里浮起了一个念头，事不过三，他的报应日到了！

他是在车子过黑水河的时候第一次浮起这个念头的。当时他硬着头皮，带着一股咬牙搏命的心理，小心翼翼地，匀速地把车开上冰面。车至河心时，他隐约听见外面传来咔嚓一声，似乎是冰面开裂的声响。那一瞬间他心一哆嗦，本能地点了一脚刹车。但很快反应过来，如果骤然停车，整个车体的重量瞬间压在一块局部冰面，只能加大开裂。他的脚颤颤地悬浮着踏在油门上，使之保持适当的给油力度。车子略慢一瞬，又开始匀速前进。那是他第一次浮出这个念头，报应日到了！他在内心盲目地祈祷着。两手紧握着方向盘，眼睛死死地盯着前方河岸，岸边那鹅卵石密布的坡地和枯瑟瑟的树木越来越近……

车子上岸后，他略略松了一口气。他没敢停车向来路看一看，看一看河心的冰面上到底起没起裂纹，他也不知道是不是他的祈祷真的起了作用。他就这么驾着这辆破车，做着心惊胆战的白日噩梦从冰河上蹚过来了。难道神灵真的在保佑着他？难道他捅那狗日的捅得没错？噩梦又开始在头脑中翻涌，有几刀是噗噗地捅进去，没有什么阻力就没到了刀把。但有一刀，也许捅在了肋骨上，他感到坚硬的一顶，刀尖就滑向一侧，又是噗地一下进去了。他想不明白，那一瞬间他咋就那么疯狂，狗日的再坏，也不能下这么狠的手……现在全完了，时间是无法倒流的……他用力地晃着脑袋，把各种绝望恐怖的念头像鸭子抖水似的从脑袋里抖出去，没有意识到高度的神经紧张已经蔓延到身体的每个角落，他的脚板已经不知不觉踩紧了油门。

突然，一个毛团从车前的雪地中一晃而过，他本能地一脚刹车。山岭沟壑瞬间旋转起来，车子剧烈地晃动着，等他醒过神来，车头已经调过 180 度，朝着来路了。车轮子就压在崖边上。他惊出一身冷汗，那个报应日的念头又一次浮上心头，他眼神空茫地盯着蹲在树林里的那个长耳毛团，半天才意识到那是只野兔。

此刻已经是第三次了，又到命悬一线的关键时刻了。他眼睛朝遮阳板上骨碌了一下，就恐惧地转过去盯着那个越来越近的警察。他盯着他的警察棉袄右胯侧那个部位。尽管御冬棉袄鼓鼓囊囊，但那个部位细看仍凸起一物，这和他预料的一样。他内心不由得一阵绝望。遮阳板后面的那把刀子，尽管有 20 厘米，但也不是那个东西的对手。在车停下的一瞬间，他闭了一下眼睛，一切都听天由命了。

“咚咚咚”的敲玻璃声迫使他睁开眼，他看到右侧车窗玻璃上紧贴着的那张脸。那张脸完全裹在一顶棉帽里，两片毛茸茸的大耳扇紧贴着脸颊一直裹到下巴，并用两根细棉绳紧紧地捆在一起。毛茸茸的耳扇包裹之中，那张脸孔显得异常狭小。但这一圈毛茸茸并不能带来暖和的感觉，警察哈出的热气在一圈茸毛上结了一层疙疙瘩瘩的霜球，连他那几天没刮的胡子以及眉毛上，都挂满了白霜。

开门！快开门！冻死我啦！警察在窗玻璃上咚咚地敲个不停。两只眼睛活像黑人的白眼珠，骨碌骨碌地转动着打量着驾驶室里的角角落落，闪动着亢奋的光芒。那种古怪的笑容，仿佛对他的到来既兴奋又好奇，像个第一次见到汽车的原始人。

他不由自主地瞟了一眼遮阳板那里，估了估距离，一个念头一闪而过，放他进来。一旦有变，就扑过去把他抵死在右车门上，使他右胯侧的枪拔不出来，而他的左手却能摸着那把刀……

冻死我啦！他妈的零下 35 摄氏度，你知道吗？我在雪地里等了你整整半个小时……

他的心骤然提到了嗓子眼儿，浑身肌肉绷紧，准备好那致命一扑。同时眼睛紧盯着已经坐在副驾驶位置的警察，看他有什么动作。

然而，警察的动作出人意料，十分松弛。只见他把两只手伸到暖风出口那里正面反面地来回烘烤着，烤热了就伸到脸上干搓着，黑脸上眼睛半眯着，显然十分享受。

半天了才享受地长吐一口气，道：你还在老鹰嘴爬坡时我就听见了，就跑出来接了。我还以为是老李上来了，他妈的，咋连着三天不见一辆车上来?!

他盯着警察，对方丝毫没有采取行动的征兆。对方不动，他更不敢轻举妄动，毕竟敌强我弱，不逼到绝路上……但是，老李是谁？路都断了他上来干什么？他弱弱地嘀咕了一句：你在等谁？路都断了……

路断啦？咋断的？警察停止搓脸，睁圆眼睛诧异地问道。

百尺崖雪崩，把路埋了。他弱弱地答道，内心里期待着关于老李的下文。

那你咋上来的？警察笑脸没了，两个眼珠子略略鼓出来盯在他脸上，血丝像细小的网兜兜住那两颗眼珠，却兜不住从幽深处透射出的疑惑光芒。

他一下慌了，谎话没顾上编，实话就哆嗦出来了：我是……我是走的……走的战备公路。

战备公路？黑水桥十年前就冲垮了，你咋过的河？

河上结冰了。

好家伙，你胆子不小！老天有眼没把你沉到河底，让嘣骨鱼把你嘣干净！警察脸上又浮起了笑意，捏出一支烟让他，他慌忙摆手，堆出一脸受宠若惊的谄笑。

警察兀自点上烟，深吸一大口，问道：命都不要了，急着干啥去？

我爸病了。

你爸在哪？在德青镇？

警察显然已经放松了怀疑，居然帮他打起草稿，他赶紧顺杆爬：是的，在德青镇做边贸生意。

嗯。吁——警察又长长地呼出一口烟气。接着长叹一声道：还是儿子亲啊，提着脑袋来看爹。老李是绝对不会冒这个风险来接我的。他妈的，只有等路通了。

他把烟蒂扔地上抬脚狠狠地碾碎。

你没带违禁品吧？警察本来朝挡风玻璃外凝望着，忽然想起什么，扭过脸问道。

他一愣，一时竟吓蒙了，眼珠子管不住地朝遮阳板一瞟。

黄羊皮？猎隼？雪莲？警察提醒着，略有些不耐烦。

他一下明白过来，松了口气，头摇得跟拨浪鼓似的：没有没有！

警察扭过身子朝后窗张望一番，皮卡车厢里空空荡荡。转过身来道：下车吧。

下车？他又愣住了，心虚气短地问了句：下车干吗？

天黑了，你不住下你咋办？

我跑长途的，常开夜车。

那是在别处，这条沟里你敢开夜车？你知道这叫啥沟吗？

不是……不是叫怪石沟吗？

那是三年前开发旅游时才改的。原来叫死人沟，叫几百年了。

他脑子里迅速闪回了来时那条路，那条路像飘带似的，在群山万壑之间盘绕拂动……黑水河上来之后车子打的那个旋，更让他心中一颤。

哪天雪化了你再来看，沟里的骨头架子比公里桩还多，马骨头、骆驼骨头、狼骨头、人骨头，要啥骨头有啥骨头！

警察两眼紧紧盯着他，眼神里仿佛有所期待。

留不留下？他激烈地盘算了一番，觉得警察现在还没怀疑到他，如果硬要走……再加上自从出事，他已经三天三夜没睡觉，这一路逃亡又太过凶险，他有种身心俱疲，再也爬不动一步的感觉。

他听着警察的指挥，把车开向卡点的值班房。

2

贺崇武坐在行军床上，捧着警察泡的一罐头瓶热茶，两眼一直不敢离开警察。警察进来出去，不知在忙些什么。片刻外面就响起“吭哧、吭哧”的掘地声。他的心又悬起来了。掘地声停，警察就从外面走进来。只见他走到桌子旁，在桌下堆着面口袋、油桶等一应杂物的那个角落里摸索一阵，转身朝他走来。他的右手里赫然握着一把匕首，匕首借着西窗进来的最后一抹天光，一晃一晃地闪动着寒冷油腻的光泽。他只觉得脑中嗡地一响，就啥也听不见了，眼前只见警察持刀朝他一步步走近，目光交接时，警察脸上绽开古怪一笑……那一刻如此漫长，无法用正常感觉度量，好在警察最后只笑望着他嘟囔了一句什么，就出门到院子里去了。

一身冷汗激出，瞬间遍体发凉。耳朵恢复了听觉，外面响起一阵杂乱的足蹄踏动声。他放下杯子，轻步朝窗户挨过去，心提到嗓子眼上。探头一看，见警察刚把一只黄羊扳倒，单膝跪压着，把羊头压到刚才掘的浅坑里。嘴里叼一捆细绳，两手捞抓着，就把三条羊腿搂到一起，右手取绳几个绕旋就把羊蹄捆成一束。接着，警察左手扳住羊角，把羊头扭向一边，脖子充分暴露出来。右手握刀，无名指和小指微微翘起，去脖子毛下边轻轻探摸了一下，然后“扑哧”一下，刀刃就滑进了羊脖子里。那三只捆起来的蹄子拼命要挣，却又挣不动，只一个劲儿地微微颤动着。唯有那只放开的蹄子使劲痛快地蹬着，但也只是徒劳地在地上刨起一道蹄印……贺崇武再也看不下去了，脑子里全是出事那天的场景，他踉跄到床边，颓然坐下，沉重的脑袋再也支撑不住，不得不两手抱头支在膝盖上，混乱的念头像一群马蜂在脑袋里嗡嗡作响，此起彼伏。

把磨刀棍拿来！

外面传来警察的喊叫。他懵懵懂懂地站起来，在昏暗的屋子里转着圈。脑子里还在想着磨刀棍这个词，反应不过来是什么东西。

就在墙角桌子上！

外面又传来警察的喊叫。

他懵懵懂懂地到桌边，拿起那根油腻腻的铁棍走出门。

他把磨刀棍递给警察的时候，头脑渐渐清醒。他察觉到警察的笑容似乎并无恶意，不像刚才看到的那么诡异。难道他只是宰羊招待他吗？

他看着警察单膝跪地，用刀尖在右后蹄上挑开一个小口，把磨刀棍伸进去搅动一番，待皮肉分离，把嘴对上去，腮帮子鼓圆猛往里吹。十几个回合后，苗条的黄羊顿时四蹄伸直浑身圆胖起来。警察刀尖从肛门处流利地一划，唰地一下直划到断脖茬处，好像拉开外套拉锁一般轻松流畅。然后肚腹处下刀，刀尖从皮肉之间划开、扩大，待剥离的皮子足够大，用手抓住十分得劲了，警察左手抓住皮往起揭，右手握拳从皮肉粘接处一下接一下用力往里捣……片刻工夫，一张羊皮就像脱毛衣似的脱了下来。

至此，他的头脑彻底清醒过来。忽然意识到，要命的敌人正在热情好客地宰羊招待自己呢！望着他那副不亦乐乎的架势，一种热乎乎的受宠若惊的感觉，从冰冷的敌意、紧张和恐惧的缝隙之间渗了出来，在心中混合成一种从未品尝过的古怪、别扭的滋味，渐渐幻化为一片疑云，他为什么如此热情？难道有什么针对他的阴谋诡计在里面？

他试探着道：高警官，您不必这么麻烦，我带的有吃的，够咱们两个。

警察奓着两只血手，掉过脸看着他道：这只羊本来准备宰给老李的。狗日的不来，你来了。那就宰给你！我发过誓，谁来了宰给谁！

见警察情绪颇佳，他得寸进尺冒险试探：老李，来干啥？

来替我呀！他来了，我就可以下山啦！

他似乎明白了一点儿什么，心情放松了许多。

3

满满一大盘清炖羊肉，一人一海碗油花荡漾、葱末漂浮、透明青萝卜片若隐若现的羊肉汤，一茶碗酒香四溢的伊力特。一切都笼罩在头顶上那盏牧区马灯黄黄的光晕之下。

兄弟！你是我三个月来见到的第一个会说话的活人！这块好肉给你！

警察抓起一块肋条肉递到他面前：尝一下，一寸肥一寸瘦，最好吃的部位！

贺崇武努力控制着手抖接过那块肋条肉，那层夹肥夹瘦、脂香四溢、回味甘甜的肋条肉撕进嘴里，稍加咀嚼就不禁一阵迷醉。加之肉汤的浓香随着热腾腾的蒸气扑面而来，钻入鼻孔，一种眼泪逼眶的冲动忽然袭来。他赶紧假借呛咳扭脸用手抹去。

在正式端酒碗之前，警察用刀子从那半扇肋条肉上剖下一条两指宽、一巴掌长的肥油。把那条晶莹透明、宛如白玉的肥油用三根手指撮着，颤颤地递到他面前，脸上挂着神秘的邀请的笑容。他连忙摆手，堆起一脸抱歉的笑容。

警察一笑：你不懂，这可是好东西。仰起脸，张开嘴，三根手指撮着肥油颤颤地悬吊在嘴巴上空，然后一个美美的吸溜，脸上呈现出无比满足的神情，神秘地笑望着他说：喝酒之前来上这么一块，护胃养肝。这还是我老婆传的秘方！看在咱们有缘的分儿上传给你。你怎么样？结婚了吗？

他心尖上一刺，连忙摇头：没有没有！他要坚决避开这个话题，因为这个话题会把他拉进那血腥的一幕。

赶快结婚吧！有个女人真好！警察冲他端起了酒碗。

这正是他想要的。为麻痹一下紧张的神经，也为了讨好警察，他夸张地一口喝下了半茶碗。一道火焰顺着嗓子眼一路烧到胃里，一股热辣的酒气直冲鼻腔和脑门，那种眼泪逼眶的感觉又一次袭来。不过，这次是一种挺舒服的感觉，像是被什么温暖了、感动了。那种温暖和感动就像温泉，把纠结在心中的紧张和恐惧给泡软了、泡化了。

他终于敢放胆直视着警察的眼睛了。酒气支撑在心里，反而让他镇定了，清醒了。联想到警察见到他后的种种举动，以及他的那句“你是我三个月来见到的第一个会说话的活人”，他看出警察对他的到来充满了惊喜，眼神里对他充满了热情，甚至是渴望。

他那盯着警察的眼睛，仿佛专心倾听的眼神，显然是鼓励了警察的倾诉欲。

憋了三个月的无数话语，开始滔滔不绝地从那张嘴里倾泻出来。

年轻时喝酒经常胃疼，自从老婆给我传了这个秘方，喝酒再也没疼过。我在家里的时候，只要想喝酒，老婆必给我炖一锅清炖羊肉。有个女人真好！天天在一起的时候你可能不觉得，甚至起腻发烦，吵嘴打架。可是一个月没女人，你就会心神不宁，茶饭不香。三个月，你就会坐立不安，睡不着觉。

他装出一副对男女婚姻一无所知的架势，好奇地望着警察的眼睛。

其实我早想宰这只黄羊了。一看见它，就想起清炖羊肉。一想起清炖羊肉，就想起了我老婆。我当时想，老婆既然来不了，吃个清炖羊肉，也算和老婆见了半个面。可是这只羊炖不了，马想禄拦着不让！你知道吗？这只黄羊是马想禄养的。年初倒春寒那会儿，从老鹰嘴下面那条沟里捡回来的，当时还是个羊羔，差点儿冻死。是马想禄捡回来养大的。所以不算野生动物。马想禄不让宰，因为他吃得惯风干肉。他也不想老婆，他老婆早跟一个地毯贩子跑到乌鲁木齐去了。他心死了，把黄羊当老婆，吃风干肉也无所谓。我可吃不惯风干肉！风干肉炖洋芋，风干肉炖青萝卜，风干肉炖白菜，他妈的天天都是风干肉，顿顿都是风干肉……

他想不到那个叫马想禄的警察居然也摊上这种事，居然也拿对方毫无办法。开始这还让他心理稍稍平衡一下，但很快就引起一阵让人精神崩溃的悔恨之情。他眼睛虽然还盯着那张喋喋不休的嘴，可灵魂早已出窍，游荡到那场血腥事件中去。那一刀一刀扑哧扑哧捅进对方肉体时的感觉，灵魂附体似的重新回到他的身上，对方那张惨白、惊恐、嘴唇哆嗦着的脸，逼真地浮现在眼前……只要再稍稍忍耐一下，甚至只要不喝那场酒……可一切都太晚了，时间是不可能倒流的！今后的命运，要么绑到刑场上让别人活活弄死，像那只黄羊一样。要么就这样永无宁日地东躲西藏下去！他浑身发凉，有种万念俱灰，甚至万劫不复的感觉……他用力摇了摇头，强行把绝望恐惧的念头赶出头脑之外，端起酒碗把剩下半碗酒倒进嘴里。一股热辣的酒气从心底一路升腾，那个一直支撑着他的念头也跟着酒气升腾上来，在头脑中弥散，他的灵魂稍稍安定下来，听觉又被警察的聒噪声占据：

那些风干肉还是上一轮老戴他们在的时候晾的。你吃过风吹了两年的风干肉吗？红军长征吃皮带都比这个强！吃到最后，我对风干肉恶心到家了。有本书上说，100 多年前，埃及的文物走私贩子为了把木乃伊走私到西方国家，就把木乃伊藏在风干肉里，边境检查官根本检查不出来。大量珍贵的木乃伊就这么和风干肉一起出口，按风干肉征的税！想起这件事，我就再也吃不下风干肉了。看到风干肉就恶心想吐。可马想禄这老家伙还是天天都是风干肉，顿顿都是风干肉！不知风干肉吃多了还是怎么的，这家伙越长越像木乃伊。一张脸皮皱皱巴巴毫无水分，就像一张揉皱的油纸，简直嘶啦一下就能揭下来！脑袋呢，秃了一多半，只在耳朵上面还有一小撮干枯的灰毛，额头上的皱纹一直延伸到头顶。嘴皮呢，就像两片药材公司收购的肠衣，一点儿水分都没有！尤其那两条瘦刮刮的黑腿，简直跟房梁上挂的风干肉没什么区别。自从因为宰黄羊的事与我发生争执之后，他就再不跟我说话了。他本来就话少。你有时候看着他吧，就像个粗制滥造皮包骨头的木偶在你跟前僵硬地走来走去，简直有种木乃伊复活的恐怖感觉！有天夜里，我半夜渴醒了找水喝。发现马想禄就在做饭的那个角落，他把一条腿搬到案板上，手里提着斧头。我吓坏了，跑过去准备问问他干啥。只见他提起斧头就把案板上那条腿剁下来，我一看，断茬处毫不流血，毛毛的全是肉丝丝，就跟风干肉似的！我吓蒙了，问他这是干啥。只见他转过脸阴森一笑，说了句，风干肉没了。

贺崇武听愣了，两眼直直地盯着警察，一眨不眨，一声不吭。警察看到故事把他镇住，扬扬得意，十分畅快，眼含神秘微笑盯着这难得的观众，鲜红的舌苗灵巧地探出来将说干的嘴角舔弄了几下。也许这故事憋在心里几个月，守株待兔似的等待着他的听众，早已等得望眼欲穿。

警察又举起酒碗与他对碰一下，将碗中残酒一饮而尽：你别害怕！只不过是我做的一个梦。这个地方待久了，大白天也会做梦，医生叫什么？幻视幻听？下午的时候，你这辆皮卡车硬是被我当成老李的那辆警用桑塔纳，一直开到眼前才发现不对！啥时候变成皮卡的？我真有些恍惚搞不清。

他小心地插了一句：马想禄呢？

死了。警察说。高原心脏病回去后就发作了。我真后悔，不该让他回去。如果不回去说不定现在还活着。可是他的幻觉很厉害，常把我当成黄羊，把黄羊当成他老婆。我都不敢穿黄衣服。可他还嫌我，说我有梦游。就这样，我告他有幻觉，他告我有梦游，我们俩弄不到一块儿，领导就让他先下山了。现在我可后悔了！还是马想禄在的时候好，至少有个活人陪你。只要你说黄羊的好话，那你还有话可跟人说的。不像现在，只好自言自语。如果你听见我一个人说话，你可别见怪。那不算什么，只是，只是个小毛病。老戴他们说了，下山半年就好了。说到这里，警察仿佛面带羞赧，望着他浅浅一笑。

听到这里，短暂的放松悄然退场。随着警察那喋喋不休的话语，诡异莫测令人恐慌的氛围不知何时又笼罩了这间小屋。

盘子里的清炖羊肉早都凉了，油脂像蜡似的在肉块表面凝结了白白的一层，望之使人顿丧食欲。

高警官，时间不早了。要不，咱们都早点儿休息吧，明天一大早我还要赶路。

赶路？赶什么路？警察从痴迷的回味中猛醒过来，诧异地瞪大眼珠子望着他，仿佛对这句扫兴话十分沮丧，甚至对他这始乱终弃的行为感到气愤。

你看，羊还剩大半个呢！专门为你宰的！这可是马想禄的老婆！当心马想禄的在天之灵！你可是在死人沟里开车！

警察盯着他，腔调严厉起来。

他知道警察喝多了，不讲理了，先把他哄着睡下再说。

高警官，咱们先睡觉吧，明天的事明天再说。

可警察没说够，不愿意。他赔着笑脸低三下四地哄了好几句，警察才嘟囔着同意睡觉。并且硬把他按在床上睡。自己躺在了沙发上。

他本来困倦已极，可是心里那件事让他怎么也睡不着。窗外寒风呼啸，一想到自己龟缩在这崇山峻岭之间的漆黑小屋里，身背命案亡命天涯，吉凶未卜前路凶险，后悔和绝望又涌上心头。这时那个念头及时地升腾起来，强撑起他疲软萎靡的精神：他半生都在忍耐，半生都在窝囊，到了这件事，他是无论如何也忍不下去了！姓霍的如果把老婆远远地拐走也就罢了，可是，这狗日的偏就这么公然挽着老婆在县城里四处招摇。小小的安远县，低头不见抬头见。每次碰见，这狗日的不但脸无愧色，不躲不闪，还趾高气扬昂首阔步，倒搞得他不得不拐弯躲闪！他再也忍不下去了！他再也活不下去了！打架他是打不过的，姓霍的是县城里有名的强人，周围有狐朋狗友围着，要想雪耻，要想活人，唯一的选择就是干了他！每次想到这里，他的脑子里就一片白热，仿佛有原子弹在里面爆炸……也许老天爷都是同情他，支持他的，他竟然顺利地把车开过黑水河一路逢凶化吉跑到这个卡点。警察居然也对他毫无怀疑。明天就可以逃之夭夭，鱼入大海。可是，警察真没怀疑到他吗？他为啥挡住不让他走？他为啥热情得过了头？他想干什么？他的那种古怪笑容，到底隐藏着什么算计？各种念头在脑海里此起彼伏，纠结缠绕，直至后半夜才演变为模糊阴暗的重重梦境。不知过了多少沧桑岁月，黑沉沉的梦境中，如同矿井营救似的，忽然掘开了一丝丝光亮，使他略略清醒过来。那唤醒他的丝丝光亮，是黑暗之中钻进耳中的一点儿窸窸窣窣的声响。他睁开眼，在一片漆黑之中努力捕捉一点儿轮廓。可在这深山之中，停电的黑房子里，当真是一点儿轮廓都捕捉不到。他只听到极轻微的脚步声慢慢向门口移动过去，接着门开了一道缝，透进些微光线，随即合上。他想，是警察去撒尿了。门外是寒风呼啸，但忽然，寒风的广大呼啸之中有个小而尖的类似哨声一掠而过。又过片刻，门一开一合，随后一切归于沉寂。他开始还在想那哨声是什么，但实在想不出个所以然。忽然想到警察喝酒时所说的，这地方容易起幻觉，或许是幻觉吧。他想，又沉沉睡去。

4

早晨，到值班室外一看，群峰耸立，白雪皑皑。阳光普照下，反射着耀眼的光芒。经过一夜寒风呼啸，白雪覆盖的山峦沟壑，仿佛结上了一层光洁的冰壳。那条盘绕飘拂的山路，也冻得坚硬发亮。

贺崇武遥望着那条路，愁肠百结地走向那辆破皮卡。正要打开车门发动时，忽听身后传来一声大惊小怪的叫唤：哎！你的车咋歪着呢！他抬头一看，正是警察，他的手朝车头部位指了指。他顺着方向看过去，果然，车头看起来不平，略朝右侧倾斜一点儿。他狐疑地拐到右面向下打量，以为车轮陷在坑里了。可眼光一接触到车轮，脑子里轰地一下就蒙了。右前轮彻底瘪了！他一阵透心凉，想想那条结满冰壳的雪路，再加上这瘪了一个轱辘，关键时刻连方向盘都把不住的破皮卡，他明白是走不了了。

他脑子里电光石火一般，想起了半夜的那声哨音。又想起了昨天晚上他说要走时，警察的种种奇怪表现。他有点儿明白了，但这明白的后面，藏着更大的不明白。他到底想干什么?!他不由自主地去偷窥警察的脸，不料警察的眼睛正望着他。他眼光哆嗦了一下就躲闪到一边，脑子里回放着刚才一瞬间的印象：警察半张着嘴，一副对此情况毫无准备的无奈模样。然而，细琢磨，他的眼神深处，却潜藏着一丝微笑，流露出一种得逞之后的放松和满足。

难道他已经知道他的事情？如果这样，他早该动手了。他又瞟了一眼他右胯侧的部位，那个东西依旧鼓凸在那里。难道他觉得一个人势单力薄，要拖到同伙来了再动手？他不禁打了个寒噤。但随后一个声音在脑子里响起，不可能不可能！警察说过，三天前（雪崩之后）就停电了，手机是没有信号的，他不可能得到山下的任何布控信息。他心里渐渐踏实下来。但旋即又想，即便如此，他也不能久留！

他不想再搭理警察，默默地蹲在瘪了的轱辘跟前，愁眉紧锁。

有备胎吗？身后传来警察关切的问话。

没有。他几乎不想搭理，勉强嘟囔了一句。

那咋办呀？

他不再吭声，琢磨着警察刚才的话音。因为他从中听出了一丝心虚。他早知道他没有备胎，那天检查时他就看见了，所以他才来了这么一手。他纯粹是明知故问。

他默默地吸烟，一声不吭，间或乜斜着眼看看警察。突然，他狠狠地把烟头踩灭，咬牙切齿地说：不行！我爸病得厉害！今天说啥都得走！我把方向盘把紧点儿，开慢点儿！

哎，兄弟别冲动！别冲动！这可不是别处，这可是赶路客闻风丧胆的死人沟啊！你爸病得再厉害，你把命填进去也没用啊！要不这样，我先带你看看路，你再作决定，兄弟！

警察一脸紧张，还带点乞求地望着他，生怕他耍二杆子硬要走。

其实他并没有这个决心，只不过发了恶作剧心理，突然想试探试探他。他冷笑了一下，接着警察话茬道：那我就跟大哥去看看这路到底怎么个险法。

爬上那座50米高的瞭望塔塔顶，他整个胸腔像个破风箱似的“呼哧呼哧”地捯着气，眼前一片黑晕。墨绿莹莹的天空上，太阳暗淡无光。他这才意识到高原缺氧的厉害。如果不是警察架着他，他真想立刻不顾体面地瘫在地上。他终于喘过来了。天空渐渐恢复了明亮的蔚蓝色。群山万壑雄浑开阔地展现在眼前，万千雪峰如同一座座银子打造的王冠，在阳光和蓝天的映衬之下，反射出璀璨夺目的光芒。多么辉煌灿烂的奇观！寒风射眼，他有一种想要流泪的感觉，如果不是那件事始终像铅块似的坠在心头，他真想留在这里再也不走了。

看！你要走的路，就在这山沟沟中间，像不像一堆让狗刨乱的麻绳，东甩一下，西绕一下，弯弯绕绕，没完没了……你开下去就知道了！

警察在他耳边得意地聒噪，用手指点着那条层峦叠嶂之间时隐时现、时断时续的飘带。

看！近处那条沟里，有一匹死马的骨头架子！看！那儿还有一匹死骆驼！

警察一边如数家珍，一边兴奋地把望远镜递给他，右手急切地给他指点着，就像小孩子向同伴炫耀家中秘藏的宝物。

看！有翻车摔死的，看那个挤扁的驾驶楼！有驮不动货物，活活累死的！还有饿极了互相吃掉的！看！还有人骨头，雪埋得看不清了！如果夏天来看，简直太震撼了！走几步一副，走几步一副，比公里桩还多。今年入夏，西星公司想一年5万块钱把我的瞭望塔租下来，针对徒步冒险团搞旅游开发。我没答应，万一死了人，把我扯进去扯不清楚！

他默默地用望远镜在警察指点的山沟里搜索着：冰冻不前的河流，高耸危立的岩石，山峦南坡如同万千军阵默默肃立的塔松林，银光闪闪的雪峰，都一刻不停地在镜头里晃动着。他的手冻僵了，再也端不稳那沉重的望远镜。白雪皑皑的沟壑之间，他更是分辨不出白色的动物或人的骨架。

没看见？警察在一旁不相信地问，脸上有种恨铁不成钢的表情。

你眼睛咋长的？你知道吗？这里叫望乡台，如果天气晴好的话，用那架老戴他们搞来的、闲得无聊看月亮的天文望远镜，一直可以望见安远县城。

对此，他从鼻子里哼笑了一声。

要么这样！跟我下到沟里去！警察扯住他的袖子，脸上露出抬杠的神情。

我信了你了，高警官，今天不走了，行了吧？他拿开警察的手无可奈何地说。

不是让你看骨头架子，是跟我一块捞鱼去！今天晚上吃什么？难道还吃马想禄的老婆？

警察从值班室提了一把镐，拿了一把火钳子。让他提一条塑料编织袋，里面装着一条羊腿就出发了。

他们沿着山坡上由人脚踏出的那条小道，慢慢地往沟里下。警察让他走在后面，踏着他踩过的脚窝走。不一会儿他的大腿就酸疼难忍，膝盖弯控制不住地打起战来。他觉得只要一步不慎就可能滚坡而死，后悔不该答应跟警察下来。他老觉得这个警察身上有一股神秘的无形的力量一直在纠缠着他。这股力量看不见摸不着，没有强制性，但却像蜘蛛织出的透明、柔软而轻盈的网，把不慎闯入的昆虫牢牢缠住，使之难以脱身。

他一路上思索着怎么才能给轮胎打上气，从这个卡点脱身。可在这荒无人烟的卡点，硬是想不出一点儿办法！想到急眼处，甚至想把车扔下不要了，步行下山。可马上反应过来，那只会引起警察更大的怀疑。况且，想赶到通外山口，路还长着呢。

看！这是骆驼！

不知不觉他们已经下到了沟底，警察正用脚踢着一排骨架。他哆嗦了一下。目光从那副白森森的骨架上飘忽而过。接下来，随着警察那不断地响起的“看!”“看!”的叫唤声，一副接一副白森森的骨架在视野中鱼贯而入。有一次，警察没用脚踢，轻轻喊了声“看!”，就慢慢地蹲下来，用手小心翼翼地拨去浮雪。这时，他以为是鹅卵石的那颗骷髅头就从浮雪下慢慢显出真容。他第一次如此近距离地与一颗骷髅头对视，他忽然发现，骷髅那龇着牙的模样，真像是在嘲笑什么。而且那两个黑洞洞的眼窝，仿佛无底般深邃，从那深邃中透出的目光，仿佛大有深意。不知怎么，他突然想起了姓霍的，觉得姓霍的已经附体到骷髅头上，正借着骷髅头的一对黑眼窝深深地盯着他呢！他不禁打了个哆嗦。

警察点燃一根烟嘬了两口，小心翼翼地插进骷髅头龇着的那排黄牙的一个豁洞里，然后附耳低声说：平常我也不迷信，但是要捞嘣骨鱼，还真是心里没底！不说保佑，起码让他别跟咱为难。说实在的，如果不是你这个有缘人，我是绝对不会要这个二杆子的！

说话间来到一片宽阔的河面，河面都已结冰。那冰面有的地方发白，有的地方发青。发青的地方，隐约可见似有水在冰下暗流涌动。警察带着他小心翼翼尽量挑着白冰处走，慢慢接近中间一大片发青的冰面，警察用镐尖使寸劲向冰面上掘去，“砭砭砭”几下，冰面凿裂了一个小破口，裂纹向四周略略扩展。警察低声指挥着他向后略退半步，一边脚下略略用力踏动，试探冰层的结实度，一边用镐尖小心将洞口扩大。大至脸盆大小，向后伸手，低声道：羊腿！他悬着心将羊腿递过去。警察接过羊腿伸进冰窟窿里，半晌不见动静。他两眼紧盯着青黑色的、半透明的冰面，忽见有东西在冰面下倏忽往来窜动。抬头望向警察，警察也正眼珠半凸、全神贯注地盯着冰窟窿。就在他屏息凝神、物我两忘之际，只听“哗啦”一响，警察猛地将羊腿从冰窟窿提起，只见羊腿上密密麻麻叼挂着成串的小鱼，像一层银色的鳞片噼啪闪动。羊腿甩落在冰面上，一地银片子在冰面上噼啪蹦跳，个别小鱼还舍不得撒嘴，叼在羊腿上。警察手忙脚乱地用火钳子去冰上夹鱼，嘴里叫唤着：打开打开！袋子打开！他赶紧撑开袋口迎向警察的火钳子。看见有小鱼在脚下蹦跳，他伸手去抓，立刻被鱼叼住，惊得一甩，只觉手指上一阵剧痛，仿佛被锯条拉了一道口子。一线细密的血珠子顿时渗出了皮肤。他去看那鱼，只见那鱼龇开一小排细密而锋利的牙齿，一边在冰面上蹦跶着身子，一边用一只凶恶的眼睛盯着他。那一眼盯得他不寒而栗。

如此几个回合，编织袋底就有一层鱼在活活地蹦跶着。警察说声够了，就带他上了岸。直到踏上岸，警察才长吁一口气，在额头上擦了一把汗，对他说：还好，咱们吃鱼！不是鱼吃咱们！若不为你这个贵客，我是决不会冒这个风险的！

5

警察一边掏肚子刮鱼鳞，一边“兄弟”“兄弟”不停嘴地、亲热地使唤他干这干那。一会儿让他下菜窖拿葱拿辣皮子，一会儿让他到贮藏室里找姜找蒜，把值班室里忙碌出一家人过年般的气氛。有那么几个瞬间，他真的感动了。如果没有那件事，他真要认下这个兄弟。可是，他的心思最终总会回到现实，回到如何尽快远走高飞这个问题上。在捅炉子时，望着熊熊燃起的火苗，他脑子里又浮现出刚才在贮藏室所见一物。那是一个压在众多杂物下的牌子，牌子落满灰尘，隐约可见上有红油漆所书二字“便民”。不知为何，此物总在心头萦绕不去，似有所喻。此刻盯着妖娆起舞的火苗，脑中忽然灵光一现：很多警察卡点都提供些针对性的便民服务……他心头升起了一线希望的亮光。他瞟眼警察，他正在专心致志地刮鱼鳞，晚上要一鱼两吃，油炸一盘，红烧一盘。他离开火炉，慢慢重进贮藏室。打开手机照亮，在杂物堆里紧张地翻腾着。三翻腾两翻腾，那个圆滚滚的气泵就映入眼帘，他一阵狂喜，心跳加剧，呼吸急促起来……

他抱着气泵来到警察面前：哥，有这个，我找到了。他努力压制住心中的紧张，平息着心跳。

警察从鱼堆上抬起脸，诧异地睁大眼睛瞧着他，眼珠子在他的脸和怀里气泵之间来回转动着，显然一点儿思想准备都没有。半天才尴尬地说：噢……那什么，打气泵，入冬车一少，就收起来了。我都……我都忘了，也不知道好着的没有。

试试。他坚持地盯着警察。

明天吧，明天一大早就试，天都黑了。警察眼神避开他说。

现在就试试吧，试试心里踏实。他努力坚持着。

你咋就那么着急呢？

我爸病很重，急着要见我。

你爸叫啥名字？我托熟人先照应着。

他一下愣住了，磕巴一下，不得不说：贺动松。

贺动松？德青镇做边贸？没听说过呀。警察露出困惑的表情。

他是……他是才来的。他慌乱地圆着谎。忽然意识到对方也在撒谎，电话不通手机没信号，他咋托人？可他没敢把事情挑破。好在警察已经起身了：小伙子沉不住气，走吧。

二人把气泵接到电瓶上，很快那个瘪轱辘就打饱了。警察帮着他麻利地把轮胎装上。其间他一直在想着，他这究竟为了什么？难道在这鬼卡点待得太长，脑子有毛病了？

还是那盏黄晕晕的牧区马灯吊在头顶上，灯光笼罩的还是那张矮腿方桌和两个人，一人面前还是一茶碗伊力特。唯一不同的是盘子里的清炖羊肉变成了干炸嘣骨鱼。昨天本来就喝多了，今天不休息接着喝。二人的眼睛很快都开始发红。看着对面喋喋不休，说话的劲头比之昨天有过之而无不及，似乎一直可以说到时光尽头的警察，贺崇武脑子渐渐进入恍惚，仿佛不幸掉进了一个时间的死循环中难以自拔。

他的手机何时落入警察之手，他都未能察觉。只是警察那张话痨嘴突然安静下来，他才发觉警察正在调看他的手机。警察的黑脸上，两个眼珠紧盯着屏幕，目光炯炯，痴迷专注，手指不时地在屏幕上轻轻划拉一下。随着手指的划拉，嘴角和眼角不时地浮现出一丝亲切的笑纹。他本来心已经提起来了，生怕警察从手机里嗅出一丝那件事的味道。脑子里紧张地回忆着，有没有与那件事有关的任何蛛丝马迹会保留在手机里：事情是一时冲动做下的，除了酒后的那个联系电话，还真没有任何蛛丝马迹在电话里，而且那个通话记录他早删掉了。

警察那亲切的、怀旧的笑纹，终于让他慢慢放下心来。相信他并没有发现什么。

警察突然把手机屏幕伸向他，咧着一嘴刺眼的白牙，笑笑地问道：这是谁？你女朋友啊？

他一看屏幕，愣住了，正是他和她在桑林公园那棵百年老桑王下的合影。围着桑树王的铁链子上，成串的同心锁在阳光下发出金灿灿的光芒。远处由县城书法家题写的“桑中之乐”金字牌匾也熠熠生辉。

他茫然地点点头：啊，是的。心中一阵刺痛。

警察收回手机，抿住嘴唇，无限怀恋地望着那张照片咂摸良久，才抬起头问道：桑林公园你最近去了吗？有没有其他的照片？

他愣了一会儿才反应过来，说：都砍完了。

什么?！桑树都砍完了？那棵百年老桑也砍了？他不知所措地点点头：是的。开发商把地皮圈了，要盖房子。

混他妈的账！这群婊子养的畜生！给老子一点儿念想都不留！警察突然恶毒咒骂起来，腮帮子咬肌毕现，青胡楂根根直立。想不到一年不在，竟有这么大变故！骂罢，端起茶碗将碗中烈酒一饮而尽，长长地吁出一口酒气。两眼看着他，眼神慢慢柔和起来：知道吗兄弟？你哥我打出生以来最美好的回忆，都留在这桑林公园了。都留在这棵百年老桑树上了。来，你也整一个，哥告诉你一个天大的秘密！

看着他将碗里酒喝干，警察伸过脸，面带神秘微笑低声说：你哥我，第一次把你嫂子办了，就是在这棵百年老桑树上……

在树上？他吃惊不小，眼神一时集中在警察嘴上，还真走不了了。

那时候，老丈人，尤其丈母娘，坚决不同意你嫂子跟我谈恋爱。因为当时我还只是个派出所的联防队员。但架不住他们丫头吃里爬外就喜欢我！为啥？就为我这张稻草变金条的嘴。我这张嘴，生性爱说话。经年累月下来，说话技术一流！丫头为啥喜欢我？跟我在一块儿有说不完的话！两瓶啤酒一包花生米，我能跟她白话一晚上，让她笑得比春节联欢晚会还多，让她眼睛都不眨一眨。再加上我这人讨喜的手段又多，你看我这做菜的手艺咋样？你吃！

警察夹给他一筷子干炸鱼。他边嚼边点头，不得不承认这干炸鱼面浆厚薄挂得正合适，调料撒得是五味俱全哪味也不过头，油温火候也恰到好处，炸出来是外酥里嫩，滋味隽永，齿有余香。

丫头每次跟我在一块儿，别提多舒服了。那时候姑娘不像现在这么现实，一谈恋爱就是谈房子谈车子，跟做买卖似的。那时候姑娘还讲究个感觉。那时候我木工活儿又好，帮朋友搞装修，装出来的房子都是安远县的样板房！丫头在茶畜公司当会计，常年坐办公室落下个腰椎病，我就按她腰身的曲线外加合适的角度，反复试验给她打了一把椅子，从此她的腰疼病就好了！搁现在，那叫人体工程学！再加上我向她说了，我已经是正式警察了。当时派出所警力不足，经常让我穿着警服跟他们一块儿办案。她就信以为真了。我这也不算骗人。因为我相信派出所肯定会把我招成正式警察的。我这人聪明，不管啥事情，看两眼就会。那时候县一级公安局办公经费中央财政不管，是由县里承担的。县里就让罚款解决。那时候的派出所所长不好干，满脑子都是经费问题。谁能搞来钱维持运转，谁就当所长。滋泥泉派出所又不在交通要道，又不在商业区，车也好、赌也好、架也好，没一个沾边的，到哪罚去？所以那时候派出所修电、修车、修家具设备啥的，全靠我。我又是电工又是木工又是汽车修理工，没有我，派出所就转不动了！所长答应下半年招警无论如何把我招进来。你嫂子家里可沉不住气了，跟县里工商局长的儿子挂搭上了，逼着你嫂子跟我摊牌。那天晚上，我们两个到桑林公园本来是商量办法的。两个人是唉声叹气，长吁短叹，硬是想不出办法！最后我急了眼，暗下决心，今晚先把你嫂子办了！把鸭子煮熟再说！决心刚下，公园门口就响起丈母娘的鬼叫声，边叫边往林子里搜过来了。你嫂子急得六神无主，问我咋办。当时我们正好坐在百年老桑王下面，我一咬牙，上树！托住你嫂子屁股，砰地一下，就把你嫂子托上了树。刚好老桑王上有一根U形的树杈，十分粗壮，横着长的。我俩一人抱着一根树杈，观察丈母娘动静。丈母娘就跟驴推磨似的，把整个桑园推了好几圈，就是不知道抬头往树上看看。那时候桑园可是安远县最著名的男女关系集散地，丈母娘一边推磨，一边鬼叫，一声递一声地，惊扰了十几对野鸳鸯，招来了十几双白眼，有人还对她背影吐唾沫，别提多讨嫌了！好不容易把她熬走了，夜也深了，你嫂子这时才发现骑虎难下，再被我一鼓动，索性不回家了。我下树捡了一大捆树枝，又到白天开过的农产品展览会遗址上捡了一大块苯板，在那个U形树杈上临时搭了个安乐窝。我们俩趴在上面聊天，讲丈母娘今晚的笑话壮胆。边讲边看下面桑树林里的野鸳鸯。路灯光从园子外面斜斜地照进来，成千上万根桑树枝重重叠叠，活像森林一样浓密。透过重重桑枝往下看，桑园里亮一块黑一块的，猛一看好像看不见啥，但仔细辨认，就发现男的女的这一对儿，那一对儿，几乎每棵树下都有！每一对儿都闭着眼睛抱成一团，卿卿我我、耳鬓厮磨、亲嘴嘣舌、唧哝有声。就像夏天池塘里抱对的青蛙，不看不知道，一看吓一跳！受到这种氛围的感染，我俩情不自禁，胆大包天，在安乐窝里就安乐上了。这一节哥就不给你细说了。总之，在树杈上办那个，就像在船甲板上似的，随风起伏，乘风破浪，要多惬意有多惬意，要多豪迈有多豪迈！烦人的丈母娘早被抛到九霄云外，真是世上无难事，只要肯登攀！

完事之后，只觉得十几年的积淀，一朝发挥得淋漓尽致！我俩躺在随风起伏的树杈上，两眼透过层层枝叶，望向黑幽幽的夜空。只见夜空中繁星点点，灿烂星光在桑枝桑叶间时隐时现，闪烁不已，似对我俩的行为颔首赞许。不一会儿，一轮满月从桑枝间升起，满月大如车轮，被枝枝杈杈分割成一汪碎金……多么美好的夏夜，将来临终之日，回光返照之时，我一定会想起这个永恒的夜晚！

警察的眼神无限怀恋而又空茫无助地凝望着窗外的夜色。看嘴形，他还在嘟嘟囔囔地给自己念叨着什么，因为没有出声，具体内容不得而知。只见得笑容渐渐褪去，脸皮渐渐板结。他的注意力回到手机上继续刷屏，突然，他猛抬起脸，手指颤颤地指点着屏幕，惊喜地叫道：××垮台啦?!

贺崇武朝他举着的手机略瞟一眼，是那个举国闻名的大老虎，内心不由得诧异，这警察不知何年何月发配到这里，真的与世隔绝啦！于是略点点头：早垮台啦！

他妈的！真是恶有恶报！想不到你能给我带来这天大的喜讯！警察又朝他举起了碗。半碗酒下肚，抹一把嘴，警察脸伸过来说，你知道吗？我就是被他坑到这里来的！两只眼睛闪烁着兴奋的光芒。

什么?！他想不出一个县里的土鳖警察，怎能和那么大的人物发生关系。

是这样。去年年初，××到安远县视察。安远县自打新中国成立以来没来过这么大的首长，各级领导战战兢兢，压力很大。省里定了一级警卫，县里改成了一级加强警卫。凡是××经过的路段，每十米一个警察。本县警力不够，就打报告从外县调。硬是用警察给××编了个活篱笆。排到我刚好是守一个地下道口。也是合该有事，车队快来的时候，我老婆突然情况不好，那时孩子刚怀了三个月。电话里是丈母娘骂老婆哭的，把我脑子哭乱了。我下到地下通道一看，里面空无一人，四个出口只要三个都有人把守，空口袋里谅也变不出个妖孽来。心一横就趁人不备脱岗跑到医院去了。想不到那个上访老户提前整整两天两夜就带着干粮藏到环卫工放扫帚的那个小贮藏间里了，门反锁着，清查的也不知道里面有人啊。我一走，就出现了一个漏洞。这狗日的早就精心谋划好了，车队一来，同伙把电话一打，这狗日的像条吃了死人肉的野狗，红着眼钻出地道，一家伙就扑到车队跟前拦车喊起冤来！这下不得了！冲撞了北京来的大首长！安保工作出了大事故！责任倒查呀！严肃追究呀！一家伙把我和马想禄给填到这个鬼卡点来了！

这又跟马想禄有啥相干？他一时迷惑，忍不住插问。

咋不相干?！马想禄这狗日的当时就在离地下道口十米的距离，按说完全可以把上访户按住！可是做预案、搞演练的时候，指挥长反复强调守好自己的岗位。大家又都没经历过这种事，神经太紧张，想得太多。当时马想禄身后也有看热闹的群众，他一下想多了。他想的是，上访户是从我的岗位窜出来的，出事责任也归我。如果他来扑救，帮我堵住缺口，他身后再有人冲出来，那不成了“种了别人的地，荒了自己的田”吗？我们公安战线可是讲究“属地管辖”啊！关键时刻，就那么几秒钟！还没等他算好利弊，上访户已经冲到车队跟前了……他就这么莫名其妙地陪我来了这个鬼卡点！所以他对我怨气很大，处处跟我作对，黄羊坚决不让我宰！结果，把自己气出了高原心脏病。

唉，人的命，天注定……这事虽说我也有责任，可也属于世事难料。警察沉痛地低下头，半晌又抬起脸，神色肃穆地说：马想禄啊马想禄，××垮台啦，你安息吧，你瞑目吧……

他回想着警察说的话，心里突然一咯噔，脱口问道：难道，你已经在这里守了一年啦？

警察诧异地看着他，好像在怨怪他的迟钝：可不是嘛！已经整整一年啦！马想禄只陪了我九个月。10月份我看他有幻觉，一是觉得不安全，再者他毕竟是受我连累，就打报告让他先回去了。后面三个月就只剩下我一个。你知道，嘴是我身上最闲不住的器官。对我这号人来说，别的都没啥，就是没人说话太难受！4月份我老婆显肚子的时候住在娘家，因为我从来没去过她娘家，她挺个肚子怕人说闲话，非让我回去露个面。当时我走不了，就让她来一趟照个合影在朋友圈里散一下效果也一样。结果走到半路上就吓得转回去了。

那为啥？

他妈的还不是因为车上坐了个不吹牛就要憋死的饶舌鬼！一路上不停地吹呀，什么死人沟啦，嘣骨鱼啦，野鬼拉人啦。听得我老婆毛骨悚然。再加上，沟里确实骨头多，越往卡点开越多。再加上又有点儿高原反应。唉……

警察说到这里长叹了一声，那一声仿佛把一年的怨气都叹了出来。最后总结道：我对不起老婆的地方太多，欠得太多。上个月无聊上山，在对面山坡上发现有玉石矿脉，虽说只是青白山料，不过拿回去也算是给老婆有个交代。说到这里，警察抬起眼睛望着他，眼神中仿佛有种期待，有种鼓动的意思在里面。

他想干啥？他又紧张起来，他的计划是，无论如何明天一早出发，再陷在这里，怕要出事！他早有此不祥的预感。

兄弟你这次来得太好了！给我带来了这么多山外的信息，你简直就是……寒冬里的一缕春风。我该怎么报答你呢？这样吧，明天跟我上趟山，采玉去。你挑好的大的拿，背到德青镇换了钱给你爸治病，我估计，换个三五万元不成问题！

警察终于图穷匕见，暴露了真实意图。

他慌忙摆手：哥，钱我不缺！我现在就想赶紧见到我爸！明天一大早我就走！哪里需要什么报答，只要你别拦着我，我就谢谢你了哥！

哈哈哈哈！说哪里话！兄弟，我拦你干什么?!尽孝第一！尽孝第一！警察仰天干笑了几声，悠悠地望了他一眼，又举起碗：来！喝干睡觉！

一夜无话，寒风呼啸。

6

清晨，淡青色的晨光刚刚从窗户斜射进来。贺崇武就睁开了眼睛。在警察身边，他是睡不踏实的。但警察睡得很香，嘴半张着，成串的呼噜从里面均匀发出。显然昨夜的倾诉深深地安抚了他孤独焦灼的神经。

贺崇武悄悄地爬起身，蹑手蹑脚地走出门外。他想在不惊动警察的情况下，悄悄地开车离开这鬼卡点。他总觉得，一旦把警察弄醒，必然节外生枝。他轻脚快步地走向皮卡车，边走边打量四个轱辘。四个轱辘均饱满鼓圆。他带着紧张兴奋的心情打开车门，坐进冰冷的驾驶室，把钥匙哆哆嗦嗦插进锁孔，一拧。同时紧张地扭过脸望着值班室的门，预备引擎声把警察吵醒。然而，慢着，奇怪！引擎只发出短促的“咔嗒”一声，就再无动静。他关掉，再拧。关掉，再拧。依旧是“咔嗒、咔嗒”短促的两响。他急眼了，再拧，这回连“咔嗒”声也没了。毫无动静。

一股极度的烦躁和焦虑涌上心头，他妈的这是咋回事！这鬼地方！他颓丧地倒在靠背上，手捂着额头想静一静。他想，是不是天太冷打不着火？接着联想到的就是得回到值班室里搞热水浇。他又试了一回，这才注意到仪表盘上的那个蓄电池形状的警示标志：他妈的没电了！咋会没电呢?!昨晚打气的时候还好着！他的眼珠焦躁地在驾驶台上乱转着，忽然发现一件隐蔽的怪事：车大灯开关竟然处在打开状态！他妈的车大灯开了一夜，再加上打气泵用电，把电耗光了！

他盯着那个处于打开状态的大灯旋钮，顿时联想到了该死的警察！他捏紧拳头直着眼死死盯着挡风玻璃，仿佛要用目光把那里熔穿一个洞。但脑子里轰响了半天，设计了数个凶恶的计划后，发现个个都于事无补。要想离开，他还得要靠他，这个穿着警服的怪胎！他到底要把我纠缠到何年何月?!

他咬牙切齿地诅咒了一番，猛地打开车门，噔噔噔地朝值班室跑去，他那狂乱的目光似乎感到窗口有人影一晃。但打开门时，警察正左手端着牙缸，右手捏着牙刷，诧异地望着他。

哥！你就放过我吧！他两眼带仇地紧盯着警察。我爸真的不行了，如果见不到我，他老人家死不瞑目啊！算我求求你啦！他说到最后声嘶力竭，语带哭音，双手抱拳恨恨地盯着警察。肚子里不知一股什么气支撑着，这弥天大谎竟被他撒得是理直气壮，催人泪下！

警察一下慌了，放下牙缸牙刷掰开他的手：兄弟你坐！兄弟你坐！我咋着你了？我还说早晨把羊肉汤热了，热热地喝上一碗送你走呢！你咋就不见了。你什么意思？谁拦着你了？

车又没电了，打不着了。大灯开了一晚上。他咬牙盯着警察，想从他脸上看出阴谋诡计的痕迹。

可警察一脸茫然，犹如白云生处：你是说电瓶没电了？原因是大灯开了一夜？

他不吭声，摆出一副看拙劣表演的架势。

可警察毫不怯场，表演得十分自然，叫人难辨真伪：

会不会是你昨天试车的时候，忘了关大灯？酒喝得那么多。

我试车？我啥时候试车了？

哎，昨天喝完，临睡之前，你不放心你那轱辘，说是动一下车再看看还撒气不。你忘啦，你去看看车是不是动地方了？

警察笑望着他，一副大人不记小人过的架势。

他一听，脑子有点儿蒙。其实这两天他脑子基本都或轻或重地蒙着。难道他昨天喝完酒后真动了车？他试着从记忆深处打捞动车的场面，似乎还真捞上来那么一星半点的印象。

他颓丧地垂下头坐在破沙发上，干搓着脸。忽然起身走出门外。他来到车前观察一番，实在想不起皮卡昨晚究竟停在哪里，是不是挪过位置。地上只是一地的乱辙印。

他慢慢地回到值班室，一屁股仰倒在沙发上，用手捂着脸。

那你咋办呀？警察小心地问了一句。

见他不吭声。警察又说，不要紧，路也该通了，有车上来时，给你电瓶充个电就好了。

见他还不吭声，警察放下他，开始从杂物间进进出出地收拾着什么东西。

一直到东西收拾好，警察忽然拍拍他的肩膀，亲切地说：兄弟，反正闲着也是闲着，不如跟我上趟山，把那块玉石弄下来。到时候挑块大的给你。

他望着警察，目光茫然，仿佛已无法决断任何事情。

这样兄弟。警察压低声音，你跟我上山，我保你下午拿着玉石走人！他的眼睛里闪现出神秘的光泽。

不知为何，那光泽再次把他疲软的意志鼓动起来了。

你咋保证我能走人？

上山就知道了。警察神秘地笑望着他。

警察背着编织袋走在前面，他背着编织袋走在后面。山，越爬越高峻陡峭。不时地要停下来，一边瞄住远方的那个目标——半山坡上长着一大簇干枯梭梭柴的断崖，一边寻找那断断续续的、人能爬过去的缓坡，从而拼接出一条可行性最好的道路。而一旦走起来，眼睛就得随时寻找适合攀爬的脚窝和抓手。爬着爬着，他的破风箱又开始呼哧呼哧地加班运转起来。眼睛只敢盯着脚下，不敢往山下看，只要看一眼那漫无边际地倾斜下去并且积雪一洼一洼的山坡，那漫山遍野的要么粗粝坚硬、要么锋利如刀的石块石片，他就头晕目眩，心慌腿软。警察可不等他，警察把这一切不当回事，只管手脚并用地往上爬着。他的编织袋里只装着一盘电线和一根钢钎，警察的编织袋里装得可比他多多了。他妈的！真是要钱不要命的货色！

他们终于爬到那处断崖跟前，太阳已经当顶了。整整爬了两个多小时。警察擦了把汗，从编织袋里摸出一把小镐头，就在崖壁上刨挖起来。刨了片刻，指着新刨出来的岩石断面对他说：看！他看了一眼，倒确实有几分青白玉的颜色和质地。他不懂这个，不知道这算不算矿脉。他也不想要什么玉石。他只想赶快应付完这趟差事，就下山，开车离开这个鬼地方。

警察围着那断崖头转了几转，选了几个点，就拿出钢钎开始砸炮眼。警察让他使榔头，自己扶钢钎。他说他没劲儿。警察说我是为你舒服。于是警察抡榔头，他扶钢钎。没几下他虎口都要震裂了，手掌心连骨头带肉疼得钻心。警察在旁边恨铁不成钢地吼叫，摸紧攥紧！攥得越紧越不疼！可钢钎震得那个厉害劲儿，他哪敢攥呀！他觉得警察力使得太蛮了！最后，只好换成警察握钢钎，他来抡榔头。

终于把炮眼砸好了，剩下的技术活他搭不上手了，也不需要他了。警察让他站远，他从自己背来的编织袋里掏出成捆成捆的牛皮纸筒似的炸药筒，把电雷管塞进炸药筒，把炸药筒雷管朝下地塞进炮眼里。然后就是眼花缭乱、一团乱麻的接线。最后，警察长吁一口气，擦了把额头上的汗，说声好了。把袋子交给他，自己拿着那盘电线一边布线一边向远处撤离。

直到绕过了那块崖头，他们才停下来。山上寒风凛冽，他觉得耳朵都快冻掉了，他两手捂着耳朵，瑟缩着脑袋蹲在地上，像猴子似的蜷成一团。警察看了看他，说，再坚持一下，快好了。他仰起脸盘看着警察，问道：为了你老婆的玉石，我跟你吃了这么多辛苦。你咋保证我下午能走？

警察看着他笑了笑，弯下腰伸手从口袋里掏出一个东西搁在他面前。他一看，是电瓶！他把手从耳朵上拿下来，激动地摩挲着电瓶。突然感到头上绵绵的暖和，一看，原来警察把自己的棉帽摘下来扣在他头上了。他有了一丝感动，说，那你咋办？只见警察把他那两只太阳光下薄得透明、拉着红丝的耳朵团弄到一起，用手指头捣着塞进了耳朵眼里。

秃着耳朵，脑袋怪异的警察蹲在地上，拿过电瓶和一个开关盒开始接线。大概因为耳朵关闭了，他显得异常专注。过了片刻，线接好了。警察仰起脸，望着他大声说：起爆啦！注意，蹲下！

只见警察将开关盒上那个“T”字手柄果断向下一压。

“轰”的一声沉闷巨响，脚底下一阵震颤，远处断崖后面，灰土渣石四面迸射。一股烟雾和尘土的云朵冉冉升起。声波撞向对面的山坡，撞向更远处的重重山冈，又纷纷反弹回来，带来渐远渐轻渐淡的一波波“轰”“轰”“轰”的回声。警察的眼睛亮晶晶地望着断崖那里，嘴角上翘隐含笑意，目光充满了兴奋和神往。然而，当贺崇武把目光略一上移，移向雪线之上更高邈的山巅时，奇怪的一幕出现了：他看见一线雪潮如波浪翻涌似的，正沿着山巅奔涌而下。这股雪的浪潮一路呼风唤雨，不断裹挟，坐大成势，终于呈雷霆万钧之势，崩塌下来。一种如远方雷电一般隐隐的隆隆声也传入耳中。再看警察，因耳朵已秃，竟毫无察觉，仍然痴痴地望着断崖那里。他急忙上前猛摇其肩膀，举手示意雪线之上。警察只一望，惊呼一声“雪崩啦!”，一把拉住他就跑。二人在山坡上连滚带爬，狼狈逃窜。说不清有多少路是用腿跑出来的，有多少路是用身体滚出来的。只觉得天旋地转，跌跌爬爬，整个世界在眼前翻滚旋转，柔软的肉体在坚硬的石砾沙碛之间饱受锤炼磨砺，当鲜活的疼痛最后变成钝重的麻木时，他们终于停下来了。

警察坐在地上，眼睛失神地望着遥远的、被雪崩半埋住的断崖，嘴里轻声念叨着：完啦，全埋了，起码到 7 月份才能化开。

他的心早已跌到谷底，浑身的疼痛早已不算什么了，嘴里只喃喃地念叨着：电瓶，应该拿上电瓶。

警察看了他一眼，说：你放心！我说了今天让你上路，就一定让你上路！

这个路咋上?！电瓶都没了！

你放心！我办法有的是！我有种强烈的预感，今天你必须上路！

7

敲门声是在他们午睡时响起的。

他看见警察去开门，心提了起来。

老李！你他妈的才来！整整让我多待了两天！

路不是断了嘛，才修通！

好家伙！终于把老子熬到头儿了！

他多么希望来的是过路客，但来的恰恰是他最怕见到的那个所谓的老李。

他们热烈地寒暄着，互相拍拍打打。但他的耳中只剩下“怦怦怦”的心跳声，满脑子都是激烈的盘算。

咦？这咋还有个人？谁陪着你呢，哥？

这是另一个年轻人的声音。

他妈的你们该来的不来，老天爷可怜我安排这个小伙子陪我嘛！你们不来我都急死了！你们是不知道，越到最后越难熬，尤其你知道这是最后几天了，更难熬！但所有的难熬都比不上这两天，说好要来又没来的难熬！你们这是要熬死我呀！小伙子起来！跟两位哥哥见个面。

他只有闭着眼睛装睡，心跳到了极点。

哎，起来起来！搞点紫药水擦擦脸！等会儿让李哥给你电瓶充些电，你就可以上路了。警察伸手过来晃他肩膀。再装不下去了，况且最后一句话又鼓动了他一下。他慢慢爬起来，眼睛略瞟一眼李哥，就低着个头坐在床沿上，一声不吭。

警察去老李他们带来的包里找紫药水了。他的余光感觉到老李的眼睛没放过他，一直盯在他脸上。

警察拿着紫药水来给他擦脸。他只有听天由命地把脸让他摆弄着。世界一片寂静，只能听见自己的心跳：怦！怦！怦！

小伙子姓啥呀？他忽然听到那个姓李的问话，声调中似乎有种强压着的紧张。

他更加紧张，死撑着置之不理。

警察晃了下他的肩膀，李哥跟你说话呢！

听不见啊！放炮把耳朵震聋啦！电光石火之间，他想出了敷衍的说辞，故意学着耳背的样子大声说话，连说带比画，脸上赔着傻笑。

他姓贺！他听见警察对姓李的解释道。

姓李的长长地噢了一声，就不响了。

紫药水擦完，他对着警察说了声“头疼”，就又躺下了，耳朵却支棱着。他听见姓李的和警察之间似乎窸窸窣窣说了些什么。接着，门一响，姓李的和他带来的年轻人出去了。再片刻，警察也出去了。

他忽地坐起身，奔向窗边。只见那三人在他们开来的那辆警车跟前，正商量着什么。他们的神情十分紧张，边说边往值班室这边看。连说带比画了片刻，他就见老李和那个年轻人从腰间拔出了手枪，拉动枪栓上了膛！

他的心脏快从嘴里跳出来了，他妈的鱼死网破的时候到了！他深吸一口气，强自镇定了一下，猛地奔向床边，眼睛狂乱焦躁地四处打量。忽然看见警察换下来的那条脏裤子扔在沙发上，裤腿下面露出一角牛皮套。他奔过去一把撩开裤子，赫然露出牛皮枪套。他哆嗦着扯开枪套扣带，拔出手枪。又奔向窗边，见老李和那个年轻人正慢慢朝值班室走过来。

门被一脚踹开，跳进来的是那个年轻人，嘴里大喝着：手抱头蹲下！但没想到迎面正对着他的是黑洞洞的枪口。年轻人扭头跳出门外，连滚带爬地跑到警车后面，嘴里喊着：趴下趴下！有枪有枪！

当他跑到窗前时，只见三人都已躲在了警车后面。

他紧握着枪，死盯着那辆警车不敢放松，耳中隐隐约约地听见警车后面在发生着激烈而小声的争论。过了片刻，他看见警察高举着双手从警车后面走了出来，慢慢地，一步一步地，径直朝值班室走来。警察的脸上带着那种特有的、他已经熟悉了的古怪而诡异的笑容。他的心一下悬吊起来，万万没有料想到会出现这种局面！他已经下定了鱼死网破的决心，不过他设想的始终是跟那两个来个你死我活，从没想过这个姓高的。他宁肯那两个上来，也不愿意面对这个姓高的。可偏偏就是这个姓高的上来了，高举着双手，皮笑肉不笑。他咋办？紧摸枪把的手心里渗出了细密的汗珠，枪头子在轻微地颤动着，食指就扣在扳机上，可看着那张皮笑肉不笑、越来越近的脸，他就是下不了扣动扳机的决心。乱纷纷的头脑中，除了激烈的盘算，竟然还有这两天两夜的场景倏忽闪过：吃肉、喝酒，宰羊、抓鱼，喋喋不休的嘴……他竟然就这么放警察进了门！

警察依然高举着双手，皮笑肉不笑地望着他：

兄弟，投降吧，没啥大不了的。霍启章没死，正在医院抢救呢！

他愣了一下，没死？不可能！你咋知道？

老李告诉我的。

他死盯着警察的脸，足足盯了十秒钟：胡说！你耍我！你他妈的一直在耍我，要不我早走了！你们他妈的个个都是骗子手！

我没耍你！我真没耍过你！我要是耍你，能让枪在你手里吗？警察高举双手，状甚无辜，脸上是跑雪崩时刮出来的血道子。

你不是为这个耍我，你是为别的！要不是你耍我，我早走了！他越说越委屈，话里带出哭声。

信不信由你吧！反正眼下就这么个形势，你不是那两个的对手！如果投降，五年八年的就出来了。要是硬拼，今天你的日子就到头儿了！兄弟，我是为你好！

他妈的我有枪！不让走我就跟你们鱼死网破！别以为我不敢打你！他露出一副凶恶的表情，枪头又哆哆嗦嗦指向了警察的胸口。

这把枪打不响，早坏了。警察语调低缓，不无惭愧。抓鱼的时候掉到水里三次。有一次喝多了，还当榔头钉过钉子。这里条件差，枪油都点灯用了。

胡说！他真的恐慌了。

不信你朝我这儿打。警察收回举着的手，撕开衣襟，两眼深深地望着他，脸上笑得有些无赖。

他看着他的表情，彻底蒙了。犹豫半天，把枪口冲着屋顶一扣扳机，只听咔嗒一声，机头合上了。

他不甘心，猛一拉套筒，一颗子弹跳出弹仓，在黑暗的屋子里划出一道金黄色的弧线。

他又扣扳机，照旧是咔嗒一声，机头又合上了。

他还要拉，见警察诚恳地说：再这么拉下去，子弹都拉光了……

他哆嗦着把枪头又指向警察，泪水无声地顺着脸颊往下淌。

这样兄弟，你也不必难过。看在咱们兄弟一场的分儿上，我跟门外兄弟商量一下，给你算个自首。等会儿写个到案经过，咱不提拿枪这一节。这样算下来，五年八年的你也就出来了。你看咋样？我跟门外兄弟都没说这枪打不响的事，我要是说了，他们还肯趴在雪地里等我跟你啰唆？我是为你好，给你个机会兄弟……

他模糊的泪眼渐渐清晰，脑子里一片空茫，眼前只剩下警察那一对大而有神的眼珠子和眼珠子里散发出的那种莫名其妙的、极富鼓动性的光泽，以及那张喋喋不休的嘴。

警车是在傍晚时分离开鬼卡点的，借着最后一抹夕阳的余晖，驶向飘带一般苍茫远逝的山道。

因为爸爸（节选）

韩青辰

永不告别

广场上的人比奶奶家多一千倍也不止。走在这么多人面前，金果十分不习惯，他低头揪住妈妈。

一群忧心忡忡的人拥上前，他们中有的须眉皆白，有的拄着拐杖，有的坐着轮椅，有的牵着娃娃。每人手举一个字，拼成一句话："金所，我们最亲最爱的人，一路走好！"

金果看着他们想起外婆和奶奶，可惜她们看不到爸爸的葬礼。"葬礼"这个词从前只在书上读过，此刻它就在他面前，活生生的，铺天盖地，跟自己相关。金果的心被种种意外和复杂的情绪占满，他简直像个没心没肺的局外人。时间好像凝固了，广场上的人还在不断增加，太阳在厚厚的云朵里进进出出，像一个被吓得不知所措的孩子。一群西装革履的人从人群中挤过来。

"这么多人？"

"没办法，群众都是自发来的，村干部拦都拦不住，中小学生代表只能站在马路上。"

金果踮脚望了望。不知有没有凤城小学的人，他重新低头抓紧妈妈。老馆长招了一下手，说："请进吧！"

宽阔的大厅沿墙排满花圈，花圈中间写着黑色的大大的"奠"，像吓人的鬼脸。每只花圈上都写着爸爸的名字，"金秋"两个字太扎眼了。天花板很高，让人想起宇宙苍穹。金果觉得自己变得很轻很轻，他感谢妈妈的手，不然他可能会飘浮起来。妈妈全身微微发颤，像一只装满水的盆，一路走一路往外泼洒。哭泣唤醒了她身体深处那条河，金果努力支撑着妈妈。青松、翠柏、白菊、黄菊，还有爸爸最喜欢的铁树，他睡在它们中间，身盖党旗全副武装，从头到脚一丝不苟，完美得像雕塑。

“爸爸！”金果脱口而出。

妈妈呜咽着喊：“金秋、金秋……”

哀乐像波澜壮阔的海，又像一把铁榔头敲打着心坎。它恰到好处地掩盖了金果、妈妈和大伙儿的呼喊、哭泣。大家一拥而上，隔着花墙围着爸爸。

音乐暂停，全场肃静。公安局的袁局长像校长开晨会那样庄严地站到话筒面前，开始念悼词，他念得慷慨激昂，几次哽咽。

妈妈小声抽泣着，最后像一辆失控的火车冲进了黑不见底的深渊。她靠在金果身上，金果生怕她瘫倒。人群中的啜泣声越来越响。喇叭将悼词传到广场上，那些好像要永远站下去的人举牌的胳膊早就酸痛难忍了吧？

爸爸缴获过数额巨大的毒品，追回过国家重点文物。爸爸奋不顾身地冲进发生火灾即将垮塌的商场救人。油罐车爆炸，爸爸让战友退后，只身上前。大雪压塌红军遗孀的房子，爸爸自费帮她重建。爸爸帮扶过二十多名孤儿。爸爸浑身是病，长年累月吃药……这些金果和妈妈统统不知道啊。

金果盯着躺在那里的爸爸，好像如梦初醒。怪不得广场上来那么多人。袁局长说，爸爸帮扶过的人要是都来，三个广场都容不下。只听妈妈失声喊了一句：“金秋，我对不起你。”

“爸爸，果果错了！”

大伯哭着嘟囔：“金秋，我们都不懂你哦！”

“哥哥，你太苦了。”大姑、小姑伏在彼此肩上痛哭。

哀乐响起，袁局长牵着金果，徐政委扶着妈妈，大姑、小姑和叔叔、伯伯们一起，大家围着爸爸一圈、两圈、三圈，把爸爸从头看到脚、从脚看到头。大家走得很慢很慢。金果在那种慢中真切地明白，也许他再也没机会见到爸爸了。这是最后一面。他挣脱了妈妈的手，扑向爸爸。妈妈也扑到爸爸身边。爸爸右脸颊上的伤口被仔细遮盖了。左手纱布拆了，露出伤口缝的黑针脚。

金果哭喊着，警察叔叔把他高高抱起来，送到爸爸面前说：“果果乖，摸一摸爸爸，让爸爸安安心心走。金秋兄弟，你安息吧，家里的老人、孩子我们大伙儿帮你照应……”

金果摸到了爸爸的脸、耳朵和手。爸爸像从冷藏室拿出来的大冰糕。金果被那种冰冷深深震惊了，他感到害怕，但他不顾一切地要扑向爸爸。

“果果乖，让爸爸安心地走吧！”大人们将他抱出去。

"我要爸爸——我要爸爸——"

他被转了好几次手，最后才被林叔叔抱住。林叔叔粗糙的下巴贴着他哭得发烫的额头，他就像生日之夜被爸爸锁住那样。林叔叔的胳膊搂着他的背，抱着他的腿，他像被焊接在林叔叔身上。

休息室一排排淡蓝色的椅子上，坐着许多神情哀伤的人。窗外金色的阳光非常刺眼，但它隔着屋檐和树荫，怎么也照不进来。满头白发的老婆婆潮湿着脸躺在椅子上大口大口叹息；蓬头垢面的女人痴痴地抓着窗帘，不时拿它擦擦滑落的眼泪；一个瘦骨嶙峋的老爷爷垂头丧气地靠在墙上，他的眼睛凹陷下去，像被钉在那里。金果躺在林叔叔怀里，有气无力地打量着这一切。忽然，一双柔软的小手摸着他的头，金果像扎了个猛子冒出水面，后背与胸口一片潮湿。

"果果哥哥！"蒙蒙掏出几片山楂，"给你吃，果果哥哥！"金果听凭蒙蒙将两片山楂塞进他的嘴巴，她小心翼翼的样子像在喂一只受伤的鹤。金果不好意思地咀嚼起来。随着酸酸甜甜的味道在舌尖上漾开，他恢复了一丝生气。

太阳犹犹豫豫又一次藏进云层，屋里更阴暗了。窗外花坛里的花儿，红的、黄的、紫的却分外娇艳。林叔叔掏出纸巾帮金果擦汗，从额头擦到脑后，一直擦到他的前胸和后背。他顺势依偎着叔叔，他有些贪恋这个酷似爸爸的怀抱。

蒙蒙靠过来问："爸爸，金伯伯去天堂了吗？"

"嗯。"

"那他还用当警察吗？"

"不用。天堂完美无瑕，不需要警察。金伯伯可以做他喜欢的事情。"

"太好了！可是，金伯伯告诉我，他最喜欢的事情就是当警察呀！"

"在没有罪恶的世界，金伯伯会有新的爱好！"

"耶，金伯伯自由了，他再也不用加班值班加班值班。果果哥哥，你应该高兴才对啊！"

蒙蒙原地转起圈，她的白裙子鼓起来，圆圆的，像南瓜公主。她的脸上全是欣喜的光芒，一丝光亮照进金果心里。

"果果！"大姑、小姑跑过来，"妈妈叫你呢。"

黑压压的队伍游龙样缓缓地从广场走进大厅，人们围着爸爸转一圈，鞠躬告别。妈妈面色苍白地靠在椅子上，那双眼睛因为看见金果而恢复了一丝生气。她伸手将金果搂到怀里："我的小乖乖，我们一起陪爸爸，爸爸需要我们！"

人们跟爸爸道完别，在妈妈和金果面前停一停，点个头，或者鞠个躬，道声保重。这里面有种不言自明的礼节和深情，类似于奶奶说的祖上传下来的规矩，所有人都在自觉遵守，无人指挥却井然有序。人们望着爸爸，有的深情凝视，有的痛心疾首，有的泪眼婆娑，有的呼天抢地，有的欲言又止，有的踉踉跄跄，有的庄严肃穆——一位拄拐杖的老爷爷被搀扶过来，他非要给爸爸磕头。袁局长和徐政委一起拦住他说："大爷，您这么大年纪，鞠个躬行了！"

"不不不，我来就是给金所磕头的！"老爷爷拄着拐杖摇摇晃晃跪下去，没人拦得住。他费力地爬起来，哭着对金果母子俩说："对不起你们哦！"

说着又要下跪。妈妈呼啦一下子站起来，她上前扶住老爷爷说："谢谢您老人家，我代金秋谢谢您！"

妈妈顿时像换了个人，她暂时告别了眼泪和绝望，像吃了速效救心丸，她精神抖擞，站得像一座山，她认认真真守在爸爸身边给每位来宾鞠躬还礼，轻轻说："谢谢！"

金果和妈妈站在一起，妈妈鞠躬他也鞠躬，他跟妈妈一块儿说："谢谢！"

一位阿姨抱了抱金果。金果觉得害羞，他礼貌地一笑，眨巴着黑葡萄眼睛，轻轻喊："阿姨好！"队伍中抱他的人多起来，金果小声喊着"叔叔好""伯伯好"。没人教，他想他必须表现得很礼貌。爸爸看着呢。这样一来，他和爸爸妈妈依然是一个整体在执行任务。

这大概是世上最长的告别了。一辆车过来接爸爸。妈妈和姑姑们扑过去抓着爸爸，像哀求，又像在做最后的争夺。金果刚要往上冲，不想又一次被林叔叔抱走。他扭头望着那场离别，犹如一场战争，推车载着爸爸，飞快地消失在一扇很窄的门后。林叔叔一口气将他抱到阳光灿烂的广场。

"果果哥哥！"蒙蒙揪住金果。牛牛和小雨也跑过来。金果艰难地睁开眼睛，他从一阵痛苦的呜咽中醒来。广场像在变魔术，人们四面八方散去，一股黑烟从高高的红烟囱里往上冲。

"金秋，你走好啊！"妈妈望着天空念叨。

金果木木地站着，他高高仰着脑袋。兴许，爸爸的灵魂会看见他。他忍不住举起双手使劲挥舞："爸爸！爸爸！"

"永别了，舅舅！"小雨哭起来。

"没有永别！"牛牛搂着金果，"相信我，果果！"

林叔叔抱着爸爸的骨灰盒上车。妈妈搂着金果紧跟其后，金果乖乖地跟着妈妈，走着走着，他抬头问妈妈："以后爸爸什么时候回家啊？"

妈妈愣住了，她对着金果的脸很响地哭起来："呜呜——我的傻果果！"

妈妈把头埋在金果肚子上，好像那里藏了一扇窗，而她正在试图找到它。金果惊慌失措地抚摸着妈妈。

“怎么啦?”大姑和小姑跑过来。

“果果问我爸爸什么时候回家。”

林叔叔苦着脸将金果抱上车，他的脸红红肿肿，而他宽阔的胸膛里似乎正有万马齐喑。汽车动起来，广场迅速地后退。一团又一团浓烟飞上天。忽然，蓝白色的天空出现一道乌龙，紧紧追随着金果。

“爸爸，回家！爸爸跟我们回家。”金果忍不住站起来，他盯着乌龙，眼睛一眨都不眨。窗外，局长伯伯带着所有警察兵分两路，列队敬礼相送。

送葬队伍浩浩荡荡回到牛家湾，爸爸和他的子弹箱一起葬在奶奶的菜园里。奶奶说这下老祖宗们不寂寞了。警车把金果和妈妈带回和平山，深蓝的警察方阵排满山顶静静等候，公安英烈纪念墙下排满花圈。金果被袁局长牵下车，袁局长说：“孩子，我是你的袁伯伯。”

“袁伯伯好!”

袁伯伯一路抓着金果的手。在金果很熟悉的革命先烈纪念碑和公安英烈纪念墙之间，他沉痛地对大家说：

“金秋为和平事业鞠躬尽瘁，他的名字光荣地刻上了公安英烈纪念墙，将被千秋万代铭记、缅怀。这是我们的悲痛，也是我们的荣耀。今天我们满怀哀思与敬畏送别金秋。我们一定会铭记金秋，铭记所有名字刻在石头上的战友，他们是我们继续前行的力量，是我们生命不死奋斗不止的理由。我相信我们会像他们一样为了正义与和平竭尽全力。此时此刻，我们对金秋的亲人满怀歉疚、心疼。我想说，金秋兄弟，请安息吧，果果和妈妈请放心，公安局是你们永远的家——”

金果望着眼前这熟悉又陌生的地方，他想起每年清明，爸爸带他来祭奠战友，没想到今天爸爸成了被祭奠的人。英烈纪念墙上，爸爸的名字最新最亮。妈妈和金果摸着墙上的“爸爸”，哭得昏天黑地。他们哭光了最后一丝力气，像两个重病号被扶下山。

“亮亮，金警官给了爸爸第二次生命。”

“可是，如果他真对你好，为什么要抓你去坐牢?”

“傻瓜，爸爸犯了法。他不抓，也会有其他警察抓爸爸。他抓我真的是为了拯救我。他没有嫌弃、歧视我，而是像亲人一样用心关照我。他给我送吃的、穿的、用的，带我看病，挂号费、医药费全是他掏的。在他的帮助教育下，爸爸才懂得立功减刑。金警官说我出来他会帮我找工作。”

“我才不信。”

“起初我也不信，可是他对我实在太好了。他总是跟我谈你。他说我这样进进出出是在害你，给你做坏榜样，他还调了你的成绩给我看。亮亮，爸爸以后穷死、饿死也不偷了。”

“爸爸!”周明亮缩到爸爸怀里，他用额头蹭着爸爸。

“亮亮，你爱爸爸要用正确的方式。这也是金警官教我的。他说要给孩子真正的爱。爸爸有错在先，爸爸不怪你。只是希望你从今往后做个好人，别像爸爸。你如果不肯学好，爸爸对不起金警官啊!”

黑暗中传来爷爷的咳嗽，他说：“亮亮，金警官这样帮你爸爸，完全是为你好！他每次都给你买礼物。知道你反感，就趁你上学来。他一直夸你自尊心强，有骨气，将来一定有出息。最近他大概太忙了，好一阵不来了。”

这一夜，他们在黑暗中有说不完的话，星星一颗一颗亮起来，似乎在叽叽喳喳说：“周明亮，你算什么人呢，你都做了什么蠢事……”

第二天，周明亮起得特别早。他一路狂奔，校园静悄悄的。在四楼，他放慢了脚步。他想起金果最初无辜的眼神。等周明亮读到《晨报》，他像是被一双无形的手卡住了脖子，他偷偷砸脑壳：“该死的，世上为什么有这么巧的事!”

午餐是红烧大排，周明亮把大排让给同桌，他就着炒青菜勉强吃了几口。现在他总算知道，人不能做坏事。这是惩罚吗？但愿爷爷和爸爸永远蒙在鼓里。可是爸爸去哪找工作？难得有一个人让爸爸振奋起来。唉，世上最难过的莫过于这份无法言说的愧疚。周明亮看看自己的手，把它们插进头发。也许只有用功读书，让心沉浸到知识中去，才能将痛苦转移。

“Sorry，Jin Guo，please forgive me!（对不起，金果，请原谅我!）”

放学后，周明亮沿路捡了五只空矿泉水瓶和两只废纸箱。如果是以往，他会跑得乐颠颠的。可是今天，他真希望回家的路再长一点儿，再长一点儿。爷爷包了菜肉饺子，做了红烧鱼，桌上有一瓶二锅头和一罐旺仔牛奶。月亮很圆很亮，爷爷高兴地举起酒杯，说：“来，庆祝我们一家团圆!”

爸爸喝的白开水，他一次次跟周明亮碰杯说：“来，儿子，爸爸敬你！好好读书，长大做像金警官、邵校长和吉奶奶那样的好人。”

谢天谢地，坏消息还没传来。周明亮笑不出来，爸爸和爷爷左一句右一句地劝他：“往前看，不要老想不愉快的过去。”

这天晚上爸爸和爷爷一直在聊天。周明亮写完作业就睡了，他用被子蒙上头，被子却像幕布，他像看电影一样看见金秋警官领爸爸看病，陪伴爷爷，而自己却一次次把金果推倒……苦涩像一把锋利的短刃，眼泪鼻涕慢慢糊了一脸。

第二天全校运动会，周明亮跑八百米。本来，他很喜欢长跑，但是今天他一点儿劲都没有，他有些后悔报名。发令枪一响，一群黑影从身边蹿出去。等他远远地落在最后，他忽然就愤怒了，像一匹脱缰的野马，拼命跑起来。那双烂胶鞋打滑，他一生气踢了它们。光脚板不时踩中沙石，他只觉得舒服、解气。他恨自己打金果，恨招工的人不要爸爸，恨死神夺走金警官。“我不服——我是周明亮——我不妥协——我决不放弃——”他一个目标接一个目标地超越。当他腾云驾雾般地冲过终点，欢呼的同学们将他紧紧拥住。

“周明亮好样的。”

“周明亮真棒！”

“老师要奖励你一双跑鞋！”班主任抱住了他。

广播里正在播报他这个光脚冠军，所有人都为他喝彩。周明亮气喘吁吁，左一下右一下擦着脸。邵校长把他揽在怀里，说：“周明亮，把这股劲用到学习上，考个好初中，我相信你前途一片光明！”

他低下头，咬着嘴唇无声地抽泣。如果不是怕吓着同学们，他好想在绿茵场上打几个滚，大哭一场。

真金爸爸

“怎么了？”章老师拦住他们，等金果和郝嘉把事情说清楚，章老师皱起眉头，“怎么会发生这种事？”

金果呜呜哭得停不下来：“章老师，我绝对没偷常谦的手机，我连碰都没碰。你要不信我现在就找林叔叔来破案，我保证手机上没我的指纹。”

“对，坏蛋是跑不掉的。我相信你，金果！男子汉不哭。”

章老师掏出纸巾帮金果擦擦脸，他抚摸着金果的脑袋。等他哭够了，章老师才说：“不用劳驾林叔叔，我相信我们自己会查明真相。金果，身正不怕影子歪。”

章老师急火火地走在前面，郝嘉牵着金果紧跟其后。

“什么市长儿子？我肯定他是小偷的儿子！”

“对，我的二十块钱肯定也是他偷的。”

“我们必须立即行动，将小偷赶出四（8）班。”

“赶走！赶走！”

“赶不走的！没看到校长、老师都护着他，早上章老师跟他谈心那么亲热？他不会是杨校长的孙子吧？哈哈。”

章老师领着郝嘉和金果停在教室门口，好一会儿，闹哄哄的教室才静下来。

“同学们，看来我们是时候停下来补习一下道德课了。你们说金果是小偷，请问你们有证据吗？有证据的请站起来。金果、郝嘉请你们先回座位，今天下午两节语文课，就让我来当一回侦探。我现在对这起手机丢失案的真相很好奇，请大家严肃认真地配合。假如我破不了案，相信公安局会帮忙。我看你们真是考——完——了！”

章老师拿起粉笔，转身在黑板上遒劲有力地写：“成绩、成才、成人、成仁。”

他拍拍双手，深呼吸一口，皱紧眉头，双手撑着讲台：“很抱歉，金果同学转学过来，出于对他的尊重与保护，我一直没正式给大家介绍。他是凤城因公殉职的人民英雄金秋警官的儿子。金秋警官早年参加老山战役，保家卫国战功显赫。部队转业后当上警察，在派出所平凡的岗位上，他忠于职守、热心为民、打击罪犯、疾恶如仇，直到耗尽生命。他的一生都奉献给了国家和人民。我们今天之所以能安静、祥和地在这儿读书学习，首先应该归功于像他这样的和平卫士。最近网上流行一句话：‘你之所以看不见黑暗，是因为有人拼命把它挡在你看不见的地方。’‘拼命’这个词你们懂吗？

“这学期我们学过《永远的白衣战士》《生命的壮歌》。护士长叶欣为抗击非典舍生忘死献出生命，“蚁国英雄”肝胆俱裂毫不松动，老羚羊跳崖成桥让小羚羊重获新生，这种不顾个人安危得失、为了崇高的信念毫无保留付出一切叫‘拼命’。为我们拼过命的血肉之躯不该被我们忘记。

“我们要清楚，是谁在为我们牺牲？是谁在为我们挡住黑暗？谁在做我们的白衣天使、蚁国英雄、生命桥梁？谁在做我们的和平卫士、金色盾牌、钢铁长城？

“我们是不是应该敬重他们的牺牲，由此心怀感恩、只争朝夕，以他们为典范，热爱祖国，热爱人民，做最好的自己？有朝一日，当祖国需要的时候，我们可以不辱使命，发出自己的光和热，照亮世界，温暖他人，这才是我们今天努力奋斗的目的、意义。否则，我们努力奋斗是为什么？

“我们努力是因为我们的国家曾经积贫积弱，弱小就会挨打，历史教育我们知耻而后勇，必须自强不息。少年强则中国强。我们今天的努力，是为了明天让世界重新认识中国。

“我相信，在叶欣护士长与金秋警官他们这些英雄身上，流动着捍卫民族自尊自强的热血，流动着祝福祖国繁荣昌盛的信念。我们是否应该扪心自问，这样的热血、信念我们有没有？

“金果同学是英雄后代。英雄倒下，全城感动，众多优秀学校争相为他提供帮助。没错，金果就是我们学校争取过来的重点培养对象。他是我们的宝贝，因为他为了我们的美好生活而失去了爸爸，他正在承受着我们未曾承受过的痛苦。我们理应对他伸出援助之手，只有这样，我们才算对得起英雄。这绝不是你们个别人所理解的庸俗的钱权关系，而是我们身为华夏子孙应有的良知与道义。

“我想聪明如你们，一定知道常谦手机上留有作案人指纹这个简单的科学道理。我们每间教室都装有摄像头，今天这里发生的一切都可查可证。但是，我想给大家知错就改的机会。犯错不可耻，重要的是要有勇气从错误的地方重新站起来。我希望犯错误的同学自己主动站出来。一个人学习差可以努力，但是如果道德品质差了，那么他站得越高、走得越远，越是危险，他越有机会给祖国母亲抹黑丢脸。现在请班长常谦上来把这四个词排序。”

常谦面色如血，他犹犹豫豫上前，拿着粉笔，思考片刻，从上到下依次写：成仁、成才、成人、成绩。

常谦写完后转身低下头说：“对不起，金果，我在没有证据的情况下就认定手机是你偷的，我错怪了你，是我错了，希望你原谅我！”

常谦回头又对章老师鞠躬说：“对不起，章老师，我太骄傲、太任性，身为班长很不称职，请老师处分我吧。”

“常谦，你的板书证明你把成绩看得太重要了。对学生来说，成绩固然重要，但一味追求成绩而疏忽了思想品德建设，很危险。今天要说对不起的首先是我。我们四（8）班一直是全校公认的红旗班级，杨校长出于高度信任才把金果交给我们。红旗班级发生这么一幕确实应该警醒。我们再也不能死盯着试卷上的分数和光荣榜上的名次，再也不能‘一百’遮百丑。在认真学习的同时，我们要定期省察灵魂，随时清洁。我们要多读书、多思考、多领悟，不仅读书本，还要学会读生活、读社会、读人生，读我们身边的一切。

“想想叶欣护士长和金秋警官，他们为什么要作出这样的牺牲？我们周围还有多少这样杰出、无私的人？他们都有亲人孩子，我们是不是可以为他们的牺牲做点什么？总之我们决不能这么冷血、自私。

“所有功课中爱是最重要的。我们要学会爱、懂得爱。从自爱开始，爱爸爸妈妈，爱老师同学，爱家、爱校园、爱祖国、爱世界。爱是多种多样的，有的爱大音希声，有的爱排山倒海，有的爱热情似火，有的爱静水深流，爱是一门需要终身修炼的功课。”

章老师擦净黑板，画出一座金字塔，塔尖写着成仁，依次往下写着成才、成绩、成人。

“成人是塔基，成为什么样的人，我们的世界观、人生观、价值观究竟是什么，这是永远的问题，更是我们今天无法逃避的问题。三天后就是暑假。我建议暑期社会实践以此为主题展开。我们必须花时间找一找自己的人生坐标和努力方向。”章老师顿了顿说，“我真没想到你们对金果同学的意见这么大！谁能说一说金果同学的优点?”

郝嘉第一个举手：“金果很坚强，他刚刚失去父亲，可是我们谁都没看出来。他来自普通学校，学习很吃力，可是他从不放弃。”

王天一跟着站起来：“金果不管在宿舍还是在班上，总是抢着搞卫生做值日。他多次帮助值日生擦黑板倒垃圾，主动收拾图书角，给绿植换水，清理枯枝败叶。白天他会检查楼道间和卫生间的灯是否关掉。他做了很多我们认为是浪费时间的事。”

教室里一阵短暂的骚动。球队的那几个人垂头丧气地站起来，期期艾艾说：“章老师，今天的事都怨我们，是我们趁金果去吃饭，把常谦的手机塞进了他的书包。本想……本想开个玩笑……我们就是搞不懂老师为什么对他那么好。大家都说他是官二代、富二代，我们从没想到他会是……英雄的后代。实在对不起啊，金果，我们错了，请你一定原谅我们！其实，我们最崇拜英雄。”

说完，大家呼啦啦一起朝金果欠下身子。

“此话值得鼓掌，其实我们都崇拜英雄，我相信爱国情结藏在我们每个人心底，只差唤醒。今天这个事情貌似很坏，其实也是好事!”教室里犹豫着响起掌声。

金果站起来，抽泣着说：“没关系……没关系的，同学们。”金果并没有坐下去，他泪汪汪地眨巴着眼睛，“章老师，今天的事情到此为止。请你不要告诉杨校长，也不要让林叔叔……更不要让我……我妈妈知道……”

金果坐下去埋头大哭，他好像又一次来到爸爸的灵堂，他看见爸爸一动不动躺在党旗下面，爸爸的脸颊和手心带着伤，爸爸像大冰糕一样冰凉冰凉。

许多手伸过来抚摸他、安慰他，许多声音跟他说对不起。朦胧中，金果听到章老师悄声说：“同学们，我原谅你们了。这件事首先我也有责任。我们让金果同学好好哭一哭吧！没关系，他哭出来会舒服些。我相信大家从此一定会很好地尊重、爱护、帮助金果同学，我对你们深信不疑。”

金果在哭泣中拼命向前冲，他好像要去追爸爸，他跑得简直要飞起来，他跨入一扇又一扇轻盈的门，像青虫化蝶，他脱掉了一件又一件厚重的外套。他知道这一次破碎必须彻底，哭泣之后他将是新人。他在呜咽中郑重地与从前一一告别，他要像妈妈那样真正开始全新的生活。

放假前最后一夜，王天一回家了。常谦在金果床头放了两包蓝莓饼干和一罐牛奶，郝嘉也有。常谦说：“明天放假，请你们帮我解决问题。”

这天晚上，他们一起吃吃喝喝，互相帮助着收拾了回家的行李，三个人第一次亲密无间。

第二天发成绩单和暑假作业。每个人都腾空了书包，王天一却傻乎乎地背来一包沉甸甸的书，他热得浑身是汗，满头满脸亮晶晶的。

“你往山上搬石头啊！”大家都笑他，王天一只顾擦汗，也不辩解。

正说着，章老师抱着一大堆试卷和暑假作业进来了。他还要纠正几个大家在试卷上的共同错误。金果赶紧拿出笔和本子。现在他也会像常谦他们那样，将笔记分为错题本、难题本、近似题本、新题本。真怪啊，一旦笔头跟着老师的舌头，注意力自然而然就集中了。金果像他们一样紧张忙碌起来，老师一张嘴他就记，像条件反射一样。一个忙碌充实的人，才知道原来闲则生非，越闲越累，而结结实实的劳动反而让人充实、愉快。怪不得乐观坚强的外婆总是忙忙碌碌的。

章老师花半节课订正完错题，拍拍手上的粉笔灰说：“到此为止，我们完成了本学期全部的学习任务。现在我们来商量一下雏鹰小分队的暑期实践活动。请大家踊跃发言。”

四（8）班的雏鹰小分队去地铁发过交通安全手册，给孤儿院的孩子读过故事书，去养老院表演过京剧，去盲校打扫过校舍，去新华书店做过图书管理员。章老师指着金果：“要不请你先说？你是我们雏鹰小分队的新成员。”

金果涨红了脸，看看四周，摇摇头说：“抱歉，我还没想好。”

王天一一拍脑袋，说：“章老师，我还真有一个好主意。手机事件后，我上网搜索了金果的爸爸，金秋警官服务的西凤街对他评价很高。不如我们雏鹰小分队去西凤街做一次访问，就叫‘向英雄致敬’行动。”

“好！我们肯定能收集好多素材，暑假作文也有的写了。开学后的黑板报也不用愁。”郝嘉很激动。

同学们踌躇满志，纷纷赞成：“我们从未接触过真正的英雄！”

常谦举手说：“我第一个报名。”

金果的心怦怦直跳。西凤街他去过，印象最深的是一年级寒假，他非要跟爸爸去值班。白天他跟蒙蒙一起画画、爬树、下跳跳棋，董奶奶教他们包饺子。蒙蒙包的饺子好看，可是他包的饺子扁扁的，像在打瞌睡。

“你包的叫懒汉饺子，说明金果就是懒汉一个。”爸爸笑着刮他鼻子，羞得金果用头去顶他的肚子。

晚上爸爸的宿舍太冷了。没有空调，寒风透过窗户一阵阵钻进来。爸爸把他抱在怀里，被子外面加上羽绒衫和军大衣。半夜接到舞厅报警。金果睡得正沉，爸爸只好用被子卷起金果带他出警。寒冷的夜风刮到骨头里去了。爸爸冷得牙齿咔咔作响。等爸爸处理完，金果蜷在舞厅的沙发上流鼻涕打喷嚏，喉咙痛得说不出话来。从此，妈妈总是笑话爸爸："还劳模呢，连儿子都不会带。"

同学们叽叽喳喳说什么金果都听不见，他陷入了回忆。直到章老师拍他的肩膀说："金果，我们约定暑假第三天下午一点钟在校门口集合，我开车带你们去西凤。"

"章老师，要不要我先报告林叔叔？"

"不必了，我们采访就是要走进真实的生活。"

放假了。学校像打烊前的夜市，每个人都兴冲冲地奔向自由、幸福。

"金果，请你等一下！"王天一遮遮掩掩地把那包书掏出来，"昨晚我去书店帮你挑的。"

五年级各科辅导题解精选，英语和数学选了好几种，都是金果急需的。

"哇，王天一你真棒！"郝嘉比金果还开心，他们手忙脚乱地帮金果把那包书放进车篓。

林叔叔迎面走来："看来我来对了，行李放我车上吧。"

"太好了，林叔叔，我这就上楼拿。"金果把两只鼓鼓囊囊的大包塞进林叔叔的车，拍拍手对他说，"看来只有它们可以坐叔叔的车。我得骑我自己的车。"

"也行，我刚接到一个马上集中行动的通知，你先骑车回家，行李我晚上送过来。"

"不急，林叔叔，你先忙工作。再见啦！"

"再见，果果！"

妈妈在厨房做红烧鱼。满屋子都是叫人饥饿的香气。金果放下书包就到阳台上去收衣服，他把窗户一扇一扇关好，像从前爸爸回家那样。餐桌上有脆皮烤鸭、干切牛肉、剁椒凤爪、凉拌黄瓜、红烧肉圆、青菜千张。

"妈妈，来客人吗？为什么做这么多好吃的？"

妈妈端上红烧鱼，她给自己和爸爸倒上红酒，金果喝冰红茶。妈妈坐下来，望着金果两眼闪闪发光："爸爸的二级英模表彰决定今天批下来了，局里的叔叔阿姨都为你爸爸高兴。妈妈心里既高兴，也难过，也自豪，来，为爸爸干杯。果果，下面就看你的了，我们要加油啊！"

妈妈干了那杯酒，金果望着菜嘟起嘴巴，他低低地说："可是妈妈，我没考好！"

"没事，妈妈相信果果以后会考好。只要想学好，老天总会给我们预备道路。"妈妈搂着金果，亲亲他的额头。爸爸在书橱里望着他们静静地笑，笑得知心知意。

窗外传来孩子们撒欢的哄闹，谁家的电视正在播放《红楼梦》。金果在灯下翻开小姑送他的《热爱生命》，小姑娟秀的字迹写着："亲爱的果果：热爱生命，始于热爱读书。读书好、读好书、好读书。书中有爸爸，爸爸在书中。选择坚强，勇敢飞翔！你千万不可丢弃勇敢的心，因为有勇敢的心必得大赏赐。"

金果决定，暑假要读完这些名著。还得配合老师补课多做题，把功课赶上来。他掏出王天一送的辅导书，书里夹着一封信。

金果：

你好！

怪我没有勇气跟你当面说，我还是写信给你比较好。

自从章老师讲了你爸爸的事迹后，我心里就很紧张，直到我上网查你爸爸的资料，我看到了他的照片。

你可能永远也不能理解我的惊讶和难过，我恨不得从你面前立即消失。是的，金果，从前我非常喜欢玩消失。很小的时候，我妈妈就跟我玩消失。她去了美国。我爸爸一直在为我找后妈，隔段时间他就带我去高级餐厅认识新阿姨。我恨他把妈妈气跑，所以我总是从餐厅消失，躲到电影院看电影，跑到上海找姥姥，去网吧打游戏。

春天的时候我去网吧被爸爸打了，我一怒之下爬上二桥边的液化气管道。午夜寒风彻骨，我趴在冰冷的铁管子上一会儿就冻僵了。我爸吓得打电话报警。当我看着他西装革履停在桥上打电话就彻底想明白了，就算我死掉，他也不会终止他的幸福。我决不应该死，我要比他更幸福。可是我一点儿力气都没有，上不来也下不去，我以为我死定了。我又冷又怕，抱着管子瑟瑟发抖。就在我要崩溃的时候，一双大手抱住了我。

我永远也不会忘记他的国字脸。他穿着警服，好像浑身闪着金光。我被他宝贝一样搂在怀里慢慢爬下来。他不年轻，我听得见他的呼吸粗重，他的胳膊好像也吃不消我的体重。但他咬紧牙关，一只手向前爬，一只手死死抱着我。快到地面了，一个年轻警察爬过来帮忙，他一声断喝，严词拒绝。他似乎很有解救经验。关于运力、稍息、攀爬，他做得有条不紊。等我被救上岸，他完全瘫倒了。第二天，他请我吃肯德基。他说他欠儿子很多肯德基，因为他太忙了。

"那你还有空儿陪我？"

“陪你是我的工作！”

他说得太帅了。他是唯一一个真正打动我的大人，此前我对所有大人都心怀偏见。说到这里我相信你猜出来了，金果，就在这个春天，你爸爸救过我。我和大家一样，本以为校长对你好是因为……唉，对不起了，金果。不过，有一点我们猜对了，你确实有位金爸爸，他确实是位了不起的大人物。

请你给我机会，让我成为你的朋友吧。你爸爸曾经手把手地教育过我，再艰难也要珍惜生命。我想，这一出又一出闹剧只是为了狠狠地给我上一课，我好像已经明白了许多人生道理。以后我们慢慢交流。

刚来这个班，我和你差不多，是这些辅导书让我有所进步。别着急，以后我们一起帮助你，学习对你来说绝不会成为问题。金果，我的新朋友，我相信你不会拒绝我。另外，我自觉自愿地答应初中部的大哥哥们，我愿意做你的保镖！能为你做点什么是我的幸运。

王天一

王天一爬液化气管道？当时金果扁桃腺发炎，发高烧，爸爸先说马上到，后来就消失了。为此，他跟爸爸闹了好长时间不愉快。那么石头哥哥呢，他是公园遗书的主人吗？老天啊，你在我前行的路上究竟安排了多少温暖的伏笔！

金果读过一本书叫《天使的纸条》，小女孩艾莲娜身患脑癌，非常坚强。离世前，不能讲话的她在家里藏了许多纸条，反复对亲人说“我爱你”。爸爸，这是你给我留下的爱的字条吗？

金果抓着王天一的信，犹如亲爱的爸爸从天堂递来。他像写回信一样将这封信认认真真抄了一份，让妈妈装进今夜写给爸爸的喜报里。原件他藏进抽屉深处。

窗外月亮好美，就像妈妈带泪的、笑盈盈的脸，她总是把自己写哭了，然后抹抹脸对金果说：“今晚我又跟你爸爸说了好多话，我想他应该很开心……”

午后的毒太阳把西凤街烤得滚烫滚烫。雏鹰小分队扛着队旗，戴着遮阳帽，拿着笔、本子、相机在牌坊下合影。

“雏鹰小记者开始采访，每个人都要去勇敢地发现，注意多问、多看、多听、多记。”常谦说完一挥手，走在队伍前面。章老师拿着相机走在最后，今天他是他们的驾驶员和摄影师。

走过两户人家，郝嘉迎着一个干部模样的伯伯走上去。听说要采访金警官的事迹，伯伯马上黯然，说："金警官真是个好警察！他出事前一夜十二点多，我外出回家，就在这个十字路口，我看见他骑着摩托车巡逻。他跟西凤每个人都熟，早上不见晚上见的。我招呼了他一声说：'金所你值班啊?'他回答说：'是，王主任，你早点儿回家休息哦。'没想到那是我们最后一面……"

鞋店奶奶胖胖的，她一边看店一边扒玉米粒儿。常谦跑上去提问。胖奶奶停下手中的活儿，一低头，两行泪滚下来。

"说起金所我的眼泪就止不住。他年纪轻轻地忽然走了，我好心疼，这些天我做生意都没精神。"她抬手抹去滚下来的泪珠，"再也没有那么好的人来关照我们了。"

"他究竟怎么好?"常谦瞪大了眼睛，大家都呼啦啦围上去掏出纸和笔。

"他每天都在街上巡逻。我们这条街原来很乱的，三天两头打架。他来了，小混混们都怕他，又服他。金所对他们真像对自己孩子。"

一句话说得金果脸红了。

"奶奶，请你给我们举个例子。"王天一说着拿出本子。

"他天天都来提醒我晚上把店门锁好。十年，天天说，还不好？亲人也没这耐心。"

一个大爷在院子里晒豆子。"唉，我说金所就是火眼金睛。整个春天他都在我家门口转。起初我还纳闷，直到他把那伙流窜犯抓走。我的对门全家都在上海打工，坏蛋看中了这间空房子，半夜三更在里面干坏事。要不是金所，他们放火烧了房子都没人知道。金所从房子里搜出长刀、炸药，想想都后怕，金所救了我的命呢。"

一个穿迷彩服的叔叔一路相跟，金果注意他久了，忍不住问一句："叔叔，你认识金秋警官吗?"

"呵呵，算你问对人了。我们岂止认识。我是专门为他从深圳回来的。"同学们赶紧围上来。

"我小时候怕读书，初中没毕业就在社会上混，名声很坏，找不到工作。进城打工没手艺，没路费。金警官领我拜西凤最有名的裁缝为师，给我学费、路费，让我在深圳学徒三年。现在我开了自己的店。我在城里孤单的时候常给他打电话，遇到法律问题也请教他。他就像我的大哥。可惜我没赶上他的葬礼，我想为他做点什么再走。"

旁边满头银发拄拐杖的老太太拿着一块全是洞眼的烂毛巾，蒙面流泪。大家愣在她旁边。裁缝叔叔说："她也是金所的好朋友，无儿无女，金所常来帮她收拾屋子。”

老太太房子矮小，但是玻璃窗都是新的，电视机金果眼熟，遥控器上还有他小时候贴的小熊维尼。

“我这屋里的电视、台灯、棉被，包括我的拐杖，都是金所给的。就连这块洗脸毛巾也是他的。这毛巾我用了两年，都烂了，也舍不得扔。如今我抓到它就哭……前年夏天，金所骑着摩托晒得浑身是汗。我喊他来屋里歇歇。他下车，从后座掏出毛巾、肥皂、花露水、风油精送给我。”

老太太说着，从柜子里掏出一个包裹打开，里面是一条崭新的红白条纹毛巾、两块香皂、两瓶花露水、两瓶风油精。

“他一年四季送我东西。过年给我包红包。这条新毛巾我再也舍不得用了……我要留作纪念。”

一种酸涩的情绪堵住了每个人，大家静静地聆听，都忘了记录。郝嘉帮老奶奶擦干眼泪，安慰了她几句。大家默默地往下一家走。

“果果，你怎么来了?!”一位大眼睛阿姨拍手叫起来。

裁缝叔叔介绍说：“这位是我们街道办的陶主任。”

陶主任领他们走进一间挂满锦旗和规章制度的办公室，她打开空调，给大家拿来冰镇可乐。“你们小学生人人都有一本《新华字典》，对吧？我们金所也有他的字典，整个西凤都在他的字典里，每家每户他都能报出祖孙三代的名字。喜事他不凑热闹，要是哪家遇到困难，他必定当自己家的事解决。我记得他刚到西凤，经常半夜三更来电话问，陶主任啊，这家什么情况？可是很快，我了解的信息就不如他多了。果果，你不知道，你爸爸在西凤做的好事写本辞典都够了。他多次为重症患者组织爱心募捐，救过好多人命。”

陶主任忽然眼圈红了，她顿了顿，说：“他走后，群众都来找我，抢着为他捐款。从幼儿园小朋友到白发苍苍的老人都来了。林警官家的小蒙蒙第一个捐的，她说要给果果哥哥买书。”

金果鼻根发酸，他都不敢抬头了。

“孩子们，金秋警官经历过战争的考验，我在他身上只看到正义、勇敢和奉献。他任何时候都在为人民服务，真正舍己为人，舍生忘死。要是他悠着点，也不至于累倒。我每次都劝他注意身体，保重健康，他总是呵呵笑……如今我想起他就痛心，痛心之余满心敬畏。这样无私的人很伟大，值得我们学习。我谢谢你们冒着炎热来采访。他要是在，看见你们该多高兴啊！”

太阳落山了，街头亮起路灯，如果不是章老师劝阻，大家还要一扇门接一扇门地问下去。起初，这里只是一条叫西凤的老街，它不繁华，不热闹，也算不上好看。他们来这里，只是为了完成一项暑假作业。可是等大家离去，他们已经深陷金警官幕天席地的热忱中，整条街上都氤氲着他的温暖、纯粹、高尚。他的生命像落霞一样绚丽缤纷，他的灵魂像霞光中的翩翩飞鸿。他领着他们这群被感动的雏鹰，翱翔于万仞，非梧桐不栖，非醴泉不饮。同学们一路沉思，章老师默默开车，车里回荡着那首慷慨、深情的《真心英雄》：

灿烂星空，谁是真的英雄
平凡的人们给我最多感动
再没有恨，也没有了痛
但愿人间处处都有爱的影踪
用我们的歌，换你真心笑容
祝福你的人生从此与众不同
……

致敬爸爸

每个暑假，丁戈都要上好多提高班。他一半时间补课，一半时间旅行。今年他取消旅行，跟爸爸妈妈表态，要把暑假变成彻彻底底的第三学期。

“那说好的全班自驾游怎么办?”

“往后推啊，我又不是年年都考实验学校。”

丁戈从早到晚上课，晚自习学到十一点，比平常用功多了。丁戈妈妈最高兴，她给爸爸打电话每每赞叹：“我们的小丁戈终于长大了。”

金果也忙于补课。他上午休息，写写作业，下午去老师家。老师们都是义务劳动。妈妈不好意思，她让金果捎上外婆的草鸡蛋，老师们像商量好的一样，统统让金果带回家：“你学习任务重，要吃得有营养。”

这天，丁戈的老师有特殊情况，金果的老师也临时有事，他们突然获得了一天的假期，两个人不约而同给对方打电话。

“金果，我想跟你去和平山，怎么样?”

“好啊，我们坐 2 路车去。”

“还有崔雨阳，她下周就去北京了。”

金果打电话跟妈妈请假，妈妈像爸爸那样天天加班值班，她满口答应，匆匆说了句“注意安全”，就挂了电话。

崔雨阳戴着白色遮阳帽，穿着白T恤、白短裤、白球鞋，抱着一束白色香水百合，她身边还跟着瘦小的周明亮。“真巧，我一出门就遇上了他，他非要跟我来不可。”

“金果，你爸爸写给我爸爸的信我全看了，将来我要复印一份送给你。如今我爸爸在王佳琪爸爸的火锅店上班。多亏金警官，我当然要去感谢他。”

“谢谢你，周明亮！”

“都是老同学，客气啥，走吧。”崔雨阳请他们喝矿泉水。她怀里还紧紧抱着一包苹果、橙子、蛋糕甜点，说：“这是我给金伯伯的，不许你们吃。”

2路车很空，滚烫的马路也很空，车子到达和平山是阳光最狠的正午。公园渺无人迹，知了和鸟雀热得受不了，在林间聒噪。

“金伯伯，我们来了。”丁戈、周明亮、崔雨阳一上山就开始念叨。

金果在前面带路，他又背来一包妈妈的信，还有昨天的数学试卷，十题全对。秦老师说他潜力无穷，只要继续努力就行。金果当时就想来和平山。现在，他的脚步和呼吸都不由得急促，脑门上的汗珠子一串串往下滚，还没到山顶，四个人都热得像湿漉漉的泥鳅。

崔雨阳、丁戈和周明亮都是第一次来，他们望见革命先烈纪念碑和公安英烈纪念墙都很兴奋，一起把脸凑到铜雕的警察头像上。

金果跟他们说起爸爸的新老战友，以及雕塑家们如何一波三折创作这尊铜雕——二十岁的火场英雄魏强和他一生悲苦的老母亲。四个人在碑墙之下默哀良久，这才绕到纪念墙后面去找金秋警官的名字。

这次没有新名字添加。金果摸了摸“爸爸”，丁戈和崔雨阳、周明亮轮番上去摸，他们喃喃呼唤着“金警官”“金伯伯”，一行一行朗读墙上的名字，也不管火烧火燎的大太阳。

崔雨阳献上鲜花、水果、蛋糕甜点，还有一罐蓝色幸运星。

“我给金伯伯折的。”她把“星星”挂到白色香水百合上，蓝星星在阳光下闪烁着宝石一样纯洁的光芒，“金伯伯，我认养了一棵喜树，每天给它献花。我觉得喜树是你，你就是我们的喜树。下周我要去北京了，北京那么大，我一定能找到一棵我喜欢的树。反正满世界都是树，只要看到高大笔直的树我都会想起你，金伯伯！不管我长大了能不能当警察，我一定会努力做一个正直向上的人。我向你保证！”

“我也向你保证，金伯伯，我正在努力考实验学校，我要和金果在一起。请你向我发功，耶，我一定要考上！”丁戈双手按着石墙，仿佛在汲取力量。

“金伯伯，请您原谅我从前的错误。谢谢您帮助我爸爸！他上班了，他再也不去‘矿上’了。我、爸爸、爷爷都过上了好日子。敬爱的金伯伯，请您安息吧！”周明亮高高举起双手把头深深埋下去。

金果把期末试卷压在蛋糕下面。四条手臂不约而同地高高举起来敬礼。寂静中，一只小青蛙从草丛里蹦出来，它只有拇指那么大，四肢纤细得像铅笔线，“啪”的一声，它落在了试卷上。

“哇，好神奇啊。”崔雨阳和丁戈扑上去。

金果拦住他们，说：“给它自由。”

小青蛙蹦出试卷，它跳进了草丛，在他们的注视下，一下一下蹦进了松林。

“是爸爸吗？”金果的心怦怦直跳，一串亮晶晶的汗珠子滑进眼帘，让他的眼睛生疼。他跑过去抱住墙，忍不住踮起脚亲了一口“爸爸”。

金果贴墙依偎着“爸爸”，他说起二级英模、期末考试、暑假补课、雏鹰行动、小姑的《热爱生命》、石头哥哥和王天一、甘伯伯的钱，还有最爱跟爸爸撒娇的铁树，如今它栽在院子里归李大爷管。千年铁树开花，爸爸我一定会好好努力。

头顶的知了与鸟鸣相映成趣，好像爸爸在呼应他。

“来凉快凉快，金果。金伯伯一定知道我们的心！”丁戈和崔雨阳拉着金果去林间吹风。太阳实在太晒了，他们的头上、脸上、胳膊和腿上都流淌着浅浅的小溪流。

周明亮独自像壁虎一样趴在纪念墙上小声抽泣：“金伯伯，请您原谅我从前不懂事……”

忽然，周明亮的手机唱歌了：“我们是共产主义接班人……”

“爸爸，我在和平山看金伯伯。放心吧，我跟金果他们在一起。”讲完电话，周明亮举着手机问大家，“你们猜这是谁给我买的。”

“王佳琪爸爸？”

周明亮摇摇头。

“你爸爸的第一个月工资？”崔雨阳以为自己说中了。

周明亮还是摇头：“是派出所的林警官送我的，他让我有困难就找他。还说这也是金伯伯的心愿。”

“你的手机铃声好特别呀，周明亮！”

“我不知道怎么感谢金伯伯。林叔叔就找出这首歌，说唱着它就会找到金伯伯。它是我这段时间的心声。”周明亮仰面冲着公安英烈纪念墙和高高的革命先烈纪念碑，高声唱起来：“我们是共产主义接班人……”

丁戈、金果和崔雨阳走过来一起放声唱：

我们是共产主义接班人
继承革命先辈的光荣传统
爱祖国
爱人民
鲜艳的红领巾飘扬在前胸
不怕困难
不怕敌人
顽强学习
坚决斗争
向着胜利勇敢前进
向着胜利勇敢前进前进
向着胜利勇敢前进
……

四个人唱完，一起贴在墙上，好像四只小壁虎。不知过了多久，也不知道谁起的头，他们在墙下滚烫的地上，用手指你一笔我一笔写下一行字："爸爸（金伯伯）我们永远想念你！"

他们对着纪念墙集体敬了一个队礼，这才沿着林荫道下山。走着走着，大家开始找鸟窝，追野兔，翻起石头看蚂蚁窝。金果爬上 2 路车的时候，竟然忘掉了忧伤。

不知是太累，还是热昏了，大家上车就被颠簸得睡了过去，醒来已到市中心的大明路。车一停下，呼啦啦拥上来很多人，座无虚席，过道都被挤得满满当当。金果和丁戈本来坐在驾驶员后面，看见一对白发老人上车，他们不约而同地起身让座。

"谢谢小朋友，真懂礼貌，这么多人，你们站着也受罪，来，坐爷爷奶奶腿上吧。"

"不用，我们喜欢站。"金果笑着说。

"站着会长高。"丁戈一句话没说完，就被一个小胡子男人撞倒了。

下一站挤上来更多人，金果也险些被挤倒，幸亏丁戈一把揪住他。车下还有很多人在挤，车门无法关上。驾驶员大哥哥只能拼命按喇叭冲窗外吆喝："别挤了，等下一辆吧，已经超载了。"可是车下的人依然挤成一团。忽然有人尖叫：

“妈呀，我的钱包呢？有小偷，抓小偷啊！”

一个穿长裙的阿姨高举双手，满脸惊慌。人们这才轰地散开。金果心跳加速，四下张望。车门却哐当一声关上了，车子迫不及待地朝前开去。长裙阿姨紧追着汽车喊：“等等，小偷上车了，快停车！”

车里的人都被挤得要背过气去，大家都希望汽车赶紧动起来，空调赶紧运转，谁也没空儿去管别人。

金果看了一眼丁戈，丁戈也盯着金果。两个人的目光焦急地撞在一起。车子因为提速太快，他们和一堆人朝车后门方向栽下去，车厢里响起一片叫骂和嘘声：“怎么开的车，什么水平！”

等金果和丁戈相帮着重新站好，金果发现丁戈背后站着一个黄头发的小伙子。他穿着一件粉红短袖衬衫，背着硕大的双肩包，一只手插在裤兜里，另一只手吊住安全把手。金果的目光才落到他身上，他就像含羞草一样浑身卷曲，白皙的脸涨红得厉害，长睫毛激烈地扇动着，抓把手的五根手指颤抖不已。金果用胳膊轻轻碰了一下丁戈，丁戈趁着汽车拐弯，扭头瞄了一眼。他冲金果递过手机。金果腾出手给林叔叔发短信：“林叔叔速来2路车正义路站有小偷。”

金果挪到驾驶员大哥哥身边，心想假如林叔叔来不及，是不是可以让他配合一下。黄头发像是感觉到了什么，他紧张地往车厢后面挤，那只抓把手的手依然在难以抑制地颤抖。一定是个新手。崔雨阳从金果和丁戈的脸上迅速获得情报。她拽上周明亮，假装快到站了，让出座位，跟着目标朝后挤。丁戈也悄悄跟上。车里响起到站广播。

林叔叔回信了：“让司机看短信，我是西凤派出所警官林刚正，请配合警方把车开往团结湖派出所，车上有小偷。谢谢！”

“大哥哥，你好！”

“干吗呢？注意安全。我们的车严重超载。”

谢天谢地，前方红灯，汽车缓缓停下。金果借机凑到大哥哥耳边说：“有小偷！”说着把手机递给他。大哥哥读完短信，不动声色握紧了方向盘。金果扭身去和丁戈、崔雨阳、周明亮会合。

黄头发停在一个抱婴儿的年轻妈妈身边，婴儿开心地吐泡泡，在跟妈妈玩碰碰头游戏，母女俩玩得很开心，丝毫没有意识到危险。车厢里的人多数在低头玩手机。几个年轻的背包客在互相炫耀着新买的手链，高声说笑打闹。一个老阿姨买了一大包毛绒玩具，她的包裹戳到了一个小姑娘的眼睛。小姑娘哭起来，她的奶奶不停地抱怨。拿包裹的阿姨很生气：“干吗，想舒服挤什么公交，有钱打车去啊！”

“你撞了人家孩子还出口伤人，什么素质！真没教养！”

“你这么大年纪骂人就有教养？我的包裹又没长眼睛，我又不是故意的。有必要这么凶吗？”

“喂，吵什么吵，下车，下车，我们要在正义路下车！”一群不耐烦的人往后门挤。

绿灯亮了，驾驶员大哥哥一边加足马力，一边大声宣布：“对不起，车子出故障了，要先解决问题。”

“那你停车，让我们到站的下啊！”

金果、丁戈、崔雨阳、周明亮四双眼睛前后左右紧张而秘密地盯梢。黄头发贴着那些嚷嚷要下车的人，低着头，偶尔急速瞄一眼窗外。车子一个右拐，忽然停了，车前车后出现好几辆摩托车。可是不见警车。天哪，怎么办？金果的心快要蹦出嗓子眼了。

“金果！丁戈！”崔雨阳忍不住揪住他俩的衣服。

车后门打开又迅速关上，上来两位戴头盔的高大魁梧的硬汉揪住黄头发，其中一人举起警官证喊：“老实点，我们是警察！”一边解开头盔。

“林叔叔！”金果他们异口同声地把憋了一路的紧张都喊了出来，一边惊讶林叔叔他们的眼力。

黄头发的脸像泼了猪血，他的腿软下去，直接瘫在地上。金果、丁戈扑上去揪住他的背包。林叔叔和他的搭档不由分说铐住他。

“谢谢司机同志配合！”林叔叔大声说，“请您下车帮我们做个笔录吧！”

车下就是团结湖派出所。两位警察和四个少年一起押着黄头发下车。

“到底怎么回事啊？”

“天哪，吓死我了！”

“难道这个人是小偷？”

乘客们惊魂未定地追上来看热闹。

“车上有小偷，是这四个小家伙发现的。”

“他们小孩子报的案，真勇敢！”

“太刺激了，竟然亲自遇到警察抓小偷。”

丢钱包的长裙阿姨接到110通知，已经等在派出所。林叔叔打开那只硕大的背包，倒出五六部手机、两个大红钱包和一个带细金链子的女式小坤包。

“居然是你偷了我的包！小小年纪怎么不学好！”长裙阿姨拿起自己的小坤包，给大家看钱包里的身份证照片。围观群众都冲上去要打小偷。

“喂，你们干什么呢，处治小偷是公安局的事。你们啊，先给这四位勇敢的小朋友一点儿掌声吧！”林叔叔一边拦住大家的拳脚，一边带领众人给金果他们鼓掌。

“谢谢你们啊，小朋友，今天多亏你们机智勇敢，我的银行卡、身份证和手机都在包里。走，阿姨请你们吃冰激凌！”

“不用不用！”四个人一起害羞地摇头。

金果不想影响林叔叔工作，看看没什么事就告辞。林叔叔拦住他们，每人赠送一张他的警民联系卡，说：“有句话叔叔要告诉你们，你们是未成年人，遇到紧急情况要多动脑筋，在保护好自己安全的前提下再配合警方工作，就像今天这样，你们干得很漂亮！我会请示领导给你们重奖。等着我的好消息！”

四个人因为做了一件意想不到的好事，不由得扬眉吐气，干脆一鼓作气步行回家。走到半路，林叔叔的好消息就来了：“袁局长说，为了奖励你们，下周六将邀请你们和你们的好朋友来警营一日游。”

“哇，会见到枪吗？林叔叔，我要打枪！”丁戈抱着手机跳起来。

“会的！”

“我要看看传说中的剑齿虎！”金果也激动起来，他一直缠着爸爸要看，爸爸总是说以后以后。这下好了，下周六。

“可惜王佳琪走了，崔雨阳，你行吗？”

“我必须去啊，不行就让我爸爸改签机票。耶，我们把四（1）班的同学都喊上吧，把谷老师和怡宝也带上！行不行啊，林叔叔？”

“多少人都行，人多才有夏令营气氛。”林叔叔嗓门真大。

“太好了，那我得问问我们四（8）的郝嘉、王天一、常谦他们，回家给他们一个一个打电话！”

“没问题！我代表公安局热烈欢迎你们！”

金果的脸红得像熟透的红苹果，大家围着他欢呼雀跃。街头的人奇怪地看着他们，大概以为他们买彩票中大奖了吧。

“关于枪，我知道得可多了，什么77、64、92、微冲枪、狙击枪、防暴枪。天哪，我还想看警犬，看法医解剖和警务直升机。”崔雨阳激动得像说相声。

“你怎么知道这么多啊？”周明亮有点儿犹豫，他小心地皱起眉头。

“兴趣是最好的老师，我不是说了吗，长大我要考警校。你们以为我吹牛啊？”

丁戈碰碰金果：“怎么样？你也要考警校对不对？”

“难道你不考？”

“你考我当然考，我们说好要一起的！”

“哈，今天真带劲儿，金果，这一定是我童年里最难忘的一天，至少是我在凤城最难忘的一天。提前过了一把警察瘾！等我去了北京，一定好好学习，将来你们就等着我的好消息吧。喂，金果、丁戈，不要忘了我们长大了做战友！”

“周明亮，下周六你跟我们一起去吧，机会难得！”金果扭头拉住周明亮的手。

“好——吧！”周明亮的脸红通通的，都是汗，好像又爬了一回和平山。

其实从抓小偷开始到现在，他一直没说话，一双手湿漉漉的，不停冒汗，尤其是刚刚大家要打小偷，他忍不住抱着身子暗自发抖。

金果看出来了，他抓紧周明亮说：“我们大家一起去，谁也不许缺席！”

“下周六警营见！”

“警营见啦！”

“春风得意马蹄疾，一日看尽长安花。”一个人心里装着好消息，走路都会轻快许多。丁戈今天第一次追不上金果了。

“等等，金果，下周六我可是有课的。”

“我也有课，跟老师申请调课呗。你舍得不去？”

“我当然要去。唉，就差王佳琪！”

“对了，这个我还你。你不说王佳琪我又该忘了。”金果从书包里翻出一只拇指大的沙漏。

“这是什么？”

“去年你生日王佳琪送的礼物。当时你不要，随手塞给我。这几天我整理书架发现的，物归原主吧！”

丁戈接过沙漏，底下写着他和王佳琪的名字，还有“生日快乐”。

“真有意思，看看这学期，我把你们先后都漏光了。她为什么送我沙漏？真是！”

“你不想要？不想要还给我吧！”

“谁说不想要啦！”

“沙漏是提醒我们珍惜时光。所有的时光都会成为往事。我们要努力把每一个今天都变成美好的回忆。加油丁戈！你考不考得上实验学校，当不当警察，都将是我最重要的好朋友，这个我保证。”

“我也保证，金果。我当然要上实验学校，不仅为你，也为王佳琪。长大了我想去国外寻找王佳琪。你信吗？”

“我为什么不相信呢?!”

“你看崔雨阳赠你的日记了吗？”

“还没有，这不是一直忙期末考试嘛。”

“我可是偷偷看了，她给你抄的全是励志金句。”

“是吗？我回去看看。她也是我永远的好朋友！”

告别丁戈，老远，金果就看见门卫李大爷拎着满满一桶水，身子直打晃。

“爷爷，让我来。”金果一口气把水拎到门房。

“你这孩子，就像你爸爸！”李大爷一边挺背，一边乐呵呵地说。

金果想好了，抓小偷的事先不告诉妈妈，等到警营一日游，给她一个惊喜。到时候他一定要参观“于警官”的办公室。

外婆坐在客厅打毛线。大热天，她抱着那堆毛茸茸的东西也不嫌热。

“厨房里冰了西瓜，还有凉好的绿豆汤，先解解渴，蒸锅里有饭有菜。”

“我自己来，外婆，这些毛线活儿要打到什么时候啊？”

“金果，你是不知道啊，养老院的、福利院的，啧啧啧，世上还有好多人吃不饱饭、穿不上衣服。倒是有件重要的事我要转告你。”外婆停下手中的活儿，“你们杨校长来电话，下个月有位美国来的高中生哥哥，他想找一户中国家庭住一周，体验风城的风土人情，由你负责当大哥哥的翻译。”

“好是好，可是我要补课啊。”

“杨校长说了，补课的事可以往后挪，他希望你好好陪这位远道而来的大哥哥，丰富一下暑期生活，重点是他希望你接受新的挑战和锻炼。”

“太好了，这又是一个好机会！我可以跟美国大哥哥练口语喽，可是妈妈工作那么忙——”

“傻孩子，不是还有外婆吗？你领着美国大哥哥在城里玩三天，然后跟我回青龙山庄。我那里有吃有住有玩，山上大片大片的花田，这个季节花儿全开了，五颜六色美得像图画。我保管你们玩得开心。”

“太好了，啦啦啦，幸福的暑假终于开始了，我好久都没这么开心了，外婆。”金果在阳台与客厅之间来来回回像小马驹一样跳跃。

“我们还可以带美国哥哥回一趟牛家湾。奶奶来过很多电话，她很想我们。要说风土人情，牛家湾才够中国味儿呢。”

“没错！”

外婆笑盈盈地望着金果。她的目光越来越浓稠，越来越湿润。一低头，外婆揉了揉鼻子。

“你这孩子，终于又恢复成了一个小孩子，真好啊！”外婆抱着毛线活儿舒心地笑开了。

电话跟着兴奋得直叫，金果啪啪啪奔过去。

“喂！喂！喂!”金果抱着话筒一连喂了十多声，直到里面传来嘟嘟嘟的忙音。

金果一抬头，视线恰好落在书橱里爸爸穿警服的大照片上。

如今黑纱已经褪下，一抹斜阳让爸爸的国字脸熠熠生辉，爸爸正亲密地望着他笑。

莫非是爸爸的电话。

金果暗暗提起嘴角，他向书橱里的爸爸走去。

三叉戟（节选）

吕　铮

1

太阳在云层中隐着，泛出灰白的光。正是夏末时节，天气炎热，被炙烤过的树叶卷曲着，像羞怯的小媳妇。在B市市公安局门前，一个五十多岁的男子在大声吵闹着，他衣衫褴褛、蓬头垢面，手持一根破铁棍，喊着喊着突然一下子跪在了地上。行人们纷纷驻足观望，不一会儿就围了一圈。看门的保安队长劝阻无果，第三次跑到门口的值班室里。一进门，崔铁军正端着个大搪瓷缸子，把一杯凉凉的花茶送到嘴边，保安一慌，撞得桌子一歪，让崔铁军把花茶洒了一身。

“哎哎哎，怎么茬儿这是？你丫赶着投胎去啊？”崔铁军气不打一处来。

保安更加慌乱，忙拽过一块抹布往他裤裆上抹。

“滚滚滚，还想占老子便宜是吧。”崔铁军一把推开保安，“急什么急？刚才教你的法子不管用啊？”他年近六旬，稀疏的头发已经花白，但目光却炯炯有神，一身警服穿得歪歪扭扭，说起话来不紧不慢。他是经侦支队的民警，因为还不到一年退休，领导就照顾他让他负责门岗。别看这只是个看大门的活儿，但相比经侦支队“白加黑、五加二”的加班加点，可真是天上地下了。

“不管用啊，崔爷，我就照您刚才吩咐说的，告诉他公安局不管文物的事儿，让他交到文物局去，但我说话不管用啊，他说必须见咱们局长才行。”保安气喘吁吁地回答。

“废物，你肯定是没把他拿住，唉……还是毛嫩啊，我告诉你啊，一会儿出去得这么说……”崔铁军不耐烦地嘟囔。但他话还没说完，门帘一挑，郭副局长走了进来。保安一看赶忙立正，崔铁军也把姿势收敛了许多。

郭副局长与崔铁军同岁，一进门就看到崔铁军敞胸露怀的样子，他忍住没有发作，反问道："您老……凉快呢？"

"哦……挺，凉快……"崔铁军应和着。

"但外面的人不凉快啊，人家都跪了半天了！"郭副局长还是没能压住火气，"老崔，你这怎么值的班啊？门口都闹开锅了，你还在这儿坐着。坐着就坐着吧，你瞧你这一裤子，你这是……干吗呢……"郭副局长撇嘴。

崔铁军立马站了起来，脸色有点儿难看，他倒不是怕局长的几句呲叨，关键是当着保安没面儿。"嗨，我这不是让保安先劝着呢吗？这道理您也懂，等保安说不动了，我再出去，这好歹有个缓冲带不是？"他解释道。

"缓冲个屁，老百姓都扎堆儿了，110指挥中心都接到群众举报了，在市局门口有人上访，我还以为这儿没人管呢！"郭副局长气得拍了桌子。

"哎哎哎，咱出来说，出来说。"崔铁军一边把郭副局长往门外推，一边拽过刚才保安拿的那块抹布擦着裤子，"哎，把那喇叭递给我。"他又对着保安说。

一出门，热浪袭来，崔铁军拢了拢头发，整了整警服，一边走一边说："我说老郭啊，你是不知道，这孙子外号叫范大傻子，是个'文疯子'，以前是二机厂的，二十年前跟着二冬子那帮流氓混过两年，没落着好，媳妇让车撞了之后，脑子就出了问题，一直以为二冬子还在号儿里，总想卖点家当捞他出来。这种人啊，咱就不能搭理，就跟小孩儿哭闹一样，你越劝他就越来劲……"崔铁军和郭副局长在三十多年前就在一起警训，当着别人面叫郭副局长的官称，独处就随意下来。

"那按你的意思呢？就让他在这儿闹？不管他？那老百姓怎么看咱们？怎么看警察？"郭副局长转眼看着他。

"我也没说不管啊，这不得晾晾再管吗？等他闹没劲儿了，上去说几句就完。哎……你别露面啊，他要知道局长来了，更来劲了。"崔铁军叹了口气。

跪在门口的范大傻子看到崔铁军，立马像打鸡血似的站了起来，眼睛里放出针尖似的光芒："政府，政府！我就找你！"

崔铁军一看，苦笑着走了过去。

"怎么茬儿啊，老范，还是为的那把宝刀啊？"崔铁军指了指范大傻子手里的"兵器"，故意放大声音问。

"哎！不是宝刀，您这怎么听的啊？是九龙宝剑，九龙宝剑！"范大傻子说。

"什么？什么剑？"崔铁军装没听见。

"九龙宝剑！乾隆爷的九龙宝剑！"范大傻子几乎喊了出来。

"我耳背……"崔铁军指了指自己耳朵，说着把手中的电喇叭递了过去，

“拿这个说，听得清楚。九龙宝剑？什么来头啊？”他问。

“哎！我跟你说了多少遍了，你怎么记不住啊！”范大傻子顿足捶胸，他拿起电喇叭，神经质地大声说，“九龙宝剑是乾隆爷生前的防身宝器，乾隆爷死后就陪葬于河北清东陵，军阀孙殿英将其从墓中盗出，欲发不义之财，但迫于压力，将此剑交给特务头子戴笠欲呈给蒋介石，不料却落入间谍川岛芳子之手……”范大傻子拿着喇叭，有板有眼地在市局门前说起了评书，围观的群众一听都笑了起来，才意识到这位爷不是有冤屈到公安局上访，而纯属是脑子有病。

看火候到了，崔铁军一把从范大傻子手中抢过喇叭，大声对围观的群众说：“各位散了吧，听评书回家听去，单田芳比他说得精彩。”

这话一出，人们嬉笑着散去，但范大傻子却不干了：“哎，你干吗啊，我还没说完呢！”

“说什么啊，我不上次告诉你了吗？我们公安局不管这文物的事儿，要去你得去文物局。”崔铁军说。

“我就是从文物局来的，是他们让我找公安局。有困难找警察，我有困难了，你们得管！”范大傻子竟然振振有词。

崔铁军有点儿不耐烦了：“那行行行，你把那什么宝剑给我吧，我帮你拿给局长。”他说着就要过去拿。范大傻子却一下推开了崔铁军的手：“不行，我得亲自见你们局长！”

“嘿，我这暴脾气的！”崔铁军不顾阻拦，还是一把攥住了范大傻子手中的“剑”，这哪里算是什么剑啊，就是一根破铁棍，死沉死沉不说，还锈迹斑斑。范大傻子看崔铁军动了粗，也不示弱，猛地往自己怀里拽。崔铁军一趔趄，手中的电喇叭也掉在了地上，发出刺耳的交流声。两个人顿时撕巴起来。

郭副局长再也看不下去了，一个箭步冲了过来：“放手，老崔，放手！有这么对老百姓的吗？啊！”他先是呵斥崔铁军，随即又对范大傻子摆出一副亲民的模样，“哦，你好，我是公安局的副局长，有什么事跟我说。”

“啊，你是局长？”范大傻子趁崔铁军松手的机会把铁棍抢了回来，“你是局长？”他疑问道。

“废话，你看看他的肩章不就知道了？我是两个杠，人家是一个花。”崔铁军说。

“哦，哦。”范大傻子连忙点头，“我就找你，就找你。”他说着就冲郭副局长走了过去。

郭副局长清了清嗓子，正想着该从哪方面做通这个“文疯子”的思想工作，却不料范大傻子手法极快，趁其不备，猛地扑了过去。

“不好！”崔铁军看范大傻子手往兜里插，顿觉危险。但为时已晚，此时范大傻子已狠狠搂住郭副局长，用一把改锥抵住了他的颈动脉。

“你干吗？”崔铁军厉声质问。

“你……你们快把我大哥放出来！要不……要不我就宰了他！”范大傻子嗓音尖厉，眼里露出凶光。

“你大哥是谁？”郭副局长轻声问。

“是……是二冬子！被……被你们抓了！快……快放人！”范大傻子气喘吁吁地回答。

“二冬子？”郭副局长皱眉，他瞅了瞅一脸无奈的崔铁军，试探地说，“我说老范啊，二冬子现在不在我们公安局，他……早就死了……”郭副局长说的没错，只要在B市当警察的都知道，曾经的悍匪二冬子，早就在二十年前被警方击毙了，说他被抓显然是无稽之谈。但范大傻子却不信这一套。

“你胡说！我大哥根本就没死，是……是你们把他秘密关押了！你……要是不放，我就弄死你。”他说话的语气让人不寒而栗，“要不……要不这样也行，你们帮我把这九龙宝剑给卖了，卖的钱都归你们，你们只要放了我大哥就行！”他的语气转瞬又变成哀求。

崔铁军知道，这是精神病人最危险的时候，光靠劝是不行了。此时市局的刑警们已经冲了出来，荷枪实弹地准备武力解决。

“干什么？你们想打死一个傻子？”崔铁军质问已经打开手枪保险的刑警队长。

“那怎么办啊？崔爷，这孙子犯起病来，再给郭局伤了。”刑警队长轻声说。

“快叫大棍子来，快点儿！”崔铁军说。

“大棍子？”刑警队长皱眉。

“靠，叫习惯了。是那谁，老徐，徐国柱！”崔铁军提高了嗓音。

2

市南区江州路的一处大型连锁超市门前，身着警服的徐国柱正和另一个警员在处理着纠纷。纠纷起因很简单，一个人把商铺的车位给占了，商铺老板让他挪车，几句话不对付两个人就撕巴起来。徐国柱接到110布警的时候正在附近巡逻，一听有事就马上和同事赶到了现场。现场混乱不堪，逛超市的人们大都没什么正事，一看有人吵闹立马围拢。

巡逻民警的职责并不是处理纠纷，而是及时制止，将双方带到派出所处理。徐国柱今年五十八岁，留了个板寸，脸上的肌肉总绷着劲儿，跟谁欠他八百吊似的。他身材魁梧彪悍，一看年轻时就是个练家子。他干了三十多年的刑警，快退休了被下沉到基层派出所，成了巡逻民警。徐国柱觉得度日如年，相比他昔日辉煌的警察生涯，他觉得现在的自己像是混吃等死的行尸走肉。本来是个小事，却不想面对警察的干预，那男子不但丝毫没有收敛，反而更加疯狂起来。想想也是，在这个年头，除了警察的儿子之外，是没人怕警察的。

徐国柱挎着警务“八大件”，拿执法记录仪对着男子，尽量心平气和地说：“我跟你说了，孰是孰非要到派出所解决，你现在这么闹一点儿意义都没有。”

“谁闹了？你凭什么针对我？啊，我说他怎么这么嚣张呢，你们是他的后台吧！官商勾结，没一个好东西！”男子指着徐国柱的鼻子说。

“你……”徐国柱一愣，嗓子仿佛被鸡毛噎住了，心里郁积的压抑一下就随着血压爆升到了高压180，“你说谁官商勾结呢？”徐国柱反问男子。

“你……就是你们这帮警察！”男子的手指几乎指到了徐国柱的脸上。

“你再说一遍试试！”徐国柱脑袋一热，就一把揪住了男子的脖领，往上一拎，男子几乎双脚离地。这下围观的闲人们可美了，大家正愁没热闹可看，一看这架势，纷纷拿出手机，等矛盾升级。

旁边的警员赶忙过来劝阻，但徐国柱已经把人家提拉起来了，再放下可就不容易了。徐国柱心里也开始发虚，眼看骑虎难下之际，一辆蓝白道警车风驰电掣地开到了面前。刑警队长从车里跳了下来，三步并作两步跑到了跟前。

“老徐，有紧急任务，快跟我走！”他雷厉风行地说。

“啊？我这……”徐国柱还没反应过来。

“哦……”刑警队长瞥了一下他手中提拉的男子，转头对身后的刑警说，“你们两个帮老徐处理这事。你跟我走！”他说着就一把将徐国柱拽了过来。那男子这才双脚沾地，但他刚缓过一口气就又开始发飙，冲着那两个刑警又重复了一遍骂徐国柱的话。没想到俩刑警一点儿不比老徐软，一个控制周围群众录像，另一个二话不说，一把就将男子拽进了老徐他们的巡逻车……

警车在路上飞速行驶，徐国柱用手揉着脑袋：“哎，我说大领导，这是怎么茬儿啊，你怎么想起我这老家伙来了？”

刑警队长知道徐国柱一直记恨着下沉的事，并不接锋芒：“哎，您也是，跟这种人较什么劲啊……现在和以前不一样了，警察不好干了，以前当警察走在街上流氓都躲着走，耀武扬威的。现在呢，穿着制服走在街上自己心里都打鼓。”

他岔开话题说。

“妈的，现在是什么世道啊，什么人都敢跟警察奓刺儿。这要搁二十年前，我早他妈收拾他了！你要不拿自己当人，就没人拿你当人……”徐国柱叹了口气，他拿出一根中南海香烟，把烟屁股往大腿上磕了磕，自顾自地点燃，“说吧，什么事儿？没事儿我下车了。”

刑警队长简要叙述了情况，徐国柱听了破口大骂：“我就操他大爷的，这个‘大背头’！有好事想不起来我，碰到这事儿了倒想起我了。人家大局长被劫持了，得你们刑警上啊，叫我这么个老废物过来干吗啊，替他当人质去?”徐国柱猛抽了一口香烟。

“哎，老徐，这都是领导的意思，我也是照方抓药。”刑警队长不想招惹是非，抹着稀泥。

徐国柱不再说话了，他知道事情不那么简单，但心里却并不慌乱，三十多年的刑警生涯早就让这帮老警察练就了泰山崩于前而色不变的本领。

到了现场，徐国柱立马就明白了。范大傻子一看见是徐国柱，嚣张的气焰也顿时灭了一半。

徐国柱并没有直面劫持现场，而是先走到崔铁军的面前：“哎，我说大背头，你丫这犯的是什么情儿啊？你看大门就好好地戳着，有事让人家年轻的处理，你往前冲什么啊，等着立功解决调研员呢？我他妈一个臭脚巡，管得着这劫持现场吗?”他一点儿不留情面。

“嗨，我说‘大棍子’，要不是这孙子犯了病，我也不能请你来啊。你看，我一搞经侦的，哪儿办得了这事儿啊……”崔铁军在老朋友面前不说假话，因为他年轻时总是西装革履的，所以被起了个“大背头”的外号，只有老家伙们才这么叫他。

“靠，你们经侦都这德行，捅了娄子让别人来擦屁股，这么大雷你让我扛着，你丫真有办法！我还告诉你啊，就这一次，成不成的，晚上小肠陈你丫请我吃卤煮去。”徐国柱的外号叫“大棍子”，干了三十多年的刑侦，至今还是光棍儿一条。

“哎，什么成不成啊？必须成啊!”崔铁军说。

“成了算你的，不成你补他那个缺。”徐国柱说着解下腰间的“八大件”，扔给崔铁军，径直走了过去。

范大傻子从徐国柱一下车就目不转睛地盯着他，看他向自己走过来，心一下就提到了嗓子眼儿。

“嘿！我说你丫长本事了吧!”徐国柱高声厉喝，一迈腿就跨过了警戒线，冲着范大傻子就奔了过去。

范大傻子一哆嗦，改锥又进了一步，郭副局长疼得只喊“哎哟”。但徐国柱却一点儿不为所动：“你要干吗啊？扎死他？扎！往死里扎！我就是让他给下沉的，正想弄死他呢！”他在距离两米处停下来。

“我……我就是想让你们把我大哥给放了。”范大傻子的音调降了八度。

“谁是你大哥？”徐国柱问。

“二……二冬子……”范大傻子回答。

“二冬子？你有病啊！我是谁啊？啊！”徐国柱把眼睛瞪圆，又往前走了一步。

“你……你是，大……大棍子……”范大傻子回答。

“认得还废什么话！你不知道二冬子怎么死的啊！都他妈二十年了，你狗记性啊！”徐国柱声如洪钟，指着范大傻子的脑门儿，“就冲他这个地方，一颗黑枣，贴墙上了。怎么着？你也想试试啊！”

被徐国柱这么一说，范大傻子顿时哆嗦起来：“不可能，不可能……他没死。没死……我听说了，是老鬼耍的花样……耍的花样……”他猛烈地摇头，抖如筛糠，病态越发明显。

“放手！要不连你一块给崩了！”徐国柱猛地走了过去，范大傻子一犹豫被徐国柱一脚蹬翻在地。众刑警赶忙扑了过去，抢过改锥，将范大傻子制伏。

郭副局长惊魂未定，气喘吁吁。他走到徐国柱面前，刚要道谢，却不想徐国柱一点儿不给面儿，扭头便走。

崔铁军看事情解决了，跑到徐国柱身边赔笑脸，徐国柱却不领情，自顾自地往市局里走。

“我告诉你啊，晚上给我拿瓶好酒，别他妈抠抠搜搜的。”

“现在喝酒得报备。”崔铁军笑着说。

“那就报啊，你还怕你上边那个窝囊废？”徐国柱不屑。

“行，我报，你立了这么大功，弄不好开张票还能报销呢。”崔铁军笑着说。

“靠，瞧你丫那揍性，你也就看看大门儿了……”徐国柱撇嘴，“别跟那郭大白话一样，光会当官儿了，连个傻子都搞不定。”徐国柱和郭副局长也是同一辈人，两个人都是“卫生警”（曾经城管的雏形）出身，后一起被社招入警。到了这个年纪，在老家伙们眼里，早就不拿官当官了。

“大背头，那傻子就交给你了，忽悠忽悠他就行了。二十年前就是个主儿，跟着二冬子混过几个月，就真拿人家当大哥了，最后妻离子散，哎……也是够惨的。”徐国柱面带怜悯。

“行，知道了。”崔铁军点头。看徐国柱走远了，他走到范大傻子面前，从地上捡起了那根锈迹斑斑的铁棍。“把铐子给他打开。”崔铁军对两个刑警说。

“崔爷，这……”刑警面带难色，不时看着一旁的郭副局长。

“哎，郭局，你说这傻子也处理不了，这……”崔铁军和徐国柱不同，当着别人还是给郭局面子的。

郭局没说话，冲刑警点了下头，转身进了市局。他在心里懊悔透了，本想弄个领导亲自接待群众的好事，没想到玩了这么一出，灰头土脸不说，那其他几个班子成员还不定怎么看他笑话呢。

范大傻子被这么一吓，彻底尿了。他低着头，看着崔铁军的脚面离自己越来越近，身体颤抖起来。

“以后还闹不闹了？”崔铁军拍着范大傻子的肩膀问。

范大傻子躲了一下：“不……不闹了……”他小心翼翼地回答。

“怕大棍子？”崔铁军盯着他的眼睛。

“是……大……大棍子太凶了。”范大傻子满眼都是恐惧。

“以后还来不来了？”崔铁军又问。

“不……不来了……”范大傻子回答。

崔铁军心里暗笑，他要的就是这个效果。“给你……”他说着把“九龙宝剑”还给了范大傻子，“这宝贝啊，你不能随便拿出来显摆，挺不容易从川岛芳子手里拿来的，弄不好再让谁给抢走了。”

范大傻子狐疑地接过剑，半抬起头看着崔铁军：“崔……崔爷……谢谢了……”他一边说一边往后退，“这文物局也不收啊……”他还是没了了这个心结。

“文物局是不收，因为你没鉴定啊。”崔铁军有一搭没一搭地回答。

“那……哪儿能鉴定啊？”范大傻子问。

“北京，故宫博物院，那儿说了算。”崔铁军也累了，说完转身吩咐那两个刑警，“一会儿把他送到属地派出所，再教育教育，让社区治安员好好看着，别出事就行了。”他说完伸了个懒腰，朝着值班室的方向走去。

3

傍晚时分，市南区的小肠陈饭馆，一共才有四五张桌子的小店挤满了食客，昏黄的灯光摇曳着。这是B市吃卤煮最好的去处，别看环境一般，但味道确实数一数二。崔铁军早早到了，看屋里人多，就让店家在门口支了一张桌子，先要了一瓶冰镇啤酒，一边喝一边等。

夜色像一层面纱，覆盖了世界的燥热，傍晚的街头喧嚣熙攘，但崔铁军的心里却异常安静。他坐在路旁，看着街上如潮水般的车流，突然想到了一个词——物是人非。二十年前的一天，他也像现在一样，喝着啤酒默默地等人，但等的人却再也没有来。如今一切已烟消云散，自己也到了快退休的年纪，他一想到退休就感到心里发空。脚下也似乎没了根儿一样。

正在这时，徐国柱从远处走了过来，身边还跟着一个人。崔铁军仔细一看，那个人正是预审支队最能聊的“大喷子”——潘江海。

徐国柱走到近前，手里盘着一串手串，大大咧咧地说：“哎，大背头，正好碰见老潘，一起吧。”

“靠，还大背头呢，现在头发都快没了。”崔铁军自嘲道，他看了一眼潘江海，把嘴角往上扬了扬，“人多了热闹。”他不咸不淡地说了一句，又觉得失礼，便补充道，“也好久不聚了，今天正好。”

潘江海五十八岁，人长得干巴瘦，薄嘴唇、小眼睛，眼角往上挑着，眼珠滴溜乱转，一看就是个精明人。说实话，崔铁军是不怎么喜欢潘江海的。潘江海属于那种以掌握信息为生命、以交流信息为己任的人，一张嘴就天南海北、云山雾罩，仿佛这世界上就没他不知道的事儿。

潘江海倒是不客气，一屁股坐在了凳子上：“崔爷，你现在这活儿滋润啊，听说上一天歇一天？”他打开了话匣子。

崔铁军最不爱听人提他的工作，但碍于徐国柱的面子，也不好发作：“嗨，我现在就一看大门儿的，混吃等死，滋润个屁啊。”他回嘴道，“不像你，这个岁数了还是预审大拿。”

“大拿……”潘江海自嘲地笑，“我呀，早他妈让人家划到圈儿外了，去年我们支队搞的那个案子你知道吧？那海涛自以为是个预审的‘腕儿’了，弄个经济案子一下让人给玩了，弄一鸡飞狗跳，最后要不是齐孝石给码平了，还不知道该怎么收场呢。这案子就愣是没让我参与，哎……这帮人争功争得厉害。”潘江海摇头。

崔铁军不想再听他说下去，以前跟潘江海喝过几次酒，知道这位一开闸就收不住。他转身叫来店家，要了三碗卤煮，又加了两个“菜底儿”，弄了个花生毛豆拼。

“哎，棍子，喝点儿什么啊？”崔铁军问。

“就白瓶绿标的牛二就行。”徐国柱说。

“哎，你可别给我省钱啊，这顿我可不开发票，自己请，你别完事后悔。”崔铁军说。

“没给你省，那个喝着舒服。”徐国柱说着用手揉搓起珠子，发出咔咔的声音。

“哎，我可不喝酒啊，我血糖高。”潘江海说。

崔铁军没搭理他，拿过店家的一斤装白酒，拧开盖，往三个杯子里匀着倒完：“来，这瓶咱仨先匀了，老潘，今儿既然来了，就不能不喝。”崔铁军说着把杯子递了过去。

徐国柱看着潘江海坏笑：“你呀，就爱耍鸡贼，还血糖高，我他妈‘三高’，比这个你没戏……”

“嘿，哎……”潘江海接过杯子，犹豫了一下，“得，老哥哥说了，我就奉陪。服务员……”他转头叫道，“给我倒杯热水，我吃药。”他说着从背包里拿出一个白色的小药瓶，倒出药片，“拜糖平，我今天多吃两片儿，陪陪你们。”他一掏药瓶，腰间的皮带露了出来，是个挺贵的牌子。

崔铁军冷笑了一下，把另一杯递给徐国柱：“棍子，白天谢谢你了啊。”

徐国柱接过酒杯，撇嘴笑了笑：“你呀，总跟我来这弯弯绕，别人不明白我能不明白？你动这么大架势让我去，还不是用我这淫威吓唬傻子？”

他这么一说，崔铁军也笑出声来：“别……别淫威，余威，余威！”

俩人这么一聊，潘江海也来了兴致：“是上午那事儿吧，我听说怎么着，老郭让人拿刀架脖子上了？”

“嗨，什么拿刀啊，一个破改锥……”徐国柱说，“你还记得范国庆吗？以前二机厂那个。”

“啊，知道，后来不是疯了吗？”潘江海说。

“对，就是他。”徐国柱说着用下巴点了一下崔铁军，“人家牛啊，自己轰不走这孙子，叫我过来擦屁股了。”

“嗨，你是谁啊，名震江湖的大棍子，你一跺脚，咱市局都颤。来一口儿。”崔铁军说着端起酒杯，老哥仨都来了一大口。

“你们知道吗？纪委前几天找老郭了。”潘江海的关注点并没在范大傻子身上。

“为什么？”徐国柱侧目。

“还不是因为经侦支队去年那事，搞案子收钱，让支队那个赵顺一闹啊，折进去好几个。”潘江海说，“这事崔爷清楚啊。”他看崔铁军。

“啊，我一看大门儿的，两耳不闻窗外事，早就不过问经侦的事儿了。”崔铁军解释道。

“哦……”潘江海眼睛转了转，点了点头。

“现在你们经侦啊，是真没人干活儿了。”潘江海摇头，“就说今天下午我们接的一个案子吧，你们那帮人都取的什么证啊？该取的不取，没用的工商材料给我弄来一大堆。哎……没法说。”

崔铁军低头吃了口卤煮，他不想直面这个问题，但事实确实如此，从经侦支队长江浩出事之后，很长一段时间就没人正经干活儿了。聪明的人遇事儿往后闪，生怕算起老账，手笨的勉强支撑，但挑不起大梁。虽然林楠被临时提拔成副支队长主持工作，但还是太年轻，拢不住队伍、聚不起人心。

“哎……不说单位的破事儿了，再来一口。”崔铁军再次举杯。三位开始推杯换盏，不一会儿就干完了一瓶。在潘江海的提议下，大家改喝啤酒，徐国柱喝得高兴，要了一箱燕京。

“哎，听说你们那儿要出新政策了，你不试试去？”潘江海问。

“政策？什么政策？”崔铁军问道。

“嘿，你不知道啊？你们经侦正准备在全局范围聘一批探长呢，不再有年龄限制了。”潘江海说。

“你这都听谁说的？”崔铁军问。

“嗨，听谁说的你就别管了，反正肯定没错。哎，你还不发挥余热弄一个？”

“给我个局长也不干。”崔铁军撇嘴，“你看那老郭，整天坐办公室，都抽抽儿成什么样儿了……”

“所以啊，得出去跑跑啊。说实话，咱们老哥儿几个都没几天蹦头儿了，与其在小年轻的面前碍眼，还不如找点儿事出去转转。”潘江海说。

经他这么一说，崔铁军倒有点儿心动，但反观自己还有不到一年就要退休，还是打了退堂鼓：“算了吧，我现在这样挺好。”他说着自顾自地仰头喝了半瓶啤酒。

大棍子喝得有点儿多了，去厕所放水。潘江海也不知是出于什么目的，一个劲儿地撺掇崔铁军竞聘探长。崔铁军不想再说这个，就换了个话题：“哎，你们预审那个老齐怎么样了，听说从楼上摔下去了？”

“嗨，那哥们儿啊，没法提。”潘江海不屑一顾地摇头，“我平时都不搭理他，整天事儿逼事儿逼的，拿自己当什么‘名提’。你说，为了个案子跳楼，这人是不是有病啊？”

他这么一说，崔铁军有点儿不爱听了，他和齐孝石的关系挺好。看他闷头喝酒，潘江海知道自己是言多语失，就打马虎眼：“其实啊，我和他走得不是特别近，也无权说他，但是老哥哥啊，咱这么大岁数了，可不能再为别人活着了。”潘江海感叹道，“不有那么句话吗？别对婊子动真情，别为口号去献身，见到领导要服小，遇事先把水搅浑。嗨……自己心里明白就得了。”

两个人你一言我一语，又聊了十多分钟，徐国柱却还没回来。

“嗨，这大棍子掉坑儿里了，老潘，我看看去，他喝得不少。”崔铁军说着站起身来。时间已经到了晚上九点，饭馆的生意却越发红火，他绕过一桌桌食客往胡同里走，刚一进去就听到酒瓶子爆碎的声音。他心里一惊，猛地向里面跑去。

在胡同深处的厕所门口，徐国柱正拿着一块板砖，与一帮年轻人对峙。双方剑拔弩张，一触即发。对方为首的年轻人染着黄色头发，穿着一件花里胡哨的紧身T恤，手里正操着一个龇着尖儿的半拉啤酒瓶子。

“哎哎哎，怎么茬儿，别……别动手儿。”崔铁军跑到徐国柱身前说。

“嘿，谁出门没拉拉链，把你给露出来了。你听着啊，这儿没你的事儿，滚开！”为首的年轻人一说，后面的人都哄笑起来。

徐国柱刚要发作，崔铁军却一把拉住他的胳膊。对方人多，好汉不吃眼前亏，这是最基本的道理。

“怎么了？小哥儿几个，有事说事，别动不动就闹炸。”崔铁军话说得客气，语气却挺强硬。

“你说怎么了？你问问他。”为首的黄毛一张嘴，满是酒气，指了指自己的鞋，“是不是眼睛长屁股上了？看看，滋我一脚！”

崔铁军这才明白，是徐国柱喝多了跟他们一起上厕所，尿到人家脚上了。这再怎么说也是自己理亏。“哎，那是不对，兄弟，你这老哥儿喝多了，我代他向你说声对不起，啊。”崔铁军想息事宁人。

却不料这黄毛一点儿不给面儿：“对不起？现在说对不起了？刚才他跟我这儿说什么呢？嘿，我还告诉你说，现在晚了，要想走啊，也行，蹲下给我舔了！”

黄毛仗着人多，嚣张起来。

“嘿，你这……”崔铁军的火也腾地一下起来了，他刚要发作，身后的徐国柱已经炸了。他哪儿受过这个气啊。徐国柱曾经是管“点子”的刑警，从年轻开始，就一直干着整治流氓的活儿，就算许多成了名的“老炮儿”，见到他也得毕恭毕敬地叫声棍儿哥。徐国柱一把扒拉开崔铁军，冲着那个黄毛就是一脚。这一脚够狠的，一下就把他踹倒在地。

“我操你祖宗的，小王八蛋，给脸不要脸啊！”徐国柱大喊。

一动起手来就乱了。徐国柱把手串放进兜儿里，拿着一块板砖就往前冲，崔铁军怕他吃亏，也赤手空拳地冲到阵中。寂静的胡同顿时热闹起来。但两个人毕竟岁数大了，虽然凭着年轻时的底子能应付一阵，但没打几下就气喘吁吁，小伙子们体力足、拳头硬，没几下就把崔铁军放倒了，黄毛挣扎着从地上爬起来，拿起那个碎酒瓶，冲着徐国柱就冲了过去。

崔铁军眼看着要出事儿，急中生智地大喊："大棍子，你丫小心!"此言一出，几个年轻人都愣住了。

"大棍子……"一个年轻人拦住了黄毛，"彪子，这俩老家伙是'雷子'（警察的别称）。"

"'雷子'？操!"黄毛嘴上不服，却也停住了动作。

崔铁军吃力地站起身来，无言地看着对方。他觉得没脸，警察让流氓给打了，这事传出去可成了笑话。

"你说他是大棍子?"黄毛蔑视地问。

"是啊，怎么了?"崔铁军盯着他的眼睛说。

"操，要不老话儿说呢，原来的土匪在深山，如今的土匪在公安。瞧你们丫那揍性。"黄毛冲崔铁军吐了口唾沫。

"孙子，你再喷粪我弄死你!"徐国柱说着还要往前冲。崔铁军一把拦住他。

"行，我知道，你丫是跟着鬼哥混的……那行，我今天就先不废了你。但我告诉你啊，老废物，我们不动你，不是怕你是什么警察，而是给鬼哥面子。"黄毛抬着下巴说。

"我去你大爷的，老鬼是个什么东西，我用不着他的什么狗屁面子，要是带把儿的你就过来跟爷练练，要是认㞞，你就不是爹妈养的!"徐国柱感到莫大的屈辱。

"嘿，你个老丫挺的!"黄毛说着又往前冲。

他被后面的人一把抱住。

"彪子，行了，走吧，鬼哥咱们得罪不起!"

黄毛咬牙切齿，气得浑身直抖。他用手指着徐国柱，一字一句地说："你给我记住了，早晚有一天，我会像弄你一样把老鬼也给灭了!"

徐国柱与他对峙着，正在这时，突然听到胡同口有人大喊："哥儿几个!拿家伙，拍死里面那帮小兔崽子!"黄毛一惊，知道对方救兵已到，他抹头就跑，带着几个年轻人翻过胡同里的矮墙，消失在夜色中。

这时，潘江海双手攥着一根暖气管，一边大喊一边冲了过来，身后一个人都没有。

"走……走了?"他气喘吁吁地问。

"走了。"崔铁军臊眉耷眼地说。

“什么人？”潘江海问。

“嗨，一帮生瓜蛋子。”崔铁军摇头。

“妈的，要是在二十年前，我都给他们丫贴墙上。”徐国柱气得发抖。

“行了啊，棍子，你是个警察，不是流氓！”崔铁军正色道，“走吧，时间也不早了，各回各家，各找各妈。”他说着拢了拢徐国柱的胳膊，徐国柱却一把将他的手甩开。

“我还告诉你啊，大背头，别动不动再提什么大棍子，干吗？我用得着拿以前的事儿吓唬这帮孙子吗？白天你拿我忽悠傻子也就罢了，到晚上还他妈提这事。我这最后说一次啊，以后你再这么干，咱俩就彻底掰了！”看得出来，徐国柱是真生气了。

“哎，行行行，以后不说了，就咱私底下叫。”崔铁军打马虎眼。

“行了，二位爷。”潘江海说着走到中间，搂住两个人的脖子，“你们呀，都是江湖上扬名立万的人，我这仰慕已久了，挺不容易蹭顿饭吧，还落个没人结账。走走走，还有几瓶啤酒呢，喝完了再撤。”

经他这么一说，徐国柱的情绪也缓了下来，他甩开潘江海的胳膊，没头没尾地叹了口气：“哎，这世道啊，养小不养老，老了就没人搭理了。”

崔铁军默默看着他，也心生悲凉。回想轰轰烈烈的从警生涯，他怎会将那几个蟊贼放在眼里。但毕竟是岁数不饶人啊，要真是为了这个破事动起手来，没准儿还真让人家放趴下。他没再说话，一个人往胡同口走去。徐国柱又愣了一会儿，在潘江海的劝慰下，也走了过去，临了还放下一句：“老鬼？算个屁！”

4

转眼就过了一个星期，平淡的日子过得飞快，让崔铁军觉得心慌。他不得不佩服潘江海的信息灵通，经侦支队果然公布了信息，要在全局范围内选聘探长，条件也异常宽松，只要拥有五年以上工作经验就行，没有年龄限制。这世界上本就没有不透风的墙，小道消息往往准确得惊人。

崔铁军觉少，天一亮就骑上自行车往单位走，门岗由他和另两个老同志负责，三班倒。自己接班晚了，就要让人家晚下班吃亏。他家住在距离单位十多公里的地方，骑车得需要四十多分钟。崔铁军挺享受这个过程，清晨的街上还没多少行人，太阳也没完全升起，微风拂面，这个城市似乎又恢复到了二十年前的样子。他到了单位，照例地开窗、打水、擦桌、扫地，等这一套全都忙活完了，就快到了上班的时间。他舒展了一下身体，沏上了一杯张一元的高碎，点燃一支金桥香烟，打开收音机听着准点的早间新闻。窗外已阳光灿烂，崔铁军仰靠在门口磨破了边的沙发上，默默享受着一天中最惬意的时间。想当年啊，他在经侦系统也算是闯出过名号的人，早年经侦有一文一武，武指的是干活儿不要命的赵顺，而文说的就是他。那时他意气风发，把自己捯饬得也精致，到了秋冬天一身黑皮搂儿、梳个大背头，出门夹个手包，潇洒拉风。经手的活儿也做得细，带着探员破了不少大案，所以才被人起了个“大背头”的外号。但岁月不饶人啊，随着年纪越来越大，他也慢慢从支队的主力退居到了二线，警察就是这样，养小不养老，你总占着位置不退，就等于挡了别人的道儿。他可不会像赵顺那样不识时务，操着所谓的真理和正义不顾自己死活，人老了就得让道儿，识时务者为俊杰，占着茅坑不拉屎的主儿，最后不但自己拉不好，没准儿还得让人家踹坑儿里去。再加上前几年支队的个别领导被嫌疑人拉下水，弄得乌烟瘴气、人心涣散，他一下狠心，这才找到郭副局长，要求到门岗去大隐隐于市。这一晃，就干了两年。

时间过了七点半，民警们陆续开始上班，崔铁军走出值班室到大门口儿溜达，一来是看看有谁的信件可以直接交付，二来也是证明自己的存在。别看他离开一线有段时间了，但同事们见他还挺亲切，崔爷、崔爷的，不绝于耳。正在这时，经侦支队的林楠急匆匆地跑了过来。

“崔师傅，您得帮帮忙。”他单刀直入。

“帮忙？帮什么忙？”崔铁军显得不是特别热情。林楠三十多岁，是牵头经侦支队工作的副支队长，小伙子长得精神，干活儿麻利。但在崔铁军这帮老人眼里，却还是个乳臭未干的毛孩子。

“有个案子，您得帮忙，没您搞不定。”林楠焦急地说。

“呵呵，笑话。你们正规军都搞不定，我一看大门儿的能行？”崔铁军说话一点儿不客气。对于经侦，他是带着情绪走的，但说完了又觉得后悔，毕竟那段不堪的往事与林楠无关。

“对，这案子非您不可。”林楠就坡下驴，“我跟郭局说了，您的岗会有人替。再说了，这经侦还是您的家啊，您的组织关系可一直没有动。”

“什么案子？”崔铁军问。

“咱支队里说，这儿不方便。”林楠冲着人来人往的大门口努努嘴，一把拽起崔铁军往市局里走。

“哎哎哎，你轻点儿，我这老胳膊老腿儿的……”崔铁军嘟囔。

两个人直接到了市局三层的小会议室，崔铁军一进门就觉得气氛紧张。刘权、罗洋等几个副支队长都围坐在会议桌旁，郭副局长端坐在中间。

“老崔来了，快坐。”郭副局长用手指了指他对面的位置。

崔铁军有点儿发蒙，自己已经远离这种生活很久了。

“好，那咱们现在开会。”林楠坐到了郭副局长身旁，拿起一摞材料，对崔铁军说，“是这样，崔师傅。咱们支队近期接了一个合同诈骗案，案情不复杂，本市的一个商人想把一笔大额资金转移到境外，于是就在朋友的介绍下结识了一名银行职员，职员声称可以弄到外汇结算指标，只要收取千分之五的‘点费’，就可以协助将资金划转到境外。但没想到在支付完‘点费’之后，这笔资金却不翼而飞，银行职员也找不到了。于是我们接到报案之后，就立即开展工作，前几天刚将银行职员抓获。经他供述，所谓的外汇结算指标并不存在，他只是认识一帮搞地下钱庄的人，在支付给对方千分之三的手续费之后，试图借助他们之手将这笔钱洗到境外，自己则赚取差价。”

“嗯……总金额多少钱?”崔铁军问。

“一共3000多万。”林楠回答。

“那3000万的千分之五手续费就是……15万?”崔铁军问。

“是的。”林楠点头。

“再去掉给地下钱庄的千分之三，他也就赚个6万？那不多啊。”崔铁军说。

“是啊，但经过我们调查，他经手可不止这一笔。他在长达两年的时间里，已经累计通过洗钱的手段，非法获利了近百万。”林楠说。

“近百万……那总的金额就是……”崔铁军抬眼算着，“得几个亿的流水了?”

“是啊，但我们觉得，这只是冰山一角。”林楠说。

“嗯……”崔铁军陷入沉思，“郭局，在座的都是‘圈儿内’的人吧?”他抬起头环顾众人问。

“是的，有什么直说。”郭副局长说。

“你们这个案子，到底是查被告呢，还是原告?”崔铁军问。

“这……”郭副局长没想到他会问得这么直接，他停顿了一下，“这个问题，我事后跟你聊，现在需要你做的，是协助林楠他们抓获在逃的嫌疑人。”

“洗钱的人?”崔铁军问。

“是的。”林楠接过话题，“经过对银行职员廖俊丰的审查，他初步交代了一些情况，根据我们判断，他的下家应该做得很大，经手的资金也远不止几个亿，而廖俊丰只不过是个粘活儿的。”林楠说，“事发之后，那帮人就失去了联系，但我们经过‘线人’举报，又发现了他们的行踪，于是我们就以向境外转款的理由约见他们。”

“你的意思，是让我去接头？”崔铁军问。

“是的，崔师傅。”林楠点头。

“为什么？”崔铁军问。

“是这样，我们为了不引起他们的怀疑，虚构了一个身份，是一个国企即将退休的负责人，所以……”

“你看我长得像贪官？”林楠还没说完就被崔铁军打断。

“嗨，倒不是这个意思，我们是考虑到年龄和外貌，您都更适合。”林楠说。

“你要这么说是瞎掰，跟我这岁数的，经侦支队也有不少人啊，老谭、老费、老常，不都行吗？”他反问。

“嗨，那几位哪有您这气场啊。”林楠虽是说笑，但事实却也如此。别看崔铁军现在是看大门儿的，但年轻时可是见过大场面的，“就今天下午三点半，咱们得抓紧。”林楠说。

“我呀？哥们儿您算了吧。”崔铁军摇了摇头，“你……呵呵……可真有办法！”他突然笑出声来，“你是拿我开涮呢吧，让我去接头，我还一年就退休了，老么咔哧眼的，这活儿啊……我可干不动了。”他说着就站起身来，要往外走。

“哎，老崔，你这是什么态度啊？坐下，坐下。”郭副局长发话了。

崔铁军到了这岁数，可不吃这一套了，他转头看着郭副局长：“郭局，我坐下可以，但我倒要问问，有没有这么布活儿的？”他提高了语调，“就说我岁数大了，脑子不灵了吧，也没这么使唤人的啊。噢，他们搞案子玩不转了，让我跑这儿顶包来了，坑儿挖好了等我往里跳啊？姥姥，不去！”崔铁军嘴头子很硬。

林楠让崔铁军这么一说，也哑口无言了，另外几个副支队长也面面相觑，谁都不敢接他这个话茬儿。郭副局长一看，自己再不出面不行了，就站起身来，拍拍崔铁军的肩膀，让他出去说话。

崔铁军一脸不快，跟着郭副局长一起走出了会议室。在楼道里，郭副局长递给他一支烟，又拿出打火机给他点燃。崔铁军看着郭副局长，狡黠地笑了笑：“怎么茬儿啊，跟我来软的？”

他这么一说，郭副局长也笑了：“呵呵，老崔啊，你一点儿都没变，还是那个揍性。”郭副局长给了他一拳，“我也不跟你玩儿虚的，让你干这活儿，是我的主意。说实话，我也不怕他们不爱听，现在经侦支队这帮人，哪个能比得过你们那时候？”他做出一副推心置腹的样子。

崔铁军看着郭副局长，知道这是往自己心里喂好话，但他并不马上回答，只是默默地抽烟。

郭副局长看他这样，知道自己还得说得更透："行，老崔，我知道，你还不到一年了，不想掺和了，但这个案子比较大，要是让那帮小子干，我心里还真不托底，所以事到临头了，我才想起让你撑一把。"

他话还没说完，崔铁军摆摆手："老郭，再直接点儿，告诉我想知道的。"

郭副局长停顿下来，看着崔铁军的眼睛，苦笑了一下："行，你刚才不是问我吗，这个案件到底查的是被告，还是原告？那我就告诉你，这个案件两头都查。"

"哦……"崔铁军点点头，"是个雷活儿？"

"不一定。"郭副局长摇摇头，"搞好了，雷不炸，满堂彩。搞不好，雷炸了，还不落好。"他这回是实话实说了。

"所以偌大个经侦支队没人敢接，不是怕丢官，就是粘包儿。于是你就让我这个老家伙来顶雷？"崔铁军问。

"呵呵……"郭副局长苦笑了一下，他看着崔铁军的眼睛，"怎么着？堂堂的大背头也怕了？"

"不是怕了，是我犯不着。我还没一年就退了，犯不着跟着起这个哄。"崔铁军实话实说。

"正因为你还有一年，所以才只有你能办。"郭副局长话跟得挺紧。

"事儿这么大？"崔铁军正色地问。

"你也知道，经侦支队现在人心不齐，我不敢把这个案子贸然布下去。"他这回是说了心里话了。

崔铁军沉默着，要搁以前，他肯定是会很兴奋地把这活儿接了，但反观这些年局里发生的一些事，无论是经侦的赵顺还是预审的老齐，能干活儿的大都没什么好结果。

崔铁军又沉默了一会儿，抬起头说："我可以答应你，但我有个条件。"

"什么条件，你说。"郭副局长回答。

"你要让我办，就把这个案子全盘移交给我，我自己搭班子，那帮小孩儿我信不过。"崔铁军说。

"行，我答应你。现在经侦正在选聘探长，我给你一个探长的职位，带一个探组专门搞这个事儿。"郭副局长说，"你都想要谁，我尽力而为。"

"呵呵，你是早就给我挖好坑了吧。"崔铁军笑着说，"我能选几个人？"

"三个人。"郭副局长回答。

"大棍子我要。"崔铁军说，"再配一个懂预审的，那海涛吧。"

“棍子行，那海涛不行。”郭副局长说。

“为什么？”崔铁军问。

“他现在牵头预审的工作，走了队伍就散了，你再选选。”郭副局长说。

“那……”崔铁军犹豫了，其实预审里面能干活儿的倒不少，但是能让他知根知底的，还真没几个。

“我把老潘配给你吧，他正好接触过这个案子。”郭副局长说。

“潘江海？”崔铁军皱眉。

“是，现在那个银行职员廖俊丰就是由他审着，我看也别选别人了，多一个人，就多一个跑风漏气的途径。”郭副局长说。

“他……”崔铁军犹豫了，“说实话啊，我是真不愿意和他有粘连，我不是背后说人坏话啊，我可听说了，这人一直没起来，就是毁在钱上了。”崔铁军低声说。

“胡扯，没影儿的事儿你也信。”郭副局长正色道，“别听瞎传，我觉得他还行。话虽然多点儿，但是干预审的都这样，有什么说什么。”

“那是当着你……他有什么说什么，当着当兵的可不这样。”崔铁军说。

“那怎么着吧，你说预审还有谁？老潘也没多长时间就退了，还能歪到哪儿去？”郭副局长说。

“行，就这俩人就行了。”崔铁军说。

“不行，也不能光是你们几个老的，得有个跑腿儿的啊。”郭副局长说。

“得了得了，你就别往里面掺沙子了。”崔铁军说。

“嘿，这叫什么话啊，探组四个人是定了的，这样，我再给你安排一个刚上班的小孩儿，一张白纸，你们也带带他。”郭副局长说。

“行，那行。我说好了啊，别是什么官二代、富二代。”崔铁军说。

5

郭副局长会摸崔铁军的脉，几句话一甜呼，他就一往无前了。其实许多老警察都这样，吃软不吃硬，只要你给他们足够的尊重，他们立马从卧姿改为站姿，冲锋陷阵。崔铁军做着去“接头”的准备工作，他披挂整齐，胸前别着伪装成扣子的鱼眼镜头，腰后掖着防身用的警棍，就差戴个谷歌眼镜了。约定的地点在市南区的一个咖啡馆里，崔铁军从下午三点一直等到五点，连嫌疑人的影儿都没看到。林楠等人在车里也待不住了，分三拨来到了咖啡厅，点了无限续杯的饮料。

崔铁军看没什么动静，溜达到林楠身边，一屁股坐了下来。

“怎么茬儿？人呢？”他拿眼瞥着林楠问。

林楠面带愧色：“‘线人’说，已经约好了啊……”

“哪个‘线人’？”崔铁军问。

“就是一个叫‘耗子’的。”林楠回答。

“嫌疑人没来，他能联系上吧？”崔铁军不耐烦地问。

林楠苦笑着摇了摇头：“我刚才打了好几个电话了，他手机也关机了。”

“天……”崔铁军坐不住了，“你这玩儿呢？哥们儿，说得那么咋呼，我以为是裉节儿上的活儿呢。”

“要不您先撤吧，我们再等等。”林楠说。

“那回见吧。”崔铁军一点儿不客气，站起身来就走出门外。但刚下楼，想起包里的“台子”还没交。刚想往回返，“台子”就突然响了起来：“老鹰，老鹰，我是鸿雁，请回答。”是林楠的声音。

崔铁军一激灵，知道事情有变。他转身钻进一处没人的角落，拿起台子：“鸿雁，鸿雁，我是老鹰，请讲。”他一边回话，一边给台子插上耳机。

“咖啡馆刚刚上来一个人，进来左顾右盼，我们怀疑他与嫌疑人有关。”台子那边喊。

“明白，嫌疑人体貌特征？”崔铁军问。

“三十岁左右，175 厘米的身高，戴墨镜和鸭舌帽。”台子里喊。

“明白了。”崔铁军说完，从角落里走出，拿出一副墨镜举在手里，佯装擦拭。这时，一个体貌特征相似的人走出了咖啡馆。崔铁军从镜片的反射中，观察着对方的动向。

“鸭舌帽”没有开车，而是一直步行。崔铁军紧随其后，一直保持着 50 米左右的距离。别看他岁数大了，但搞起跟踪来却一点儿不输年轻人。林楠等人分成了三组，与崔铁军交叉配合，以免引起对方的注意。

“鸭舌帽”边走边打电话，到了步行街的时候，停留在一个小食摊前。跟踪小组守在前后，时刻观察着动向。但不料一转眼，“鸭舌帽”就消失在步行街摩肩接踵的人群中。

“黄雀，黄雀，你们的情况？”林楠离得最远，用台子呼叫。

“丢了，我们正在找。”黄雀组回答。

“山鸡，山鸡，你们的情况呢？”林楠有些焦急。

“我们也跟丢了，正在搜寻。”山鸡组也回答。

林楠无奈摇头，一边走一边呼叫：“老鹰，老鹰，你的情况呢？老鹰，老鹰……”他呼了几遍，对方也没回答。

林楠有点儿慌了，又给崔铁军拨打了手机，发现也已关机。他不敢怠慢，立即让市局的同事查了崔铁军电台的情况，发现已经关闭。

“坏了!”林楠有种不祥的预感。

警察办案可不会在一棵树上吊死，崔铁军这边钓着，在市局的审讯室里，潘江海已经把嫌疑人给拍呼晕了。他站在审讯台后，双手撑着桌面，用眼睛直勾勾地盯着嫌疑人。嫌疑人是银行职员，哪见过这阵势，浑身抖如筛糠。

“我再问你一遍，你收的那些钱都哪去了。我可有言在先啊，这是给你的最后一个机会。”潘江海下了最后通牒。

“我……我真的没收钱，前几天李警官问我的时候，我是胡说的。”银行职员廖俊丰开始翻供。

潘江海下意识地看了看身边记录的小李，不屑地摇摇头。小李立马就急了：“嘿，你以为这是刷盘子呢？说调过来就调过来。我可告诉你，做伪证是要承担法律责任的。”

“那我也不能把没有的事儿硬往自己头上扣啊，李警官、潘警官，我真是没收。”廖俊丰满脸冤屈。

潘江海看着他的眼睛，默默地思考着。显而易见，这小子和许多嫌疑人一样，是进了号儿里之后学聪明的。在审讯中，常能遇到嫌疑人翻供情况的，其中一部分就是因为受了同监人员的教唆。他知道不能按照这个路子往下问，那样只会把对话降到更低的一个层次。他拍了拍小李的肩膀，让他停嘴，之后不温不火地说：“其实啊，你也不用狡辩，我们要是没有证据也不可能把你带到这里。”潘江海放慢语速，“我先问你，你是不是收了对方的3000万元？”

“是……我是收了他的钱。”廖俊丰小心翼翼地回答。最起码这个是他狡辩不了的。

“好，你收了钱之后，把钱存到哪里了？”潘江海又问。

“我……”廖俊丰语塞。

“你是忘了前几天怎么说的了，还是记不清了？”潘江海皱眉，但语气依然缓和。

“我……我收的是现金，给了一个叫屁三儿的了。”廖俊丰回答。

“屁三儿？百家姓有这个姓吗？”潘江海问。

“没……没有……”廖俊丰摇头。

“那你说，他姓名叫什么？”潘江海问。

“他……他叫皮铮。”廖俊丰回答。潘江海要的就是这个效果，只要对手能正常对话沟通，就早晚会中了他的道儿。

“他把钱拿到哪儿去了?”潘江海问。

“我真的不知道，我说过多少次了。”廖俊丰赶忙解释起来，眼神游离。

潘江海知道他的心结，他之所以挤牙膏似的一点点往外说，就是怕再带出别的事儿来。

“我不信。”潘江海摇头。

“真的，要不信您可以查。”廖俊丰说。

“我当然已经查了。”潘江海说，“在全市的户口系统上，就没这个人!”他突然提高嗓音。

“什么?不可能吧。”廖俊丰惊呆了。

“什么皮铮，屁三儿的，我看你这都是胡扯。是不是我们对你太好了，你就拿我们当傻子啊?”潘江海的语速也加快了。

“不是，不是，真不是。”廖俊丰连连否认，“我真是把钱交给他了，一分没留!”

“根本就没这个人，你还狡辩。”小李也在旁边添油加醋。

“怎么会没这个人，你们好好查没查啊!”廖俊丰也急了。

“我看啊，这笔钱就是你独吞了。小李，我看咱也别跟他废话了，你把笔录结了，就当他不承认，咱们零口供报材料到检察院。就冲他这个态度，哼哼……”潘江海不耐烦地说。

“别啊，你们不能这么不负责啊。”廖俊丰大声说，“你们怎么查的啊?皮铮，皮鞋的皮，铮铮铁骨的铮!”

“你说是什么铮?”潘江海皱眉。

“铮铮铁骨的铮，嗨，就是一个金字旁，一个斗争的争。”廖俊丰回答。

“哦，是这个铮啊……小李，那你上次笔录上怎么记成了山字旁的峥啊?”潘江海问。

小李知道这是老潘的圈套，就顺势说：“哦，那可能是我写错了。”

廖俊丰这么一听才松了口气。但潘江海可不给他喘气的机会：“不对，就是名字对了也不可能，你凭什么把这么多现金无缘无故地给了他，也不打条也不抵押的，你傻啊?我看你还是狡辩，这钱还是在你那里。”他武断地推论。

“哎，不是，我怎么会无缘无故地给他，我跟他合作也不是一次了，他从来没像这次这样不守信誉。”廖俊丰说。

“你跟他合作多少次了?”潘江海问。

“我……”廖俊丰意识到了自己说漏了嘴，“也没合作过几次。”他放慢了语速。

“哎……我看咱们是没法好好地聊天了。”潘江海用拳头捶了一下桌子，“得了，我今儿也烦了，不问了，你呀，就自己回去装聪明吧。”他说着站起身来，“给你，可能有点儿凉了，但还是吃一口吧，省得辜负了老人的一片好心。”他说着就走过去，把一个保温饭盒放到廖俊丰面前。

廖俊丰疑惑着，打开饭盒，里面装的是饺子：“这是……”他抬头看着潘江海。

“先吃吧，别问那么多了。要按纪律，我们也不该把这个带进来。”潘江海没头没尾地说。

廖俊丰狐疑着，但还是抬起戴着铐子的手，捏了一个饺子。这些天看守所的伙食太素了，抽冷子来顿饺子，也没什么拒绝的理由。但他刚咬了一口，就张大了嘴：“这……这饺子是谁包的？”他的情绪激动起来。

林楠心急如焚，抓不到人还有机会，但老崔要是有个三长两短可就没法交代了。

他从支队又调来了十多名警力，撒网式地在周边寻找，琢磨着是不是该把这个情况直接报给郭局。正在这时，他包里的电台刺啦刺啦地响了起来：“鸿雁，鸿雁……我是老鹰……”

林楠一听这声，眼泪都快流下来了：“老鹰，老鹰，你在什么位置？”

“我一直跟着目标，刚从地铁里上来，他打了一辆出租车，我也打车跟着。现在快到北菜园街了。刚才离他太近，就把台子关了。”台子里轻声说。

“好，您继续跟着，我们马上过来。”林楠说。

“别着急，等我到地儿了再告诉你。”崔铁军回答。

林楠兴奋起来，他拿电台通知各小组，立即待命，随时准备出发。姜是老的辣，这句话一点儿没错。

审讯室里，潘江海用手擦着桌子，看着廖俊丰说：“谁包的你吃不出来啊？你妈包的，她知道你进来了，不放心，怕你在里边受委屈，非要给你吃顿饺子。”

廖俊丰一听这话再也受不了了，眼泪流了出来：“你们……你们为什么要告诉她……为什么……”他用手捂住双眼。

“通知家属是必须的啊。”潘江海看火候儿到了，走到他身边，“我也不想打扰她老人家，但没办法，追查涉案赃款是我们的责任，按照相关规定，我们不但要搜查你的住处，连你妈家也得搜查。但考虑到她的身体和承受能力，我们暂时还没动。我想你也该扪心自问，明明是自己犯了事儿，干吗还要老人陪着受罪啊!”潘江海的话像一把刀子，剜着他的心尖儿。

廖俊丰彻底傻了，怔怔地看着潘江海。

“你呀，一个人在B市生活也挺不容易的，想多挣钱也在情理之中，但是按照这个挣法，出事儿也是早晚的。我倒觉得，现在摔跟头未尝不是好事，亡羊补牢，为时未晚，等你有天陷得太深了，就谁也救不了你了。”潘江海说，“我们也希望给你机会，让你早一天出去孝敬老娘。”

“潘警官，您什么都别说了，我明白了。我说，我收了皮铮的钱，我知道错了。”他涕泪横流地恳求。

“知道错了?”潘江海皱眉。

廖俊丰点头像鸡啄米：“是这样，我和皮铮合作有一段时间了，从他手经过的资金也有几个亿了，他这人一直挺局气，在钱上没出过问题。但不知道这次是因为什么。我承认，我陆续从他手里拿过近百万的好处费，这些钱都被我存在银行里，户头是拿我妈身份证办的。”他的供述与潘江海推测的一样，他是单亲家庭，能相信的人，也许就只有自己的母亲了。

潘江海没有接话茬儿，温和地看着他。

廖俊丰继续说：“我也不想犯罪，我只是想多赚点钱，潘警官，你救救我，救救我……”他央求着，“我这个罪得判多少年，我……还有没有机会……”

潘江海知道，对方的心理大堤已经被攻破，他尽量把语气放得平和：“判你多少年那不是我们公安局的事，你得问法院，但我们能替你做的，就是看你有没有从轻的条件。一是能不能主动退赃，二是能不能揭发检举。”

“能，这两点我都能。”廖俊丰抢着回答。

看时机到了，潘江海转过头对小李说：“小李，你把刚才给他记的那份笔录扯了，再重新起一份，算他主动交代。”他说完又回过头，“只要你配合，我们也会帮你争取机会。”

廖俊丰重重点点头：“谢谢，谢谢潘警官，我一定好好说……”

“行，先把饺子吃了，别辜负了老人的一片心。”潘江海说。

廖俊丰泪如雨下，不但全盘供述了犯罪事实，还交代了皮铮可能藏匿的地点。半个小时后，潘江海和小李结了讯问笔录。廖俊丰在签字的时候，用力地按下了手印，在被看守押走的时候，还给潘江海深深鞠了一躬。

小李终于憋不住了：“潘师傅，您可真神了。您不就给他妈打过一个电话吗，这饺子是哪儿变出来的啊?”

“嗨，我媳妇包的。”潘江海笑笑说。

“啊？那他怎么吃出了他妈包饺子的味道。”小李疑惑不解。

“酸菜馅儿饺子，谁包不是那个味儿啊……”潘江海说。

“哎，您可真神了。”小李感叹。

“哥们儿，咱搞预审啊，就是得学会拿一颗子弹炸毁一座碉堡的本事。你可别小看我和他妈通的那个电话，就这一来一往，就套出来不少想要的细节。这酸菜馅儿饺子啊，只是咱对付他的第一步，要是还能扛，咱就再用第二招儿。”潘江海有些得意。

“嗯，您不愧是‘名提’。”小李点头。

“嗨，我看算了吧，我可当不了什么‘名提’，人家‘七小时’‘那三斧子’才称得上是‘名提’，咱就是大头兵一个。”潘江海谦虚起来。

这时，郭副局长带着徐国柱急匆匆地走了过来。

“哎，郭局啊，真是巧了，我正找你呢。”潘江海说。

“一点儿都不巧，我们一直在监控室看着呢，你搞审讯可真有一套啊。”郭副局长说。

“嗨，我这是雕虫小技。”潘江海有点儿得意，“我刚才挖出来一条线索。得马上落实。”

“我听到了，有个消息我跟你通报一下。从今天开始，你和老徐一起调到经侦支队的专案组工作了。”郭副局长说。

“什么？专案组？”潘江海一时没反应过来。

“就你审的这个案子，崔铁军是探长。”郭副局长说。

“这……”潘江海犹豫着。

“我已经跟你们支队领导打了招呼，你的工作关系还在预审，搞完这个案子就可以回去。其他有什么需要我协调的，你说话。”郭副局长堵住了潘江海的退路。

“行，那我……”潘江海一脸不高兴，“从现在开始，就听崔探长的指挥了？”他一边说一边看着徐国柱。

“现在有个紧急情况，老崔正在跟踪一个嫌疑人的路上，我们怀疑那个人就是皮铮。按照方向推算，他追踪的地点可能和廖俊丰说的一致。你和老徐立即出发，去接应老崔。”郭副局长说。

“行，那咱们开工……”潘江海转头看着徐国柱。

人间草木

张　军

一

潞城自古就是块宝地，地近京畿，大运河的北起点。当年的京杭大运河那可是舳舻千里，帆樯蔽日。江南的瓷器茶叶丝绸，塞北的骡马牛羊毛皮，半个天下的财富在此聚散。老祖宗吃烧饼掉下点儿渣儿就够后代子孙装点“运河文化”的门庭了。在潞城除了一个大言不惭的古玩城，还有个和早市一起混吃喝的花鸟市场。这两处闲地就是这块棋盘上设的两个“活眼”，让潞城的闲人在闲时能有个去处。

花鸟市场每逢周六为集，这一天对于古玩商户来说是个小小的节日，古玩大厅外会忽来忽去十几个旧货摊位，铺成一片或只摆个三头五件。商周青铜器、秦皇陵兵马俑、汉代金缕玉衣、各种佛像、各路神仙，乃至穿着西装的十二生肖在这里都能找到。摊位一多，屁颠屁颠捡漏儿的人就多。在一知半解的棒槌眼里这儿遍地是宝。“漏儿”两说两听，一知半解又自以为是的假行家比假货不少，更多的人是被卖家捡的漏儿。

每逢春节整个社会就像丢了魂儿散了架，节后要缓缓回神儿。这日非集，偌大一个市场鸡不鸣鸭不语。古玩大厅内的店铺大多闭门谢客，只在门口开着一家“运河古玩店”。时已过午，店主坐在一把老榆木太师椅上，面前摆着一青花海碗卤煮，两片眼镜片上氤氲着一层幸福的雾气。

一起喝点儿？老板抬眼招呼。古玩这行，顾客对过度热情的店主往往保持高度警惕。懂规矩的店主一般不主动招呼顾客，倒不是托大，对方不知道你玩得多深，说话不在一个频道上容易乱台。一般来说，买家问价后店主才搭茬儿。老板言语中透着爽利和热情。我说，齐了，您慢用。满是享受的咂酒声夸张地响起。

小店的三节柜台里散乱地摆着些残破的刀币、铜钱、青铜箭镞和年代古远的骨簪、梳篦等物。地上摞着两个塑料筐，里面装满沾着泥沙、残破的粗瓷碗盏和大小不一的青花瓷片。我的眼睛一下亮了——这些可是真东西！自春秋战国始，大运河作为南北漕运的黄金水道，也汇聚成一条几千年历史的文化长河。这座城市的文化就是运河文化，瓷片是历史符号，文化传承的基因。从瓷片上一抬眼，我的脑袋雷达似的摇了摇，目光一下就与博古架上那件磁州窑白地黑花钵撞个满怀。它像个温雅娴静的女孩儿让我的小心脏一下就乱了点儿。我断定它是来自元代的窈窕淑女。我判定东西好坏新旧就是一眼。有的老先生揣着高倍放大镜满世界瞎转悠，抱着瓷器看釉、看胎、看痕迹、看气泡。有那么费劲吗！看瓷器其实和街上扫美女一样，先说年轻、体形好，再看脸盘、看眉眼、看肤色。如果宏观出现了问题，过！

我看瓷器主要看形、神、气、韵。

目光转移到瓷片上。我恭维道，老板你的瓷片不少啊！他不屑一顾，切，这才哪儿到哪儿啊。我没话找话是为了找机会打冷眼，这是我看瓷器的经验之一，还是找第一眼的感觉。有的女孩儿说不上好看，就是有气质。气质如同老瓷器经过历史沧桑产生的神韵，是一个人综合素质和修养的外溢。捕捉到了这种神韵和气质，瓷器是真品，女人也是臻品。玩瓷器，瓷片是最好的老师，经常上手多看多摸，就像自己的老婆，岂会走眼？

眼学是一门高深的学问。那天你如果在七点半发车的552路公交车上，就有幸见识什么是“秒杀”了。一大早，一辆大公交慌慌张张闯进了派出所的大门，车还没停稳，司机就朝院子大喊：警察，车上有贼！好啊，送贼上门。我闻声喊上两名辅警，肩头搭一根警棍就上了车。你以为我只会看瓷器？那是业余爱好，警察才是正差。

把在车的前门，我雷达似的摇了摇脑袋，就发现了那个小贼。我不动声色对司机说，说说吧。小个子司机浑身透着机灵，小嘴叭叭的：车刚离开南关车站，就听见后边有人喊钱包丢了。我就冲后喊，甩出来吧，要不就开派出所去啦！说着到派出所门口了，我一把轮就拐进来了，给您添麻烦了。司机说完一脸恭维，整个车鸦雀无声。辅警在我身后小声嘀咕，是不是全体下车，挨个核查有没有扒窃前科？有的乘客听到了开始摸索证件以证清白。我摆了下头，对司机说，您客气。让司机说经过是为了打冷眼，目光一碰，我突然横眉立目，用警棍指着一个穿红T恤的小伙子大声喝道，你，出来！接着转向一个黄头发女孩儿，还有你！辅警闻声小老虎一样冲了上去。

在派出所干，整天和老百姓打交道变得磨磨唧唧，好久没找到警察的感觉了。那一刻，我才觉得自己像个警察。公交车上路时乘客们伸出手向我挥舞着，我嘴里头美得是呦呵呦呵呦，我心里头美得是浪个儿里个儿浪。

听我说得神乎其神？满足一下自己的虚荣心罢了。眼学是一种经验积累，内行看来“唯手熟尔”。那次抓贼让我想起了我的师父“大舌头”。

我在一个农村派出所入职。镇上每逢农历一、六是大集，每个集日都有老百姓丢钱。有的老贼专门追集，贼的脑门儿没錾着字，抓贼难就难在发现。派出所启用了一个新中国成立前就出道的老贼“大舌头”。说是“大舌头”，实际是团舌儿，说话吞音，听他说话要竖着耳朵。他管我叫“小桩”。我不应声，告诉他，我不叫“小桩”，叫“小张”。可我听见的还是“小桩”，时间长了习惯了，这个就算了。可我拿不准管七十多岁的“大舌头”叫师父还是叫爷爷。他团着舌儿说，叫师父。这一辈子快到头儿了，谁承想还能收个警察当徒弟，让我过把师父瘾！旧社会，偷盗也是一种营生，他是正式磕头拜过师的。

每当开集，他推一辆破自行车挤在人流中，我跟其身后。小孩儿眼里没活儿，看谁都是好人。就像刚玩瓷器，拿起哪件都觉得是宝。走着走着，师父突然就响亮地咳嗽一声，那是给我使声儿。再看人群情况就变了，准会发现几个贼眉鼠眼的坏屃。

一次，他不停地向我眨眼，我一下一下数着，竟然眨了七下。不会吧，师父，您眼里是不是进了沙子？我紧踅摸，只发现了两个人可疑。抓贼就怕抓不净。抓不净，警察准吃亏。正不知所措的时候，就见贼人之一在一个卖冰糖葫芦的小贩前站下，开始拔插在稻草棒上的糖葫芦。一根、两根……拔下七根的时候停住了。接着开始一路分发。哈哈，马上上集找吃冰糖葫芦的。悄声用电台布了出去，派出所紧急增援。在讯问室，我调戏那个贼头儿，想知道咋不被抓吗？他一脸茫然。告诉你六字真言：管住嘴，迈开腿。他没听懂。

到潞城后我发现这儿的老百姓厉害，骂人往根儿上骂。“坏屃”意思是打根儿上就不是什么好种，做出了人形也是残品、废品。刚参加工作我认不出人堆里的“坏屃”，后来玩古玩，返璞归真拿瓷片练眼，发现很多道理是相通的。老瓷器釉面光泽柔和沉稳，宝光内敛，有沧桑和含蓄之美；赝品呢，光浮在釉面上，轻浮而刺眼，因此被称之为“贼光”。看人和看瓷器一样，琳琅满目的瓷器就是各色人等，贼就是藏在人堆中的赝品。你再拿土埋，拿毛皮打磨，即使给他们穿上西装、打上领带，也去除不掉那些坏屃犹疑不定、发着贼光的眼神。

师父年轻时下过苦功，不仅擅长读眼神，还洞晓各种绺窃技巧。经他指点，那些坏屃一拨一拨折在我们手里。一个冬天临近年根儿的时候，师父突然一头栽在了路上，送医院一查得了脑血栓。出院后我拣最高兴的事告诉他，集上没贼了。他将信将疑，扶着那辆破自行车一步一蹭地到集上转了一圈。回来后说，今年能过一个踏实年了。他欣慰的表情中又有种英雄无用武之地的落寞。此后不久，我调到县局工作，就此别过。当年的“小桩”不觉已经成了“老桩”。很久没有师父的消息了，不敢打听，以年龄推论，再加上他的身体状况，怕听到不好的消息。我时常梦见他老鹰一样屹立在群山之巅，以犀利的目光傲视人群，反复告诉我说：碰眼神，碰眼神，还是碰眼神。这几个字他说得见棱见角，清晰有力。

我将捧着的钵小心放下，装作漫不经心，老板，请个地板价啦？老板瞄了一眼，低头对着那个海碗念经似的说了一大段，蜀之鄙有二僧，其一贫，其一富，富者语于贫者曰：“子何恃而往？”曰：“吾一瓶一钵足矣。”说到此突然打住。此时山高月小，水落石出。抬头转言，这——就是和尚化斋用的钵。你给六百吧。我心中窃喜，捡漏儿没有最低，只有更低。我有点儿无耻地说，人嘛，先交朋友，后做生意，给你二百吧。老板大手一挥，让一旁穿着手串儿的女人打包。

这东西好在哪儿？它的价值换一种说法儿就好理解了。古代纸品保存至今何其难也，这是保存在瓷器上的宋金元时期的书法绘画作品。退一步说，元代人放的一个屁留到现在也不止二百吧！不可思议的事在这行经常发生。只要眼力好，到处都是宝。收藏的魅力和诱惑就在于此。大运河花鸟市场，我爱死了这个神奇的地方。

临出门我客气了一下，问老板贵姓。老板说，免贵姓高，叫我高老师就行。这时我才发现店里还有一个中年男人。他双手环垂于腹下，学着柜台上一个唐代绿釉俑的姿势，对着愁眉苦脸的陶俑发问，难道你比我还苦逼？那件俳优俑是相声行业的祖师爷，通常成对出现。搁现在的角色，一个逗哏，一个捧哏。我多嘴道，你以为他在发愁吗？他要逗你笑呢。他看了我一眼，不以为然。收了表情，将柜台上的几块瓷片向前一送，招呼高老师出价。高老师趿趿踏踏过来，扒拉两下，大概数了片数，随口说了一个价，示意老板娘收钱，又回到太师椅上盘腿呷酒。我晃悠到门口，老板娘将裹得严严实实的钵递给我。就在这时，这哥们儿不紧不慢拉了句长音，捡漏儿啦——我一下紧张起来。按规矩他不该冒话，我慌忙一脚跨出店门，回头狠狠剜了他一眼。要瓷片吗？他没看出我的情绪，拉开塑钢门追着我屁股后头问。我才知道，他不是藏家，是卖瓷片的一线“铲子”。他骑着门笑着说，叫我老胡就行。想必他是听到了高老师虚张声势的自我介绍。留了电话，头一次见面不好意思问人家大名，我想了想，在手机通讯录上备注为“瓷片胡”，又加了微信，发现他的微信昵称竟然是“胡汉三”。搞笑。

高老师，不算撬你行吧？“胡汉三”收起手机，朝里喊了一句，无意等他回答，从外边拉上了店门。

二

他领我进了摇不动村，闹了半天没离开我的管片。村子紧临六环路，一个待整体拆迁腾退的棚改区。进村后七拐八拐到了他的租住房。一个独门小院，门楼两侧东西两溜儿平房，每溜儿三间，西边的门上都挂着锁，他打开东边的一间房门。

进门第一眼我就看到了屋子当中的煤球炉子。我骇然，你用这个取暖?！他对我的大惊小怪不屑一顾，翻了一眼，说，我不烧煤，烧劈柴。烧劈柴？真新鲜，现在还有人烧劈柴。屋角果真有一堆码好的木柈子。挨墙，几摞砖头上搭着块床板，上面是一条面目不清的被子。窗下立着一个一人多高锈迹斑斑的大铁锚，铁锚的身上搭着一根拐杖。说话间他已经用一张旧报纸引燃了劈柴，塞进了炉膛，屋子里一下有了一种在暖气和空调房里体会不到的温暖。

你是警察？他问。我吃惊道，你怎么看出我是警察？不是警察没人管这闲事。说着，他拿铁钎捅了一下灶膛，已经烧透的木柴轰地塌了下去，噼噼啪啪溅出一簇簇火星。我说，我是这儿的片警。言外之意，你在我的一亩三分地上。他呵呵一笑，当官不带长，放屁都不响。他不顾我的尴尬转而问道，老金认识吗？老金啊？正式到这个派出所工作之前，我在港北派出所支援基层，和他在一个警组。

我下意识地摸了下上衣兜，里面揣着一把小手电筒。

第一次出警赶上一起小纠纷。那天上午，一个小区某单元五楼一家住户装修，装修工搬运材料时碰了三楼住户的防盗门。三楼那家开门看见扛着大芯板的装修工，就明白了怎么回事，矫情说门上磕出了印子，非要赔钱。装修工眼一瞪，谁磕你家门了？楼道没监控，光线幽暗，老金在双方激烈高亢的调门中，哗啦哗啦揉着一对栗子皮色、油光发亮的核桃。我的眉头越皱越紧，耐心很快就用没了。就见老金从上衣口袋掏出了一支小手电筒，蹲下身，捏着手电筒的屁股仔细打量起那个“磕痕”。起身目测了一下装修工的身高，他大概有了判断：携物时和门上磕痕的高度对应不上。向报警人要了一块儿湿抹布，又蹲下来一把就将那块儿“磕痕”抹掉了。咦——报警人觉得匪夷所思，趴门上找半天也没找到。原来所谓的“磕痕”是报警人心理作用，实际是尘土聚在门上形成的一道土痕。

老金丢下抹布，拍拍手，对装修工一顿猛喷。装修工也看出来了，只要不让赔钱怎么都行，又是打躬又是作揖，最终赔礼道歉了事。照样学样，以后我也准备了一把小手电筒，希望某次出警能派上用场。

他一提到老金，我突然明白了，这个老金，一个小手电筒让我佩服得五体投地。但我怎么能想到那是一件看瓷器的神器？

十几个装满瓷片的编织袋似乎很长时间没有动过，堆放在院中一棵洋槐树下，袋下还压着一堆冬天的残雪。我在屋内一桶碎瓷中挑拣着瓷片。烧柴的火炉无异于火盆，久违的炉火让我生出一种奇妙的感觉。想，到了晚间，蜷缩在这间寒窑一样的小破屋中，夜静更深，窗外寒风淅淅，他还过着山顶洞人一样的原始生活。我说，你这个地方应该叫一统斋。啥？他大概不知道鲁迅的这句诗。躲进小楼成一统啊，我说。别捅了，再捅这破房就侧卧了。他笑道。

镇里组织干部在挨家挨户动员。按照搬迁补偿条件，这个小院怎么也能置换两套两居室。老胡，你现在住着个两居室呢。我打趣道。

两居室？这辈子都甭想啦。楼房有什么好处？让我说，最大的好处也就是冬天上厕所凉风飕不着屁股。他笑了起来。门外有人影晃动，他开门伸出了脑袋：嘿，没跑呢，春节前不跑，春节后您就塌心吧。外面的人蜷起拇指，向他晃动着，四个月啦，您抓点儿紧吧。老胡向屋里让，我就是跑路，这点儿瓷片还不够你房租啊！那人撇撇嘴，没进门，耷拉着脸也没再说话，把门上的小广告一把扯下去转身走了。这个村差不多人人是房东，本村人住楼房，将院子、屋子隔成鸽子笼租给外地人。因为欠着房租，房东不时来探探房客是不是跑了。

老胡说，这几年从大兴青云店搬到丰台南苑，从南苑搬到这儿，也邪了门儿了，到哪儿哪儿拆。现在逼得我天天跑燕郊找房子。我拣出了七八块瓷片，让他出价。他说八十。我说顶多三十。他犹豫了一下，嘟囔，不是你高兴就是我高兴，咱俩总得有一个高兴的。他同意了，同意得很勉强，不大高兴，高兴的无疑是我。离开他的一统斋，回头再找他租房的位置，一棵虬龙一样苍老的洋槐树突兀在一片低矮的平房上，它如铁的枝杈向灰色的天空肆意张扬着。

三

再见到老胡是在花鸟市场的地摊儿上，他从电动车的后架上吃力地卸下一个灰不溜丢的拉杆箱，拉着箱子叽里咕噜地穿过市场凸凹不平的路面。占好地儿后他并不急于摆摊，而是摸出一根烟，点燃，不吸，看着熙熙攘攘的人群，向外一口一口吐着烟圈儿。等收摊费的走了，他再一件一件往外掏。瓷片、钱币、簪子……咧着嘴的拉杆箱像个百宝囊。

市场很霸道，摊位费一百六十块，不摆拉倒。小摊小贩骂着市场，恨着市场，还是离不开市场。老胡有时也把东西寄放在别人的摊儿上，收费员走了再分离出来。或者伙着卖，反正知道谁是谁的。当然，别人也不是学雷锋，下次的摊费轮着出。如果某个周六早上看见老胡跷着腿坐在马扎上看摊儿，他准是足额缴纳了摊位费。

以后的一天，我果真在这里遇到了老金。他神情专注地圪蹴在老胡的摊儿前，谁也不会想到这个老农一样的人是个刚下夜班的警察。我凑在跟前蹲下，捅了他一下。从港北派出所离开后，我们还是第一次见面，老金一见是我，笑了。一聊瓷片才知道我太小字辈了。十多年前他以副团级从部队转业到地方工作，那时潞城大规模建设刚刚开始。辖区一个工地报警：两个民工为抢瓷片打架。到现场老金了解到，两个人为叔侄关系，瓷片是侄子先刨出来的，喜滋滋地伸手去捡，眼瞅着远处伸过来一把耙子，一下给搂走了。侄子嚷，是我刨出来的！叔叔不紧不慢地说，是我先捡到的！二人大打出手。老金说，瓷片是国家文物，没收。叔侄各自看伤。事情处理完他纳闷，啥破玩意儿值得翻脸？那晚老金把玩着“没收”的青花瓷片，第一次感受到了古代瓷器的精美。

第二天，他就置办了一顶安全帽，下班扛一把铁锹钻进工地，加入了挖瓷片民工的行列。远远看到了打架的叔侄，他用力往下拉了拉帽檐。有的工地管理严格，不让进。老金板着脸拿出工作证，看清，派出所的，安全检查！那些想挖宝又进不去工地的民工没有羡慕，只有嫉妒和恨，朝着老金的背影吐唾沫，呸——工地就动土挖槽的那段时间才出瓷片。没有工地可去的日子他们就转沙场，沙场主从老河道中挖沙、筛沙，再卖沙。以前的大运河就像今天北京的二环路，再加上漕运人家常年在水上生活，瓷片、各个朝代的铜钱、银的铜的骨头的发簪、铜烟袋杆、翡翠或白玉烟嘴，甚至青铜官印在大铁筛细细的网眼下暴露无遗。磁州窑、吉州窑、龙泉窑、景德镇的明清青花如起网之鱼撞得叮当乱响，运气好，汝官哥钧定五大名窑的瓷片都能找到。

老金说，你知道为什么有人喜欢打鱼摸虾吗？他们不一定喜欢吃鱼，欢喜的是收获的不确定性。一网下去不知道会网上些什么鱼，意外才有惊喜。那时老金被瓷片搞魔怔了，下班先去工地或沙场转一圈。他的追忆洋溢着对过去的无比留恋和喜悦。现在潞城的工地遍地开花，似乎要把整个城市翻个个儿。工地管理越来越严格规范，老金早已不捡瓷片了，现在每周六风雨无阻到大运河花鸟市场报到，周日到城北的古玩城画卯。

玩的时间越长越觉得自己浅薄，在古瓷片面前我们永远是幼稚的小学生。你以为收藏了零落的瓷片，实际是瓷片收容了漂泊的我们，安顿了我们躁动的灵魂。他边说边摇头。闲聊间不想老胡和高老师起了争执。起因是一个棒槌看上了摊儿上的 个药碾子，过好了价儿，高老师不知从哪儿冒出来说，这不是过去用的药碾子吗？摆在家里不吉利。小伙子一听打了退堂鼓，扭头走了。老胡黑着脸运气。高老师如果掉身进店也就没有后面一出了。他偏拿起一块弘治时期的贴塑鱼盘的盘底，大咧咧地说，这个多少钱？不等老胡答话，又说，你这个也没啥成本，给你二十，二十就算多的了。说着扔下二十块钱就要走。老胡从摊儿后一步跨了过来，抢下瓷片，怒道，我——不——卖，你给我二百我也不卖！老胡抢下瓷片那一刻，我看他脸色苍白，眼袋肿胀，手掌几乎比正常人厚一倍，手指肿胀得小胡萝卜一般，那是水肿。他的身体八成出了问题。

老金在一旁说，高老师我说你两句，你也是，走吧，走吧。他说说他两句，实际上什么也没说。高老师臊眉耷眼屈身捡起那张钞票进了店。什么叫没有成本，哪个东西是拿尿滋出来的！老胡说着，将那块瓷片狠狠地丢了回去。老胡生气主要因为他那句没来由的话。是啊，都觉得别人活得容易，哪块瓷片是拿尿滋出来的？

高老师的嘴没德行，几个“铲子”都把他拉黑了。小发子手里出了件明代象牙梳子，高老师一见就动了心，翻来覆去看了老半天，往床上一扔说，也就值个几百块钱吧。最终六百拿下，转手卖了八千，据说后来上拍到了三万。以后的事都与他们无关了。还说高老师，捡漏儿了您就偷着乐吧，还一张破嘴到处瞎嚷嚷，说小发子不懂行。好，你不是能捡漏儿吗？我拉黑你。不仅小发子给他拉黑了，其他的“铲子”也笑嘻嘻地将他拉黑了。拉黑他的方法是提高门槛，卖别人开价八十，他去，翻倍。弄得高老师一见到老金就抱怨，有钱没地儿花，郁闷啊。

平时，店里是高老师媳妇看店，周六，高老师一般亲自坐台，开店门前习惯在门外市场的散摊儿前转一圈。有了上次的不快，在老胡的摊儿上翻出瓷片，也不说话，拿给他看。老胡说，一百六。那块瓷片明明刚有人问过，他开价八十。高老师叹了口气，物归原位。有时候两个人目光一碰，高老师一下就委顿下来，他知道问了也是白问，拍拍手起身走人。

再去一统斋的时候，那棵洋槐树的树头已经滋生出一层嫩绿。胡同口的两棵核桃树也顶出了新芽。临院那条泰迪犬吠了两声，跑来伸着鼻子围着我的裤管左闻右嗅，变成了一副讨好的姿态。傍晚正是小院热闹的时候，做饭，洗涮，归置物品，西侧的房门全开了，一对二十多岁的小两口儿进进出出。

老胡坐在屋里一把破旧的电脑椅上打瞌睡，若干瓷片干鱼一样晾晒在屋里和室外的窗台上。他白天在外边乱跑，就像一部被各种程序频繁唤醒的手机，回到家就要补充电量。选好了瓷片，本想等他睡醒，他那甜美的鼾声让我很快失去了耐心，用力拍打他几下，他才睁开惺忪的睡眼，半晌才离开那把椅子。神奇的睡椅啊，沾上就着，又睡着了。他嘟囔。

古玩向来没有定价，成交价是卖方心理价位和买方心理价位的碰撞和妥协。在交易的一刻，它们实现了自己的价值。此后归于平寂，它们的再次辉煌是下一次交易。就像一个人一生只有几次辉煌，出生、结婚和死亡，其他的日子似水平淡。那次和他谈价谈得不怎么愉快，我索性放弃了。不是说东西在你手你就强势，钱还在我兜里呢。他脱口而出，我纳闷，你们为什么非要花钱买呢？自己捡瓷片多好玩。他说到了我的心里，拿尿是滋不出来，但你能捡，我就能捡。潞城有不下几十处土场，这些土场是因村庄工厂拆迁和工程建设预存土方造成的，有的一眼望不到边，有的堆积如山，在它们庞大的体量里埋藏着无尽的秘密。他详细指点了一处土场的位置，我一时跃跃欲试。

一场春雨给大地拿捏得肤润筋舒，野草萌动，独步早春的野花星星点点散布在满眼黄褐色的土场中。我笑眯眯地走进土场，土场里晃动着几个身影，那是几对外地贫贱夫妻在挖渣土里的废旧钢筋，女的捂着口罩，戴着帽子，或蒙着纱巾在土里捡钢筋头。男的挥着八磅锤砸水泥构件，砸一阵儿抹把黑汗，抱起暖壶粗细的水杯仰脖猛灌。无论男女满身灰土。雨后土地暄腾，拔不开脚。一圈下来也没见到一块儿瓷片，我泄气地坐在地上。一块酒瓶盖大小的瓷片突然跳进我的视线。这是一个好兆头，就像在秋林里捡蘑菇，发现了第一个，以后的会接踵而来。我重拾信心向更远处的铁路桥下走去，一路上目光一刻不停地寻觅。大半天过去只找到十几块小片片，最大的不过五公分，没有一块有像样的花纹。不好玩儿，一点儿都不好玩儿。

我怀疑老胡和我打着埋伏。再去一统斋时诘问，你跟我说实话，那个土场是你常去的吗？是啊，我早晚各一圈。你收获咋样？没等我说话，他哧哧笑了起来。是不是你有意给我安排的体验之旅？老胡说，哪儿啊！是你不了解瓷片的习性。说是捡，瓷片不会素面朝天躺在那儿等着你来收获，看到埋在土里一边或一角要撅着屁眼子挖。你以为遛弯儿呢？脚不停地走，眼不停地看，手不停地挖——挖出来不一定是个什么东西。有时半天就捡到指甲盖那么大的几片，还有——我接过来说，还有失望、沮丧和严重的挫败感。他抚掌，对呀！我要的价贵吗？我真心说，不贵，一点儿都不贵。他对我的态度很是满意，接着说，叫我胡汉三才屈心呢，你们才是胡汉三。在我们劳动果实里挑挑拣拣，你们这些吝啬的地主老财啊！他起身，给自己套了件棉马甲，又坐了回去。经他一说，挑好了瓷片我都不好意思问价了，里面随便的一块都能顶我捡回的一堆。学着高老师的样儿拿给他看，我这才体会到在他面前张不开嘴是什么感觉。他歪在椅子上眼睛似睁非睁，接着上次的茬口奚落说，你的钱值钱，老是当美元花。咋也得整十块钱呗，今天就吃你了。

就要十块！真是像雨像雾又像风。我掏了十块，又掏了十块，放在桌上。他说，就要十块钱。走之前他没忘提醒我把钱拿走。我没回头，说，现如今十块钱吃不了一碗面。谢了啊！他没动身，在我身后响亮地送我出门。能够看出今儿个他高兴，我也高兴。想起第一次来时他掷给我的名言：不是你高兴就是我高兴，咱俩总得有一个高兴的。为什么只能有一个？自己舒服的时候想着别人舒不舒服，两个人就能都舒服。

四

高老师的小店玻璃门左右两侧贴出了两张海报，上面印着人物，让人觉得像是贴了两张门神画。仔细一瞧，门神正是高老师自己。上身穿黑色对襟唐装，脚穿靸鞋，摇一把折扇，凭几倚坐在太师椅上指点江山若定。竖排版印着一行字：四更话收藏。

这是什么情况？我吃惊，几天不见，咋整出这么大动静。高老师不无得意地说，一家文化传播公司要请我搞一个系列讲座，在网上视频直播，正宣传预热，瞎唠呗。我问，为啥叫“四更话收藏”？四更对应现在的钟点是什么时辰？高老师一下就急了，咋能这样理解呢？四更的意思是：四季更替，周而复始，文化根脉，薪火相传。玩收藏最终都归结到文化传承上来，这是搞收藏人的责任！哦，原来如此。我捧场道，这个名字真心不错。我还猜“四更”不是时间点就是您的小名呢。他笑道，俗，真俗。

卖豆腐的老张和卖鞋垫的胖嫂都被加成了微信好友，他恨不能把满市场的人都加成自己的粉丝。见他柜台里面摆着几根古代牙刷的残柄，我说，您先别急着上镜，我考考您，知道中国人的刷牙历史吗？高老师不假思索，在清末，甚至更晚，应该是在五四运动前后，牙粉流行起来，这种小资情调的生活习惯才逐渐被国人接受。我说，错。据美国牙医学会考证，世上第一把牙刷是由中国皇帝明孝宗于1498年发明的，方法是把猪猔毛插进骨制手柄上。事实上这个考证也不准确，牙刷出现要早得多，很多人并不了解我们的祖先，他们过去的生活远比我们想象的优雅。高老师鼓着眼，撇了撇嘴。他明显想否定我的说法，可是这方面知识储备不足，想和人抬杠都使不上劲。我占了上风，心生小小得意。不瞎说，据我考证，至少在宋代牙刷就出现了。刷牙这类小事不可能见诸史书，文学名著的笔触再细致，对平凡的世俗生活也有触及不到的地方，能够证实的唯有文物。潞城出土了大量古代骨质、角质、木质牙刷实物，只是很少有完整的。我接着说，平谷刘家河商墓出土的铁刃铜钺将我国使用铁的历史一下提前了一千年。实物为证，我特别需要一只明确出自宋代土层的、完整的牙刷柄。玩收藏，玩的是文化。我要将中国刷牙史至少提前九百年！受了点儿小刺激，高老师忙着翻书查资料。

那天，我交代给老胡，要是碰到完整实物牙刷一定给我留下，多少钱都要。老胡说，遇到就给你收着呗，啥钱不钱的。这事说完，开始聊别的，本来聊得好好的，想不到，一件小事竟把他惹毛了。他摊儿上有一塑料袋子没有清洗的瓷片，用手去碰难免沾泥，我用脚尖划拉着，想把它们翻转过来看个究竟。嘿，嘿，嘿，你干什么呢？他不客气地制止了我。我已经意识到自己行为失当，被他呵斥面子下不来。他不依不饶，你这是对它们的不尊重。蹲下，蹲下你才有资格和它们说话！我不可能接受他带有指责性的命令，憋着一口气，郁郁地离开了花鸟市场。

春夏正在拉锯，春天的影子还在，警情却没有一点儿过渡，超越气温急剧飙升。此后一天值班，接到了一起南小园有精神病人跳楼的警情。在现场我意外地见到了老金，他处变不惊，一边哗啦哗啦揉着那对核桃一边排兵布阵。

南小园小区和港北派出所辖区犬牙交错。分局指挥中心一时划分不清，就先期指派港北派出所到场处置。老金到现场就确认不属于港北所管辖，电台报指挥中心要求我所现场交接。赶去的路上，港北所电话连催三次。到了现场我才知道，他们这么着急是想把这块儿烫手的山芋尽快倒手。要跳楼的是个三十岁左右的小伙子，一个人将家门反锁，浑身上下脱个精光，坐在自家九楼的空调外机上大喊大叫。那个不安分的人体分分钟都会砸在警察面前。

现场已经拉上了警戒带，消防官兵和999急救车到场。我有点儿含糊，要是别人交接完准是拍屁股走人，同行并不全是兄弟。我相信老金不会给我搁冰上。小伙子的父母一脸焦急跑了过来，母亲说，你们赶紧把门拆了，把他给我拽下来呀！还看什么看？老金看了我一眼，我心想，不用说她的建议我也不会采纳。别说破门，哪句话说得不中听了，人就飘下来了。铺在底下的气垫忽地鼓了起来。消防支队指挥官俯到我耳边小声说，气垫支了从三层以上跳下来也没谱。随我一起出警的慢哥突然仰头惊异，咦，人不见了！慢哥转身要去楼上核实情况，被老金叫住，人没回去，在那儿呢。他用手一指，就在我们商量处置方案的时候，他爬下空调外机进入了窗户和楼壁狭长的夹缝中，上身倚靠楼壁，双脚蹬着窗台沿，双腿绷得笔直。

那胖子是谁？他指着慢哥发问。老金递给了我一个喊话器，我朝上喊，他是我同事。他烦躁起来，让他走，我不想见到他，胖警察都不是好东西！又指着老金，这人是谁？这么大岁数咋还干警察？让他也走！老金向上一拱手，甩头小声说，可不是我不伺候你。我赶紧拦下，他可不是警察，是小区物业招的黑保安，给钱就上班，没有退休不退休的。噢——他将目光又转向了我。你是谁？我说，我是派出所的民警啊。他又出幺蛾子，我不跟你对话，你没有资格跟我对话。我故作惊诧，我咋没资格和你对话呢？他说，和我对话得把衣裳脱了，你看我就没穿，你穿衣裳就没资格和我对话。

警戒带以外的人都笑了，在他们的笑声里我突然生出一种自信：给他喷下来。只要保持对话就有这种可能。现在，他按照自己的思维提出了一个荒谬的要求。我望向老金，看到了他鼓励的眼神。"你穿衣裳就没资格和我对话！"怎么这么耳熟呢？我突然想起了老胡说的话，"蹲下，蹲下你才有资格和它们说话！"原来人们都不崇尚高高在上，他们在乎的是相互之间的尊重和平等。

我一粒一粒解开扣子，将警服上衣脱下，塞给身后的老金。后面嘈嘈切切的声音顿时没了，我没有回头，但是我分明看到了身后众人惊讶的目光，他们没想到剧情会如此发展。

好在我还穿着条赤背背心。上面的精神病人亢奋起来，大叫，脱，接着脱！我将赤背背心塞给了老金。还有裤子，把裤子也脱了！后面的人群骚动起来。脱，接着脱！接着脱！在狂躁的声音里我听见一个冷静的声音在我耳边说，蹲下，蹲下你才有资格和它们说话。

松开了皮带，我又一次听到了后面的爆笑，他们一定看到了我的红色内裤。上面的精神病人也开心地笑了。我说，现在可以了吧，说说吧，你为什么爬楼？他否决，不行，还得脱！你看我，要和我一模一样。我心说，兄弟，真的不能再脱了。我已经听到了后面咔嚓咔嚓手机相机的快门声和同事们对围观群众的劝阻声。我想了想说，我穿着衣裳没资格和你说话，脱成这样多少也有点儿资格了吧？这样吧，我说你听，你认为我说的不对呢，就别理我。好不好？

我要找国家主席反映问题。他开口了。接着说出了一个尽人皆知的名字。好了，我松了口气，以晒腚换来的隔空对话终于开始了。我故意奚落，你真不关心政治，没看电视吗？主席应邀出访德国，这会儿两国领导人正同柏林各界代表在柏林动物园共同见证熊猫馆开馆呢。接着，他嘴里嘟嘟嘟冒出了一大串影视明星的名字。我脑子瞬间短路，平时不怎么看剧，别人耳熟能详的明星名字我听起来十分陌生。不过我听说但凡是个明星，不论大小都不好安排档期。

他们来了吗？他催问。

我说，来了，来了，你发话，他们敢不来吗？我和他们经纪人刚通了电话，他们在外地拍片，正从片场上往回赶呢。

张国荣来了吗？他开始点将。

来了。

不对，他不跳楼了吗？

张国荣哪年跳的楼？我急得满脑门子冒汗。

慢哥在身后小声说，2003 年。

有点儿烧脑，我应变道，跳楼是 2003 年的事，今年是 2002 年啊，张国荣还活着呢。

2003？2003 年还应该有一件大事。

对，是“非典”。“非典”还没来呢，和张国荣跳楼都是明年春天的事。

噢——他拍着脑门笑了。我肩颈发酸，汗液渗进了眼角。不能让他拽着走了。你干吗呢？我问。他侧头望向蓝天，一脸犹疑，我突然不知道我是谁了。昨天和牛鬼蛇神斗争了一宿，我在想，能和牛鬼蛇神打仗，我是谁？你说我是谁？你是神仙啊！我说。不对，我是孙悟空。对，你是齐天大圣。

齐天大圣从石头缝儿里蹦出来就会飞。你说，飞是什么感觉？我的心一下提到了嗓子眼儿，担心他要找飞的感觉。我大声喊道，你现在找不到飞的感觉，是因为起点太高了，往下爬！孙悟空就是从石头缝儿里蹦出来后一飞冲天的。看啊，他开始往下爬了！身后有人惊呼。那个身影到了六楼不动了。我望向消防支队指挥官，他摇了摇头。

游戏继续。我问，你不是饿了吧？我找二师弟给你化斋去。悟空，你下来吃！我向慢哥使眼色，他向我翻白眼，不动。没办法，谁让你有这个体形呢。我脱得就剩一条裤衩了，你扮一回“二师弟”委屈吗？我指着慢哥问，你看他像不像二师弟？又煞有介事地对慢哥说，去吧，八戒，早去早回。说着暗中给了慢哥一脚。他才噘着嘴从保安队长身边拽过一辆电动自行车。

孙悟空要下来吃桃子了！几个孩子在身后嘻嘻笑着喊道。嘘——孩子们噤声，捂住了嘴。他又开始往下爬。下面的人能够看清他清秀的长相了，终于到了二楼。我和消防支队指挥官一碰头，他说这个高度就是没有气垫，想摔死也难了。

好了，大圣，现在可以飞了！我朝他喊。他张开了两只枯瘦的翅膀，纵身向上一跃，随着砰的一声巨响，以运动员入水般的完美姿势淹没在膨起的气垫中。身后响起了一片叫好声、掌声和家属喜极而泣的哭声。大家一拥而上将摔得愣眼巴叽的“齐天大圣”从气垫里翻找出来。老金递过来一个破门帘，来，大圣，穿上你的虎皮裙。我朝他大喊，我的裤子呢？

慢哥拎着一袋子桃回来了。从半夜开始折腾了十多个小时没有进食和饮水，精神病人将一个桃揉到嘴里，桃核儿咬得嘎嘎响。急得母亲上去抠他的嘴，他一口咬住母亲的手指，疼得老人大叫。母亲痛苦的叫声惊醒了他。他突然咧嘴大哭起来，我上去抱住他，轻轻地拍着他的后背，说好了，好了，一切都过去了。他扑在我怀里，鼻涕眼泪涎水浸湿了我刚刚穿好的警服。

接下来，父母为送还是不送精神病医院争执起来。精神病急性发病期仅仅靠吃药根本控制不住，但是警察不能强行送医。费劲巴拉说下来一个精神病，接着还要说服精神病人的母亲，我快要崩溃了。老金分开众人，抬腕看了一下手表说，提示你们一下，999的车等的时间可不短了，大夫说了，现在的费用是六百，五分钟后价位是两千，再往后一个小时是四千，收费标准就这三档。母亲妈呀一声，顿时惊慌失措。送，送，送！他们跑上楼，忙不迭收拾东西。

电台里喊老金去处置下一个警情，有一个问题我没搞明白，没等我开口，他说，再告诉你一招儿，跟明白人讲理，跟不讲理的人讲方法。真真假假，虚虚实实。你呀，一看就是个新警察。我会意地笑了，也给您提个意见，以后出警把核桃搁家，宝光内敛。他向我挤挤眼，好，宝光内敛，看看你的手机吧。

警灯闪烁，电掣而去。

掏出手机我吓了一跳，微博、微信朋友圈里我穿裤衩的背影照片已经刷屏。有叫我“脱哥”的，有人说我没“脱离”群众，也有人骂我损害了人民警察的形象。立即有人反对：什么叫警察形象？人不跳下来就是警察最好的形象！众多人卷入话题，吵得不可开交。吵去吧，谁都不知道我的勇气何来。之前我的尊严在老胡面前丢失殆尽。如今我俯下了身子，收获了竖起的拇指。算不算给自己找回了尊严？

五

我认为这件事处理得还行，才敢去一统斋露面。我还以为你不来了。见了我，老胡颇感意外。怎么会呢？我们都有愧疚，说着，我蹲在了墙根下一小堆新鲜瓷片面前。他踢过来一个三条腿儿的小凳子。不是我说你，我就不待见有人跟我装。我解释说，不是装，我那天犯懒了。嗨，别说了。可是老张我跟你说，你要是真心喜欢一个人、一件物，就不要轻慢它。轻慢它，说明你对它的感情还浅着呢。我点头说是。那天他留我吃饭。不容推辞，就出门去村里小卖部拎回三样小菜和一袋速冻饺子，兜里还揣着一瓶二锅头。在院里放下一张小桌，我们开始了一场餐叙。

老胡老家在东北牡丹江边，高中毕业就出来混社会，多少年顶风冒雪，吃不饱也没饿死。进了2008年，机会来了，几个朋友邀他去俄罗斯合伙搞装修。朋友之一娶了个俄罗斯美女，老丈人是政府官员，他们接的工程都是当地警局的。几年挣了几十万，回国也算是有钱人了。现在这社会，很多穷光蛋很快变成了有钱人，很多有钱人又很快混成了穷光蛋。为了避免陷入周期律，他将赚来的钱又投出去在大兴办了个獒园。那时行情正好，一条藏獒最高能卖二十多万。四十多万元就换了十二条狗秧子和一条日本黄獒秧子。藏獒这家伙血统纯正高贵，一点儿素的不吃。别人喂生肉，喂杂碎，他当孩子伺候，买好肉煮熟了喂，没事儿还给它们包牛肉馅饺子吃。煮肉的柴火要去獒园附近的土场里捡，他就此开始了和瓷片的一段美好姻缘。土场里的拾荒者捡起多半拉的青花碗，吧唧就摔在水泥块儿上听响儿取乐。老胡慨叹，没文化，真可怕，这么漂亮的东西怎么就摔了呢！再看见瓷片他都留下来。后来听说报国寺市场有专门卖瓷片的，周四、周六开市，伺候完藏獒，背起双肩背，一手拎一袋子瓷片，负重七八十斤坐公交跑到报国寺市场摆地摊儿。每周两个上午，他准时坐在报国寺最后一排大殿前的高台上。卖瓷片总归是副业，往报国寺跑得正欢实的时候，不承想投入身家性命的獒园出了问题。上天有时候会和勤奋的人开个小玩笑，等他的狗秧子长大成人的时候行情大跌。盼了一段时间行情不见好转，再一打听原来全国獒园都臭了街。那些狗寄托的寄托，送人的送人，最后打发的是那条日本黄獒。

它是让杀狗的牵走了。老胡哭了，大把抹着眼泪。我永远也忘不了它离开我时可怜兮兮的眼神，眼里汪着泪，不知道究竟发生了什么。他任泪水横飞，满是对那些藏獒归途的深深愧疚。我将他面前的酒杯端开，轻轻地抚着他的背。啜泣声中他说，在你受到伤害的时候想到的是什么？没等我回答，他说，回家！是从小就给你庇护的家，只有家是疗伤的地方。说到此，他痛心疾首用手指比画出一个钩子的形状，九块钱！九块钱一斤啊，我把它卖给了杀狗的，拿它的小命换成了一张回家的车票。

他抹了一把眼泪，接着说，黄獒被牵走的时候向后退着身子，吱吱嗷嗷叫着。狗，最忠诚于人，而它的主人却把它送到了屠夫的手上。那时我想啊，还不如死了算了。他将那杯溅进了泪水的酒倒进了嘴里，起身进屋拧开矮冬瓜大小的燃气罐下速冻饺子。再出来时情绪好了许多，不行啊，全赔进去不算，还欠了人家二十多万。最终我说服了自个儿，你死了万事皆休，人家还活着呢。为了还债胡汉三你得活着！

等着饺子的当儿，他发来一张和黄獒的合影，萌萌的一条幼犬和还显年轻的老胡亲密地偎在一起。我发现他的微信昵称不知什么时候改成了胡汉山。老胡解释，在家排行老三，姑娘管我叫“胡汉三”。我琢磨，人不能老是倒着啊，就把“三”转了过来，变成了“胡汉山”。我说，这个名儿好，人这一辈子不可能一直向上攀升，也不可能一路下坡，就像山峰一样起起伏伏。

我和“胡汉山”撞了一杯。干！一盘煮得鼓鼓的速冻饺子放到了桌上。

最初，老胡将卖瓷片当副业，他那时还不知道无意中已经遇到了人生中的“贵人”。回老家短暂休整，受朋友之邀去湖南折腾了一趟，险入传销骗局，抱着必死的决心才全身而退。又回到大兴，租了一间小屋。思来想去，能够接纳他的也就是那胸怀广阔的土场了。

他从地上捡起一块瓷片认真审视，目光柔和，充满了温情和爱意。穷途末路的时候，把我拥起来并在底下支撑我的就是瓷片，它让我死后重生。三年多的时间靠它我还清了欠款，我视它们为衣食父母。我靠！卖瓷片能还上二十多万？他的语气淡定不容怀疑。我明白了，当我用脚尖扒拉它们的时候，他的火气何来。瓷片与之已是生死相交。

人勤地增宝，人懒地长草。那几年，他携锹扛镐一天天泡在土场。十轮货车倒土的时候车厢立起来有四五米高，石头土块哗哗往下掉。他和那些“铲子”聚集在车厢下，看着土石流下厢槽，就像老农看到颗粒归仓一样喜悦。不待车离开，他们蜂拥而上。

活过来后，站在报国寺最后一排的大殿前，他朝着整个市场喊着那句经典台词：我胡汉三又回来了！

老胡瓷片卖得好，不久就在市场出了名。玩瓷片的人都在传，那小子是傻缺，谁从他手上买瓷片不赚钱是大傻缺。圈子就那么大，传到他耳朵，才知道自己卖的价低。别人再挑瓷片，他就用心看。问价时老胡寻思，看不上眼你也不会往外挑啊。原来要价一百的东西，他心虚地盯着买家，斗着胆子喊到六百。买家犹豫了一下，说给你五百吧。他对瓷片价值的认知就是这么一点儿一点儿积累起来的。天知道多少块瓷片才能堵上那个大窟窿。天漏了，他的世界已经沦为泽国，好在他找到了昆仑山。捡着五色石，一次次用双手捧着熔浆，往返于土场和报国寺之间，补着那块塌下来的天。

价卖上去了，人就精明了？未必。一次卖漏儿让他知名度大幅上扬。平安大街改造，改出了一个玩瓷片的名人，称为片某。成名并不一定是好事，弊病之一就是不好买东西了。就像王刚那张熟脸出现在古玩市场上，谁看见都会毫不留情狠宰一刀。他们的逻辑很简单，您都名人了还会在乎这俩小钱。名人的手下都有几个马仔替他们去市场扫货。片某的马仔在老胡的摊上看上一块瓷片，老胡信口开河说六千。那个人钱没带够，按着瓷片不放。马上给朋友打电话，喂，啥也别说，赶紧上报国寺给我送两千块钱来。朋友问，咋地？扎着货了？钱送来了，交给老胡。老胡想再看一眼，人家把瓷片揣起来了。这块瓷片是明永宣官窑，满绘缠枝莲，画工直追元青花，一转手卖到八万。商户和藏家的嗅觉都异常灵敏，他们猜测带有皇家血统的瓷片出自毛家湾？牛街？还是平安大街？最后从报纸上发现了一则消息：几百年没动土木的前门地区正在进行历史性的大拆大建。从皇城根底下拉出来的土又黑又臭，肥得流油。不经意间老胡已经囤积成大户，成了名副其实的“胡汉三”。

没文化，真可怕。老胡又叹，东子从我手里捡漏儿捡到不好意思。一天对我说，胡哥，你身体不好，孩子上大学又要用钱，别这样瞎卖了，卖之前让我把一眼。别小瞧这“把一眼”，还是那么一兜两袋子，含金量直线上升。每次从报国寺回来，钱装在裤子兜里直撞大腿。再看以前，别人说的没错，纯粹一傻缺。三年后老胡塌下来的那块天已经滴水不漏。

对了，他爸你认识。老胡突然爆料。绝对意外，他提到的竟然是老金。老金的局限是不入市，东子受他影响一玩上瓷片就跑市场。老胡先认识东子，然后才认识老金。他们在报国寺的摊位挨着，老胡是地摊儿，东子租的是固定柜台。他还在网上、手机上将瓷片卖到了天南海北。他的玩法与众不同。很多捡瓷片的人都认为捡一片是一片，成本无非就是时间和体力。这种小富即安的心态终究成不了什么大事。东子不，他当事业干。想千方设百计和工头套上关系，请出来，海鲜、洗浴、按摩、打炮，再抱一包中华烟扔车后备厢。跟人家说，我就喜欢那土里的东西，挖出什么您给留着。那些工头初中毕业的都不多，根本不拿瓷片当好东西，东子拿到的货最多，从最多的货里再挑，他的货又最好。南方的老板坐飞机过来，拎着一牛皮箱钱找东子，专门买明清官窑的半拉罐子，送到景德镇找顶级技师修。那些浴火重生的瓷器反流到北京开价几百万、上千万。老胡说，那些修好的瓷器我见过，啧啧，反正我他妈服气。就是老玩家一样打眼。

盘子里的饺子所剩无几，老胡将筷子放到桌上，月亮已经越过门楼，在门外婆娑的树枝间晃动，邻居那条泰迪犬跑到门口探头看看，颠颠地跑了。

想不到老金还有这么一个有头脑的儿子。现在呢？我问。他含糊其词，嗨，别提了！吃饭。剩下的几个饺子全都拨到我的碗中。将手里把玩的那块瓷片递给我，开玩笑说，送你了，哪天栽进去了照顾一下啊。我说，那好办，不仅手铐给你松两扣，还负责给你送饭。他哈哈大笑起来，快拉倒吧，整得跟真事儿似的。被我们的说笑声吸引，院里租住的小两口儿也出来了，女的抱出来一瓷盆切开的羊肉，拿一桶竹签，坐在月光下熟练地穿串儿。老胡指着那个小伙儿，说真的，小秦想搞一个烤串儿摊儿，你能不能给垫个话。别整天让综合执法队撵得兔子似的。我说，这事儿交我。他们耿队我还真认识，他们惹事，我们铲事，离了我们，他们不灵。

六

别看慢哥现在肥得二师弟似的，他可是特警出身，退役到地方就鼓了起来。人一胖，说话动作就慢了半拍，被人称为“慢哥”。说实话，要是我打“110”报警，一个腆着肚子的警察降临我身边，说保卫我的安全，我都不信。慢哥体形虽然变了，武功还在。前几天在地铁六号线北运河西站亲手抓了一个偷车贼。喜事连连，接着又上来一条贩毒的线索。那天我们值班，就见他不紧不忙组织人要去抓供毒的上家。

嫌疑人住在一个高档小区的高层。我们没用电梯，顺着步行梯爬到二十二楼，在步行梯的楼梯间潜伏下来。新警小裴套上了快递小哥的黄马甲，他又黑又瘦，还真像个挟风带雨的快递小哥。骗门？这些毒贩心中都揣着鬼。门一响第一反应就是警察。还是蹲坑吧，等，耐心地等，等嫌疑人出来时抢门。别无他法。步行梯的楼梯间与电梯厅之间有一道门。门开一缝，我们汗不敢出，蜗牛一样不时探出触角，又一次次缩回蜗壳。咣当一声，有人进了楼下步梯间，唰——唰——是保洁员在清理卫生，潦草敷衍的扫地声向下一点点远去。保洁员提醒了我，电梯间有监控，你能想到人家也能想到，万一有来访者上来不正和我们撞个正着？我们商量了一下，决定慢哥留下，其他人员上撤一层。

楼梯间昏暗不明，时辰莫辨，可能又过去了几个小时，外面只有无聊的风在楼道里荡来荡去。突然，我感到喉咙似乎有小虫在爬动，一缕似有还无的贼烟钻进了我的鼻孔。一定有人来了！被我戕害了二十年的咽喉在戒烟后比烟感器还要敏感，尤其在清晨或太阳将落的傍晚。外面一定黑透了。慢哥蹑足退上楼来，我们顿时兴奋又紧张起来，响亮的脚步声近了。就在这时，我却忍不住咳嗽了一声。楼下的脚步声没了。我们迅速交换了一下眼神，小裴扣上帽子，拎起所里送来的肯德基快餐风一样跑下楼梯，其他人又上撤一层。估计小裴已经和楼下那人打了照面，下面的脚步声又响起来。真他妈贼，果真上到了我们刚才藏身的二十三楼。略停，他才又向二十二层电梯厅走去。

那身影在门口一晃，闪了进去。声控灯在门关上的瞬间亮了，一个似乎熟悉的背影。怎么像……我傻掉了。门铃响了，慢哥突然一摆手，房门被关严的一瞬一只肥厚的大脚别住了门缝。两个人同时被扑倒在地。从地上拎起，我一脸错愕，果然是老金！

我从来没见过他吸烟。以前，我也不知道他玩瓷片。您还有什么我不知道的？我盯着他，觉得面前的这个人十分陌生。老金眼神慌乱，他心里有鬼。看见戴上的手铐，我短路的大脑瞬间被激活了，指着老金说，错啦，错啦，把他放开！我盯着老金，回去跟你们所长汇报，这案子我们经营很长时间了，你们就别横插一杠子了，案子和人都是我们的啦，有问题你让他找我。老金瞬间明白了我的意思，点头说好。他捡起地上的纸袋子，我瞥见了一副警察的肩花，里面应该是件警服上衣。他出现的原因不明，但拎着警服出现在毒贩家中，别跟我扯什么化装侦查。

在毒贩家里发现了溜冰的冰壶，从餐桌夹层搜出了一百多克冰毒，嫌疑人交代自己以贩养吸。临进看守所，他还蒙着，眨巴着眼问，今儿你们唱的是哪一出啊？我撞进来了，那个取货的你们给放啦？我说，你还没醒呐？他和我们一样，是警察！不是一拨警察想抓你，你个傻缺。操，又他妈给钓了，他骂道，你们就不能整点儿新鲜的？将嫌疑人关进看守所，我迫不及待拨通了老金的电话，我也想问问，今儿您唱的是哪一出啊？电话里他有气无力地说，多谢了，哪天见面再说吧。

七

摇不动村街头巷口到处都骚动不安，独有老胡的一统斋在洋槐树下安之若素。小秦媳妇忙着将煮好的花生、毛豆、泡菜之类的小菜一趟趟搬到三轮车上，接着各种肉串、蔬菜串、成箱的啤酒、整袋的木炭纷纷上车。下午四五点钟，出摊的时间到了，最后小秦将一个新的烤串儿箱子哐当一声扔了上去。他们一般上午补觉，睡醒了凑合一口，就准备晚上要用的东西。太阳刚斜下去就把三轮蹬出去了，一直要忙到凌晨才回来。这里更多属于老胡和他那堆静静的瓷片。

看到他们就想起老胡托付的事。不想打嘴了，那个我自以为很熟的耿队说话都不张嘴，鼻子哼哼着就给我撅了。不仅一句瓷实话没有，还挤兑，老张，你怎么什么人都交？我不客气地反问，朋友和身份有关吗？我心说，孙子，不是不给面儿吗？早晚有撞到我手的时候，求到派出所再说。答应人家的事，不行也得有个交代，我满怀歉意将情况说给了小秦。小秦不在乎，说，让您委屈了，那人是有名的喂不熟，塞钱给他，他给我扔回来。我想没准儿嫌少，就包了一个大包，还是给我扔回来。想着是不是遇到了党的好干部了。可并不是！这一带他不全抄。环境整治，大气治理，文明城创建，别管闹得多邪乎，有的摊儿一点儿事没有，就是把烤箱收走，走个过场第二天就能要回来。他不通吃。通吃，拿什么向上边交代？不知道咋就跟我摽上了，诈唬说，我就看他妈你们河南人费劲！我们河南人怎么啦？没有我们，你们能过得那么滋润！

我才知道扔上去的烤箱是他们每天的固定成本，预备给综合执法队没收用的，每天一个，抄走了，也就消停了。他们提前去，将啤酒埋伏在路边的绿化带里，有顾客要酒，变戏法一样拿出来。摆摊就开张，天没黑就开始上人，一直到后半夜都不断人。这块儿人住得房挨房屋挤屋的，一个晚上轻轻松松能上三四千，这个流水一天没收俩烤箱也干得。

那句话怎么说来着，敌进我退……小秦挠着后脑勺想。我接茬儿说，十六字方针，敌驻我扰，敌退我追，敌疲我打。得，得，得，别敌疲我打了，不打我就不错了。咱们啊，“敌退我出”就行了，出摊儿喽——三轮车一路响着铃，小秦夫妻吆吆喝喝出了小院。

院子静了，难得老胡已经睡醒，他在椅子上一摇一摇就提到了老金。东子靠瓷片发迹，但是好景不长，那傻缺染上了毒，他恨恨地骂。碰上那东西，纵使你有万贯家财也会变成缕缕青烟。老金发现的时候东子已经涉毒很深了。戒毒，复吸，又戒毒，又复吸，跟每个吸毒者走的路径一样。据说多少次了，家人对他已经没了什么指望，说话就妻离子散。

说话间，小秦媳妇慌慌张张跑了回来，嚷道，出事了，小秦让姓耿的打了。她进屋找钱，跑着去了医院。老胡说，我也过去看看。说着拐拉拐拉出了门。我追着屁股后边喊，你问她，报警没？

第二天一上班，我就查昨日警单。奇怪，没有记录。借下片儿机会，下午我又去了他们小院。老胡不在，小秦夫妻已经备好了车整装待发，小秦头上裹着厚厚的纱布，戴着个网兜，看起来挺瘆人。他没有像上次那样扔车上一个烤箱，见我进门喜滋滋地说，那孙子让我摆平了。接着他说了昨天的情况。刚到地儿，就见综合执法车疯子一样从便道蹿了出来。小秦蹬着三轮车一路狂奔，过了东关大桥慌不择路拐上了右堤路，这条路狗肠子一根。迎面又来了一辆执法车，前后夹击，没跑了。跑！看你还往哪儿跑？队长蹿下车一声断喝抡起了警棍，哎哟一声，小秦一摸脑袋满手是血。他朝吓傻了的媳妇喊，我靠！你还愣着啥？快录像，照特写，给他们全录上！媳妇拿起了手机，小秦对着手机说：事件刚刚发生，综合执法队队长野蛮执法，打伤外地来京务工人员……队长反应了过来，要抢手机，小秦媳妇顺手就把手机塞进了胸罩。转头再看，小秦也打开了手机。如同狐狸遇到了刺猬，一帮人张牙舞爪就是不知从哪儿下嘴。小秦捂着脑袋蹲在地上，向上翻着眼说，我就是不懂法，见着你们就跑，也扯不上什么阻碍执行公务吧？说吧，咋解决？血顺着指缝一道一道向外流着，顺手一抹，成了个花脸，他坐地上玩自拍。队长傻了。要公了呢，他朝媳妇喊，马上打电话报警！再找几个小报记者。又缓声说，私了呢，我的要求也不高，你要是让我继续在这块地盘上干，我医院都不去。

我知道了为什么没有当天的警单。

早知道一棍子能解决问题，我早他妈伸脖子等着了。他开心地笑着，似乎捡了钱一般，又一路吆喝着出了小院。

这时电话叮叮当当响了，是老金。他还欠我一个说法。他急急火火地说，你在哪儿？快来一趟！接着告诉了我一个地址。他家我去过，是部队家属院的老式楼房，每个房间都堆满了瓷片，这个地址却是潞城很有档次的一个小区。敲开门，见沙发上坐着两个干瘦的男人，老金坐在他们对面一言不发。尽管是头一次见面，一个是东子无疑，身材、体量和眉眼无不带有老金雕凿的痕迹。另一个人头发干枯，面无血色，身体消瘦，瞳孔收缩得像猫的瞳孔一般小，这是典型的吸毒人员特征。看警察进门，他脸色一变。老金将一沓钱放在他面前，你不是借三千吗？这是五千。不要你还，但是有一个条件，你不能再来找东子，从此永不相见！我明白了，这个人是东子的毒友。很多人复吸是因为摆脱不了毒友的干扰。他朝我挤了一下眼，你们禁毒中队不还缺指标吗？这个人给我记住了，再见到，抓！我说，明白。我紧盯着那张脸，他的瞳孔缩得更小了。这些人最怕强制戒毒，在戒毒所里待两年生不如死。他抓起钱屁滚尿流出了门。东子起身要跟出去，老金威严的目光将他逼回了沙发。老金说，上次就是他，毒瘾犯了，在家难受得撞墙，他妈哭着给我打电话，我正在片儿里，他抢过电话——你是怎么说的？你把那天跟我说的话再说一遍。老金命令儿子。

我说，我跟您做最后的保证，以后再也不碰了，求您把东西给我取回来。

那今天是怎么回事？

是他找上门来借钱，我说我没钱，正说着，您就来了。这些人我不想见。东子一脸的无辜，不信，您让我叔带我做尿检。老金沉默了半晌才张嘴，我接那个电话百爪挠心，将警服脱了，找个袋子卷巴卷巴一装，晕头涨脑就去了。带着警服给吸毒的儿子去毒贩家取毒品，我都不知道自己做了什么！不是碰上你，我这老脸往哪儿搁呀。

您放心吧，我说到做到！东子保证。我拍了拍他的肩膀，他起身走了。老金看着消逝在门口的背影长叹一声，教子无方，丢人啊！我安慰道，您别急。咱都知道戒毒难，但也不是绝对没有可能，有坚持戒毒至今没有复吸的，从实践上就是戒毒成功了。老金说，可惜不是他，从强制戒毒所出来改在社区戒毒，还是复吸了。我不信他，我又真心想信他。

我打量这个宽敞但略显凌乱的屋子。这是他的房子？我问。老金点头，最后的家底儿了，再复吸，说话就保不住。他燃起了一颗香烟，将打火机烦躁地扔在了茶几上。我说，你把他交给我吧。我盯着他在社区戒毒。说着，门响了，进来了一个康熙五彩梅瓶般的少妇，清亮的声音问，爸，您怎么在这儿？是不是东子——她猛然意识到了什么，刚欲绽开的一张脸瞬间凝固了。没事儿，我就是过来坐坐，叫叔——他介绍我。又对我说，这是东子媳妇。他将多半截香烟摁在烟灰缸里，干咳起来。我离开时，他对儿媳交代，记你叔一个电话，东子的事找他。说着，像被人扼住喉咙，嗓音突然哑了。我说，您别急，会好的。他握着我的手用力晃动。

好景不长，小秦的伤还没养好，他和耿队长的协议就自动解除了。潞城的空气污染指数全市排名倒数第一，室外烧烤一律取消。大形势来了谁都挡不住。上帝关上了这扇门，要他们自己寻找一扇窗。蹉跎了几日，他们处理了烧烤设备和剩下的原材料，准备转行做洗车房的生意。

一次出警完毕返回单位途中，路过车站路看到一家“车臣洗车”店。小秦和媳妇正在店前空地打理一辆凯迪拉克。我将警车停了过去，听他正向一个长得娃娃般的卷毛车主高谈阔论他的经营理念：车臣不是一个国家，而是指我们是车的臣仆，车是我们的君王。您到我们店会享有至高礼遇。听他说“我们”，不要以为他还有多少员工，他的麾下只有长得丝瓜一样的媳妇。开业后他们退了摇不动村的房，在洗车房后身用石膏板隔出了一张床。创业不仅要有经营理念引领，还要有实惠的价格。现在单次洗车都三四十元了，办一张“车臣洗车”百元卡能刷十二次，这个十年前的价格造成了车站路经常拥堵。那次见到我，小秦手扶着腰说，张哥，我快坚持不住了，真他妈累啊！他头上的伤口已经愈合，形成了一块疤，那块疤汗津津的，闪着亮光。

八

老胡住在我的管片，很多时候公私兼顾，认识他之后摇不动村我去的次数明显多了。正在拆迁嘛，不稳定因素多，得经常下片掌握社情民意。在一统斋翻找完瓷片，他倚在床上或坐在椅子上，我坐在一张桌子前，面对桌上一堆杂乱无章的物品，静静地听他讲着他杂乱无章的过往。他声音不大，有时含混不清。现在很少有什么人、什么事能让我静下心来。外面天色不觉暗淡下来，窗外风拂树叶，小鸟叽叽喳喳，昏暗的屋里满是老胡咕哝咕哝的声音。

我说话你别不爱听，你们吃着国家俸禄，有的警察很忙，有的警察不干事。他聊起了自己在湖南被骗的那段经历。

养藏獒折戟沉沙，在老家疗伤的那段时间他接到了一个以前认识的朋友王晓午的电话。王晓午说，哥，过来吧。你大概还不知道中国有一个叫挡阳的城市吧？这里简直是人间天堂啊！电话里他提到了一个商机，老胡心动了。烧烤已经星星之火燃遍祖国大地，据他说那里还是一片空白。东北烧烤有名啊！到了挡阳后，王晓午将他领到了租住地，先要去了身份证，又向他“借”了一千块钱。最初几天老胡在县城转悠，觉得街道干净整齐，可是往城边一走，遍地都是串儿吧。王晓午据说是推销一种保健酒，没见过实物，几天也没见他出门，天天不是组织人上课，就是抱着电话邀请朋友过来发展。几天后，王晓午将老胡领到了一个宾馆。推开一间会议室的门，里面齐压压坐了一屋子人，一个西装革履的讲师在眉飞色舞地讲课。投影仪在白屏上打下几个大字：如何发展下线。他们正遇到一个课堂高潮，在讲师引领下，全体起立振臂高呼：赚钱靠大家，幸福你我他！成功绝不容易，还要加倍努力！这么多人精神病般的癫狂让老胡觉得很恐怖。过来一位讲师要收手机，老胡不给，他竟然要动手抢。王晓午拦了一下，您别急，我哥刚来，还不适应，慢慢来。返回住处的路上，老胡沉着脸说，把身份证和钱给我，我要回去。王晓午摆出一副死猪不怕开水烫的样子，哥，不行了，你想回去，得像我一样邀请下家来。你来之前我是白丁，你来了以后我升为了学士。再往上是秀才、举人、贡生、进士，最高的级别是状元。说着，学士回头看了一眼。老胡早注意到了，从宾馆出来他俩就给安了一个尾巴。学士朝后努了一下嘴，那是个举人。

学士王晓午对白丁老胡说，哥，我也是被别人骗来的。老胡对着路边水流滚滚的江面吼，你被骗，就再骗人！我傻逼似的还指着你帮我呢！挡阳城中有一条千年水脉，一座修建于明代的石桥连接县城南北两端，并排一座钢索斜拉桥挨着石桥凌波而起。老桥属于文物，仅可步行。他们上了老桥，那天是五月节，就见桥下男男女女老老少少三五成群，在河畔的步道上争先恐后往河里投硬币。白丁和学士争吵后安静下来，一人抱着一个石狮子，看着桥下热闹的场景。老胡转过头来，盯着那张没脱稚气的脸问，你知道他们在干什么吗？学士摇头。老胡说，五月是毒月、恶月，五日更是恶日。五月初五是不吉之日，因此家家要插菖蒲、艾叶，他们这儿向水里投硬币，这些都是为了避灾形成的风俗。

哥，你知道我在想啥吗？老胡摇头。我真他妈想找个泵把江水抽干，把里面的硬币全沥出来。学士为自己的想象力笑了，老胡也笑了。苦笑。你知道我想啥吗？轮到学士摇头了。你也投一个吧，老胡说。没意思。学士不投，他也没有硬币。今天人们都要吃粽子，最初粽子可是喂鱼的，为的是不让他们吃掉屈原的尸体。屈原最著名的作品是《离骚》，你知道《离骚》是什么意思吗？老胡问。是不是告诫人们离骚娘们儿远点？这个问题对于学士如此理解实属正常。老胡说，我还记着高中语文老师说的，骚，是一种忧愁的情绪；离，是远离。离骚的意思是远离忧愁。屈原为什么投江？只有江水能够洗刷屈辱和忧愁，投一个吧，说话你就要远离忧愁了。学士对老胡的话似懂非懂，傻笑着。

恶月恶日我知道了真相，今儿他妈真不是个好日子。停了会儿老胡又说，可是今儿对你来说意义非凡，和屈原赶一个日子是你的福分，以后全国百姓过五月节你就当祭奠你呢，咋样？是不是值了？他摊开了手，手心上躺着一枚闪光的硬币。学士看着那枚硬币双腿哆嗦起来。老胡盯着水面的漩涡，笑着说，投完，我抱着你从这桥上跳下去，看你运气，没准儿还能活。学士吓白了脸。在外混的人谁没领教过东北人的狠劲儿呢？他脸上的笑容打住，陡然色变，突然跨到身后那个举人身边，猝不及防抄起他的双腿，掀下桥去。接着上去给学士一个大嘴巴子，又一个脖拐，照屁股上再狠踢一脚。学士惨白的一张脸紧贴在老桥青色的石皮上，满是灰尘。

你大爷的！从千里之外把我拉进火坑，还不让我向外爬。我他妈哪儿得罪你了？你找一个替死鬼，我就不能找个垫背的？都活不成，就不活了！学士痛哭流涕，哥，我不能走。走，就没活路了。我在上线手里捏着呢，欠你的钱，你找我妈要吧。就是求你一件事，别说我在这边干什么呢。说着脑袋磕向桥面，几百年的老桥板被撞得咚咚响。桥下那个举人扑腾到岸边已是半死，扒着石头向外一口口吐着黄汤。

在去往王晓午老家唐山的火车上，老胡打了两个电话，头一个拨的是“110”，举报那个传销窝点。接电话的不知是民警还是辅警，直接推了，说传销归工商管。老胡质问，人给圈一个大院，断绝和外界联系，都涉嫌非法拘禁了也归工商管？“110”那头儿没说出个所以然。反正那个窝点没人去查，学士和他的若干同窗还在挡阳“苦读”。

这也就是老胡说的有的警察不干事儿的来由。

另一个电话打给了王晓午的妈妈，电话里传来哗啦哗啦的声音。进了王晓午的家，见他妈坐在牌桌上忙着抓牌，才知道电话里听到的是麻将的声音。仿佛打完电话，这场牌局就没散。老胡坐在一边等了一宿，她面前的钱时少时多，王晓午的妈非要赢够孩子欠的一千块钱。老胡实在熬不住了，说，有多少算多少吧。王晓午妈嗔怪，你这孩子，再有一把就行了。结果一局下来，面前又少二百。老胡将钱抓到手上，出门时说，你问问孩子，现在外边生意不好做，不行就回来吧。他希望王晓午的妈能听懂，可惜她没听懂，老胡见她的一天半时间她都没下牌桌。

以后的一天，正在土场上翻找瓷片的老胡接到了王晓午的电话，他用沾泥的食指按下接听键，里面传来一个陌生的声音：我们是挡阳公安局的，这个机主是您什么人？他刚才跳江了……老胡扔了铁锨一屁股坐在地上，抖着手指半天才拨出电话。那端传来麻将摔在桌子上的嗒嗒声和一个不耐烦的声音，喂，哪位？说，别拖泥带水的，拣主要的说。王晓午死了。没有一个多余的字，老胡说了最主要的。挂了电话他抬头望见一宇澄明。后来听说，王晓午不是第一个投江的。当地一家良心媒体将接二连三的“学子”自杀事件串联起来，发现都与一家传销公司有关。媒体曝光后，事情搞得不能再大了，才引起当地政府重视，查抄了那个传销窝点，一次解救全国各地一百多名被困人员。王晓午投江后老胡痛心疾首，后悔当时没把他带回来。这个寒门学士最终还是以老胡曾经设计的方式洗刷了自己的痛苦和忧愁。

九

现在，老胡去除了债务可是又疾患上身。过了四十五岁血压突然就高了，胸腔积液，心律不齐，四肢水肿。早上起来睁不开眼，一照镜子就剩了一条缝。查了溜儿够，大夫也没说准是啥病，自己拿些降压灵和利尿剂之类的小药片瞎吃。有时候半夜醒了，直到第二天下午丢失的睡眠才能找回来，睡着了又睡不醒。所以我去一统斋十次有九次见他睡着，不是椅子神奇，头天晚上他可能折腾了一宿。铁锚边上的拐竟是老胡自己用的，他的身体时好时坏。好的时候把拐架在铁锚上，让它去扶着铁锚；病重的时候走路困难，就把拐拾起来。

我说，老胡你的肾八成坏了。你一定要查出病因，对症吃药。要不将来肾衰竭了，做透析花钱更多。现在不是谁都病得起的。他大大咧咧摆了下手，肾没事，现在还能晨勃呢。估计是心脏问题，去医院检查，大夫把听筒放到我耳朵上，以前心脏跳得腾腾的，现在就听咚儿——咚儿——跟山洞里滴水的回声似的。

晨勃，真他妈让人眼热啊。我性事频率和媳妇的例假一致，一月一次，扶不起的阿斗自己进不了门，折腾半天落媳妇一通埋怨：你这哪是性生活，整个一个性骚扰。老胡笑了，说，你就知足吧，我就盼着我姑娘什么时候一结婚，我就业满了。生活，就是把你生出来，又活了一段。活着，啥意思？社会没地位，家庭没温暖。说到老婆，他回避了这个话题，只说她在东北老家的一家超市上班，别的不再言及。话题又转到姑娘身上。姑娘在燕郊上大学时，他从大兴追过来，搬到了潞城摇不动村。现今姑娘大学毕业应聘北京一家公司，和伙伴在市里租房，平时不回家。现在能给他慰藉和温暖的可能只有瓷片了。

毛家湾、平安大街、牛街，出瓷片的几个著名京坑随着建设工程的结束已经展立新姿。最早的获益者建博物馆的建博物馆，著书立说的著书立说，还有的忙着在电台、电视台做收藏文化类节目。现在京城市场出现的瓷片无不带着京东运河的痕迹和味道。别瞧老胡眼都睁不开，京城圈里很少有人不知道他的。北京古玩城、爱家收藏、大钟寺、十里河、亮马河古玩城商户开着豪车来一统斋淘宝。需求和需要给了他一种别人体会不到的成就感。只要还能动，他就离不开土场。

水月院小区开工了，那地方位于潞城北大街，元代就形成了聚居区。除了安全帽、铁锹，他还要比别人多一件拐。被看门的保安拦住了，好说歹说都不行。把工头儿招了过来，围着老胡转着圈看稀奇。惊叹，您都这样了还捡瓷片啊！转头对保安说，你的岗位是这个门口，看着人别从门口进来就得了。他从豁口偷偷进来，出了问题和你有关系吗？老胡明白了，感激地看了工头儿一眼，一瘸一拐走回百十米，从撕开一角的彩钢板围墙豁口爬了进去。

走路困难了，就是找两个铲子架着，他也想去土场转转，他的魂整日在土场里游荡，只有去了土场才能把它带回家。他说，我心里有个念想：瓷片就是我的精气神，精气神不断就不会倒。这个念想在他身上是起作用的，具体表现就是他的病时好时坏。有时你看他说话就不行了，过几天又像经过暴晒的太阳花喝透了水，又缓过来了。下班后去一统斋，好几次见他在门口等我，见到我说，陪我去土场走走吧。我就开车拉他去一处处土场。进了土场我们拣高土坡坐下，夕阳西下，天色向晚，天边彩霞绚烂，土场里面是他和他的同伴曾经留下的密密麻麻的脚印。不同的土场埋藏着他的不同故事，跟挖瓷片一样，将它们刨出来，给我展示自己在这里的传奇和辉煌。

瓷器水、土、火的结合，制瓷匠人抟土为器，淬炼成魂。老胡慨叹，要说他们真是不易。要掌握坯胎的干湿、炉温的高低、烧窑时间的长短，还要承担着产出残废品的沮丧。他们肯定想不到，多少年后自己的劳动成果，哪怕是打破的瓷片、烧废的废品，也为一批后人留下了饭碗。我则惊叹瓷器的生命力。几百年、几千年，器物存，生命就在。一旦被打碎了，生命就终结了吗？不，死而不亡者寿，除了经济价值、使用价值，它们还有艺术价值。谁的生命能如此延续？

人？扯！我们死后很快就会从别人的记忆里消失。最后一个记得你的人死了，就不会有人知道你曾经来过这个世界。

坐累了，老胡索性躺在地上，面对暗下去的天色，歪头问我，你说人最大的福分是什么？我想出的答案很俗，肯定不是他想要的，轻易没有开口。他自问自答，我想人最大的福分是变成一把土，有幸被后人采集，煅烧成一件对别人有用的瓷器。我应声道，对呀，你看那些大人物他们才不进八宝山，骨灰撒进大海或撒向大地。一日轮回，一月轮回，一年轮回，一生也是一个轮回。人最终得回归，他们知道从哪儿来，最终又到哪儿去。

他坐起身来，将刚从草窠里划拉出来的一块儿瓷片啐了口唾沫，用手掌擦拭几下，打量半天递给我看，胎釉接合处竟然有两枚匠人的指纹。几百年前的指纹让我们零距离感受到了古人的信息，仿佛穿越到他们当时劳动的场景，这是一件非常奇妙的事。我不禁感叹，我们活一辈子一个指纹都留不下！看到这块瓷片我就想，这个人来过这个世界，还有幸留下了两枚指纹。我们交谈着，直到广阔的土场全部隐身于浓重的暮色，再相扶起身。夜风飕飕，四野寂寂。明天，这里的一切将会被清晨的阳光再次打亮。

十

社区门诊治疗，吸毒成瘾者定期到社区门诊喝美沙酮，定期到派出所做尿检，监测有没有复吸。他们被毒魔控制的身体适应这种毒品的代替药品后，逐渐减少用药频次和药量，最终戒断。这种疗法，人不脱离社会，同样需要戒毒者以超常的意志力给予配合。东子的尿检一直呈阴性。他和瓷片的缘分已尽，和媳妇商量准备在建材城租个门店卖五金。

开业那天，我准备了一个花篮和老胡一起送去。想着能和老金见一面，却没有见到。问东子，他告诉我，老金已经提前退休了。更让人吃惊的是，退休后老金的身体就出了问题。

我和同事探讨过这个提前退休政策。为了优化民警年龄结构，分局准备腾笼换鸟，给出的政策是，五年内退休的民警如果申请提前退休，将获得一次性退休补助三十万元。有符合条件的老同志关门算了一笔账，最后得出的结论是：不上算。尽管响应者寥寥，但老金还是递了申请，他非常想拿那笔补助金。没那笔钱这个店开不起来。我弦外有音，东子，这钱你一分也别乱花啊！东子说，知道。乱花一分钱就不算人。

办了退休手续，老金在网上买了野营帐篷和睡袋，又去新华书店买了本《一生必去的50个地方》。翻开一看，大多地方都没去过。原以为退休可以有时间干点儿自己的事情了，他的嗓音越发沙哑，突然说不出话来。到医院检查发现一个乳头状瘤几乎长满了喉咙。医生说情况不好，需要马上手术切除。手术做了，病理检查结果正如医生判断，恶性的。

还说呢，几次在花鸟市场都没见到他，问老胡，也说挺长时间没见人影了。送完客人，东子夫妻陪我们去医院看老金。他躺在病床上，人瘦得几乎脱了形，我盯着看了半天，才从他瘦脸缩腮的脸上找到点儿以前的模样。老伴儿说，手术没问题，就是切了声带说不出话来。他听别人说话，点头 YES 摇头 NO，他要说的写在手机记事本上，拿给人家看。平时顺畅的交流慢了很多。

我在手机上点出一张粉青釉蔗段洗的照片请他掌眼。他看了一眼，打上几个字：老的，龙泉窑。我问，宋或元？他打上：南宋。我说，就是有点儿土沁。老金打字：用84消毒液拔拔。我知道他最担心什么，点点头说，东子原来泡在烂坑里，难免会吃进点儿土沁，也给他拔拔，拔干净了和原来一样。他嘴角浮出了笑意，做了个 OK 的手势，合上了眼。一会儿，病房就响起了均匀的鼾声。

从医院出来，小两口儿非要请客，说今天买卖开张，不喝点儿说不过去。我们进了路过的一家叫陶陶醉的饭店。这个名字雅气，可能取自白居易“唯当饮美酒，终日陶陶醉”的诗句。落座后，服务员推荐了扒肉条、红烧蹄筋、它似蜜三个招牌菜，还没说完，东子媳妇一迭声说，要要要，全要。说完抱着菜单唰唰翻。没翻几页，又点了四五个菜催服务员下单。老胡急了，一把夺下菜单。东子媳妇说，你瞧你，不碍的，完了打包，你一个人饥一顿饱一顿的。老胡给感动得不要不要的。

那天我们全喝歪了。东子拉着老胡不撒手，胡哥，你知道吗，我从你那儿花一百多块钱买的残器都卖一万多。老胡说，我不知道啊。后来我良心发现，不能再骗你了。老胡将他的手一下丢开，不满地说，咋能说是骗呢？我自己眼力不够哇。东子又去拉他手，你睡着的时候，我还偷过你，你知道呗？老胡说，我不知道啊。你每天从土场回来累得死狗一样，咋叫也叫不醒，我就把瓷片装走了。发现这个规律，我专门在你睡着的时候去。捡你漏儿不说，还偷，我还是人吗？东子红着眼圈，边说边啪啪扇自己嘴巴。

老胡拉住他的手，哎——不能这么说，你也没少帮我啊。我自罚一个。东子将满满一杯酒喝了。我举手跳了出来，也算我一个。说着将一杯酒顺了下去。一股火苗蹿到肚里，辣得我丝丝呵呵。我说，老胡，我坦白，你睡着的时候，我也偷过你的瓷片。哦？东子指着我大笑。老胡说，我不知道啊。指点着我们俩，你们俩，你们俩呀。我们撞在一起，笑作一团。

十一

“四更说收藏”开讲了。高老师是全能型的，金银器、玉器、陶器、青铜器、木器、书画没有不敢讲的，每周一个专题，穿插讲瓷片，还在线答疑解惑，藏品鉴定。策划方只提供平台，讲座的全部报酬来自网友的打赏。高老师端坐在镜头前容光焕发，端水就喝，拿嘴就说。一个小时从头码到尾，比“观复嘟嘟”还能嘟嘟。不知有多少人在线观看，反正他们微信公号推送的视频点击量少得可怜。据说，直至第三期才获得了一笔五元的赞赏。讲课内容漏洞百出，还经常造成历史时空大错乱，每期节目正式开始前，都极其诚恳地纠正上一期的错误。以后几期纠错的时间越来越长。

见到我，高老师晃着手机说，这个叫胡汉山的藏友真够意思，捧场，给面儿！哎，你说，胡汉山和老胡是不是——我说，你没看头像都没换吗？老胡啊，我说呢。他把滑下来的眼镜向上推了推。从店里出来，老胡在摊儿上和我说了一个高老师的笑话：他没事儿和高老师逗咳嗽，您这个东西老啊！得多少钱？高老师眼没离手机，当然老，我的东西没有不老的，你想要给一百块钱吧。老胡喷了。高老师推上眼镜，见他手里捏着一个干瘪发霉的柠檬扑哧也笑了。可说呢，都长白毛还不老！老白毛，老白毛嘛。他善于给自己圆场。看来他俩的隔阂早已烟消了。

老胡看摊儿很少吆喝，那次他吆喝起来，快来瞧，快来看，美丽，美丽，价格美丽。摊儿上有三块儿瓦当，他整明白了两块儿，一块儿是“关”字瓦当，一块儿是“富贵万岁”瓦当，另一块儿上面有一只小鸟，图案有些古怪。他以每块儿二百元的价格给了我，完了说，一块儿赔了五十，得借给人家一千块钱，没办法。

要借钱的是他的老乡小发子，和他结交是因为胡大哥的死。胡大哥开农用车拉沙子，起得早，开车睡着钻到了大车底下。装殓时对着一堆红红白白的碎肉没人敢上前。做过油漆匠的小发子来了，四五个小时连拼带凑，攒出个囫囵人形，穿好寿衣，好歹让胡大哥体面又尊严地上了路。那场祸事之后，小发子成了胡家的恩人。他家三个孩子，媳妇骑一辆三轮车跑市场批发蔬菜水果，早出晚归，三十多岁就花白了头发。老家那块地薄，不养人。老胡被老家人传得很神，小发子一个电话投奔老胡而来。他不知道老胡已经失了元气，来了跟着他捡起了瓷片，还另找了一个保安的差事。捡瓷片、当保安，尽管干着两个差事，在外也别指着能攒下钱。

这次小发子找老胡，说出来一年了没挣到钱，回家对媳妇没法儿交代，想从老胡手里拆兑一千块钱。老胡火急火燎给他凑够了，却没看出他有要走的意思，见天躺在老胡的床上抱着手机搜索“附近的人”，拉了一个名单让老胡参考，哥，你说哪个更靠谱？上面写着：享受你的体温、求抱抱、花骨朵、客官不可以，还有一个直给的，叫“约吗”。老胡一看，知道又中招儿了。他借过三千，好几年还不上。孩子考学那年又逢獒园倒闭，实在掰不开镊子，就和他提了一嘴。小发子立马拎着一箱奶去看老胡的老妈。老胡听说，心想完了，这钱瞎迷了。每次小发子张嘴，他想到的都是拼接大哥的那点儿恩情，哪怕自己为难，也能办就办。

他知道，小发子所说的靠谱不靠谱，无非就是能不能和这个女孩儿“约炮”。老胡看他很不靠谱，懒得搭理他，拿钢刷低头刷泡在盆里的瓷片。

我去时，他们二人正在吃饭，一张小桌放在院中，大葱蘸酱，小发子把自己刚才的脱险经历说得惊心动魄。

他的微信昵称叫“阿福”。“阿福”很快和“约吗”挂上了。嗲声嗲气的声音从手机里传来，来呗，哥！我等你呢。小发子把手从裤裆里拿出来，从床上噌就坐了起来。按照对方发过来的位置，“阿福”走到了一家保健中心的门口，这个地点按他的说法“有点儿靠谱”。见了小姐，发现不是肤白貌美大长腿的美女，头像是盗图，唐代仕女般的一个胖妞倚门待客，文着雾眉，涂着蔻丹，戴着美瞳，两条肥腿掰不开缝儿。但除了胖点儿，眉目撩人，双睛传意，尚可消受。“阿福”身陷按摩椅上，说是让小姐捏捏，反过手就去捏小姐。他一上手，小姐就直给了，来吧，哥，憋死我了。实际上要憋死的不是小姐，是“阿福”。三下五除二去了衣服，才发现套套告罄。小姐要穿衣出去买杜蕾斯，真是临渴掘井。不戴吧，他心里又忐忑，怕染上脏病。情急之下看见窗台上有一瓶56度二锅头，想起了医院大夫不都用酒精消毒吗，在手心里倒了一汪酒，身下的小姐笑得肚子上的赘肉乱颤，哥，真有你的。暴风骤雨来之也猛，歇之也快，片刻便鸣金收兵。翻身下马才意识到都没来得及问问价。事儿办完了还不人家说多少是多少，“阿福”和自己底下的家伙一样蔫了。小姐边穿衣服边说，哥，这个点了，请我吃个饭呗？人尿不能尿嘴上，“阿福”说行啊。小姐马上改了主意，要不请我喝咖啡吧？“阿福”满口应允。

保健中心的楼下就是一家咖啡店。小姐靠着“阿福”的身子，两个人伴侣一样进了门。选一张桌坐下，“阿福”学着电视里的样儿朝吧台打了个响指，跑过来个毕恭毕敬的小男生。两杯咖啡！他说。服务生问，加糖不？“阿福”愣了一下，看了眼小姐，说当然加！袅袅香气扑面，小姐软声细语，“阿福”如漫步云端，一时不知今夕何夕。他无意中看到了桌角上摆的一个小小的价签：靠！他想破脑袋也就三四十块钱。“阿福”的汗立马就下来了。

这个时候电话响了。“阿福”起身接电话，是老胡打来的。他说了两句坐了回去，坐下又看见了闹心的价签，针扎一般弹起身向外走。这个电话是救命的，他抱住不放，边走边说，你别担心，我就想做一单，做一单就走。小姐盯着他的一举一动，“阿福”走出大门，眼角余光扫见她跟了出来。老胡脾气暴闪，你他妈再没钱也不能想歪的，做一单什么？你跟我说，是偷，是骗，还是抢？我告诉你，统！统！不！行！“阿福”压低声音，将事说得真的一样。他靠在门口一辆丰田凯美瑞的车门上，乌黑的车膜能照见人影儿。他抚着车门把手，如同车的主人一般。

他瞥见一辆出租车开了过来。背过身去，压低手势，招了一下。车子停在了“阿福”身边，收了电话，拉开车门他一步蹿了上去。电话突然断了，那头儿的老胡还以为这个愣小子已经开始行动了，急得哇哇大叫。上车后“阿福”对司机说，快，快开，他们要绑架我！车开出很长一段距离，通过后视镜“阿福”见那小姐追着车尾巴气急败坏地跳脚。司机看着满头大汗的“阿福”问，你没事吧？用不用报警？

成功逃单的“阿福”此时坐在老胡的对面，哥，你是老天爷给我的三根救命毫毛。平时你隐身不见，关键时刻总能拉兄弟一把。面对他的眉飞色舞，老胡毫无表情，指着我问他，你知道他是干什么的吗？警察啊！小发子反应过来，顿时语塞，表情讪讪，我瞎说，全是瞎说，你可别当真啊。老胡说，我救不了你了。他摊开手，还钱！小发子将他的手一下打了下去。哥，别急。钱马上到位，我不是不想回家，现在怎么回去？王老五我们正憋宝呢。小发子压低了声音接着说，不瞒你说，我们探到一个灰坑，地层分布明显，地表两米以上是明清，现在已经挖到了元代土层，从带上来的土色看，往下至少还有七八米深，七八米，厉害了我的哥！说不定能探到汉代，您就擎好吧。这事儿整完，赚了钱就还你，然后回家。他眼圈发红，嘎嘣咬口葱，将酒一口闷了下去。

十二

瓦当买到手后，我把图片发给玩篆刻的朋友，他查甲骨文、查金文、查大小篆字谱也没说出个所以然。最终我在一本《细说汉字》的书上查出了结果，原来是一块儿“家”字纹的汉瓦当。再见到老胡，我告诉他那个瓦当的图文是“家”，并向他详细解释了当面的含义。猪作为人类最早驯化的家畜，也是重要的家庭财富，屋内有豕为家。当面的图案屋内不仅有豕，还蹲踞着一只小鸟。我推测这只小鸟很有可能是家燕。“家”不仅要有财富还要有生机、有情趣。老胡说，家啊？他的眼神黯淡，满是忧伤。

我猛然意识到自己办了一件蠢事，他不搞研究，告诉他这个结果有意义吗？家，对他来说是一触即痛的伤痕。十年前，父亲得了脑血栓，他回了家。在家和母亲黑天白日伺候父亲，累得他们娘儿俩站着就能睡着。后来又出一次血，父亲没留住。掰着指头一算，一共陪了老人三十七天。那一年他三十七岁。老胡感慨，老爸养活了我三十七年，就让我还了三十七天。一天顶一年，是不是有意成全我？

给老爸守灵的时候，漫漫长夜，看着照片上父亲慈爱的目光他暗暗发誓：一定要让老妈过上好日子。为了让老妈过上好日子，料理完后事，他打起行囊再次离乡。老妈送他出家门，眼光粘在他身上撒不开，她一直不知道孩子在外干着多大的事体。嘱咐他，儿啊，事业适可而止，多保重身体！保重，应该是孩子对母亲说的。话运到了嘴边，他先听到了母亲对儿的叮嘱，瞬间泪奔，母子洒泪而别。一晃十年，老妈今年已经七十七岁了，在电话里还是说，孩儿，事业适可而止，别惦记家，我没啥事。老胡谨从母命，“事业”早就适可而止了。自责的是在老爸灵前许过的愿没做到，担心的是老妈还能等吗。

摇不动村已经沸沸扬扬了，家家门上、墙垛子上贴满了搬家公司的小广告，一些签约的住户已经开始投亲靠友。各种说法在村中流传，一时谣言四起。维稳成为派出所的重点工作，一段时间我长在了那里。

那天进门，看见老胡依然在他神奇的睡椅里睡着，床上躺着一个女人，玩着手机。见我进来，将翻起的裙子向下捋了捋，盖住了自己匀称的白腿。在这个简陋破旧的小屋我第一次闻到了女人味。她从床上坐起，一巴掌拍在老胡的大腿上，厉声喝道，起来，睡睡睡，就知道睡！老胡起身，彼此招呼过，拿刀开始分割案板上的一条五花肉，说，孩子今天回来，做胡氏红烧肉。夏天炉子没法儿用，他将锅拎到燃气灶上，倒油，葱姜蒜花椒大料黄酱一样不少，顿时香气四溢，家的烟火气息将小屋装得满满当当。

在俄罗斯的时候他就专司后勤保障，只那切肉的刀法就看出他的厨艺是不错的。白天在外边瞎跑，回到家形单影只的，也没心气起火，晚饭一般在街上小馆解决。天南海北的人把天南海北的美食搬到了一条街上，老胡最爱吃面。面条脾气谦和，可以和各种浇头百搭。吃出了经验，他将面条分出了性别。山西刀削面、兰州拉面、武汉热干面、河南烩面、陕西臊子面，还有拉面里的大宽是男人面；炸酱面、鸡蛋西红柿面、茄丁面是中性面，男女老幼皆宜；杭州片儿川、拉面里的二细以下，是女人面；重庆小面、四川担担面更是女人面，小女人面。他喜欢呼噜呼噜吃一碗男人面，女人面一不解馋二不解饱，他不问。有时回家饭都懒得出去吃，在家也是清水下挂面，葱花炸点儿酱油往面上一泼就开吃。我想，喜欢吃面不仅是他的饮食偏好，可能还和他现在的收入有关，大体得保持收支平衡。那个吃过山珍海味的嘴现在适应着各种面的味道，有面吃的日子他就是满足的。

那个女人还在玩着手机。听他说过，他们夫妻关系名存实亡，就差去民政局扯一张纸了。这种事实离婚状态已经持续了近十年时间，即使这样，每次回家必去探望岳父母，带去的礼物就跟第一次进门一样。孩子自小由姥姥姥爷带大，老胡说，一年能回去几趟？要懂得感恩。老胡的姑娘闻着香味就仙女般飘了回来，孩子长得白白胖胖，打扮得像个大公司的白领。难得一家团圆，让他尽情享受吧。

此后几天没见老胡，他竟然送上门来。

一天早上交接班，见一个四十多岁的老小姐，头朝外百无聊赖地躺在候问室的长椅上。一张熟脸，此前多次进所，没有一次能够打击处理。另一房间竟然坐着老胡，他还是在家的姿势，扎在椅子上睡着了。

我一巴掌拍醒他，什么情况？他睁眼看见我，羞愧难当，只说了句别提了，就将头深深地扎进了裤裆。你不说不妨碍我了解案情，昨晚的供述已经被记录在案。昨晚老胡经过一家足疗店，见门上贴着一张纸：战斗持久，伟哥这儿有！还以为是卖性保健品的店，打了个愣，看到窗玻璃后面一个老妹儿朝他挤眼。一股莫名的躁动突然涌动全身，进屋一坐下就后悔了，想起身，被小姐用大咂儿挤在了沙发上。那两坨白花花软绵绵的肉让他心慌气短没有气力起身。大保健做吗？小姐问。除了大保健呢？话从老胡嘴里出来软弱无力。打飞机、口活儿都行，随你。小姐说。老胡闭上眼，狠了狠说，打飞机吧。小姐就将手伸进了他的裤裆，那东西刚一扒拉出来，正如评书里说的，说时迟那时快，警察突然破门而入。

我笑了，人不辞路，虎不辞山。这社会，别说谁求不着谁，一语成谶，成真的了吧？我答应过照顾你，说到办到。中午我叫了份儿外卖给他送进去，下午忙完手里的事下楼看他，餐盒撇在一边，他一口没吃。我说，老胡你是不是想验证一下自己的肾功能？你不该犯这个错误啊，老婆不是刚走吗！

你以为她是来团聚的？老胡说，她是来找我签离婚协议的。

那天我见姑娘如同喊着室友的名字一样喊着她妈，两个人像姐儿俩一样热热闹闹地出门去逛街。她们还讨论第二天要去天安门和故宫，之后的计划是颐和园、八达岭和十三陵。谁知在和睦美满的假象下暗中解散了一个家庭。一家人按计划游览完毕，姑娘回单位上班，前妻也回了老家。在老胡嘴里，已经称其为“前妻”。

我问，你不是第一次进号子吧？他那个睡姿是个功夫。正说着，办案民警拿来了一份他的前科记录。

你说对了，以前让警察给蒙进来过。老胡瞥了一眼那张纸。

那次在顺义和朋友吃了顿饭。这顿饭吃得恶心，其中一个小子酒后闹事把饭店砸了。他滴酒未沾，可是在场，也接到了当地派出所的电话。警察说，您方便过来一下吗？那天饭店打架的事，麻烦您做个笔录。老胡想，不就是做个证吗？就去了。做完笔录老胡问，能走了吧？警察说，还不行。他的事儿说完了，说说你的吧？我的什么事？老胡诧异。还用我点你吗？警察目光不那么柔和了，锥子一样盯着他。以前在大兴干过？老胡一下醒了。去俄罗斯之前，他在大兴开过一家叫作“红都”的音乐酒吧。经营的四年中不是被同行举报，就是举报同行。最后急眼了，砸人家场子将老板的腿给打折了。事出后跑了，时间长了没见什么麻烦，把这茬儿给忘了。又在顺义选址，装修，热热闹闹开了个家常菜馆，名字还叫“红都”，期待重返辉煌。谁想生不逢时，饭店一开张就遇到了经济寒流，开张即倒闭。他又跑到河北固安开餐馆，当地消费水平低，挣扎一段时间再次倒闭。这么多年走了很多条路，走走就走不下去了。

老胡嘴里报出了一个名字，说，我就是忘了我爸是谁，也忘不了他。腊月二十八，给我收号子里去了，让我这辈子有幸在看守所里过了一个年。

想不到公安执法对一个人的伤害竟是这样大。这样的执法在基层派出所再正常不过了，你违法犯罪被处理怨得上警察？老胡说，你是警察，我一直不认为你是个警察。是警察而不像警察，你这个警察就干到了一个境界。实际上，我对警察恨得牙麻，是你让我改变了对警察的看法。真是毁誉参半，我一时分不清他是在夸我，还是在骂我。

那次积极包赔损失，还被判了两年。从看守所出来后，他买了一把尖刀，回到了那个派出所门前。已经过了下班时间，公示栏民警的照片一排排都笑着。老胡心里说，你们笑吧，一会儿你们就笑不出来啦。揣着刀子，他坐在派出所门前的台阶上。正是正月，大多单位都放了假，街上的人稀稀拉拉。

派出所的人可能知道了他的念头，整整两个小时没有人出门。坐在冰冷的台阶上他的心都被冻上了。想，再等十分钟，十分钟没人出来，算你们命大。就在他准备离去的时候，一个女警察出来了，老胡手攥住了刀柄。她端着一桶泡了热水的康师傅红烧牛肉面，放在了老胡面前，歪头问，你怎么不回家？需要救助吗？老胡化了，眼泪吧嗒吧嗒掉在方便面桶里。那个姑娘比自己的姑娘大不了多少。她抬起头，对着楼上一扇拉开的窗户摇了摇手。原来楼上早就有一双双眼睛注意他了，他们猜测他的身世，揣测他的意图。怎么也不会想到，这里坐着的流浪汉是他们曾经完成的一个指标。是善良救了她，救了她那个单位。老胡最后说，你知道，刀子都是嗜血的，一旦开了杀戒它就要喝饱。我听出了一身冷汗。很多事情都有不确定性，善良和温暖会成为一种力量，改变事情发展的方向。

墙上的电子钟跳出了12这个数字。我说，你可以走了。老胡不动，咱别闹好不好。我说，恭喜你遇到了个老炮儿。她不供，“一对一”没有旁证，传唤的时间到了，我们不能违法办案。这么坚贞不屈，回去看看，要是谈得来给她娶了吧。我憋不住笑了。闹啥闹！他还是似信非信的样子。我说，不信我让办案民警跟你说吧。再去候问室时，不知老胡啥时候走了。没想到这竟然是我和他最后一次见面。

他说的这件事让我想了很久，怎么能够做到是警不像警呢？我将这件事说给新警小裴，小裴不解，和我掰扯：那也不能因为照顾嫌疑人过年就把人放了吧？我说，当然不能，法不容情。警察不能做到让老百姓以感激的方式记住我们的名字，也不能让人忘记了自己老爹，却还牵挂着我们。他没听懂，我心有不甘。

下楼，看到了院子里一辆三轮车上有一屉冒着热气还在滴答水的豆腐。卖豆腐的因为行车纠纷打了人家。我突然知道该怎么说这个问题了，将小裴喊下楼，比如，现在你就别急着做材料，调查取证时间二十四小时呢，先通知家属将豆腐处理掉，等事儿查清了豆腐就该馊啦。小裴照办。一会儿一个操着外地口音的中年妇女将三轮车骑走了，中午见她举着沾着豆腐渣的钞票怯怯地问小裴，同志，在哪儿交罚款？

十三

摇不动村棚户区改造工作进展顺利，全所警力和精力投入到春夏平安行动中，此后一段时间，我没有去老胡的一统斋。

慢哥一不小心给搞成了事主，早上在警区办公室嚷嚷找人给他做笔录。他将一张卡拍在办公桌上，卡的左上角有一行字：车臣洗车真诚为您服务。慢哥说，刚办的一张卡，没用两次店主就跑路了。真他妈倒霉！接着警情就来了，车站路“车臣洗车”门前几十名车主聚集。洗车店人去店空，店门上还贴着小秦夸张的承诺。出现场的民警通知所有办卡车主去派出所登记。没过中午，先后来了一百多人。请示分局，分局意见防止酿成群体性事件，先按诈骗案件受理。经相关审批手续，小秦夫妻被列为“网逃”。

去一统斋次数多了，那儿的东西我几乎都能背下来，就剩下洋槐树下的那堆瓷片没动过。老胡的说法，垃圾片，看不看两可。小发子既然和老胡一起干，手里多少也应该有些东西。一日无事，我打电话问他，家里有没有好货？三说两说，他竟然答应领我去家里看看。在约定的地点，他上了我的车，指引我向摇不动村外的大土场开去，想不到在如山丘一样起伏的土场中埋伏着几个废弃的工厂。

在车上他突然想起什么似的，哎，你不是警察吗？跟你反映个情况有没有奖励？我说，那要看有没有价值。那我算不算你们——那叫啥玩意儿？他揪着鼻子，一时语塞。我接过来说，线人吧？对对对，线人。这个名字蛮带劲的。我笑说，没那么神秘，派出所的线人就是提供线索之人。犹豫了一下，他说，那我就告诉你吧，他指着窗外我们正经过的一个高墙大院，这个院子的大铁门老上着锁，到了饭点就有人往里送成袋子的馒头和大盆熬菜，是不是有问题？

我立即想起了近期的一起警情。

一个小伙子到派出所报案，说他的朋友失踪了。以前总见他在微信里推销某种牌子的保健品，怀疑可能被传销组织诱骗。说着拿出手机，上面有朋友发来的最后一条微信。接案的是慢哥，他问，你是他什么人？小伙子说，朋友。朋友不行，报失踪要他的家属亲自来。他的家属在外地啊，小伙子一脸无奈。慢哥一副公事公办的样子，那也得亲自来。我告诉你为什么朋友不行，有的人打着朋友的幌子报失踪，实际是想借助公安机关的力量查找债务人。这样的人我们见得多了。微信？微信能说明什么，你告诉我。小伙子悻悻地走了。

三天后，一对老年夫妻在接案室唉声叹气，边上跟着上次报案的那个小伙子。失踪人员的父母从老家赶了过来。慢哥问，为什么到我们所报案？小伙子说，失联前他发了一条微信，位置信息显示是你们派出所辖区。慢哥歪头问，他要是路过这个地方呢？小伙子已经没词了。慢哥又问，他住哪儿？小伙子说，大兴。失踪人员报案在失踪地或居住地，既然失踪地不能确定，你们应该去大兴分局报案。家属闻听情绪立即激动起来。小伙子气哼哼地说，上次你说让家属来，家属来了你又向外打发。你以为我们没去过吗？你们推来推去，管不管？我在一边接过话来，管，你别急，这个事我们管。

慢哥横了我一眼。办完了接案手续，我告诉了他老胡和王晓午在挡阳的遭遇。最后说，别拿这规定那规定和他们说，老百姓就关心我的事谁管。不能让东关大桥的桥下明天漂出几个王晓午来。慢哥不说话了，引家属进询问室做详细笔录。接案后他向民政救助机构查询，向周边派出所和刑侦、交通支队发出协查通报，又将失联人员信息在各类信息系统进行了查询，还采集了他父母的DNA信息输入无名尸数据库比对，均无线索。

小发子看守着一处废弃的工厂，这块地被开发商竞标买下，等待开发。这个工厂离刚才我们经过的那个大院也就一二百米。他让我看了一个装满瓷片的屋子，然后到他的宿舍，从茶叶罐、饼干盒、牙刷缸子、柜子抽屉里变戏法一样掏出古币、簪环钗钿之类的古物。拣上眼的问了一下价格，高得离谱。一个据他说从沙子堆里捡到的明代铜画押，竟然开价三千五百元。我问，没少头儿了？他不说话，而是把东西收了起来，说，这东西我也不急着卖，给孩子留着吧。搁以前，碰到这种故意拿捏的人，我拍屁股就走人。今天不行，你让他不高兴，他肯定不伺候你。小发子还热情地向外拿着东西，我已经没了兴趣。没有你看上的？他拿一件问一句。

我买了那个铜画押，他笑嘻嘻地将钱塞进屁兜。接下来我将任务向他详细做了交代，这对他来说不是什么难事，工厂里有一个废弃的冷却塔，爬上塔，厂区内外一览无余。情况很快上来了。刻不容缓，所里报请分局搞了一次突击行动。几辆警车围了那个大院，慢哥砸开院内一间仓库的大铁锁，里面果真藏着被传销组织非法拘禁的百十号人。

十四

网逃，网逃，网尽天下逃犯。网上追逃的好处能让你坐收渔利。邻省一公安局打来电话：工作中发现贵所上网的两名逃犯，一个叫秦海洋，一个叫蒋小菊。

派出所派人星夜驰往，将“车臣洗车”的老板和老板娘接回审查。

我亲眼见证了对自己未来满怀憧憬，并为之打拼的小秦怎样沦为了犯罪嫌疑人。在讯问室落座，他抬头看见了我，眼泪流了下来。张哥，我这算不算犯罪?我反问，你说呢？有多少事主你心里应该有一本账吧，他是其一。我指了一下身边的慢哥。小秦站起来朝慢哥深深鞠了一躬。弯下身的那一刻，我见到了他光亮的秃顶。

我根本没想骗人，就想挣钱。办出去几百张卡，收的钱还了前期的装修费。车开来了，你就得给人家洗，每天累得狗一样，这一天天的……别人都以为我们结婚了，其实我们还没领证，本打算挣点儿钱今年结婚。小菊怀了孩子，我想这个孩子应该在我们婚礼后降生，哪怕寒酸一点儿的婚礼，可是……我们的孩子，竟然……他语塞了，不停地摇着头，竟然给他妈的累掉了！

慢哥在一旁听着，我示意他记录，他手指才笨拙地敲打起键盘。做完笔录将小秦送回候问室，我和慢哥交换意见，按他们说的应该定不上诈骗，尽管是事主。他也同意我的看法，说，马上请示法制部门。法制处同志会商后反馈意见，小秦主观上没有虚构事实和隐瞒真相，经营不善导致债务问题，和众多事主属于经济纠纷，建议事主向法院起诉追讨损失。我们欣喜地跑去告诉小秦，递给他我的手机，说，赶紧打电话让亲朋好友筹款，能还一份是一份，能还一分是一分，争取从宽处理。小秦想了半天，把手机还给我，哭丧着脸说，大哥，求您拘了我吧，我还不上这钱。

我和慢哥愕然。

七上八下，进入七月，潞城进入了主汛期。暴雨，雷电，冰雹，大风黄色、橙色预警频繁出现在人们的生活资讯中。市民已经习惯在各类预警中生活和工作。夏日阴晴不定，午后整个潞城半边天像被皴染了一层层的淡墨。楼群、桥梁、村庄和田野都沉入到雾霾般浓重的色调中，一场大雨正在酝酿，急先锋已经箭镞一样噼啪落地。这场雨来势汹汹，之后放缓了节奏，不紧不慢下了一天，总雨量将近二百毫米。

一个土场的边缘，几个“铲子”一个夏季已经悄悄挖出了十几米深、横截面达几十米的一条探沟。雨后，趁着大地短时间退去暑气，他们挥镐扬锹激战正酣。从已经挖到的汉代土层中发现了五铢钱、瓦当、陶罐等丰富遗存，他们期待发现更多的灰坑瓷。长时间降雨拿松了大地的筋骨，巨大的土块突然分崩离析垮塌下来。探沟底下的“铲子”闻声四散奔逃，不幸的是，一个“铲子”被压在了下面。垮下的土方体量巨大，劫后余生的“铲子”试图营救无望后报警求助。

我们调用几台施工机械才找到了“铲子”的遗体，他四肢挣扎匍匐于地，最终被大地紧紧攫住了身躯。999 医护人员经过象征性的程序确认此人已无生命体征，刑警排除刑事犯罪嫌疑后，那具遗体被抬到运尸车上。身体被翻过来的刹那，我看到了那张在老胡面前眉飞色舞的脸，看到了一件件向外给我拿东西时期盼的表情。那张脸在我面前鲜活着，又毫无生气地凝固了。随着运尸车的车门咣当一声响，关闭了他所有的梦想。

车轮摇摆不定碾压开一道道泥泞，打着滑驶离了土场。一直阴沉的天空在头顶又攒了一层黑云，在我们结束了所有工作的时候，噼啪掉下了雨点。雨点越来越密集，几个“铲子”泥人一样，脚下瞬时汇聚成河，他们在雨中岿然不动，目送载着他们同伴的运尸车渐渐远去。雨点拧成了鞭子，一股一股奋力抽打在土场上，土场像一个巨大的黑洞，不仅吞噬了一个“铲子”的生命，还吞噬了外界所有的声音。我在现场给老胡打电话，想告诉他小发子的死讯，拨打的号码不在服务区。

非正常死亡遗体处理等后续工作还要派出所配合。一天后，我见到了他的家属，一个瘦小枯干的女人。在小发子的宿舍，面对丈夫一堆破旧的遗物，她将拳头塞进嘴里无声饮泣。之后，带着香烛纸钱、烟酒祭品去了小发子出事的那个土场。大雨洗濯后的土场经太阳一晃又是一片焦土。点燃的纸钱上下翻飞，洒下的酒呲呲入地。是不是小发子知道妻子来了？

她抢地号哭，一直跟随的几个“铲子”挽着她的手臂，那个娇小的身躯用力坠地，双脚急促地拍打着地面，像在一下一下叩问夺去她丈夫生命的这块土地，委屈得像个孤独无助的孩子。丈夫身后给她留下三个孩子，她终将委屈和无助。在殡仪馆，待小发子化为一缕青烟，我将三千元现金交到她的手上。为了让她心安理得，我隐瞒了我们之间的合作。对她说，以前买过他的东西，这是欠的钱，拿着吧。女人将钱攥在手里，掂着重物一般不停地抖动。小发子的死扯不上安全生产事故，只是个意外，没有人为他的死负责。他的命丢了，妻子却拿不到一点儿补偿。我能做的，只是夸大传销案件的案情，提升线索奖励申报等级。这点儿钱不够买下一个廉价骨灰盒。

十五

老胡可能还不知道小发子的消息。他应该露一面，至少对老乡进行力所能及的安慰。电话不通，只能去摇不动村找他。全村棚改工作已经取得重大进展，街里动迁的标语都换了新的内容：热烈庆祝村民签约率达到98%。

一只喜鹊在一统斋的屋顶喳喳乱叫，歪头探脑，扑棱扑棱飞到洋槐树的枝上。我想起了“家”瓦当上面蹲在门口的那只小鸟。怎么就认定是家燕呢？也有可能是只喜鹊吧，而今一统斋已经庇护不下一只鸟。

一辆轻型货车停在一统斋的外面，高老师跑前跑后指挥几个民工一袋一袋搬瓷片。见到我说，老胡走了，临走前将瓷片全部处理给了我，只要我替他把房租还上。正说着，房东来了，问谁是高老师。高老师立马应声上前，掏钱点给房东。房东脸上生花，昨天我还是剩下的2%，今天就不是了。这里马上就要拆掉。

又一拨人进来找高老师，问了身份，是运河文化博物馆的工作人员。高老师领他们进了老胡的小屋，指着戳在窗下的那个大铁锚说，就是它。

我靠！打头的人戴着眼镜，文化人的模样，却爆出了粗口。把镜框向上推了推，摇着头，摆出一副不可思议的表情说，运河文化广场那个铁锚的仿制品怎么看怎么觉着别扭，知道吧？就是因为设计者没见过实物。我们找了好久，“运河文化”怎么能没有铁锚呢！我说一定有出土，不错吧！一级文物，一级没问题，镇馆之宝，我建议放在博物馆第一展厅。

不顾上面经年铁锈和附着其上的泥沙，他像抚摸自己孩子一般抚摸着铁锚。一伸手，随行的人员递上一个文物捐献证书，在捐赠者的一栏写着胡云生。我才知道，瓷片胡，胡汉三，胡汉山，他的真名叫胡云生。他说过，我们都是过客，这些东西最终属于历史，属于社会，属于未来。唯有文化能够永恒，他给它们找到了最好的归宿。

那人向高老师拱起双手，请转达我们对您朋友的衷心感谢和崇高的敬意，运河文化博物馆随时欢迎他及各位莅临指导！高老师拉着博物馆负责人照相，说要将照片发给老胡，证明他交代的事办妥了。照片发了过去，老胡很快给高老师回过来一个咧开嘴叉子的大笑脸。

他的手机竟然通了。紧接着又给我发来一段语音：牙刷柄已经找到，放在左边抽屉里。拉开了抽屉，一把玲珑剔透的骨质牙刷柄躺在里面，牙刷下面压着一张黄色的医生处方笺。病情诊断一栏是一个稀奇古怪的名字，我用手机百度，竟然是一种罕见病，发病概率约四十万分之一。

胡汉三再次被打倒。

老胡，你个胡汉三还能再回来吗？

微信提示音滴答一响，他发来几张自拍照片，第一张照片坐在路边一块大石头上，大汗淋漓，腋下倚着一只单拐，对着镜头摆出一个鬼脸。我想起了第一次见到他时的情形。面对那个俳优俑，我当时好像对他说，他在逗你笑呢。随后几张照片笑容可掬。这就对啦，想在电话里给他宽宽心，提提那件俳优俑。懂啵？

生活是面镜子，你哭他就哭，你笑他就笑。想想，算了，谁不比你活得明白！他身后的路向远方延伸，我知道了他的来路，也知道了他的归途。

似乎一夜之间摇不动村就成了一大片空地，按照规划这里将成为新城绿心。村中所有建筑物全部拆除，清运完毕，只留下了榆槐椿枣等姿态非凡的老树。它们以前属于某个院落，现在守望着这片土地，见证了历史，还将见证它的未来。撒眼望去，我想找到老胡一统斋的位置。我找到了那棵洋槐，远远地望去，黧黑苍劲的树干像个筋骨刚健的男子汉，一丛丛墨绿色的叶子舒枝展桠突兀在废墟中，将这片黄色的土地点染得雄浑苍凉。土场上人影憧憧，在里面我看到了老胡，看到了小发子，看到了王老五，看到了众多拾荒者和“铲子”在大地上奔波劳碌。

只要有大地，就会有草木。他们就是人间草木，生生不息。

国家行动（节选）

程　琳

第一章

1

聂树远从监狱出来后，到处扬言要杀刘元。刘元没什么反应，刘元的哥哥刘唐却十分担忧。

刘唐所担忧的不是怕聂树远去杀他弟弟，他弟弟早就是杀人专家。聂树远真要去杀他弟弟，死的一定是聂树远。刘唐怕的是由此发生血案，那对他影响太不好。他现在是全国知名的大企业家、大慈善家，如果他弟弟是个大杀人犯，那可就糟了。

为了消除隐患，刘唐给彭云河打电话，让他帮着去摆平聂树远。

彭云河有些不解："你想让我怎么去摆平啊？"

刘唐说："你让聂树远断了去杀我弟弟这个念头就行。"

彭云河笑了："聂树远去杀你弟弟，纯粹是在吹牛逼。他和好几个人都说过这件事儿。唐哥，他真要去杀你弟弟，他会这样大张旗鼓吗？他这么说，无非是想给自己找个面子！"

刘唐心知肚明："那就给他这个面子吧！"

彭云河更不解了："干吗要给他这个面子？他是个臭无赖！"

刘唐说："正因为他是个臭无赖，我们才不能和他一般见识。聂树远不就想要个面子嘛，那就给他！"

彭云河说："怎么给呀？"

刘唐说："聂树远现在穷得都快卖血了，我估计他是想要两个钱！这样，我让刘元拿笔钱，你帮我去劝劝聂树远吧！"

2

一月初的益州市已经春暖花开，不少年轻的姑娘都穿起短裙，露出了雪白的美腿。

彭云河把聂树远约到了河边，一边看着眼前不时走过的美腿，一边悠闲地喝着浓郁的大红袍。

眼前的这条河叫益州河。河水静静地流淌，河边有各式各样的茶馆。午后的阳光很温暖，男男女女们坐在河边的一个个茶桌旁，喝着茶聊着天，无比惬意。

就在这无比惬意的氛围里，彭云河一边给聂树远倒着茶，一边深情地劝着聂树远："你都这么大岁数了，别整天再打打杀杀了。"他指着远处的几个女孩，"你看这么多漂亮的姑娘，你得抓紧时间去干呐，树远同志，你要把在监狱里失去的好时光夺回来。"

聂树远喝着茶，抽着烟，没怎么接茬儿。

彭云河开始还是很有耐心，一本正经地问聂树远为什么要杀刘元。

聂树远讲起与刘元陈芝麻烂谷子的恩恩怨怨。彭云河没怎么认真听，混社会的这些人没什么正经恩怨，因为一句话一个眼神都能被砍下一条胳膊一条腿。

聂树远曾经混得比刘元有名气，后来被刘元超过之后，一直有些不服气。两个人斗了几个回合，聂树远就被莫名其妙地关进监狱里蹲了好几年。

聂树远说："我进监狱一定是刘元搞的鬼，这次说什么我得要弄死他！"

彭云河说："行了行了，都已经过去了。你要往前看，不要再斤斤计较了！"

聂树远说："这怎么叫斤斤计较？"

彭云河起初的态度是和蔼的，可见到聂树远老装逼，内心十分不舒服。

当聂树远说"老彭啊，你不用劝我了，反正，我得要杀刘元"时，彭云河终于火了："聂树远，就你这个熊样，还要杀刘元，真是给脸不要脸！"

彭云河突然发火，聂树远有点儿发蒙。

彭云河指着聂树远的鼻子，一点儿没客气："还以为你是过去的聂树远啊！撒泡尿看看自己吧，你现在连个弟兄都没有！"他指着身边两个年轻人，"我还有两个小兄弟呢！你他妈的连我都不如，你还好意思说你要去杀刘元？你也就是嘴上说说，自我快乐快乐吧。"

聂树远满脸通红，他说杀刘元真的只是说说而已，现在被彭云河这么无情地揭穿，他被弄得手足无措。

彭云河把聂树远的气焰打消之后，又拍着聂树远的肩膀，变得温柔起来：“好汉不吃眼前亏，你现在要钱没钱要兄弟没兄弟，你去杀刘元，没等你到跟前，你就得先被刘元杀了。听哥一句劝，马上打消这个念头吧！”

话说到这个份儿上，聂树远最后只好叹了一口气，说：“那我这几年监狱就白蹲了？”

彭云河笑了：“怎么能让你白蹲呢！刘元答应给你五十万！”

聂树远愣住了：“给我五十万？”

彭云河说：“没错，就是给你五十万。”

3

刘唐其实让弟弟刘元准备拿一百万，剩下的五十万，彭云河要自己留下。聂树远心里很是不满。

彭云河说：“给你五十万，你就知足吧。刘唐起初只是答应给你二十万，是我把他给忽悠了。”

聂树远不信：“你是怎么忽悠的？”

彭云河说：“我告诉刘唐，你为了杀刘元已经通过刘铁军买了一把六四式手枪。那把手枪你是花一万二买的，我还告诉他，你还打算到东北去雇两个杀手来益州……”

彭云河说得是声情并茂。忽悠人是他强项，这也是刘唐让他来劝说聂树远的原因所在。

聂树远最终被彭云河说服了。他觉得确实应该分给彭云河五十万。

两个人达成共识后，彭云河给刘元打电话，让刘元过来和聂树远喝杯茶，把他们之间的恩怨了结。

但刘元自己没有来，拿着钱来和解有点儿不太光彩。刘元派手下钱凯和吴立波拎着钱来到了河边。

钱凯、吴立波在刘元的手下不是很出名。他们两个人长得白白净净，钱凯还长着女人一样的手！

那双手又白又嫩。

彭云河问钱凯：“你身上也这么白吗？”

钱凯说：“我上身差点儿，但我的腿绝对比手还白！”

聂树远不太信："那你脱了裤子让我看看呗！"

钱凯贱兮兮地说："你真缺。"

在钱凯与彭云河、聂树远闲扯时，吴立波把带来的两个皮包放在了茶桌上。

两个皮包不是很大，但每个装五十万元现金应该没问题。聂树远、彭云河都在想，这样分开装也挺好，省得一会儿再分了。

两个人想钱的时候，两个皮包打开了。

但皮包里装的不是钱，而是两把崭新的六四式手枪！

在大家满眼惊讶的目光里，钱凯、吴立波就各自从包里拿出了枪。

钱凯把黑洞洞的枪口直接顶在了聂树远的脑门上。

随着枪响，子弹把聂树远的脑浆都打了出来。

钱凯、吴立波来之前刚刚吸完毒品，他们开枪射击时，那个平静那个沉着，仿佛他们是上帝派来的！

聂树远、彭云河，加上两个小兄弟一共四个人。钱凯、吴立波对这四个人有条不紊地扣动着扳机。

那感觉一点儿不像杀人，像是在电脑里玩着杀人游戏！

4

这天，益州市公安局在人民广场搞了场很大的"人民警察为人民"主题活动。活动内容丰富多彩，有为群众返回赃款赃物的，有为群众解答法律问题的……

这个活动很重要，公安局的主要领导全都到场助阵，在活动即将结束时，益州河畔响起了枪声。

开始接到通报时，局长李良没完全反应过来，他命令刑警、巡警、特警设卡堵截嫌疑人时，还有板有眼，但当他详细地了解案情后，大脑有点儿不会思考了。

"光……天化日之下，两……名歹徒，当……众开枪行凶，一分钟之内，三死一伤……"

苏岩是刑警支队一大队的大队长，这个大队主要负责的就是"命案"。参加公安工作这么多年，苏岩什么命案都见过，但今天这个命案，他真没见过！苏岩向局长李良汇报时，嘴都哆嗦了。

苏岩的嘴哆嗦了，李良的心也跟着哆嗦了。李良抓住苏岩的手，几乎用哀求的口吻："老弟呀，拜托你了，无论如何要把人给我抓住。"

5

下面发生大要案，省厅一般只是派出相应的业务部门参与侦破指导，副厅长能来的都很少。但益州市发生的这起涉枪“严暴”案，公安厅的一把手徐永年亲自带队下来了。

省城到益州有四小时的车程，局长李良提前两个小时到高速路口等着。徐永年下来最反感这样高调接送，平时，李良决不会讨这个嫌，但这次他却早早地就站在收费站附近等待着徐永年的到来。

益州市发生了这么大的血案，公安局的一把手承担点儿责任在所难免。李良来接徐永年不是溜须拍马，是准备负荆请罪的。

案发后，李良是向厅里分管的副厅长做的汇报，但厅长徐永年却很快打来电话。徐永年问李良：“那两个凶手开枪时神态自若，杀完人之后还从容不迫地离开了现场，是这样吗?”

李良说：“是这样!”

徐永年又问：“当时围观的群众都看傻了，以为是在拍摄美国好莱坞大片，是这样吗?”

李良说：“是这样!”

徐永年放下电话之前，李良就听到了茶杯摔在地上的声音。

李良很清楚徐永年这次亲自到益州来除了指导破案，搞不好还要拿他这个局长开刀。益州的社会治安一直不太好，队伍调整时，徐永年特地把自己最信任的李良调到益州来，目的是希望李良能打开新的局面。

现在倒好，新的局面没打开，好莱坞的枪战大片却在益州上演了。

等待徐永年的这两个多小时里，李良感觉自己的大脑完全木了。他不知道，接下来这场注定要震惊全国的大案，最终会演变成什么奶奶样。

内心无限凄凉的李良就这么站在无限凄凉的夜色中等待着徐永年的到来。

好在徐永年的车队即将到来时，李良接到了苏岩一个并不凄凉的电话：“局长，那两个人我全都抓到了!”

6

苏岩自己也没想到能这么快就把钱凯和吴立波抓住。

众目睽睽之下，钱凯、吴立波那么从容地杀人，那么从容地离去。苏岩起初以为钱凯、吴立波一定是经过了精心预谋。既然有预谋，那就一定事先做好了逃跑准备。

真那样的话，迅速地抓到他们俩一定有巨大的难度。

意外的是，抓他们俩一点儿难度都没有。

钱凯、吴立波杀完人之后，就换了手机，换了车，准备逃到云南。

正常来说，他们这样做搁过去也同样不好抓，可现在的公安系统早已今非昔比，各种侦查手段应有尽有。

钱凯、吴立波在郊区准备换乘卡车离开时，就被预先埋伏的苏岩等人摁倒在地。

两个人被戴上了手铐后，苏岩都不相信这是真的。他直接问钱凯、吴立波："下午，真是你们俩开的枪吗？"

这时的钱凯、吴立波仍然沉浸在毒品的幻觉中，他们俩竟得意地说："对呀，就是我们俩开的枪呀！我们俩把梭子里的子弹全都打光了！"

7

即便知道了两名案犯被迅速地抓获，徐永年依然满脸冰霜，在二楼小会议室，面对着市局主要领导，他拍着桌子，大声地说：

"我万万没有想到，你们益州的社会治安竟然严峻到这个地步。光天化日之下，两名歹徒竟敢持枪，在众目睽睽之下，连杀三人！你们预防工作是怎么做的？凶案发生时，你们的局领导在哪里？你们的广大公安干警在哪里？"

虽然徐永年劈头盖脸地把大家说得面面相觑，但李良没太在意，他很了解徐永年，开始的狠批评意味着接下来是狠表扬。

果然，徐永年批评完之后，就开始热情洋溢了：

"益州市局在案发后这么短的时间里，就能将犯罪嫌疑人悉数抓获，这同样令我没有想到。看起来，你们益州市局已经在险恶的环境中，锻炼出了一支过硬的刑侦队伍。作为厅里过去一直搞刑侦的老同志，我感到很欣慰，我为全省刑侦能有这样一支队伍，感到骄傲。"

公安工作主要是打击和预防。发生这么大的血案，防范虽然没做好，但能迅速地破案，对益州市公安工作表扬表扬一点儿也不为过。

表扬完之后，徐永年提出了具体要求："接下来，我希望你们能够再接再厉，再破大案。益州现在的治安环境如此严峻，绝不是一朝一夕形成的。通过这起涉枪'严暴'案件的侦破，希望你们能够'一案带多案'，尽最大可能，深挖余罪，让益州市的社会治安来一次大转变！”

8

案件发生后，警察破案不是像电视上演的那样，傻呵呵地只盯着自己手头这一个案子。中国警力严重不足，每个一线警察手里都同时捏着几个案子。所以，无论侦破哪个案子，警察都要“由人到案”或“由案到人”。“一案带多案”是每个一线警察的工作常态。

为了深挖余罪，苏岩刚刚抓到钱凯、吴立波，就开始了“一案带多案”。

苏岩是刑警支队负责“命案”的大队长，钱凯、吴立波在他的辖区干出了这样惊人的血案，苏岩气得恨不能扒了他俩的皮。但苏岩现在一点儿也没看出生气的样子，反而在车里就开始给钱凯、吴立波掏烟点烟，弄得像亲兄弟似的。

钱凯、吴立波还处在毒品的幻觉里，这对苏岩是机会。处在幻觉里的钱凯、吴立波感觉自己无比地了不起。苏岩就用温柔的方式，帮着他们继续着这种了不起。

钱凯说：“我把枪口顶在了聂树远的脑门上，我亲眼看到他的脑浆被打了出来！”

苏岩说：“是吗？过去，我只是在电影里看到过。”

钱凯说：“那你不如我，这次我是亲眼所见。”

苏岩又对吴立波说：“聂树远的脑浆被打出来，你看到了吗？”

吴立波说：“我当然看到了，我就在旁边呀！”

没等苏岩继续问，吴立波就开始滔滔不绝：“太有意思了。开始，我没想开枪，元哥让我们把聂树远干死就完了。我心想，干死一个不如把他们全都干死算了。”

苏岩竖起了大拇指：“吴立波，过去你给我的印象是胆小如鼠，没想到，你原来这么牛逼呀！佩服佩服！”

苏岩嘴上说佩服，心里恨不能立刻掏出枪直接把他俩全都毙了！

一线警察都有这个本领，心里想的和实际说的能够做到绝对相反。

苏岩压抑着内心的愤怒，无比温柔地让钱凯和吴立波感觉他们俩是真正了不起的大男人。

于是，自我感觉了不起的钱凯、吴立波争先恐后地诉说他们俩为什么要杀聂树远，为什么杀完聂树远还要把彭云河和那两个小兄弟统统都给杀了。

9

处在毒品幻觉里的口供是不能完全相信的。好在他们俩与彭云河的口供是可以相互印证的。

彭云河的身上挨了两枪都不致命，当天夜里被抢救过来之后，就能很清楚地说出话来。

根据彭云河的口供加上钱凯和吴立波的诉说，案件的来龙去脉基本水落石出。

聂树远出狱后扬言要报复刘元，刘元的哥哥刘唐担心引发血案影响到自己，就让弟弟刘元拿钱摆平聂树远，但没承想，弟弟刘元竟让钱凯、吴立波当众枪杀了聂树远等人。

局长李良把苏岩叫到自己办公室，直接向厅长徐永年汇报。

徐永年问得很细："刘元为什么要杀聂树远？"

苏岩说："因为聂树远老吹牛，刘元觉得自己没了面子。"

徐永年问："仅仅因为自己没了面子，刘元就要当众杀人？"

苏岩说："是的。"

徐永年好一会儿没说话，最后，他又问："刘元是亲自向钱凯、吴立波下的命令吗？"

苏岩说："是的。"

刘元在益州这里是老大，他不允许别人向其挑战，哪怕吹牛也不行。刘元在益州的不可一世，徐永年早有耳闻。但刘元狂妄到这个程度，还是远远超出了他的预料。

苏岩离开后，徐永年问李良："你打算怎么办？"

李良说："既然刘元涉嫌重大犯罪，现在当务之急是要尽快把刘元抓住。"

徐永年说："那把刘元抓住之后怎么办？"

这个问题看似简单，其实意味深长。李良没接茬儿。

把刘元抓住势必要牵扯到刘元的哥哥刘唐。

刘唐可是个大人物，他李良是没有能力对付的。他之所以把苏岩叫到办公室直接向厅长汇报，原因也在这儿！

李良搞不清徐永年与刘唐究竟是什么关系。李良到益州担任局长后不久，刘唐在省里请李良吃饭时，竟然让徐永年作陪。

徐永年似乎看出李良在想什么，见李良不言语，便说："刘唐是省政协常委，他请我吃饭，我不好拒绝，但我没承想，他那天让我来，是给你看的。”

见徐永年这么说，李良心里就有数了。

刘元在益州总惹事儿，为了弟弟，刘唐宴请李良这个地市级的公安局长时，把厅长大人隆重地搬出来，一般情况下，完全具备“震慑”作用。但这对李良起的作用不大，李良与徐永年早就相互了解，他们无须交流，便能戳穿刘唐这种惯用的伎俩。

徐永年为了明确表明态度，还笑呵呵地说：“刘唐以前为了把我镇住，请我吃饭时还把张景春搬出来了。”

张景春是省里握有实权的副省长。

李良说：“张省长好像和刘唐的关系是不错呀!”

徐永年说：“那是相当不错。吃饭的时候，刘唐从北京找来了两个演员！吃完饭，还让我跟着一块儿去唱歌呢，但我没去。”

李良说：“你咋没去呢?”

徐永年说：“我不好这个。”

话说到这份儿上，李良心里就完全清楚了。他直截了当地问徐永年：“这个案子，无论涉及谁，是否要一查到底?”

徐永年郑重地重复了一遍：“是的，无论涉及谁，必须要一查到底。”

10

盛唐集团的规模很大，市值有四百多亿元。集团下属四个上市公司，近百家子公司，业务涉及房产、发电、矿业、金融、光伏等行业。

刘唐虽然是集团的实际控制人，但他很少具体负责，集团的业务大都由总经理孙亚辉为其打理。刚刚出道时，刘唐是跟着孙亚辉混的，但随着刘唐越来越有“出息”，孙亚辉只好跟着刘唐混了。

这些年，孙亚辉对刘唐忠心耿耿，常常像影子一样跟随着刘唐。所以，当杀了聂树远后，怕哥哥埋怨自己，刘元都没直接告诉刘唐，而是先告诉了孙亚辉。

孙亚辉听到这个消息后吓得半天都没反应过来，但刘唐却显得很平静。

弟弟刘元命令手下杀了这么多人，按理说，这是刘唐最担心的结果。但这个结果真出现之后，刘唐却没有太大的反应。即便连夜回到益州见到弟弟刘元，刘唐也没有大喊大叫。他只是平静地问刘元：“干吗要杀聂树远?”

刘元说：“聂树远到处吹牛逼要杀我!”

刘唐说：“既然你知道他吹牛逼，那你就让他吹呗!”

刘元说：“不行。益州我是老大，他总吹牛逼，我受不了。”

刘唐盯着刘元看了好半天没有说话。

正因为怕刘元受不了，刘唐才让刘元给彭云河拿一百万元去摆平聂树远。当时刘元是满口答应的，但刘唐万万没想到，刘元不仅没照办，反而借机当众打死了聂树远。

刘唐说：“知道我为什么要让你给聂树远拿一百万吗？”

刘元说：“知道啊，我给他拿了一百万，这就是敲诈我的证据啊！用这个证据，足可以让聂树远永远待在监狱里。”

刘唐说：“既然你知道，那你为什么还要杀他？”

刘元说：“我不想让聂树远再进监狱。只有我杀了他，我才能证明我是益州的老大。哥，实话说吧，我不想用你那种办法，你让聂树远进监狱是在诬陷他，那样我太没面子了……”

刘唐说：“为了面子，你就故意派手下当众枪杀聂树远是吗？”

刘元说：“是的。”

其实刘唐过去也这样干过。当年，王永成吹牛要炸盛唐集团，刘唐就让郭子强把王永成给杀了。

刘元说：“哥，我把聂树远杀了，你不要生气啊，我这是学过去的你！”

刘元说的这句话让刘唐火了。这一路上，刘唐都在不时地暗示自己，不要发火，不要发火！现在他完全压不住了。刘唐狠狠地给了刘元一个耳光。

耳光打得结结实实，声音传出老远。

刘元当场被打蒙了，站在旁边的孙亚辉当场被吓蒙了。

刘元每天都要吸毒，处在毒品幻觉中的刘元什么都能干出来。

孙亚辉急忙站在兄弟俩之间，对刘唐说：“刘总刘总，你要冷静。”

现在的刘唐已经没法冷静了，他推开孙亚辉又给了刘元一个耳光。

刘元被打急眼了，他指着刘唐说：“你再打我一个？”

刘唐说：“我再打你怎么的？”

刘唐再次给了刘元一个耳光。

此时的刘元，双眼变得像狼一样。他把手塞进兜里，像是在找着什么。

孙亚辉急忙抱住刘元：“老弟，老弟，你听我说……”

这时，刘唐却掏出了一把枪，放在了刘元的跟前：“你找枪是吧，来，我给你！”

此时气氛变得像美国枪战大片一般，孙亚辉吓得都不会说话了。好在刘元没有拿起枪，只是狠狠地看着刘唐。

刘唐指着刘元：“你看什么看，有胆量，你现在把我也打死！”

孙亚辉浑身抖得像筛糠一般，再次挡在了兄弟俩之间，对刘唐说："刘总刘总，请您冷静点！"

刘唐向门外指了指，对孙亚辉说："孙总，你出去……"

孙亚辉说："刘总……"

刘唐大声地喊道："孙亚辉，你马上给我滚出去！"

孙亚辉伺候刘唐快二十年了，刘唐还头一次这样讲话。

孙亚辉呆呆地看着刘唐，他的腿不停地哆嗦。

刘唐转身来到了刘元的跟前，拿起那把枪，塞进了刘元的手里，继续说："来吧，你现在就把我打死！"

孙亚辉吓得大气都不敢出，他太了解刘元了。刘元是个畜生，什么事儿都能干出来。

好在刘元也知道这次是自己闯了大祸，他把手里的枪扔在了沙发上，跪在了刘唐的面前，认真地说："哥，我错了。"

11

刘元走后，刘唐坐在沙发里，浑身完全湿透了。刚才看着弟弟狼一样的眼光，他其实吓得要死，但他不能表现出来。

弟弟刘元要面子，哥哥刘唐更要面子！

刘唐决不能让弟弟占了上风。

孙亚辉殷勤地为刘唐倒着茶点着烟，小声地说："你弟弟什么样，你比我清楚，今后可不要再刺激他了。你要是有个三长两短，那我们……"

刘唐拍了拍孙亚辉的肩膀，郑重地说："放心吧，今后，我保证不会再和刘元一般见识了。"

虽然不和刘元一般见识了，可刘元造成的这个天大的麻烦，还得由刘唐来解决。

刘唐问孙亚辉："现在我们该怎么办？"

孙亚辉说："现在我们最好给徐永年打个电话！"

12

徐永年接到刘唐的电话是在李良的办公室里。

刘唐问："徐厅，睡了吧？"

徐永年说：“没有。刘总，这么晚了，有什么指示？”

刘唐说：“指示不敢，听说您来益州了？”

徐永年说：“对呀。”

刘唐说：“刚好我也在益州，老哥，能不能见一面？”

徐永年说：“有急事儿？”

刘唐说：“是的。”

徐永年说：“能不能电话里说？”

刘唐压低声音：“最好见面说。”

徐永年拒绝了：“不瞒您说，刘总，刚才王厅给我来电话通知我明天上午十点到省委去开会，我现在正要往回赶……”

刘唐有点儿急了：“徐厅，我见您，就两分钟。”

徐永年只好说：“是不是今天的那个案子？”

刘唐说：“是的。”

徐永年说：“既然这样，刘总，我们就没必要见了。李局你不也熟嘛，你直接找他。如果他办不了，你再给我打电话，怎么样？”

刘唐说：“谢谢。”

徐永年放下电话，站起身对李良说：“本来还想在你这儿多待两天，刘唐来了，我只好现在就回去。”

李良送徐永年往外走的时候，徐永年在李良的耳边下达了命令：“你要不惜一切手段，尽快抓住刘元，明白吗？”

李良说：“明白。”

13

刘唐没有直接去找李良。他和李良没有深交，贸然去，万一李良不给面子，他会下不来台。刘唐首先找到了副局长关浩然。

益州是刘唐的发家地，很多干部都和刘唐熟得很。

关浩然亲自把刘唐带到了局长李良的办公室。

李良格外热情，他甚至抓着刘唐的手，将其让到了自己的座位上。他对刘唐说：“徐厅如果在办公室的话，这部红色电话可以直接打给他！”

刘唐也算知趣，只是简单地坐了坐，便来到了沙发上与李良边喝茶边聊天。

刘唐说：“李局，听说，我弟弟公司有两名员工，被你们抓来了。”

李良没有马上回答，而是看了看随行的关浩然和孙亚辉，两个人都知趣地离开房间后，李良才小声地说：

“那两个人一个叫钱凯，一个叫吴立波，对吗？”

刘唐说：“对，就是他们俩。”

李良说：“他们俩太不像话了，当众开枪打死了三个人。”

刘唐也说：“他们俩确实是太不像话了！”

李良说：“刘总，如果你要来给他们俩说情……”

刘唐摆着手：“李局，你不要误会。我来决不是给他们俩来说情的。”

李良说：“那你是？”

刘唐说：“我弟弟为这个事儿很上火，毕竟是他的员工干出了这种事儿，他想代表公司，给死者的家属表示表示。”

李良说：“给家属表示那属于民事，这都赶趟儿……”

刘唐这时忽然问：“李局，你实话告诉我，这个案子会不会牵扯到我弟弟？”

李良想了想，认真地说：“我认为不会。”

刘唐心里暗喜。也许，吴立波和钱凯并没有供出刘元。

刘唐说：“我怕那两个人为了自保，诬陷我弟弟！”

李良笑了：“诬陷也没用。别说咱们关系这么好，就是咱们不认识，作为公安机关，我们也得依法办案呐。刘总，你就放心吧，这个案子不会牵扯到你弟弟。”

刘唐不放心：“李局，万一牵扯到了怎么办？”

李良也很实在：“刘总，现在过头的话，我不能说，说了，我恐怕也办不到。如果将来万一真的牵扯到了你弟弟，那也只能再说了。”

14

刘唐问关浩然：“你们李局长这是什么意思啊？”

关浩然说：“他这意思，你还看不出来吗？人家不想帮你呗！”

刘唐说：“不能吧，我在省里请过他！”

关浩然说：“刘总啊，你现在赶紧清醒清醒吧！”

刘唐有点儿发蒙：“我现在不清醒吗？”

关浩然说：“当然了。”

刘唐不再说话，关浩然这种说话的口气让他很不舒服。

旁边的孙亚辉接过话：“关局，那你说说吧！”

关浩然继续用刚才的那种口气：“这还用我说嘛！众目睽睽之下，三死一伤。

现在网络上都在传，说我们益州今天上演了一部好莱坞枪战大片!”

刘唐不满了：“关局，不要说这些没用的。刚才李良告诉我说，目前我弟弟没有牵扯其中!”

关浩然却不同意：“李局长如果说你弟弟牵扯其中了，你要是求他，他怎么办？他这么说，就是不想给你帮这个忙，这你还看不出来吗?”

刘唐愣住了。

关浩然来到了刘唐的跟前，压低声音继续说：“都知道你和省里的关系，都知道你在北京有背景，可现在连徐厅、李局都回避你了，这你还看不出问题的严重性吗？你弟弟这次闯的祸太大了……”

刘唐打断他：“不要拐弯抹角了，你想说什么，就直接说吧!”

关浩然说：“这个案子已经是‘省督办’了，如果你弟弟始终不能到案，公安部肯定会介入的。到那时，麻烦可就大了。刘总，听我一句劝，赶紧把你弟弟交出来!”

刘唐愣住了：“你让我把我弟弟交出来?”

关浩然说：“你这个弟弟也太不像话了，都这个岁数了，还整天打打杀杀！不要管他了……”

刘唐说：“我是他哥，我必须要管他!”

关浩然说：“可你现在已经管不了他了！这个案子已经‘涉黑’了，如果你要继续管他，你也会受到牵连!”

刘唐说：“不要他妈的吓唬我!”

关浩然说：“我他妈的吓唬你干吗?”

刘唐火了：“关浩然，你个小兔崽子，你就这么和我说话，是吗?”

关浩然也火了：“刘唐，你说谁是小兔崽子?”

刘唐指着关浩然的鼻子：“我就说你是小兔崽子!”

关浩然看着刘唐凶恶的目光，最终平静下来，但他还是冷冷地说：“刘唐，面对现实吧，你们哥俩儿过去在老家有那么多问题，光人命就有五六条……这些年，为了不让这些问题暴露出来，有多少朋友在为你们不停地擦屁股……”

刘唐听不下去了，他拿起身边的茶杯摔在了地上。

关浩然不再说话，愤怒地看着刘唐。

刘唐说：“你看什么呀？关浩然，你给我坐下!”

关浩然不仅没坐下，反而拿起了手包，向门口走去。

刘唐说：“你干吗?”

关浩然说：“不干吗，我回去。”

刘唐说："你回去可以，但你不要忘了你是怎么来的！"

关浩然转身来到了刘唐的面前，问："那你说我是怎么来的？"

刘唐说："怎么来的，你忘了是吗？那你还记得，你过去在哪儿吗？"他指着关浩然的鼻子，"你还好意思和我提老家？过去你在老家只是个科长，你他妈的通过我才当上了局长。"

说着，刘唐又把一个茶杯摔在了地上。

15

关浩然从科长提拔到副局长确实是刘唐帮的忙，但这都是好多年前了。关浩然在那之后又找过刘唐几次，希望通过刘唐再上个台阶。可刘唐找各种理由拒绝了。

刘唐内心对关浩然这类只知道通过"走后门"往上爬的干部是瞧不起的。他认为这种人不会有大出息。他对像李良、徐永年那种正派的干部，反而充满了好感和敬佩。

另外，刘唐到了省里之后，对市里像关浩然这种"处级"干部早已没了兴趣。

刘唐干的都是大事儿，他所接触的也都是大干部，他没时间也没精力再去关照关浩然这个级别的小人物。

这难免让关浩然对刘唐产生了不大不小的怨恨。

关浩然当面说的那些难听的话，让刘唐火冒三丈。在他接连摔了两个茶杯之后，就气哼哼地离开了关浩然的办公室。

关浩然虽然有些难堪，但也没太在乎。

刘唐走了，孙亚辉没走，他留下来继续说着关浩然："关局呀，不是我说你，你刚才对刘总有点儿过分了。既然刘总能让你当局长，他当然就能让你再当不成局长！"

关浩然依然嘴硬："孙总，不瞒您说，我就真的当不成局长了，我也没法帮你们。"

孙亚辉说："你这什么意思啊！"

关浩然说："我的意思刚才已经说得很清楚了。刘元干的这个案子太大了，别说我一个副局长，就算是局长、厅长，这个忙也没人敢帮你们。"

孙亚辉说："别人帮不帮无所谓，但关局这个忙，你不帮就说不过去了。"

关浩然说："孙总，不要为难我，我帮了你们，我就得进监狱！"

孙亚辉说："你不帮我们忙，你照样得进监狱！"

关浩然愣住了。

这么多年来，孙亚辉还是头一次和关浩然说得这么赤裸裸。

关浩然看着孙亚辉的眼睛问："老弟，你这是什么意思啊？"

孙亚辉说："我什么意思，你心里应该清楚啊！"

关浩然说："我不清楚。"

孙亚辉说："既然你不清楚，我就只好对不住了。"

孙亚辉拿出手机，调出几张照片，让关浩然看。

关浩然看完，好半天没说出话来。

16

先把干部拉下水，然后拍成照片用来威胁。刘唐这套伎俩，过去在益州没少干。

关浩然当了这么多年的警察，对刘唐这种人一直高度防范。刘唐的妹妹在益州有个高级会所，关浩然没有特殊情况，决不进去，即便进去，也最多吃口饭。他不进去唱歌，更不和那里的"公关"喝酒。

只有一次关浩然放松了警惕。

四年前，建设银行的彭雨找到关浩然。她说："月底了，我没完成任务，你帮我单位存笔钱呗！"关浩然说："行啊，我家还有一万块钱！"彭雨说："你家的这一万块钱，你还是存在你自己家里吧。关哥，你认识那么多有钱人，你就帮帮我吧！放心，我不会让你白帮的！"

彭雨话里的暧昧，让关浩然想入非非，于是，他给一个有钱人打了电话，帮彭雨存了一笔钱完成了任务。

彭雨说话算数，真没让关浩然白帮忙。她领着单位的两个美女，请关浩然喝了一顿大酒。

彭雨是建设银行的，那两个美女也是建设银行的。她们都是正经人呐！

关浩然喝酒时完全没多想。

也因为没多想，关浩然的酒里就被放了那种药。

人性本来就不能这样考验，加上这种药又是纯进口的……

酒还没喝完，关浩然就变成了机器人！

两个美女陪着关浩然在宾馆里折腾了整整一夜。

事后，关浩然感觉不对劲儿！

无非是帮着拉了一笔存款，建设银行就给自己这么大的回报？

事后，关浩然很认真地问彭雨："那两个女的，真是你们建设银行的吗？"

彭雨信誓旦旦地说："对呀，她们俩就是我们建设银行的！"

17

孙亚辉说："她们俩不是建设银行的！"

关浩然说："不是建设银行的，那是哪个银行的？"

孙亚辉说："哪个银行的都不是。"

孙亚辉拿出一张纸，递给关浩然："这是她俩的身份证，你可以用你们的电脑去查查。"

关浩然打开电脑查的时候，手就开始哆嗦。

公安系统的电脑储存着很多内部资料，真要是查到了什么，本身就是铁的证据啊！

果然，那两个女人的确哪个银行的都不是。她们是外地干那个的，已经三次被公安机关处理过。

关浩然合上电脑时，他的大脑似乎也被合上了。他小声地问孙亚辉："彭雨为什么要帮你们干这种事儿？"

孙亚辉说："关局，你不要多想。我让你看这些照片不是威胁你……"

关浩然说："这还不是威胁啊！我过去对你们不薄啊，干吗给我设这么大的局啊？"

关浩然说着，眼眶都湿润了。

孙亚辉说："关局，你别这样。你放心，我们决不会难为你，刘元这个案子，我知道你办不了，但你和我说说情况，这总还可以吧！"

"铁证"都被人握在手里了，关浩然只好有什么就说什么了。

关浩然先说了说基本情况：

"这个案子已经查得很明了了。聂树远出狱之后，威胁刘元。刘唐怕事儿闹大，就通过彭云河让刘元给聂树远拿一百万平事儿，但刘元气不过，结果让钱凯和吴立波把聂树远给杀了！"

孙亚辉问："吴立波和钱凯全都供认了，是吗？"

关浩然说："是。"

孙亚辉又问："现在有什么好办法吗？"

关浩然说：“这就要看你们到底有多大能量了！这个案子不是一点儿机会都没有。”

孙亚辉兴奋起来：“关局，那你就都告诉我吧！”

关浩然说：“这个案子目前来说是有瑕疵的，比如彭云河作为中间人，他在调解时竟然从中吃了五十万，如果……”

孙亚辉着急了：“别如果如果了，你直接说结果吧！”

关浩然咬了咬牙，说：“彭云河都能从中吃钱，那么吴立波和钱凯难道……”他把声音压得很低很低，“你们可以一口咬定，刘元只是让他们俩去送钱，只不过他们俩见钱眼开……”

孙亚辉完全明白了，他握住关浩然的手，激动地说：“关局，你放心，刘总一定会重重感谢你！”

关浩然拿下孙亚辉的手，却十分冷淡：“感谢我就算了。孙总，这个案子实在是太大了，上面下面都得弄明白，特别是直接办案人苏岩……”

提起苏岩，孙亚辉笑道：“关局啊，苏岩你就放心吧，他是刘总最好的朋友！”

关浩然有些惊讶：“最好的朋友？我怎么不知道？”

孙亚辉说：“你不知道的多了！”

18

苏岩比刘唐小十来岁。刚上班时，苏岩是派出所的管片儿民警。刘唐的母亲住在派出所的辖区，苏岩对刘唐的母亲很照顾。当然了，苏岩那时是全省优秀民警，他对谁都很照顾。刘唐的母亲就没少在刘唐面前说苏岩的好话。

派出所当时很困难，要盖个棚子没钱。刘唐得知后主动找苏岩，赞助了五百块钱。当时刘唐还很穷，他是骑着一辆除了铃不响剩下哪儿都响的破自行车到派出所送的钱。

这让苏岩很感动，那之后一来二去，两个人就成了好朋友。

但随着刘唐迅速地从市里飞跃到省里，苏岩与刘唐却渐行渐远。

飞黄腾达后，很多人都来巴结刘唐，像苏岩这样不卑不亢的，反倒让刘唐更惦记。每次到益州，刘唐无论再忙也要抽时间见见苏岩。

刘唐在关浩然的办公室摔了两个茶杯之后，就让苏岩开车到局里接他。

苏岩接刘唐是开着自己的破广本，刘唐上了车，坐在副驾驶位置，脱了鞋，直接把脚放在了风挡下方。

苏岩说："你把脚拿下去，我这车是新刷的！"

刘唐说："你看你个熊样！车新刷的不也还是破车吗？"

苏岩说："破车怎么的，你不想坐，你下去。"

刘唐无可奈何地笑了。

苏岩这个德行经常让刘唐哭笑不得。

苏岩说："三更半夜的，你找我干吗？"

刘唐说："不干吗。我想你了！"

刘唐说得有点儿深情，这下苏岩笑了。

刘唐说："你笑什么呀？"

苏岩说："你刚才喝了？"

刘唐说："我喝个屁呀！到现在我他妈的连饭还没吃呢！"

19

苏岩把刘唐拉到一家新开的小吃店，两个人快吃完了，孙亚辉才匆匆赶来。孙亚辉和苏岩也相当熟。他坐下就开始大口吃肉大口喝酒，吃得满嘴流油时，才对苏岩说："真他妈的好吃！"

苏岩说："好吃，你就使劲吃！"

孙亚辉指着桌子，逗苏岩："这都没了，我还怎么使劲吃啊！"

苏岩叫来服务员，让其把桌子上的菜一样再上一个。

孙亚辉说："不用这么多。再上一盘就行。"

苏岩说："都上。"

孙亚辉说："都上吃不了。"

苏岩说："吃不了，就摆在这儿，这不是好看嘛！"

孙亚辉和刘唐笑了，这是他们的打法。

刘唐对孙亚辉说："你给苏大队省点儿，今天是他请客。"

孙亚辉对苏岩笑眯眯地说："谢谢啊，每次回来，你都请我们！"

苏岩说："客气什么呀，这没几个钱！"

孙亚辉说："苏大队，给你提个意见，不能每次都让你请啊，下次一定得让我们……"

苏岩说："得得得，你们太吓人，请我吃顿饭，好几万！"

刘唐说："好几万就把你吓着了。你问孙总，上个礼拜，我们在省里请张景春那顿饭花多少钱！"

苏岩好奇地问：“多少钱呐?”

孙亚辉小声地说：“九十万。”

苏岩有点儿发蒙：“吃一顿饭要九十万?”

孙亚辉说：“当时有瓶酒没喝，喝的话九十万都不够。”

苏岩有点儿不信：“他妈的，九十万都吃什么呀?”

孙亚辉流利地说出了那天酒桌上吃的是什么菜，喝的是什么酒。苏岩虽然没吃过，但那些菜那些酒他是知道的。

孙亚辉说完菜说完酒，怕苏岩难为情，便指着桌子说：“苏大队，说良心话啊，那顿饭就是为了装逼，其实一点儿都没有这个好吃。”

刘唐、孙亚辉每次回益州，苏岩都要请他们吃上一顿。刘唐、孙亚辉从不拒绝。他们在省里吃饭天天装逼，回到这么不装逼的小饭馆吃上一顿也真是内心所愿。

以往苏岩请吃饭纯粹就是请吃饭。苏岩没有目的，刘唐、孙亚辉也没有目的，但这次显然都不是了。

众目睽睽之下，刘元让人枪杀了聂树远等三人。这么大的案子，苏岩是办案人，刘唐又是刘元的哥哥!

这是无论如何要面对的啊!

开始，刘唐没想找苏岩，他知道苏岩的性格。过去在派出所时，因为一个小小的嫖娼案，刘唐去说情，苏岩竟然拒绝了。苏岩这么不给面子，当时把刘唐羞得恨不能地板有条缝钻进去。

现在的刘唐更怕拒绝。如果苏岩再拒绝了自己，刘唐的这张大脸真的是无处可放了。

为了不尴尬，吃饭时，刘唐假装上厕所离开了房间。

刘唐不在跟前，孙亚辉便直截了当地恳求苏岩帮忙。

苏岩果然一口回绝：“孙总，你不要难为我了，我没法帮你们，这次在光天化日之下，刘元下命令让人枪杀了聂树远……”

孙亚辉早有准备，他质问苏岩：“你凭什么说，是刘元下的命令？你有证据吗?”

苏岩说：“我当然有了。”

孙亚辉说：“你有个屁吧！关浩然都告诉我了!”

苏岩愣住了。

搞案子就怕被摸到了底牌。

苏岩有点儿不好意思：“虽然没有证据，但孙总，这都明摆着，这个案子肯定是刘元下的命令!”

孙亚辉说：“老弟，什么叫明摆着呀？这么多年了，我孙亚辉骗过你吗？苏大队，我可以向你发誓，刘元绝对绝对没有下达过这个命令。你想啊，真要是杀聂树远，刘元能这么笨吗？杀人咱们可以有一百种方法！扔进河里，埋到山里……刘元干吗要当众去杀人呐!”

苏岩说：“也是啊!”

孙亚辉说服人很有一套，他说：“就算刘元想杀聂树远，那他是不是也得问问他哥呀？假如真是刘元下的命令，这不等于……”

孙亚辉压低声音说：

“这不等于是刘唐下的命令吗？难道你认为这个案子与唐哥还有关吗?”

孙亚辉的话，让苏岩沉默起来。

刘唐进屋之后，苏岩还在沉默。

刘唐问苏岩：“你怎么了?”

苏岩认真地问刘唐：“唐哥，你能向我发个誓吗?”

刘唐说：“发什么誓呀?”

苏岩说：“这个案子真的与你无关吗?”

刘唐想了想，却说：“老弟，咱们不说这个了，走，我们去洗个澡吧!”

20

苏岩去结账时，孙亚辉对刘唐多少有些埋怨。

孙亚辉说：“我刚才已经把苏岩都说服了。你向他发个誓又能怎么的，再说，这个案子本来就与你无关嘛!”

刘唐没解释为什么不向苏岩发誓，孙亚辉便不再往下说。

这么多年来，孙亚辉对刘唐始终是谨小慎微。凡是刘唐不想说的不想做的，孙亚辉都是点到为止。

去洗浴中心的路上，苏岩开着车拉着刘唐和孙亚辉。刘唐的奔驰轿车则紧紧地跟在后面。车里，他们都不再提有关杀人的案子。他们开始说起了别的。

刘唐说：“苏大队，你也老大不小了，是不是该娶个媳妇儿了?”

苏岩说：“我当然想娶了，可问题是得有人让我娶才行啊!”

刘唐说：“让你娶的人不有的是啊!”

刘唐和孙亚辉都给苏岩介绍过，但苏岩都委婉地拒绝了。

苏岩过去有过刻骨铭心的感情，感情逝去后，苏岩便心灰意冷了。

刘唐说：“苏岩同志，你对女人不能太认真。尤其你要娶回家给你生孩子的女人，你更不能认真，你要认真了，你就会患得患失。这样久了，女人真就可能离你而去！”

苏岩说：“这是规律吗？”

刘唐说：“不是规律，是铁律。”

孙亚辉也说：“苏大队，对女人别太当真。现在的女人有几个重感情的？只要你有钱，什么样的女人都能跟你！”

苏岩说：“问题是，我就是没钱呐！”

孙亚辉说：“你不挺有钱嘛，你爸你妈不是给你攒了很多钱嘛！”

苏岩不想往下说了。

苏岩的父母的确没少给苏岩攒钱，老两口儿过去都在机关，为了给苏岩娶个好媳妇，早早地就都下海经商。

钱是没少挣，苏岩也没少给女人花，可到如今，花他钱的女人却嫁给了别人。

苏岩说：“他妈的，我等于是用父母的血汗钱，养肥了别人的老婆！”

21

刘唐对付女人可比苏岩强多了。除了一夜情之类，仅仅与刘唐在一起生活的女人就有四个。这四个女人不仅都给刘唐生了孩子，她们之间还能在一起和平相处。

刘唐让苏岩到洗浴中心明里是来洗澡，其实是想让苏岩看看他的女人和孩子！

洗浴中心顶楼有个巨大的VIP休息室。刘唐每次回益州都把这个休息室包下来，以便让女人和孩子们尽情玩耍。

刘唐来到休息室门前，推开门，就大声地喊：

“我胡汉三回来了！”

正在打闹的几个孩子向刘唐跑了过来。

他们全都大声地喊叫着：“爸爸、爸爸、爸爸！”

刘唐则抱着、背着、笑着，喜悦之情洋溢在脸上。

苏岩进到房间里时，看到了刘唐的四个老婆。她们是朱飞燕、唐兰、周雪静和张雨。

四个老婆正全神贯注地打着麻将。

桌子上堆得到处都是钞票。

朱飞燕说："五万。"

唐兰说："碰。"

张雨说："哎哎哎，对不起，你碰不了，我上听了。"她从唐兰那儿把那个"五万"拿过来，放在了自己的牌里，高兴地说："扣听。"

周雪静抓完牌，又迅速地打出了一张五万，对唐兰说："给你，二姐。我这儿还有。"

唐兰说："谢谢。还得是我妹妹！"

张雨瞪着周雪静说："你是成心的，你宁可自己不和，也不让我和……"

这时，苏岩来到了她们身边，朱飞燕、唐兰急忙放下了手里的牌。

朱飞燕说："呦，苏岩，你什么时候进来的？"

苏岩说："我才进来。"

唐兰说："来来来，苏岩，你坐我这儿打两把！"

苏岩说："二姐，你们快玩，你们这麻将太大，我打不了。"

唐兰说："有什么打不了，输了算我的，赢了你拿走。"

苏岩说："你们快玩儿，我站在旁边先学学！"

四个女人一边打着麻将一边和苏岩谈论着对象的话题。

朱飞燕说："苏岩啊，你现在找没找到对象呢？"

苏岩说："没找到啊！你帮忙给我介绍一下呗！"

唐兰急忙接过话："哎，苏岩，我把我妹妹介绍给你呗！"

朱飞燕瞪着唐兰："你快行了吧，你妹妹长得比你还难看，苏岩能看上吗？"她对苏岩说，"她妹妹你就不要考虑了。我把我妹妹给你介绍介绍……"

朱飞燕没说完，张雨就开始挖苦她们俩："你们俩都快歇会儿吧，你们俩的妹妹都快赶上苏哥他妈的岁数了，你们还好意思给人家介绍……"

四个女人虽然能在一起打麻将，但她们也是面和心不和。

见张雨说出这么损的话，两个人立刻反击。

朱飞燕对张雨说："去去去，这里有你什么事儿呀！"

唐兰也对张雨说："你这个人说话真差劲儿，怪不得打麻将你回回输！"

在女人们因苏岩发生口角的时候，刘唐却躺在不远处的沙发上，与自己的孩子开心地聊着。

"爸爸，你刚才说，你是胡汉三回来了，你不是叫刘唐吗？"

"爸爸这么说，是个比喻！"

"什么叫比喻？"

“就是假装的。我刚才假装是胡汉三……”

“那胡汉三是谁呀?”

“他是电影里的一个人!”

“这个人是干吗的?”

“他是个地主。”

“什么是地主啊?地主是好人还是坏人?”

这个问题,刘唐想了好一会儿,才说:“地主不是人!”

22

郭子强过去曾经在特务连待过。从部队复员后,被刘唐选中当了自己的贴身保镖。

郭子强白白净净,在部队里那么艰苦的环境中也没被晒黑。这让他看起来不像个保镖,倒像个中学老师。

郭子强这样的自然也容易和孩子们相处。他抱来了一堆玩具,孩子们围着他哄抢着。郭子强一边发着玩具,一边给孩子们进行讲解。

孙亚辉也没闲着,他掏出一个个信封巧妙地塞进女人们的包里。

信封里装着银行卡,卡里存着数目可观的人民币。

四个老婆面和心不和,能够聚在一起主要是奔着银行卡来的。

刘唐虽然有的是钱,但他不会无限度地给女人花钱,每次都是够花就行。

当然了,女人永远没有够花的时候。为了得到足够的钱,女人们就得来聚会,就得围坐在一起打麻将。

这样其乐融融的景象,刘唐很享受。

巨大的休息室的北面,还有个单独的小休息室。

两个休息室中间有块很大的玻璃。通过玻璃能看到大房间里,孩子们在抢着玩具,女人们在打着麻将。

刘唐、孙亚辉、苏岩、郭子强坐在这个小休息室的沙发里,一边看着窗外的美景,一边慢慢地喝着茶。

苏岩对刘唐由衷地说:“唐哥,全中国的男人我最服你!”

刘唐说:“服我什么呀?”

苏岩说:“四个老婆不仅和你离婚不离炕,完了还能在一起吃饭一起打麻将!”

苏岩竖起了大拇指:“牛逼!”

刘唐说："苏岩呐，只要有钱，老婆都能离婚不离炕，这没什么可牛逼的，我真正牛逼的是他们……"

刘唐通过玻璃指着那些孩子："每当他们向我跑来扑进我怀里时，我就觉得我是世界上最牛逼的男人！"

刘唐说这番话的时候，表情极为严肃，这让屋子里的氛围变得有些庄重。而就在庄重的氛围里，刘唐又来到苏岩的跟前，表情更加严肃地说："刚才在车里，你不是要让我发个誓吗？那现在我就向你发个毒誓！"

刘唐指了指身边的郭子强和孙亚辉："我的这两个兄弟可以为我做证，如果这个案子与我有关，我和我的孩子们都不得好死！"

23

刘唐爱孩子远远超过自己的妻子，甚至是超过自己的母亲。他过去都不用母亲发誓，现在却用了自己的孩子，这种效果相当震撼。

孙亚辉都十分感慨："这么多年，我还是头一次看到唐哥用自己的孩子来发誓。"

苏岩也说："是啊，是啊！"

刘唐对苏岩发完这样的毒誓后，孙亚辉领着苏岩来到了汗蒸室继续对其进行真挚的劝说。

孙亚辉说："聂树远出狱后威胁刘元，刘元确实想过要把他干死。唐哥正因为怕刘元胡来，才通过彭云河给聂树远拿一百万去平事儿嘛！你们已经查清了吧！彭云河这个王八蛋，作为中间人，他去调解时竟然从中要吃掉五十万，苏岩，你告诉我，这是不是事实？"

苏岩说："是事实。"

孙亚辉说："送钱的时候，吴立波和钱凯他们俩那么年轻又刚刚吸完毒品，由此见钱眼开去杀人抢钱，这有没有可能也是事实？"

苏岩说："有可能。"

孙亚辉说："既然有可能，那你为什么就不能帮帮我们？"

苏岩说："不是我不帮你们，这个案子太大了……"

孙亚辉说："正因为大，苏岩，你作为唐哥最好的朋友，在这关键时刻，你是不是更应该帮帮他？"

苏岩说："是应该帮他，但是……"

孙亚辉说："别但是了，你作为办案人，就算你不想帮忙，那你是不是也得要尊重事实去依法办案呐?”

苏岩说:“那当然。”

孙亚辉说:“那你告诉我,你们现在有直接证据能够证明是刘元下了杀人的命令吗?”

苏岩说:“那没有。”

孙亚辉说:“既然没有,苏岩呐,我劝你就不要坚持了,行吗?”

苏岩说:“唐哥都用孩子向我发毒誓了,我不行也得行了。”

24

过去刘唐回益州都坐着宾利之类的,那时,他还没有如日中天,他需要坐着高级的轿车,需要前呼后拥来抬高自己。最近这些年,刘唐低调多了,回益州,他让司机开的是那辆老款奔驰 S320。

开着低调的车回益州,但效果反而更高调。益州有权有势的都认识这辆车,看到这辆车就仿佛看到了他们祖宗一样。问候的电话、短信,不停地响起。

刘唐每次回来,想见他的、想请他吃饭的都能排成队。

但这次血案发生后,刘唐的这辆老款奔驰车再出现在益州的街头时,电话、短信明显少多了。

孙亚辉坐在奔驰车里对郭子强很生气地说:“看没看见,现在的人多他妈的势利,都以为唐哥这次要有麻烦了。”

郭子强却说:“孙总,那唐哥这次到底有没有麻烦呐?我看唐哥这次回来,脸色一点儿都不好。”

孙亚辉说:“放心吧,子强,唐哥一点儿麻烦都不会有的。”

郭子强说:“你能确定吗?”

孙亚辉说:“当然能确定了。”

两个人敢这样议论刘唐是因为刘唐没在这辆奔驰车里。

出了洗浴中心,刘唐就上了苏岩的那辆破广本。当时,孙亚辉犹豫是否跟着一块上去时,刘唐说:“孙总,你去坐子强的车。”孙亚辉就明白刘唐想要和苏岩单独谈点什么了。

苏岩拉着刘唐在前面走,郭子强拉着孙亚辉在后面跟着。

在苏岩明确答应帮忙之后,孙亚辉的心情好多了,连他自己都没想到,这么大的案子眼瞅着就要躲过去了。

孙亚辉的心情好,刘唐的心情更好。

苏岩答应帮自己，不仅能让自己渡过眼前的难关，更重要的是，刘唐与苏岩的友谊从此可以进入到更高层次。

这些年，刘唐之所以每次回来都要见见苏岩，除了友谊外，更主要的是利益！

如果苏岩能够想开，进入到刘唐的圈子里，刘唐认为，苏岩的作用绝不在孙亚辉之下。

苏岩是个人才，这一点，刘唐坚信不疑。既然苏岩答应帮自己，刘唐准备从现在起尽快帮苏岩进入到更高的层次。

苏岩开着车向滨江花园走的途中，刘唐就开始问苏岩："你现在怎么还是个副科呀？"

苏岩说："我本来就是副科呀。"

刘唐说："你不是大队长吗？大队长不都是正科吗？"

苏岩说："大队长只是这么叫，我其实是副大队长主持工作。"

刘唐说："你们公安局有点儿太欺负人了吧，你这么能干，到现在你他妈的才是副科，我帮帮你吧！"

苏岩说："你想怎么帮啊？"

刘唐说："我帮你整个副处，提个支队长怎么样？"

苏岩笑了。

刘唐说："你笑什么？不相信是吗？"

苏岩说："我相信，都说你是省委第二组织部长！"

刘唐说："省委第二组织部长又能怎么的？你也从来不让我帮你，这次求求你，就让我帮你一次，怎么样？"

苏岩心动了，他想了想，说："副处就算了，给我提个正科就行。我们市里不像省里，从副科提副处，不可能……"

刘唐说："苏岩，你还不了解我吗，我刘唐最大的快乐就是把不可能变成可能。"

在市里把副科直接提副处，只能是破格提拔。这对苏岩来说，简直就是巨大的飞跃。

苏岩对刘唐真得好好表示表示。

苏岩对刘唐说："我去给刘元采个笔录吧，但你要告诉刘元千万不要乱说。"

刘唐说："放心吧，老弟，刘元保证不会乱说，这个案子让你费心了。"

苏岩说："唐哥，你不能完全指着我，我这一块儿呢帮你没问题，但案子这么大，光靠我一个人肯定不行，市局、省厅，你还得托人……"

刘唐说："市局、省厅那儿，你就不用操心了！只要在你这儿能证明案子和刘元没关，其他的，我去想办法。"

25

苏岩和刘唐过去关系好，但和刘元的关系一般。刘元知道苏岩不好惹，就一直躲着苏岩。好在苏岩当时在派出所，刘元干的案子大都是刑事，两个人属于井水不犯河水。

苏岩到市局负责命案的这几年，刘元还真比较老实，所以，两个人的关系也算过得去。

因为哥哥刘唐始终高看苏岩，弟弟刘元对苏岩每次见面也都客客气气。

所以，苏岩来给刘元采证言笔录时，刘元主动给苏岩点烟、倒茶，气氛倒也融洽。

刘元说："聂树远出狱之后好几次和别人说要干死我，我真是气坏了。苏哥，你知道我的脾气，我当时也真想把他干死。"

苏岩说："那你当时确实有这个想法？"

刘元说："想法确实有。但苏哥，我得问你一下啊，有想法也算犯罪吗？"

苏岩说："有想法不能算犯罪。"

刘元说："既然不算，那我就放心了。"

刘元说的似乎是掏心掏肺，其实，这都是孙亚辉在这之前一句一句教的。

苏岩说："钱凯、吴立波是你们公司的保安，对吗？"

刘元说："对呀。我让他们俩去送钱，谁承想，他们俩却把人给杀了。"

苏岩说："你让他们俩送的是什么钱？"

刘元说："聂树远不是到处扬言要杀我嘛，他其实是在吹牛逼，他的目的就是想讹我两个钱儿。我不想和他一般见识，就让钱凯和吴立波给他送了一百万，但让我万万没想到的是，钱凯、吴立波见钱眼开，他们俩竟然把聂树远给杀了。"

26

苏岩和刘元在友好的气氛中，认真而愉快地进行一问一答。

苏岩给刘元采笔录的地点是滨江花园罗兰阁 2 单元 10B。

这套房子是 160 平方米，苏岩给刘元做笔录是在主卧里。为了不影响他们，刘唐和孙亚辉就在客厅里，一边喝茶一边研究下一步该怎么办。

孙亚辉说："送给聂树远的那一百万，开始不是你的主意吗，我让刘元说是他的主意，这样呢，案子和你就更没关系了，要不然，还得给你做个笔录，怪麻烦的！"

刘唐说："孙总，谢谢，让你费心了啊！"

孙亚辉笑了："咱俩你还客气什么呀，这不都是我应该做的嘛！"

刘唐和孙亚辉的心情都很好。

苏岩做了刘元的笔录，就能证明杀人案与刘元无关。只要与刘元无关，当然就与刘唐更无关了。

最后通过关系做做钱凯和吴立波的工作，让他们俩把事情整个背下来，案子也就算结了。

刘唐说："这样看来，我都不用去找省里了，市里就够了。"

孙亚辉说："甚至市里你都不用找，局里我看就够了。"

刘唐说："真的吗？"

孙亚辉说："苏岩是直接办案人，他的意见最重要。他拿出意见后，加上关浩然的认可，我们把这个结论直接拿给局长李良，你说，李良还能和我们过不去吗？"

刘唐说："对呀，看起来，这么大的案子，我们不用花钱，都能给办了。"

孙亚辉说："这个案子，如果不是苏岩这么帮忙，我估计即便花钱，也够呛能办好。"

刘唐说："那是那是。孙总，你放心，我已经答应苏岩，帮他提副处了。"

孙亚辉说："提副处干吗呀，提副厅得了，把他直接调到公安厅……"

刘唐说："我真有这个打算，但孙总，这些话，你先别告诉苏岩，咱们得慢慢来，明白吗？"

孙亚辉说："我明白。"

两个人聊得差不多的时候，刘唐忽然想起件事儿，他说："孙总，你现在是不是得给关浩然打个电话，把情况和他说说呀。"

孙亚辉说："现在说是不是早了点儿呀，等苏岩给刘元做完笔录再打呗……"

刘唐说："还是现在打吧，你问问关浩然做这个笔录有没有什么要注意的。"

孙亚辉说："那好！"

孙亚辉拿出手机，拨通了关浩然的电话。电话通了之后，孙亚辉客气地问："关局，睡了吗？"

关浩然打着哈欠说："睡了。"

孙亚辉说："把你吵醒了吧！"

关浩然从孙亚辉的语气当中听出了喜悦，他问："有什么好消息要告诉我吗？"

孙亚辉说："当然了，我告诉你啊，苏岩已经答应帮我们了，他正在给刘元做笔录呢！"

关浩然问："苏岩在给刘元做笔录？"

孙亚辉说："对呀。你不说只要证明刘元与这个案子无关……"

关浩然又问："苏岩是在哪儿给刘元做的笔录？是在公安局吗？"

孙亚辉说："不在公安局，在一个秘密的地方……"

关浩然说："苏岩和谁去做的笔录？"

孙亚辉说："就他自己啊！"

关浩然急切地说："做笔录至少要两名干警，苏岩很可能是在骗你们！"

孙亚辉吓了一跳："骗我们？不可能吧！"

孙亚辉放下电话就去敲主卧的门。

这时主卧的门已经在里面被反锁上了。

孙亚辉说："苏岩，你把门打开。"

苏岩在里面说："怎么了？我在做笔录呢！"

苏岩的语气明显与刚才不一样了。

刘唐也觉得出了问题，他摆了摆手，郭子强急忙来到了主卧前，三个人正准备破门而入时，客厅的房门却被猛地撞开了。

全副武装的特警冲了进来。

27

刘元戴着头套、戴着手铐被特警押进了越野车里。

越野车离开了好一会儿，苏岩才走到自己的那辆破广本前，把车门打开。

刘唐、孙亚辉、郭子强就站在身后，这个时候，苏岩很想转身和刘唐说几句话，但此时此刻他还能说什么呢？

苏岩临上车前，回头凝视着刘唐好一会儿，才说："唐哥，对不起了！"

刘唐仿佛没听见，他如同雕像一般静静地伫立在黑夜里。

苏岩最终很无奈地上了自己的轿车。

轿车在充满敌视的目光中，渐渐地消失在黎明前的夜色中。

奉人民之命（节选）

朱维坚

第一章　一切，并非偶然

1. 黑洞洞的枪口……

后来李斌良才知道，那天所发生的一切，并不是偶然的。

那天发生的第一件事，应该是早晨，那黑洞洞的枪口对着自己的额头。对，就是这件事，当时，那枪口对着自己，就像一只黑洞洞的眼睛。顺着枪口向后看去，可看到手枪抓在一只男子的手中，食指扣在扳机上，握着手枪的是一个似曾相识的中青年男子，他用一种蔑视、快意的目光盯着自己。

当时，李斌良非常清楚，自己的生命掌握在对方手中，因而不敢乱动。事实上，他也动弹不得，因为他的四肢、身躯都被一种巨大的力量死死地抓住，不能动弹丝毫。

后来，男子开始扣动扳机，李斌良看得清清楚楚，男子的食指把扳机向后扣去。这时，他下意识地喊出一句："为什么……"男子没有回答，而是冷冷一笑扣动了扳机，李斌良心有不甘地又喊出一句，"为什么……"

李斌良被自己的呼声惊醒，猛地睁开眼睛，这时他感觉到，自己的全身都是汗。这是一个噩梦。好一会儿，他的眼前依然晃动着那黑洞洞的枪口，晃动着那个男子的面孔。这个人是谁？似曾相识却又想不起来。自己从没见过这个人，怎么会梦到他？自己为什么会做这个梦……

李斌良想了片刻，有点儿明白了。这个梦并非偶然。

他开始起床穿衣。今天对自己是个重要的日子，梦应该也和这有关。

穿好衣服后，他轻轻走到女儿卧室门口，轻轻敲了几下门，又轻轻推开门，轻轻地走进去，看到晨光从没有拉严的窗帘缝隙透进来，看到躺在床上蒙着被子的少女躯体。那是他的心肝宝贝，他的女儿。她睡得很香甜。他悄悄走上前观察着她，不由得想起襁褓中的她、童年时的她，时间可真快，转眼间，她已经长成了眼前这个少女……虽然说是少女，实际上已经十八岁了。瞧，四肢修长，面庞秀气，怎么能把她和过去那个乖顺、可爱的小女儿联系起来呢？咳，今后自己不能每天都守候在她身旁了，不知她会怎样，能否适应。

看着梦中的女儿，李斌良心里一时心里五味杂陈。他非常希望女儿能多睡一会儿，可是又不能不轻轻地拨醒她。

“苗苗，起床吧，爸爸还要上路呢！”

苗苗没有像往日那样赖床，而是打个哈欠，伸个懒腰就醒来了，然后把他从房间赶出去，开始穿衣服。看来，她是懂事的，知道爸爸要离家走了，不想让他再为起床三遍五遍地叫她了。

再之后，是洗漱打扮。当一切完毕的时候，门铃准时地响了。他上前打开门，一张朴实、甜美的面庞出现在眼前，一双温暖、沉静、亲切的眼神看着他。她叫沈静，是他的……他的未婚妻……不，不是，还没有订婚，准确地说，只是他的女朋友。他下意识地对她露出笑容，她也露出笑容，会心的笑容。温暖在李斌良的心头溢出。

李斌良和沈静及苗苗来到千香岛早餐店。他们一起吃顿早餐，然后就要分手了。李斌良将前往距省城荆都七百多华里的碧山，因而这顿早餐让李斌良感到十分珍贵。

就在他们准备点餐的时候，身后传来一个男子的声音：“斌良，你也来了，一起吃吧！”李斌良转身看到了说话的是省公安厅副厅长古泽安。他也来这儿吃早餐了。

古泽安穿着便衣，一点儿也看不出警察的样子，更看不出副厅长的样子。他五十六七岁的样子，深棕色的脸膛透出热情、慷慨而又坚决的表情。于是，李斌良和沈静、女儿共进早餐的想法化为了泡影。

古泽安把李斌良三人带入一个包房，点了好多菜，李斌良和沈静挡也挡不住。之后，还要了一瓶好酒，给自己和李斌良各倒了一杯。古泽安说：“来，斌良，干一个！”李斌良急忙拒绝，说自己从不喝酒，可是古泽安坚决不答应，“李斌良，你不是瞧不起我吧？告诉你，省厅讨论派你去碧山时，我可是投的赞成票。这是个情吧？来，干一个！”李斌良看着古泽安深棕色并透出红润的诚挚面孔，一时不知如何才好。

“斌良啊，我在碧山干过，我知道，那儿的公安局局长不好当。今后，我就是你的后台。我是管常务的，有责任帮你解决后顾之忧，家里有什么事就尽管说，我一定全力帮忙。”

“谢谢古厅长，没什么，谢谢了！”

“你看你，怎么见外呀。我是前几年从碧山调到省厅的，凡是去碧山的，从碧山来的，我都当兄弟看待。你有困难一定说出来，我一定帮忙。”

李斌良还是说没有，沈静却忍不住开口了，她含蓄地把苗苗的事情流露给他。古泽安立刻凝神听起来，之后一拍桌子说：“好好，我知道了，这事包在我身上了！来，斌良，这回，你可以干了吧！”

听古泽安的口气像是真能帮忙，他要是真能解决苗苗的事，可是大恩哪。再不能喝酒，也得表示一下呀！李斌良端起酒杯说：“古厅长，我就意思意思吧。实话跟您说，我吃完饭就上路。”

古泽安一愣：“去碧山？不是三天内报到吗？”

李斌良说：“没必要等三天，我打算今天就报到。所以真的不能喝酒。”

“这……那好，我送你去……”

“古厅长，千万别这样，我已经决定了，不要任何人送，就自己一个人上路，报到……啊，还有陈青！”

“这……李斌良，你毕竟在省厅工作几年了，还是政治部副主任，去新地方上任，怎么能送的人都没有呢？让别人看着……不过，你自己的决定，我不干预了。不过斌良，我看出来了，你确实有性格，我也就不勉强你了。来，酒别喝了，吃饭。”李斌良松了口气，放下杯子。吃饭中间，古泽安又打听起李斌良和沈静的关系，夸奖沈静不错，还打听起他们什么时候结婚，还说结婚要是缺啥少啥他也能帮忙。说得很亲近，让沈静不停地表示感谢，李斌良听得也心里热乎乎的。

吃完早餐，走出早餐店，陈青已经开着一辆普通轿车等在外边。这是李斌良思考后作出的决定，由陈青驾驶一部借来的私家车，载着自己赴碧山。他就要这样低调、不声不响地抵达碧山。为此，他告诉古泽安替自己保密。古泽安感叹不已：“斌良啊，你这个人，真是……好，你放心吧。在碧山遇到啥难事，一定跟我说……好好，上车吧。沈静、苗苗，你们要送他吗？”沈静摇头说：“不，他不让我们送。”该再见了，分手了。一种淡淡的惜别之情，忽然在心头生起。李斌良看着眼前的两个人，两个亲爱的人，轻声说：“沈静，我走了，苗苗，听沈姨的话！”沈静点点头：“上车吧，别惦念苗苗，有我呢！”苗苗懂事地说：“爸，再见，别惦念我。”听着女儿的话，李斌良忽然有点儿心酸。看来，她还是懂事的，瞧，她现在变得多么乖顺，多么可人。

李斌良控制住自己的感情，和古泽安握手后，进入车中。车启动后，李斌良扭头向后看去，看到沈静和苗苗的身影和面庞渐渐远去，看到她们向自己挥起的手臂，一直到看不见她们……

2. 空气中飞扬的是什么？

“李局，古厅对你不错呀！”

李斌良收回视线，思绪也被陈青拉回到现实中，随口应了句：“有啥不错的，碰上了，一起吃顿早饭罢了。”李斌良说着话，古泽安诚恳的深棕色脸膛在眼前浮现出来，疑团也随之在心里浮现出来。尽管李斌良来省厅有几年了，可是作为政治部副主任，和主管常务的副厅长古泽安很少来往。就算是碰上面，古泽安也很少主动跟他打招呼，有时甚至视而不见，自己也知趣地对这位厅领导保持敬而远之的态度。想不到，今天早晨，他对自己显露出这样一副过去所不知的热情真诚的面孔。

怎么这么巧，真是偶然碰上的吗？不是碰上的，难道他是盯着自己，然后假装碰上的？不可能，一个副厅长，为什么要跟你来这套，太多心了。如果真是偶然碰到的，他在吃饭时讲的那些话，特别是帮助女儿的承诺，是真的还是随口说说？要是真的能办到，那可去除了自己的一块心病啊。可是……李斌良心里忽然生出一种矛盾的感情，他希望古厅长真的能解决对自己来说是老大难的问题，可是内心又不想让他办到。因为，那样的话，自己会欠他的情，这样的情太重，他不知如何才能还清……

陈青突然问：“李局，那个……我应该叫姨吧，她人好像挺不错的。”

这小子，随便两句话，怎么都说中了自己的心事？是的，沈静真的很不错，这也是李斌良的内心感觉。可是，不错在哪儿呢？她今年三十八岁，比自己差不多小了十岁。处了这么长时间他已经感到，她人非常朴实，性格也好，总是一副沉静的表情，交谈时，会不时露出一种温暖亲切的笑容。就是她的朴实、沉静和那温暖亲切的笑容，让他一下子就喜欢上了她。因为，她很像一个人，一个故人，真正的故人，已经死去的宁静。那是李斌良藏在心底的一处温暖和苦涩。是缘分，还是命运？难道，人真的能回到从前，真的还能见到自己永远失去的所爱，真的能……不，不，别胡思乱想，她们只是长得有几分相像罢了。

陈青感慨地说：“今后，你们见面可要少了，别影响感情啊！”

李斌良不想纠缠自己的私事："对了陈青，你有没有女朋友啊？"

"咳，谁能看上我这样的呀！"

"你怎么了？二十八岁，警察学院特警专业毕业，文武双全，一表人才，从警五年就立了二等功，晋升为副科级。这个条件，哪个姑娘看不上啊！"

陈青叹气说："咳，这些有啥用，现在的姑娘都现实，要么有权，要么有钱。像我这样的，一辈子在荆都也买不上一个单元，嫁给我住露天地呀？"

"要让你这么说，我和沈静也够呛了。我到现在还租房住呢！"

"李局，要这么说——对了，李局，你知道我为什么要跟你去碧山吗？因为那儿生活成本低，物价比荆都低不说，房子也便宜，我或许慢慢能买得起。对了，我想好了，在碧山干几年，如果合适，我就扎根落户了。"

这个意思陈青已经跟李斌良流露过，可是他再次说出来，李斌良仍然感到心里受到触动。说起来，他和陈青的友谊建立，完全是偶然，或者说是缘分。陈青本是省特警总队一名普通特警，有一次上班路上，碰到三名劫匪抢劫他人后逃跑，他奋不顾身上前捉拿，以一对三，结果是挨了几刀，三名劫匪被他抓住两个，逃跑的后来也被抓到了。

李斌良听到事迹很受感动，饱含真情地亲笔为陈青写了一份感人的事迹材料，结果，小伙子荣立二等功，还被破格提拔为副大队长。他对李斌良非常感激。接触几次后，李斌良发现他正直坦率，身上有一股血性，而且非常热爱警察事业，就越发喜欢他，两个人就成了忘年交。这次，他听说李斌良调碧山市任公安局局长，立刻坐不住了，非要跟他去不可。李斌良也愿意带着他，可是这毕竟是从省城往地级市走，是下行。陈青说自己的父母就是郊区普通的菜农，正为没钱给他说媳妇犯愁，他如果去了碧山，能减轻父母的负担，是再好不过的事。

陈青好像知道李斌良在想自己的事，一边开车一边继续说："早听人说过，碧山到处都是煤矿，是咱们全省最富的市，工资也比荆都高，万一运气好，找个开煤矿的老丈人，我就发了。李局，碧山市公安局局长争得打破脑袋，怎么轮到你头上？对，地级市公安局局长不都是副厅级吗，有的还是市委常委、政法委书记，有的是副市长，你只是个公安局局长不说，怎么还是处级？"

李斌良没有回答陈青的话，因为他一时说不清楚，即便说清楚了，陈青也不一定相信，因而只是敷衍了一句："我也不知道，天上掉馅饼吧！"

"这年头，哪有这种事。我猜呀，这碧山公安局局长肯定不好当，没准儿是把你当杆枪架上了。对，那个案子肯定落到你头上了，破不了可不好交代呀！"

这次，李斌良干脆没有回答，而是闭上了眼睛：放松一下吧，到了碧山，恐怕很难有放松的机会了……李斌良的大脑真的放松下来，而且进入了一种似睡非睡状态。这时，那黑洞洞的枪口又出现在他眼前，盯着他的额头，而握枪男子的眼睛也在盯着他，露出一副似笑非笑的挑战似的神情，李斌良竭力想看清这个人的面孔，弄清他是谁，可是怎么也做不到……

“李局你看，前边就是碧山地界了，怎么这样啊？”

李斌良猛地睁开眼睛。他看了看手表，不知不觉间，已经迷糊了两个来小时。受陈青惊诧声音的提示，李斌良急忙向车窗前面看去。怎么了，是起雾了，还是起火了，或者在焚烧什么东西？天地怎么灰蒙蒙的……瞧，空气中怎么飞扬着那么多细细的飘浮物，是什么呀？李斌良打开窗子向外看去，陈青的惊呼声又响起：“李局，快关上窗户。”李斌良应声关上窗户，但是看到的情景和闻到的气味已经让他全明白了，既不是起雾，也不是起火，更不是焚烧什么东西，而是尘埃，黑灰色的尘埃……不，不是尘埃，是……

车窗前方，一辆卡车在向前驶着，车厢里装着满满的一车煤，大约有几十吨吧。

陈青骂道：“妈的，都是煤灰，碧山要这样，可要了命了！”

不能吧，远处或许好一点儿。李斌良的目光向远望去，可是，目光所及处，天地一片苍茫，远处好像更加严重。天明明是晴的，太阳也挂在天上，可是它的光芒好像几经挣扎，才突破灰尘，射出几束照到地上。

“这叫什么碧山哪？我还以为会看到一片片碧绿的山呢！”

李斌良的想法和陈青相同，他过去没来过碧山，初听这名字，一直以为碧山市应该处于一片碧绿的山景之中，没想到，居然是这个样子。或许，再往里走走，进入山区会好一些。然而，他失望了，车进入了山区，到处是开采的煤矿，远远看去就像山体上的疮疤，完全可以用满目疮痍来形容。碧是深绿的意思吧，可是上哪儿去找绿色？啊，山体上也偶尔会看到一处，但是，那不是碧绿，而是黑绿。因为，在绿色的上边，浮着厚厚的一层黑灰色，那肯定还是煤灰。

李斌良皱起了眉头。

陈青疑惑地问：“市区能不能好点儿？”

碧山市的影子在远方出现了，一团浓重的烟雾包裹着城市的轮廓，看样子，好像更为严重。这时，李斌良才明白什么叫矿区市，碧山就是煤矿区重点市，它不但在全省，就是在全国都有很重要的地位。可是，人们在烧煤的时候，有谁想过，碧山付出的是怎样的代价？看着这样的环境，李斌良不由得产生一丝恐惧：长期在这里生活，可别得肺癌什么的呀……

3. 霸道的“玛莎总裁”

轿车渐渐驶入市区，大概是距离和视觉的关系，真的驶入市区，空气质量似乎真的比城外要好一点儿，空气中煤灰的浓度好像稍稍轻了一些，可是和正常的城市相比，仍然严重得多。其实，省城荆都的污染就很严重了，李斌良初来的两年，也常常抱怨不已，现在和碧山一比，完全是小巫见大巫了。

走上主街道，市容看上去还可以，不时可见到一幢幢新建的高耸楼房，装模作样地站在天地间。无论怎么装模作样，也无法去除身上浮着的煤灰。因此，新楼也显得不那么新了，至于年头多一点儿的老楼老房子更不用说了，看上去就像一个在烟尘中不知站了多久的人，头上、肩头到处都覆盖着黑色的煤灰。街道看上去还算繁华，车水马龙，各式小轿车不停地在眼前驶过，其中不时出现一辆豪华气派的高档轿车，大概，坐在里边的都是煤老板吧。

后边忽然传来急促的车喇叭声，还没容李斌良侧脸看，一辆轿车已经贴着自己的车疾驶过去，在其驶过的一瞬间，李斌良听到一声轻微的擦蹭声。

陈青叫了一声：“坏了!”

还好，驶过去的轿车停下了，而且特意掉了一下头，停在自己轿车的前面，挡住了去路。陈青也停下来，打开车门走下去，李斌良也随之走下车。李斌良先向自己的车看去，可见车体上一处清晰的擦蹭痕迹。很显然，自己的车正常行驶，对方后边开上来，而且开得又快又猛，应该负主要责任。还没容李斌良和陈青回头，骂声已经传过来：“妈的，会不会开车，眼睛瞎了?”火一下子从心底升起，李斌良急忙压制住，并拉了陈青一把，让他控制情绪。

两个男子走过来，他们个头儿差不多，长得也很像，年长点儿的三十二三岁，年轻的好像二十七八岁。二人身板都很壮，穿得也很讲究，可都是一副气势汹汹的样子。走在前边的是年轻一点儿的，他上来就揪陈青的胸脯，另一只手变成拳头打过来。这就怪不着陈青了，他是特警出身，只是下意识地一闪，对方就踉跄着向前扑去，一条腿跪到地上。

“妈的，你……”年长的汉子见状更是恼怒，二话不说，一只脚飞向陈青。陈青只是一闪一扯，年长汉子也脚下一个踉跄，差点儿摔倒在地。李斌良这时忽然觉得，带陈青来碧山是对了，要是自己一个人，非吃亏不可。

两个汉子急了：“妈的，反了你了，敢跟你马爷动手……”二人同时向陈青扑去，李斌良不能不开口了：“住手，我们是警察!”

李斌良把警察证拿出来亮了一下。

两个汉子住手了。看来，警察在碧山还是有点儿威慑力的。然而，没容李斌良松口气，两个汉子却向他逼来，依然一副凶巴巴的样子。

“警察咋了，警察有啥了不起，警察撞人家车就没事了？”

“对，没二话，赔车。”

“对，十万……不，二十万，拿来！”

妈的，想干什么？敲诈，还是抢劫？

陈青质问：“你们讹人哪？一辆车值多少钱，碰一下就二十万？”年轻的汉子恼怒地说：“二十万还少的呢。你看看车，看看，看看！”李斌良和陈青走到对方轿车跟前，看清了车，都愣住了。李斌良不认识车，可是却看出其造型独特，气派非凡，他意识到，这是辆非常高档的轿车。陈青小声说：“李局，遇到土豪了，这是辆玛莎总裁，怎么也得几百万元。”

车是不错，价格也吓人，可是，李斌良并不惊慌，他转过身说：“不管是什么车，是你们违章超车，蹭了我们。”年轻汉子骂道：“什么什么，我看你们是欠收拾！你们是外来的吧，知道我们是谁吗。马爷，听过吗？他是马铁，我是马刚，听清楚没有？”李斌良的火一下子冲上来，心里暗骂，妈的，跟谁称爷？他仍然努力控制着情绪说：“这样吧，咱们谁也别吵，找交警解决！”马刚气呼呼地说：“找交警干什么，你们是警察，他们当然向着你们。少废话，拿钱吧，不要二十万了，既然是警察，就给你们个面子，十万，行了吧！”马铁附和道：“对对，够给你们面子了，十万！”陈青点点头说：“行，跟我们去公安局拿钱吧！”马刚蔑视地说：“拿公安局吓唬谁？走！”

双方都上了自己的车，向前驶去。

陈青一边驾车一边恨恨地骂：“这肯定是碧山一霸，非狠狠收拾不可。”李斌良没有出声，提到公安局时，两个家伙眼睛都没眨一下，肯定是有来头的，看来，警察在他们的心中没什么分量……

“哎，他们怎么停下了？”

李斌良向前看去，果然，前面的“玛莎总裁”停下来，两个汉子打开车门走出来，陈青急忙也停下车，和李斌良一起走出去。

怪了，两个汉子完全变了，变成了笑脸，而且是一副亲热的表情。马铁笑嘻嘻地说：“这咋说的，大水冲了龙王庙了！”马刚说：“可不是，一家人不认识一家人了！”马铁一个劲儿地道歉：“对不起，对不起了，这事都怪我们，是我们蹭了你们。没事了，没事了，你们忙吧，我们不去公安局了！”马刚更是和气：“老弟蹭了你们的车，你们尽管修，花多少钱找我们报。先拿五百，够了吧！”陈青惊异地问：“咦，怎么眨眼变了？这十万不要了？”马刚连忙摆手说：“不要了，

不要了，都怪我们，对不起。老弟，这五百够你们修车了吧，要不，再加五百！”

陈青看向李斌良，李斌良说：“算了吧，蹭了一下，花不了几个钱儿。不过，你们今后可再不能这么干了，这可是涉嫌敲诈，明白吗？”马刚忙点头说：“明白明白，我们只是开个玩笑。那就这样了，过三过五的，兄弟再给您赔礼道歉。谢谢，再见！”马铁客气地说：“再见！这位兄弟，你身手不错！”陈青冷冷地说：“多谢夸奖，不服的话，随时候教。”马铁说：“不敢，不敢。再见！”马氏兄弟说完，迅速钻进自己的车启动。陈青狐疑的眼神看向李斌良，问道：“李局，他们好像知道了你……”

是的，他们肯定是知道了自己的身份，才改变了态度。他们是怎么知道的？肯定是在车里跟谁通了电话，而通电话的人猜出了自己。那么，这个人是谁？他又是怎么知道自己来到了碧山？这个人和马氏兄弟又是什么关系？

“李局，别想了，咱们上车，抓紧去市里报到吧！”

“好吧！”

在GPS的引导下，陈青驾车向前驶去，然而，还未到市委，前面的路旁出现一幢新建不久的大楼，大楼外边，好多人在吵吵嚷嚷，几个警察的身影在阻拦劝说着……

陈青说：“李局，瞧，这就是碧山市公安局。”李斌良点点头：“停车！”

“胡金生，还有大家伙，已经跟你们说过了，我们新局长还没上任，副局长你们又不见，到底想怎么着啊？我看，各位还是先回去吧，等新局长上任了，你们再来找他反映，好吗……”

一个四十七八岁、瘦瘦的警察在对吵嚷的一群人说着，一副焦头烂额的样子。可是，他的话还没说完，就被一个带头的男子打断：“少废话，今天我们来了就不走了。新局长不是没到吗？我们等他。大伙儿说是不是？”

“是，我们一定要找说了算的！”

“我们等，啥时等到新局长，接待了我们，我们再走！”

看来，这是集体上访。为什么？

李斌良和陈青走到人群后边，因为穿着便衣，谁也没注意他们。

“静一静，静一静，大家别吵，胡金生，有话好好说，你别鼓动大伙乱吵，这解决不了问题……”

看来，带头的男子叫胡金生，李斌良打量了一下这个人，三十七八四十来岁的样子，身材壮硕，一副誓不罢休的表情。

“好说好商量能解决问题吗？”胡金生大声说，“别看你们穿着警服，戴着大盖帽。其实，都是软蛋，欺负老百姓行，遇着硬茬儿就颓了。郁主任，告诉你，不见到新来的局长，我们坚决不离开。”

“对，我们不离开，我们要见说了算的……”

李斌良曾设想过自己这样来赴任可能遇到的各种情况，可是万没想到是这样的一种。怎么办？陈青挤到李斌良身边，小声让他快离开，去市里报到。可是李斌良挪不动脚，走开，回避，这不是他的风格，如果这样做，他就不是李斌良了。他拨开陈青的手臂，走到中年瘦警官跟前问：“郁主任，怎么回事？”

满脸是汗的中年警官看了李斌良一眼，不耐烦地说：“怎么回事，你能管吗？去吧去吧，别给我添乱了……胡金生，我再劝你一遍，别闹了，你的事不是一下子就能解决的。我们已经接到通知，李局长三天之内肯定报到，那时你们再跟他谈，不行吗？”胡金生摇头说：“不行，不见到新来的局长我们就不走……”李斌良凑近郁主任问：“郁主任，怎么就你一个人在这儿，别的局领导呢？他们都在哪儿？”

“你要干什么呀，管这么多事？”

陈青走上来说：“郁主任，这就是新任碧山市公安局局长李斌良。”

“这……什么？你……李局长？快走，进去，赶紧进楼……”

郁主任一副既高兴又焦急又不安的表情，而且声音放得很低。李斌良知道，他是不想让自己一来就被缠住。可是，自己怎么能躲呢？“郁主任，这……”郁主任说：“我姓郁，忧郁的郁，叫郁明，办公室主任。李局长，赶紧进楼，别看他们闹，没啥正经事，赶紧进楼，快……”还没容李斌良作出反应，胡金生看出了问题：“哎，这位领导，你是干什么的？能不能管我们的事？”李斌良看着胡金生，想了想说：“我也不知道能不能管，你们选三个代表，跟我进楼谈吧！”胡金生问：“这……跟你进楼，你是干啥的？说话算数吗？”李斌良只好说出自己的名字：“我是李斌良。”胡金生说：“你是新来的李局长？大伙儿听着，这位就是新来的李局长，咱们没白来呀，有希望了！”

“太好了，到底堵着李局长了。这回，一定要他解决咱们的问题……”

“对，李局长，你要给我们做主啊……”

吵嚷中，居然有人向李斌良跪下来，李斌良急忙搀扶说：“别别，这样不行，胡金生，赶紧选三个代表，跟我进去……对，就三名……”片刻后，李斌良和郁明带着胡金生三人，向碧山市公安局办公楼走去。当他们走到门口时，门自己开了，一个穿着白衬衣的中年警官和几个领导模样的警察走出来，热情地迎向李斌良：“哎呀，李局长，不是说你明天报到吗，怎么今天就来了，还这么来的，真是，要知道你来，我说啥也得迎迎你呀！”

郁明介绍说：“李局长，这是高政委。”李斌良注意看向高伟仁，五官端正，高个儿、背微驼……去年在省厅见过，没想到，今天他成了自己的助手。

高伟仁说："李局长，能跟你搭班子，实在太好了，走！"高伟仁引导着李斌良向里边走去。李斌良走两步又停下来，转向跟着的胡金生三人，又示意地看着高伟仁，高伟仁拉着李斌良紧走了几步，贴着他耳朵说："李局长，你刚来，管这种事干什么？别理他们，走！"

李斌良想说，这是什么态度？可是，话出口的时候却改为："这到底怎么回事？我还以为局领导都没在家，只能由郁主任出头呢，可是……"高伟仁说："李局，这种事领导哪能轻易出头呢？这要是被他们缠上，还能干正事了吗？"李斌良想说，难道这不是正事？局领导可以不管？可是话出口却是："他们的控告不是真的吗？你可以不出面，分管领导为什么也没有出面的？"高伟仁劝道："你以后就知道了。李局，你要是听我的，就别管他们的事。"李斌良说："那怎么行，他们找的就是我，我也答应接待他们了。这样吧，给我安排个合适的房间，我先接待他们。准备几瓶水。"高伟仁无奈地转向郁明："郁主任，一切就由你安排了。"郁明说："这……那就去小会议室吧！"高伟仁问："李局长，这几位都是班子成员，你看……"李斌良转向几位局领导说："对不起，咱们今后相处的日子长着呢，我先接待一下上访群众，好吗？"

几位班子成员互相看看，都露出笑容说好。可是李斌良注意到，他们的笑容有些诡秘。高伟仁又问："李局，你看，用不用我陪你？""好啊，你肯定比我熟悉情况，一起吧！"

4. 激昂的上访人

小会议室的中间摆放着一个椭圆形桌子，围桌摆放着十几个沙发椅，后排摆放着几十个沙发。墙壁上一面悬挂着一个很大的电子显示屏，而另一面则镶嵌着一块看上去很是威严的警徽。

李斌良在高伟仁的引导下，走向椭圆形会议桌对面中间的位置坐下，高伟仁随即坐在他身旁，低声对他说："这个小会议室主要用于开党委会、局长办公会和各处队头头及分局长参加的会议。"

大概是环境气氛的影响，胡金生三人走进来，互相看看，除了胡金生作出满不在乎的样子，另两个人都现出畏缩的表情。胡金生带头坐下，坐到李斌良对面，另两位分别坐到他两边。郁明走进来，一人面前放了一瓶纯净水。

李斌良问："说吧，你们到底因为什么非要见我？"另两位代表的目光都盯向胡金生，胡金生只好咳嗽一声开口说："这个，我们告梅连运。"李斌良问："梅连运是谁?”胡金生说:“李局长,您刚来不知道,在碧山没有不知道梅连运的。他是咱们碧山有名的煤老板,老有钱了,公检法走平道,无恶不作,没人敢管。李局长,就看你能不能碰硬了!”

原来告的是煤老板,看来,这事儿还真有说道。李斌良不动声色:“继续说,他都有什么问题?”胡金生没有往下说,而是从一个同伴携带的背包里拿出厚厚的一摞材料,放到李斌良面前:“瞧,都在这儿,这还是他主要的罪行,小来小去的都没往上写。”李斌良翻了翻材料,厚厚的一摞,里边密密麻麻地打着文字,看样子,一时半会儿是看不完的。他放下材料问:“你们就是为了给我送这些材料吗?”胡金生三人又互相看了一眼,又是胡金生开口:“不,不,我们还要亲口对你说,你必须给我们个说法。”李斌良点点头问:“好啊,那你们说吧,告梅连运什么?”胡金生看左边的代表,左边的代表急忙脱下外衣,把背心卷起。

李斌良看到,这位身上有好多伤痕,有陈旧的,还有两处红肿好像是新的。

胡金生愤怒地说:“看着了吧,这是梅连运打的。”旁边的代表说:“我去要欠我的工钱,他不但不给,还打了我……啊,是他让手下打的我,拳打脚踢,把我从他的公司里打出来了,说我要是再敢去要钱,就打死我。”李斌良说:“这种事,你们可以找分局或者派出所呀!”胡金生失望地说:“要是找分局和派出所能解决,我们能来找你吗?唉,你也这么说呀!”另一个代表说:“李局长,要是光这点儿事,我们也不会找你,梅连运还有大事。他的煤矿多次爆炸、冒顶,死了很多人,都被他瞒下来,压下去了!”

还有这事?死人不说,还瞒报,这可是大事。

李斌良警觉起来:“有这种事?什么时候的事?怎么个情况,死了多少人?”

那个代表含糊其词地说:“这……三年多了,死了得有几十,往少了说也得有十几个。都在材料里写着呢,不信您可以看。”李斌良翻着材料心里想,这事确实不小,随口问道:“三年多了,你们怎么现在才来控告?”胡金生说:“李局长,我们不是才举报,而是举报好多年了。可是没人管,梅连运势力大,有钱,告到哪儿都有人包庇他,所以才拖到现在。”

嗯,这种情况司空见惯,说得通。

李斌良又问:“好了,还有别的事吗?”胡金生叫道:“有哇,2001年的国有煤矿改制,造成了八百多亿国有资产流失,都被梅连运吞了……”

八百……多亿?这……

李斌良控制着情绪问:“你说说具体情况。”胡金生说:“材料里写着呢,梅连运借国有煤矿改制,用仨瓜俩枣的价钱收购了大峰山和附近的两个煤矿,国家的损失最少有几百亿,他还私开乱采,侵占地下资源,最少也得有几百亿。李局长，你说，这不严重吗？能不管吗？”

不能不管。这么严重的问题，怎么能没人管呢？这不是公安一家的事，准确地说，公安机关甚至不是主要负责单位，国有资产资源被侵占，纪检监察、检察院，还有国土资源部门，他们的责任更大，为什么不向他们揭发检举呢？

李斌良提出了这个疑问，胡金生说：“李局长，我不是说了吗，他们不管。梅连运有钱，就是把天捅个窟窿也没事，他在哪儿都有保护伞，根本告不动他。”

李斌良感到头痛，看来，真不该随便答应接待他们，他们控告的这些事，真不是容易查清的，有些根本就不在自己的职权之内。

李斌良耐心地做了解释：一、国有资源被侵害一案，自己可以替他们向有关部门反映。二、矿难死人事件，自己会认真调查，但是既然已经发生三年了，不是一天半天能查清的，所以需要时间。三、梅连运指使手下打人一事，自己会责成所属分局和派出所处理，一定给他们一个说法。

三个人听完，互相看了看，胡金生突然发起脾气：“不行，李局长，你这不是往外推吗？我们只相信你，你是刚来的，和碧山还没啥关系，能秉公处理，你不能往外推。”

李斌良说：“这怎么是往外推呢？你自己说说，国有资源被侵占……你说的是煤矿，我们公安机关一家能管吗？不经过国土资源局，不经过煤炭局，我们能处理得了吗？矿难的事，也不是我们公安机关一家的事，还有安监局呢，他们可是主管生产安全的，我们能不通过他们吗？你们要工钱挨打，这确实归我们管，我保证会重视，责成基层分局和派出所调查处理，这不行吗？”

三个人又互相看了看，另两位代表眼中流露出可以的眼神，胡金生却忽然站起来又说：“行是行，可是，梅连运还有别的罪。他杀人未遂。”

李斌良又吃了一惊：“杀人未遂？他杀了谁？”胡金生答道：“我，瞧……”胡金生几下子扯掉上衣，掀起背心，李斌良看到，其身上有两处明显的陈旧性刀疤。胡金生说：“看着了吧，多亏我命大，跑得快，不然肯定没命了。”李斌良问：“这是梅连运干的？”胡金生犹疑了一下说：“他本人肯定没动手，一定是他的手下干的。”李斌良追问：“哪个手下干的？”胡金生说：“不知道。除了他，我跟别人没过节，肯定是他找人干的……”胡金生又说了半天，李斌良终于明白了，这事是几年前发生的。当时胡金生正在控告梅连运，夜间走路时遭到袭击，他认定是梅连运指使人干的，可是只是猜测，并没有证据。

对此，李斌良只能说要进行调查，可是，他的证据严重不足，调查出什么结果无法预料。胡金生和两个代表又互相看了看，再提不出别的事。但是，临走时说，给李斌良三天时间，然后给个说法，三天后还要带人来找他。

5. 报到

李斌良终于走进了碧山市公安局局长办公室。

办公室是套间，外间是办公室，里间是休息室放着一张床。郁明有点儿歉意地告诉李斌良，过去这个套间是没有间壁墙的，两个房间是一个房间，休息室是相邻的办公室。现在上边对办公面积查得挺紧，只能把原来的休息室的门砌死，作为别的办公室，而这个原来的大办公室一划为二，成了现在的格局。李斌良说没关系，里间就作为自己的宿舍，外间办公，没超面积，这样很好。郁明听李斌良这么说，松了口气。

李斌良坐到办公椅上，掂了掂胡金生留下的材料，问高伟仁，胡金生反映的问题到底怎么个情况。高伟仁苦笑说："你说呢？要真像胡金生说的那样，能所有部门都不管吗？"李斌良皱着眉头问："你这意思，他们控告的不实？"高伟仁说："这……也不能完全这么说，譬如煤井事故，死人，瞒报，不能说绝对没有，可时过境迁，当时没出事，也没有事主报告，怎么查？"郁明附和道："就是啊，胡金生被砍的事，当时就没破案，他控告梅连运，我们能听他一句话，就把人抓起来吗？就算是查，几年过去了怎么查？"

李斌良问："那侵吞国有资源又是怎么回事？"高伟仁说："李局长，这事已经发生十多年了，当时的煤炭价格很低，得多少吨煤才能价值几百亿？可能吗？"郁明也点头称是。李斌良说："听你们这意思，他们或者是望风捕影，或者是夸大其词。"高伟仁点点头说："所以才没有局领导接待他们，这事没法解决。你也别理他们。"李斌良摇摇头说："不理不行啊，要是真像你们说的这样，他们有诬告之嫌，可以追究他们的责任。"高伟仁说："要认定他们诬告，就要进行调查，要人力物力，而且还很难查实查清。"李斌良说："那也不能任由他们这样啊。这事一定要有个说法，如果他们举报属实，哪怕有一件能够查清呢，也要追究梅连运的责任。如果举报的不实，而且有事实证明胡金生他们是诬告，就追究胡金生他们的责任。"高伟仁为难地说："可是，这不是说查清就查清的呀。李局长，你刚来，不能一头陷在这里边。对，你去过市里报到了吗？"李斌良说："还没有。"高伟仁催促道："那还扯别的干什么，赶快去报到啊。对，我送你去。走！"

李斌良和高伟仁走进市委大楼，走进了市政法委所在的楼层。

来之前，高伟仁给市委办打了电话，市委办说唐书记在中央党校学习，市长聂锐主持工作。可是，聂锐下乡了，一时半会儿回不来，要李斌良直接向市政法委报到。因此，李斌良和高伟仁来到了市委常委、市政法委书记武权办公室门外。

来的路上，高伟仁打了电话，武权说在办公室等着他们，可是此时李斌良看到，武权办公室的门还关着。

高伟仁轻轻敲了敲门："武书记……"室内隐约传出一个男声："进来吧！"高伟仁推开门向李斌良示意了一下，二人走进门。

李斌良向前看去，发现这个办公室也是个套间，外间是接待室，摆放着沙发茶几，通往里间的门开了一道缝隙，一个中年男子的威严声音传出来："你给我搞清楚，是政法委领导你们，还是你们领导政法委？依法治国不假，可是，是党领导下的依法治国，你想否定党的领导吗……"

没人回话，好像是在打电话。李斌良看了高伟仁一眼，高伟仁走过去轻轻敲门，随后把门推开。李斌良看到张办公桌和桌上的国旗和党旗，继而看到一个五十多岁的中年男子坐着打电话，一张黑里泛红的脸流露出严厉的表情。这时武权看到了二人，急忙对着话筒说了句："过后再说吧，我有事！"然后放下电话站起身来，笑着向李斌良伸出手。李斌良握住了武权的手，同时看清了他的面貌：面色黑红，皮肤油光光的，毛孔眼儿很粗，红红的酒糟鼻头非常引人注目。

"李局长，快来，坐坐……瞧我，光顾打电话了，不好意思，坐坐，斌良，不是说明天报到吗，怎么提前来了，你这是给我们搞突然袭击呀！"

这是含蓄的批评。李斌良只好说，自己本想明天来，可是家里没什么需要安排的事，浪费一天也没意义，就心血来潮，提前来了。

武权说："原来是这样，李局长，你年轻，叫你斌良没意见吧。你这心血来潮不要紧，可是搞得我们措手不及呀……怎么，就你一个人来的？"

李斌良解释说："武书记，你知道，现在要求得很严，我也不喜欢前呼后拥那一套。也不能说是一个人，有个开车的，是个特警，今后就留到碧山了。"

武权说："这么说，是你的保镖了。对了，你这么来上任，肯定是想微服私访，了解点儿真实情况。要是这样，我赞成，看来，你是条咬狼的狗。"

李斌良不解地看着武权。武权哈哈笑起来："我是说，你是个能干事的局长。好，碧山这地方，公安局局长不是好当的，你有这种劲头儿就好。"

高伟仁在一旁说："武书记，您别提了。李局长到我们公安局的时候，正好有一帮人在上访，非要见新来的局长不可，见不到就不走。好歹让李局长打发了。"

"是吗？什么人上访啊，太不把公安局放在眼里了！"

高伟仁说是胡金生等人，他大概介绍了上访内容。武权现出苦恼的表情说：

“原来是他们，这个混蛋，纠缠过我好久，好不容易算是摆脱了，这可好，李局长一来又缠上他了。斌良，这伙人太难缠，你下点儿力气，把他们的事彻底解决了吧，可别让他们再闹了。”

李斌良说：“武书记，他们反映的事到底是真是假，可信度到底有多大呀？”武权头痛地说：“我要是能说清楚，不是早解决了吗？要问真假，可信度多少，必须深入调查，可那不是一天两天能查清楚的。你不知道，梅连运有钱，也有后台，不好查，这里边的水太深哪……不过我感觉出来了，李局长，你不是见硬就回的角儿，稳定压倒一切，你就多费心吧，千万不要再让他们闹下去了。他们要是再闹到市委市政府来或者外出上访，你可有责任了。”

李斌良忽然感觉有点儿头痛。

武权问道：“碧山公安工作千头万绪，够你忙的。不过，你既然敢来碧山，一定是胸有成竹了，有什么思路没有，都怎么打算的？”

李斌良想了想说，自己刚来，工作思路要在掌握情况之后才能确定。不过，他已经选定了突破口，就是那起社会影响巨大的警察被枪杀案件：“那个被害的警察叫林希望吧？我准备从这起案件入手，一定要把它破获，从而打开工作的突破口。”武权听了李斌良的话，和高伟仁对视一眼，再转回李斌良：“李局长，你是说，一定要破案？”李斌良肯定地说：“是啊，警察被害的案子不破，能交代过去吗？”武权严肃地问：“你敢保证破案？”高伟仁提醒说：“李局，可别把话说这么死，万一破不了，怎么交代？再说，这案子又不是在你任上发生的，你没必要非揽这个包袱。”李斌良实在控制不住自己的情绪，说道：“武书记、高政委，被害的不是别人，是咱们警察，怎么能破不破都行呢？这案子一定要破，即便不是我在任时的案子，我也要把它列入我的首要工作。”高伟仁忙解释说：“李局，你误解我和武书记了。发案后，市局曾经下了很大的功夫，省厅刑侦支队也下来过。可是，一直没有获得有价值的线索，我们是担心你把大话说出去了，最后没法下台。”武权点点头说：“对，对，我们是为你好。”李斌良出了口气：“谢谢你们关心，不过，我一定要把案子破了。对了武书记、高政委，在前期侦破时，什么线索也没掌握吗？”

武权说：“要是掌握了线索，还等着你来吗？我早把它破了。省厅就是因为这个案子破不了，才让我把公安局局长的位置让给你的。今后，就看你的了。我虽然不是公安局局长了，可还是政法委书记，要管着全市的公安政法工作，担子没轻多少，案子有一半也在我肩膀上扛着呢。所以，我希望你在侦破中有了进展或者有什么新线索，能及时跟我说一声，我会全力支持你的。”

“好。不过武书记，您和我都挺忙，要是事事都给您汇报，那等于给您添麻烦，我这个局长有没有也就无所谓了。您放心，我一定认真履行职责，按照党中央依法治国的要求，维护法律的尊严，努力在法律的规范下开展工作，一定不会给您闯祸的。”

“这……啊，你说得对，我也不是要你事事汇报，不过，大事必须让我知道，特别是林希望被害案，我一定要随时掌握情况。”

李斌良说：“好，有什么新情况我一定向您汇报。武书记，我这就算报到了吧，您还有什么指示吗？”武权说：“客气，哪来那么多指示？眼看中午了，一起吃顿饭吧……”李斌良摆摆手说：“不了，我回局里还有别的事。”

高伟仁说：“武书记，我来时就通知了，回去开班子见面会。”

武权说：“那好，你们去忙吧。李斌良，记住，有什么难题，随时来找我。”

6. 见面会上的酒气

回到局里已经十一点十分了，时间太紧，所以班子见面会安排到了下午。

还是小会议室。上班时间一到，党委成员们就围着椭圆形会议桌坐下来，高伟仁正式把李斌良介绍给大家，再把其他几个党委成员分别介绍给李斌良，分管刑侦的副局长魏忠成，分管两所和法制的副局长孟凡军，分管内部和国保的费良玉，政治部主任杨风……

“这位是老韩，韩心臣。”

高伟仁最后介绍的是一个五十多岁看上去有些消沉的男子，他没有像别人那样亲热地握手，只是举了一下手臂示意。

奇怪，这个韩心臣分管什么？李斌良正想着，高伟仁介绍说：“啊，老韩没有明确分工，算是局长助理吧！”局长助理？这么大岁数，给自己当助理？

“高政委，你别骂我了。”韩心臣说，“李局，我就是专职党委委员，没有具体分工，你别把我当个人。”

有意思，这个人有意思，碧山市公安党委也有意思，居然有一个没任何具体分工的党委委员，这……这时，李斌良忽然感到一股微微的酒味传过来，他仔细地辨识了一下，确认来自韩心臣。这个人倒机警，立刻向李斌良点了点头，歉意地说：“对不起李局，中午来个朋友，陪着喝了一点点儿。”

李斌良心里有些不快，但是忍住了。毕竟是刚来，不能一见面就批评。

这时高伟仁又告诉李斌良，党委成员还有一个因为有事下去了，就是分管治安的副局长张华强。说完之后，高伟仁开始向大家介绍李斌良，什么讲政治，原则性强，勇于负责，文武双全，既讲政治又懂业务，来碧山市公安局任局长，一定能把我局的工作推向新的高度云云。都是官样文章。他讲完后，要大家谈一谈。大家的话不多，都说今后服从李斌良的领导，支持李斌良的工作，个个礼貌而又热情。

大家讲完后，高伟仁请李斌良作指示。李斌良笑着说："我刚来，可不敢乱指示。我的话很简单，既是场面话也是真心话，那就是，我一定履行起作为班长的职责，希望大家真心支持我的工作。至于我是个什么样的人，我不想自我表白，在今后的工作中，大家自然会慢慢体会到……"

就在李斌良要结束讲话的时候，会议室的门猛地开了，一个男子的声音传进来："知道了，事儿真他妈多，跟他说，是我的意思，他要是不服，爱哪儿告哪儿告去。就这么说，看他敢咋地……"随着说话声，男子走进来，一边走一边把手机揣到怀里。李斌良停止了说话，目光落到来人身上：三十七八岁，面色赤红，一身高档休闲装，手腕离开耳畔的时候，亮出一块高档手表。这可是碧山市公安局党委在开会，他是谁呀，这副样子大模大样地走进来，还骂骂咧咧的……李斌良还没想明白，高伟仁已经站起来说："李局，这是张局长，分管治安，张华强。"

李斌良暗想，他就是分管治安的副局长？就这副样子？

高伟仁说："张局，这是咱们新来的李局长。"

张华强满不在乎地说："李局，你好。对不起，我下去检查煤矿安全去了，妈的，有些矿井实在不像话，真该封了它们。要罚他们了，找这个托那个的，我说了，有我在，谁他妈的也不好使……啊，回来晚了一步，对不起了。"

张华强说话间把手伸过来，李斌良也只能伸手相握，这一瞬间，李斌良又看到，张华强的手腕上戴了个玉镯。这……这是公安局副局长吗？李斌良心中不快。就在和张华强的手搭到一起时，李斌良又感到一股酒味袭过来，比刚才韩心臣的酒味大得多。他忍不住皱起眉头。

张华强坐下来，从口袋里拿出一盒软中华香烟，先拿出一支给自己点上，又一支一支地给大家分香烟，李斌良却将烟扔了回去说："谢谢，我不吸烟。"张华强稍稍愣了一下，又把烟扔给别人，于是，会议室立刻烟雾缭绕起来。

看着这个样子，李斌良心情更加不顺。近年，省厅基本上实现无烟化办公。这里哪有一点儿公安机关会议室的样子。李斌良忍不住开口问："张局，你喝酒了？"

张华强一愣说："啊，喝了几口，没喝多。刘大矿非要跟我喝几杯才放我走不可。实在没办法。"李斌良没有再出声，不快挂在脸上。高伟仁见状，赶快说："李局，没事了吧……那好，见面会就到这儿吧。"李斌良突然说："等一等。"

正要站起的党委委员们一怔，看着李斌良。

李斌良说："我刚才说过了，今后，工作上我要依靠大家，但是，我毕竟是碧山市公安局的局长，所以必须负起班长的责任来，看到什么问题不会睁一只眼闭一只眼。我今天说三件事，这三件事说大不大，说小也不小，都和我们的纪律作风和工作作风有关，希望大家注意。"

李斌良说到这里故意住口，看着每一个党委委员。委员们的目光都盯在李斌良脸上。李斌良说："第一，我要说的是吸烟这件事，在公共场合吸烟影响队伍形象。大家可以想一想，如果全局民警在一起开会，个个吞云吐雾，群众看到，会是什么印象？三年前，省厅就开始推行无烟办公，特别是公众场所，譬如大小会场啊，都是无烟会场。所以我建议，咱们碧山市从现在开始，也逐步实行无烟办公，当然，要一步一步来，先从无烟会议室开始，而且从党委开始带头。从今后，党委开会，禁止吸烟。如果谁烟瘾上来了忍不住，可以到走廊里或者别的什么地方，吸完再回来。大家没意见吧？"

没人呼应，会场一片沉寂，大家全愣住了。

李斌良的眼睛从每一个人的脸上扫过，他发现，分管刑侦的副局长魏忠成急忙把烟拿到会议桌下边悄悄掐灭，韩心臣则把烟扔到地上踩了一脚，另外两个吸烟的党委委员见状，也急忙把烟掐灭。室内只剩下张华强还把烟拿在手里，愣愣地看着李斌良，脸上泛红，似乎想要说什么，坐在他身旁的魏忠成一把抢下他手上的香烟，掐灭……李斌良说："我再问一遍，今后党委会不吸烟，大家没意见吧！"

还是寂静，李斌良看向高伟仁。高伟仁有点儿勉强地笑了笑："我没意见，大家呢？"韩心臣说："我也没意见。"魏忠成点点头说："我同意李局长的提议。"

"我也同意，我也同意……"

张华强没有表态，但是，其他人都同意了，他同不同意没什么意义了。

李斌良说："谢谢大家的理解和支持。第二，工作时间不许喝酒。这不是我的提议，是上级的规定，是纪律，我只是提醒一下。大家都知道当前是什么形势，党风党纪规定必须严格遵守，任何人没有例外，更不能以任何借口破坏纪律规定。可是，今天的党委会，就有两位同志违反了规定，作为班长，我不能视而不见。希望这两位同志能作出反省，给党委写份检查。"

会场再次陷入寂静，大家的目光都落到张华强脸上。张华强的脸更红了，他按了一下桌子站起，一副要爆发的样子，可韩心臣先开口了："李局长说得对，这两年，我养成了喝小酒的毛病，今天我就违反了规定，我检讨，今后一定改正。请大家看我的表现，也请李局长原谅我一次。"这下张华强的火发不出来了，他冲韩心臣哼声鼻子，又坐了下去。

李斌良有点儿感激地看了韩心臣一眼，韩心臣却把眼睛看向天棚，一副若无其事的样子。李斌良说："最后一件，今后凡是开会，每个人都要穿警服。啊，华强同志有特殊原因，下基层赶回来的，不过下次一定要注意。"

没人呼应，大家的目光又落到张华强脸上。张华强的赤红脸更红了。高伟仁说："那好，会就到这儿吧。晚餐咱们聚一下，给李局长接风。"李斌良摆摆手说："不了，政委。咱们要遵守有关规定，不搞迎送这一套。"高伟仁不以为然地说："这不算迎送，你刚来，班子成员凑到一起表示一下心意，不算什么吧。咱们在局内部食堂搞。"李斌良说："那好，不过，一，不喝酒；二，AA制，自费。"高伟仁迟疑地说："这……好好，就这么定了，晚上下班大家都去呀。散会!"

大家起身向外走去，李斌良急忙站起说："高政委、魏局、张局，你们到我办公室来一下。"

李斌良带着三人走进自己的办公室，三人都狐疑地看着李斌良，不明白他要干什么。李斌良首先把目光落到魏忠成脸上，他五十岁许，脸色有些灰黄，不知是皮肤天生这样，还是身体不佳所致。魏忠成看着李斌良，流露出询问的目光。李斌良说："魏局，我想了解一下林希望枪杀案的情况，请你介绍一下案情和侦破情况。"

魏忠成一愣，目光看向高伟仁和张华强。高伟仁和张华强也露出关切的目光。

魏忠成边想边说："这个……案情倒不复杂，林希望是去年……不，阳历上应该是今年初了，1月2日，元旦放假的时候，林希望回家看望父母，晚上外出的时候，被枪杀了。啊，我们找到了弹头，经鉴定，子弹出自于一支'六四'式手枪，可是，在省厅和公安部的档案库中没找到匹配的枪支，也就是说，这是一支黑枪。基本案情就这样。"

李斌良问："侦破情况呢?"魏忠成说："接到报案后，我带人第一时间赶到现场。经过一个多月的侦破，没有发现任何线索，因为是晚上发案，现场没有目击者。林希望家住在林泉县古头镇北坡村，那里没有监控录像。现场提取了几个零乱的脚步，也没有什么价值，经过逐户走访，好不容易才从一户住在村头的村民口中得知，他们好像听到了一声枪响，因为是元旦，以为是爆竹，就没往心里去，他们说好像听到了车声，可是也没注意，因而不知是什么车。"

李斌良追问："后来呢?"魏忠成说："后来，我们又从作案动机上开展工作，可是，林希望从警才三年，是个技术员，社会关系很简单，更没发现他得罪过什么人。”李斌良若有所思地问：“也就是说，到现在，还不清楚他为什么被害。”魏忠成说：“是。”

李斌良说：“林希望为什么晚上出去，还走出了村子？查过他的手机吗？”

魏忠成说：“查过了。据林希望的母亲证实，那天晚上，林希望接到一个电话，跟她说有事出去一趟，就匆匆出去了，至于什么事就不知道了。他手机显示，在被害前接过一个电话。我们查了这部通话的手机，是神州行，没查到机主。这部手机只跟林希望通过这次话，估计是为作案专门准备的，所以也查不下去。”

李斌良说：“这些足以说明，这是精心预谋作案，不存在错杀的可能。”魏忠成点点头说：“嗯……应该是。”李斌良的目光看向高伟仁和张华强，二人都在看着他，一言不发。李斌良问：“还有别的吗？”魏忠成摇了摇头。

李斌良不满地说：“这么说，侦破已经放下了？”魏忠成喃喃地说：“实在是没有工作可做了。”李斌良激动起来说：“意思是，这案子破不了了？魏局，这是故意杀人，被杀的是警察，是我们碧山市公安局的警察，是我们的战友，破不了案，我们如何向林希望的亲人交代？如何向全市人民交代？如何向我们的弟兄们交代？对，魏局、高政委、张局，你们都在，对这个案子我要表个态：必须破，一定要破。决心是成功的一半，我希望大家都要树立这个决心。”

三人互视一眼，张华强哼声鼻子说：“谁不想破，可是，破案不像说话，说破就破。”李斌良说：“要是好破，要我们警察干什么？要刑警干什么？魏局，你是分管刑侦的副局长，对案子负主要责任。这样吧，你尽快拿出个侦破方案来给我。好吗？”魏忠成说：“行，我马上搞。”李斌良说：“那你去吧！”魏忠成走出去，李斌良把目光转向张华强。张华强的目光迎着李斌良，现出戒备的神情。

李斌良问：“张局，你下煤矿检查安全生产了？”张华强说：“是啊，我这摊儿事最多，咱们碧山是产煤区，大大小小煤矿几百个，哪儿不到都不行，不知啥时给你来个响，那就是大事。可是呢，有的煤矿老板仗着有钱有后台，根本不把咱们放在眼里，更不把安全放在心上，就知道花钱平事。实在没办法。”

李斌良说：“那好，你举例说说，煤矿的安全生产都存在哪些问题？哪个煤老板仗着有钱有后台，不把咱们放在眼里，不把安全生产放在心上？”

张华强犹豫着说：“这……我看，梅连运就是个典型……”

梅连运？胡金生控告的不就是叫梅连运的煤老板吗？

张华强继续说：“他有好几个煤矿，前些年没少出事，可他根本不接受教训。每次检查，他都软磨硬抗，指出隐患，也不整改，罚他吧，马上有领导打电话，妈的，就是欠收拾！”

张华强脏字又带了出来，李斌良再次生出反感。李斌良说："张局，咱们不谈这个了。你知道现在是什么形势吧？知道中央对党纪政风是怎么要求的吧？还有，你知道对公安民警喝酒有哪些规定吧？"

张华强一愣，继而露出笑容："李局，看来，你这新官上任三把火要烧到我头上，好，我擎着，说吧，要把我怎么着？"

什么态度？

"我不是新官上任三把火，而是你确实犯到这儿了。你是副局长，党委委员，你这个样子，我不闻不问就是失职，如果大家都学你，我们公安党委成什么了？你违反了哪条，该怎么处理，你心里应该有数。但是，你有特殊原因，我也是刚来，所以也不想扩散，事情发生在党委会上，你就在下个党委会上检讨一下吧。"

张华强嚷道："什么？这不是整我吗？""张局，你这是什么话？我完全是就事论事，如果刚才你能像韩心臣那样检讨几句并保证不再重犯，事情也就过去了，可是你没有任何态度，所以，只能在下个党委会上检讨了。我说过，我刚来，希望大家能支持我的工作。"张华强强压怒气说："可是，我……"高伟仁忙打断说："好了，好了，张局。李局说得对，他刚来，咱们得支持他。在下次党委会上，你就象征性地检讨一下吧，不然，李局将来怎么开展工作？"张华强生气地说："行，为了李局顺利开展工作，这个典型我当了！李局，没别的事了吧，我还有事。"没等李斌良回应，张华强就起身撞开门走出去。

这算什么？这就是市公安局副局长？连个普通警察都不如……

李斌良气愤地站起来，想叫住张华强，高伟仁急忙开口："李局，算了算了，都是这些年武局把他惯的。他已经答应检讨了，这么多年，别说检讨，他啥时说过软话呀！"李斌良问："他就是武书记预备的接班人吧？"高伟仁迟疑片刻说："嗯……差不多。李局，你慢慢就知道了，张华强上下都有人，在局里自成体系。武局在时能摆弄他，还得哄着来，别人……哼，连我这个政委都得让他三分！"李斌良质问："他自成体系？怎么自成体系？"高伟仁解释说："他既是党委委员、分管治安的副局长，同时还兼着巡特警支队长……你慢慢就知道了。马上下班了，研究一下你的吃住吧，你有什么要求？"

李斌良说："局里不是有食堂吗？里屋有床，一切就都有了。研究一下陈青吧，我带这么一个人来，怎么安排？他是特警，副科级。"

高伟仁沉吟说："这么年轻，从上往下走，临走时没晋半格吗？"李斌良说："来不及了，不过省厅特警总队表示，最近研究干部时，可以给他晋到正科，所以，人事关系到那时才能下来。"高伟仁说："这就好办了，既然是特警，当然最适合巡特警支队。巡特警支队正好还有个副支队长的位置，就让他去吧。李局，吃住就按你说的办，太简陋点儿了吧！”李斌良说：“我对这方面不太讲究，这样最好了，方便。”“那就依你吧，我先过去了，吃饭时我找你。”

高伟仁走出去，李斌良打开桌上的电脑，进入公安内部网，想看看本局的情况。这时响起敲门声，他以为是高伟仁来找自己吃饭，回了声“请进”，眼睛却继续盯在电脑屏幕上。门开了，走来的却是轻柔的脚步声，继而淡淡的幽香钻进鼻孔，一个年轻女声响起：“李局长，这是最近的文件，需要您签的。”

李斌良猛地抬起头，眼睛猛然一亮。一个年轻女民警手上捧着文件夹，恭敬地站在面前。真漂亮！这是李斌良心头生出的第一个字眼。面前的女民警真的漂亮，看上去也就二十二岁到二十五岁的年纪，身材婀娜，一身警服穿在身上格外合身，受看。她面庞白皙、秀丽，五官均匀秀美，一双会说话的眼睛在看着自己……

李斌良感到心在不由自主地悸动。这不是他有什么想法，而是一个男子看到格外漂亮异性的正常反应。李斌良问：“你是……”

“我是文书，叫谢蕊。”

声音也好听，名字也不错。“好，放这儿吧。”

谢蕊看了李斌良一眼，恰好碰上李斌良的眼神，急忙转身向门外走去，李斌良拿起文件夹，门口忽然传来谢蕊的惊呼：“哎呀！”李斌良抬起头，看到了陈青，他和开门走出的谢蕊撞到一起。陈青忙道歉：“对不起，对不起……”

“没关系！”谢蕊匆匆走去，脚步声迅速走远，陈青却扭头望着，迟迟不把脚步迈进来。

李斌良露出笑容，待陈青走进来后故意问：“怎么样，漂亮吧！”陈青不由自主地说：“漂亮，真漂亮……啊，不，我是说……”陈青不知如何解释自己的话，目光又下意识地向门口看去。看来，他是被谢蕊的美貌实实在在地打动了。

李斌良说：“也不知她有男朋友没有。对了，哪天我打听一下，要是没有，你就追！”陈青摇摇头说：“李局，您别开玩笑，人家是给高富帅的公子衙内们准备的，我这样的屌丝怎么敢做这美梦？”李斌良说：“哎，怎么这么没自信，你以为所有的女人都贪图钱财呀？”陈青叹气说：“最起码，在我的经历中，还没有碰到过相反的。李局，你碰到过吗？”

李斌良没有马上回答，他沉思片刻说：“陈青，不贪图钱财的女人还是有的。只要你品质好，正直、善良，哪怕你身无分文，也会有女人看上你的，而这样的女人，往往都是非常优秀的女人，是值得珍惜的女人。”

陈青打趣说：“李局，听你这一说，好像有很深的体会似的。你一定遇到过这样的女人吧！”李斌良没有回答，因为，他的眼前浮现出她们的面庞。片刻后，他轻轻叹口气说："陈青，我不是开玩笑，如果谢蕊真的没有对象，你尽可以追她，或许，她就是那样的女人。"陈青自嘲说："要那样可真是祖坟冒青烟了。李局，怎么安排的我呀?"

晚餐吃得很快，因为李斌良不喝酒，别人也就没喝。所谓的接风宴，也就是政委高伟仁在吃饭开始时，代表党委班子成员对李斌良表示欢迎，同时也代表大家表示，在未来的工作中给予他全力支持。和见面会上说的差不多。之后，李斌良简短地表白了几句，也和会上说的差不多。李斌良感觉气氛确实沉闷了些，可是如果喝酒，传出去影响不好，也只能这样了。

回到办公室，李斌良决定把谢蕊送来的文件看完，可是不知为什么，刚看了两份就看不下去了，觉得心里很乱，而且平静不下来。到任后遭遇的一幕幕和一张张脸不停地在眼前闪现：胡金生吵嚷着的脸，高伟仁欢迎的笑脸，武权高深的笑脸，张华强赤红的怒脸，谢蕊漂亮的脸……他感觉，对这些脸一时无法把握，不知道这些脸的背后是什么，他们真实的面目又是什么……

轻轻的敲门声打断了李斌良的遐想，他说了声"请进"，门轻轻地开了，探进来一张瘦削的脸，是办公室主任郁明。"郁主任，快来，坐。"郁明没有坐，而是走到了办公桌旁，小心地问起李斌良在生活上还有什么要求，他一定尽力解决。

李斌良看着眼前的办公室主任，看着这张瘦削的脸和一双小心翼翼的眼睛，琢磨着这是个什么样的人物。根据他的经验，办公室主任有几种：第一种是大才，不但文字材料过硬，而且有政治头脑，甚至有驾驭全局的能力，完全可以担任领导角色。第二种是文秘型，材料写得不错，但是仅此而已。这种人的优点是比较可靠，但是不够灵活，不能担大任。第三种是事务型的，也就是搞后勤的，这种人特别善于察言观色，讨领导的欢心。这样的办公室主任很多，而且往往提拔得比搞政务的主任还快。最后一种应该是在政务和事务两者之间，既能写材料，处理政务，也比较会来事。

那么，郁明是哪种类型呢？李斌良先问起局里的工作，倒没有难住他，问到哪方面他都能说出道道来，这让李斌良很快意识到，他是搞政务的，进一步询问得知，局里的大材料都出自他手。这一点让李斌良放了点儿心。因为，搞政务的人和搞事务的比，相对单纯一些。

这么想着，李斌良觉得和郁明拉近了距离，郁明好像也有了同样的感觉，他本来站在办公桌旁，一副待不了几分钟的样子，唠了一会儿，却坐到了办公桌对面的椅子里说："李局长，如果不打扰你，我再稍待一会儿，说几句话可以吗?"

李斌良说当然可以，他很想从郁明的口里听到一些有用的东西。

郁明说的第一句是："李局长，你别着急上火，也别跟他一般见识。"

他说的是谁？张华强吗？不跟他一般见识？这是什么意思？要自己让步给他吗？自己刚刚上任，别人会怎么看自己？

心里这样想着，难免把表情挂到脸上。郁明从中看出了李斌良的真实心理，说的第二句话是："有句话，凡是存在的都是合理的，他所以这样，必然有他的道理，你最好也不要跟他斗，对你不好。"

又是什么意思？李斌良不想打哑谜，开门见山地说："郁主任，如果你真有话跟我说，就别拐弯了，你指的是张华强吗？你的意思是，我让着他，任他为所欲为吗？"

"那倒不是，我是想，你刚来，万一压不住他，传出去反而影响你的威望。"

"我觉着，没什么压住压不住的。他是副局长，而且是错的，我是局长，是对的，我对他提出批评，要他检讨，他能怎么样，难道还能把我撤了吗？"

郁明现出焦急的表情说："那倒不至于，可是，他会让你不痛快，时间长了，不影响你的威望吗？"李斌良看着郁明的脸，感觉到他是真诚的，忽然想到了一件事，问道："如果我不来碧山，从当地选拔的话，谁会当碧山市的公安局局长？"郁明遮掩着问："这……你听说了？"

李斌良说，想听郁明说。郁明向门口看了一眼，放低了声音说："明摆着呢，你不来，或者是张华强，或者是魏忠成。"有点儿出乎李斌良的意料，他以为就是张华强一个人呢，怎么还有个魏忠成？他的眼前浮现出魏忠成那青黄色的脸。

郁明说："魏忠成是搞刑侦的，岁数比张华强大，资格也比他老，所以，武局向市里推荐的是他们两个人。不过，张华强是正处级，估计，武权推荐老魏只是个幌子，他心里真正保举的是张华强。"

"这……等等，你是说，张华强是正处级？"

"对呀，和你一样，都是正处级。"

李斌良知道，市级公安局的副局长是可以提为正处级的，往往是老资格的、作出重大贡献的副局长。这个张华强好像不到四十，就他那样子，何德何能，当上副局长不说，还提了正处，和自己这个局长同级。怪不得那么狂……李斌良这时意识到，张华强可能是自己将来开展工作的一个棘手的障碍。

"李局长，我说的不知是不是对。你面临的问题和矛盾，都是多年积攒下来的，你没必要都揽到自己身上。"

"你是说胡金生他们……"

"对，胡金生过去也告过梅连运，那是好几年前的事了，当时也是这儿推那儿推，没人管，他也就泄气了，现在不知为啥忽然又闹起来，所以，你也不必太当回事。”李斌良打断道：“等等，你是说，他们已经好长时间不上访告状了？那么，为什么忽然又告上了？”郁明说：“所以我才说，这里头可能有猫儿腻，你别太放到心上。”

有猫儿腻？他们好几年不告了，为什么自己一上任就又闹了起来？难道就是冲自己来的吗？那么，他们又是怎么知道自己来上任的？而自己今天来上任是保密的，难道……会是巧合吗？

李斌良提出了这个疑问，郁明听了也觉得不正常，但是他也无法解释是怎么回事。这时李斌良才觉得，郁明跟自己的谈话很重要，而且说的都是实话。于是进一步询问，自己该如何处理胡金生上访之事。郁明好像早就胸有成竹，他说：“李局长，你是碧山市公安局一把手，有多少重要的工作要做呀，你要是一来就陷到这件事情上，不是耽误了大事吗？孩子哭抱给他娘。你可以往下压，由分局处理嘛！”

李斌良觉得郁明说得有道理，感觉心头轻松了很多，又不由得问起郁明对梅连运的问题知道多少，胡金生反映的是否属实。郁明笑了笑，说他不清楚，但是他提醒李斌良，好好研究一下胡金生留下的材料，再到网上看看，不只是碧山帖吧，只要在任意一个搜索引擎输入梅连运三个字，就会看到有关梅连运的一切。

怎么，梅连运的事在网上有这么大影响？看来，这事真不小。

李斌良打开电脑，郁明识趣地站起来道别离去。

7. 牵挂

果如郁明所言，“梅连运”三个字输入后，电脑屏幕上顿时呈现出很多帖子，内容大同小异，最多的是揭露梅连运侵吞国有资源和隐瞒矿难的帖子，就像胡金生说的那样。李斌良注意了一下，这些帖子有相当一部分在网上已经保留多时，也有一部分是近日集中呈现的，在近日出现的帖子中，好多帖子的网名是相同的，而且是最近两天出现的。

这是怎么回事？难道，难道发帖的人知道自己要来任公安局局长，故意发帖给自己看。他们是怎么知道自己要来上任的？胡金生一伙儿也知道自己今天上任，是不是还有别人知道？局党委成员，特别是政法委书记武权是否也知道？张华强是不是知道自己今天上任，故意下矿去检查，以此轻慢自己？瞧他那样子，很可能是这个样子，一定是这么回事……

李斌良忽然感觉自己上任的方法有点儿拙，甚至幼稚可笑。

桌上的电话突然响起，打断他的思绪，接起后，里边传来一个男子的声音：“斌良，怎么样啊……我是武权。”

李斌良眼前顿时浮现出那张油光光的大脸，那个酒糟鼻头，那双似笑非笑的眼睛。虽是初次见面，可是，李斌良对这个前任印象不是很好，除了直观印象外，更重要的是听说了他选定的接班人是张华强。看一个人，很重要的一个方面是看他与什么样的人为友，能喜欢张华强并迅速把他提升到目前的职位上，还欲使其接自己的班，其基本品行应该相近……

这些念头在李斌良心头缠绕，他的嘴里却呼应着：“啊……还行，不过感觉担子不轻啊。今天和班子成员接触了一下，感觉好像有点儿问题。”武权笑声传来：“斌良啊，你知道就好，我早体会出来了，碧山的公安局局长不好当，特别是你初来乍到，必须把一班人团结在身边，才能把工作干好，你说是不是？”

话里有话。虚与委蛇几句后，武权终于说出了要说的话，别跟那小子一般见识。他虽然脾气操蛋，可是干活儿是把好手，李斌良需要这样的人来支持工作……说来说去说到要点上：“你看，你一来就和他闹起矛盾，平白无故弄出个对手，这对你好吗？”

李斌良完全明白了武权的意思，但是不便直接顶撞，就反问：“武书记，如果你是我，会怎样对待这事？”武权支吾了两句，最终说出了根本目的：“这样吧，斌良，看在我的面子上，放过他这回怎么样？”李斌良说：“当然可以放过，可是放过以后，是什么后果？党委一班人会怎么看我？传到民警耳中，他们又怎么看我？我怎么带这支队伍？对了武书记，你是老局长，听说他听你的，你能不能帮我做做他的思想工作，在下次党委会，主动检讨几句，哪怕就几句呢，也是支持我工作，可以吗？”

“这……”片刻后，武权有些负气地说，“李斌良，你小子行啊，反过来将了我一军。好吧，你初来乍到，我就帮帮你。不过，那小子的脾气你也领教了，能不能说得动也未可知，我试试吧，不过，让他意思意思就行了，你别太难为他！”

李斌良说：“武书记，我从没想过难为他，是他难为我。您是明白人，能看不出来吗？”武权骂道：“这个混蛋、臭脾气，不分时间场合，说发作就发作，我真得收拾收拾他。斌良，华强还是挺能干的，你别把他一碗水看到底，今后在工作上倚重他的地方多着呢！”李斌良说：“我知道，谢谢武书记支持我的工作，只要他能检讨自己，正常对待我，我一定正常对待他。”

又虚乎了几句，武权放下了电话，李斌良松了口气，但是却下意识地皱起眉头：种种迹象显示，自己提前来碧山赴任的消息确实泄露了。如果武权、张华强他们知道了这个消息，那么，他们今天的表现是不是故意的？也包括自己向武权报到时，他对电话说的那些话，是不是故意给自己听的，让自己明白大小，把他放在眼里？还有张华强，他是不是故意带着酒意迟到？如果是这样，那就说明，他们对自己非常敌视，是给自己一种警告，一种压力，让自己刚一上任就向他们低头，进而被他们压制，控制……

这么一想，怒气从心底升上来：看来，自己对张华强的态度是对的，强硬是对的，要他检讨是对的。至于武权，作为政法委书记，从工作上，我可以尊重你，但是，你想操控我为你所用，休想。我依法履行职责，倒要看你们能把我怎么样！

虽然这么想，李斌良还是觉得心情有些沉重和恶劣。天不早了，带着这种心情睡觉不好，必须排除。可是，怎么排除呢？手机突然响了起来，李斌良拿起手机，下意识地现出笑容。是沈静打来的。

李斌良把手机放到耳边不语，等着听到沈静的声音。他喜欢她的声音，总是那么平静、温和。"喂……"她开口了，"睡下没有，是不是打扰你了？"

她就是这么知道关心人，想得周到。李斌良不能再沉默，急忙回答说没有，正等着她电话呢。然而，她却不知怎么听出来了，说他是故意轻松，掩盖自己的心事，进而打听他到底怎么样，跟自己说说，别闷在心里。李斌良听到这些话，意识到她不只是礼貌性的关怀，而是听到了什么……她一定跟陈青先通话了。

果然，在进一步交谈中，沈静承认了这一点，口气中也流露出忧虑，觉得碧山的情况太复杂了。李斌良急忙对她说，过去，比这复杂的局面自己也应对过，没什么大不了的。为了不让她再说这个话题，李斌良向她打听起苗苗的情况，她赶忙说一切正常，一切有她呢。不让他惦念。之后，又说时候不早了，抓紧休息吧，不要把工作上的事太放到心上，睡个好觉，然后放下了电话。电话放下了，可是，她的面容却在眼前久久不去，留下的关怀和温情也久久不去。他深深地感觉到，她是个理解自己的女人，是个好女人，遇到她，大概是生命对自己的回报。

带着这样的心情，李斌良躺到了床上，关了灯。他对自己说：明天还有事，快睡吧。然而事与愿违，越想睡却越不能入睡，很多往事一一浮现在眼前，而出现最多的还是奉春那一幕，是王淑芬张开双臂，冲到自己前面，扑向枪手那一幕，还有她倒在血泊中，死在自己怀中那一幕。在她临死前，自己答应和她复婚，重新生活在一起，可是，这是永远不能实现的承诺，因为她当场就死在自己怀里了。

那一幕，几乎让他万念俱灰，甚至产生了出家的念头，是苗雨的呼声把他拉回到世俗社会。之后，苗雨一直守在自己身旁，其心意不言自明，大家也都认为自己和她结合是水到渠成的事。然而事情却没有这样发展。王淑芬虽然离开了，可是，她是为了掩护自己和女儿而死的，她那张开双臂冲到自己前面的一幕，怎么能够忘怀？还有自己对她临死前的承诺。所以，他不可能马上就和苗雨成婚，他希望能平静一段时间之后再考虑。

然而，这个愿望很快就破灭了，因为女儿苗苗出了问题。她亲眼看到了母亲被枪手击中，倒在血泊中死去，精神受到了强烈刺激，变得非常不正常，经常在睡梦中惊醒，呼叫母亲，然后是久久的哭泣，性格也忽然完全改变了，她不再是他过去那个乖顺、可爱的小女儿，她或者沉默不语，或者突然爆发，大哭大叫，一旦爆发起来，怎么也无法制止。一旦停下来，又陷入长久的沉默。而且，学习成绩一落千丈，准确地说，她根本就学不进去了，到后来居然辍学了，精神医生检查后明确告诉他，女儿患了抑郁症。

为此，他又全力为女儿治病，到处求医问药，后来，病情渐渐轻了下来，甚至痊愈了，但是却不是很稳定，稍受刺激就可能复发。更可怕的是，她对苗雨表现出一种强烈的敌意，无论苗雨如何接近她，照顾她，讨她的好，她也拒不和她说话。有一次，他试探着向她提出想和苗雨结婚时，她立刻崩溃般大哭大叫起来，还不停地叫着“妈”，哭后又笑，笑后又哭。他束手无策，直到他向她保证，决不和苗雨结婚，她才渐渐平静下来。苗雨知道了这个情况后，一声不响地离开了。从那以后，他再也未和她见过面，也和她联系不上。心力交瘁的他，也再没心思和她联系。

对于苗雨的做法，李斌良是理解的，这既是无奈的选择，也是为了减轻他的压力。从那以后，他又当父亲又当母亲，全力照顾女儿，女儿的病后来好了，但是，病虽然好了，她却说什么也不再入校学习，而且成了另外一种孩子，一种他完全无法理解的孩子。她不再像过去那样喜欢看书学习，而是和一些不三不四的女孩子在社会上胡混，并且开始讲究穿戴打扮。这让李斌良很是操心也很恐惧，他耐心地给她讲人生道理，可是，每当他张嘴，她就死死地堵上耳朵，要不就哭，喃喃地叫着逝去的母亲。面对这种情况，他一点儿办法也没有。

说起来，来碧山就任，李斌良唯一的牵挂就是女儿，想不到在征求她的意见时，她却非常支持，还不让他担心她，说她会照顾好自己的。可是，李斌良却觉得，她只想支开自己，更加无拘无束地生活。这反而让他更不放心，直到沈静作出照顾她的承诺，才让他放了点儿心。

不能再想下去了，李斌良强制着自己收回思绪，可依然难以入眠，他无奈地打开台灯，找出一本书翻起来，是《旧制度和大革命》。网上说，有两位现任的党和国家领导人很喜欢这本书，并推荐大家看。李斌良已经看过一遍，思想上受到很大启发，而且，通过读这本书，让他对中国的历史和现实产生很多过去没有的思想。同时他也清晰地感觉到，十八大后，中国社会已经在发生一些变化，而且是可喜的变化。这恐怕也是林荫能当上公安厅厅长、自己能来碧山市任公安局局长的原因之一。

自己在奉春打掉了任大祥、袁万春犯罪集团后，被任命为奉春市公安局副局长兼春城区分局长，晋为正处级。后来，林荫调往省厅任副厅长，大家都认为，奉春市公安局局长的职务无可争议地会落到他的肩上。可是，当时他的精力完全投入到女儿的病情上，非但无法接受这个任命，甚至连原任职务都无法承担了。为了女儿，他主动辞职。为了给女儿换个环境，有利于她的病情，他决定调离奉春，并通过林荫介绍，调到了荆原省公安厅任政治部副主任。这样的工作，对于长期在一线摸爬滚打的他是有些不习惯的，可是，为了女儿，不习惯也要习惯。后来，他慢慢适应了这种生活，觉得这样也好，既方便照料女儿，也有时间看书。于是，他不但渐渐习惯了这样的生活，而且渐渐在心理上产生了一种满足感，一种空虚的满足感。然而，当一个人独处时，他也会产生一种想法：难道，自己的下半生就这样度过了？每当这样想时，恐慌就会涌上心头。

这种境况，直到林荫再度出现才改变。林荫忽然也调到了荆原省公安厅，而且任厅长。上任一段时间后，在知道苗苗病情已经痊愈后，就征求他是否可去碧山当公安局局长。李斌良听到这些话，突然感觉到体内的血流快了，热了，他居然没有一丝的推辞，甚至没有认真考虑就答应了，而且激动得夜不能眠，似乎回到了青年时代，回到了在奉春……不，在清水任职的时代。正因此，他才来到这里，有了今天的遭际。

思着想着，李斌良居然不知不觉地睡着了，进入了梦乡，然而却又进入了那个梦境：梦到了那个黑洞洞的枪口，那个对着他额头的枪口，还有那张似曾相识的男子的脸，只是多了一点儿东西，李斌良看到了男子的背后，是一片阴郁的天空和混浊的空气，他甚至清晰地看到空气中飞扬的粉尘，它们就和那男子一样，用敌意而又蔑视的眼神看着自己，扑向自己……

芒刺（节选）

孙建伟

第四章

一

时力韬回到上海已是暮秋。

落叶满地，金黄一片，城市的躯壳在温润柔软的阳光庇护下展开四季中最美艳的一页，微醉一般慵懒而安逸，是一年中最好的享受。但时力韬的心情坏到了极点。那些掉落在地面上的树叶变成一丛丛缠绕牵引的枝蔓在心里猛长，搅得他一点儿都无法安宁。

回到家里，最高兴的当然是父母。他们的儿子突然出走又突然回家，似乎神仙一般逍遥。姆妈看着儿子，反复说阿韬你不要再走了，不要再走了。他们哪里知道，儿子正经历着痛苦的内心折磨。一路上时力韬反复问自己，他现在的身份究竟是什么，他还是军人吗，或者是逃兵？还是开小差？他想过，就是离开也要光明磊落地离开，现在却是在长官的庇护下偷偷地……他一想到这个词就厌恶自己，他宁愿堂堂正正地接受军事法庭的审判。他在团座面前信誓旦旦的军人誓言此刻变成锋利的刀刃狠狠地剜着自己的心，让他无地自容。他下令就地突围到底是出于何种动机，是对战争的怀疑还是违抗军令？怀疑是肯定的，违抗军令似乎也很难说，因为当时确实跟上级失去了联系，他作为前线指挥员，完全有权处置。但是，如果他下令死守而不是突围呢？结果会怎样很难判断，从后来的事实看凶多吉少。难道这支在超过自己军力几倍的日军面前都不处下风的十九路军在

“赤匪”面前变得不堪一击了？难道这样一位发誓要报效国家民族的军人就这样可耻地离开，脱下军服了？

时力韬一万个不甘。

在父母面前绝对不能表现出来。走的时候已经伤了他们的心，难道还要继续折磨他们吗？还有浩子。因为战事纷繁顾不得她了，现在又不可遏制地冒了出来，毕竟他们已是恋人，虽然只有短暂可怜的三个多月，但他心里有一块地方为她留着了。痛苦之际，对浩子的思念越来越强烈，不间断地撞击着他。她好像一个躲藏的精灵在某个遥远或他不知晓的地方看着他发笑。怎么连她也在嘲笑他的临阵脱逃，嘲笑他的信誓旦旦？一连几天，他的身心都被迷惘和忧思笼罩着，野草般撕扯，无法排遣。

夜晚，越来越强劲的秋风在他们家天井里吹起了口哨，带来初冬的凉意。这几天时力韬总是白天出门，傍晚在天井摆一把藤椅，泡上一壶茶，看似惬意，实则烦恼拥塞。他怕待在书房里父母会时不时地关心他，他却要难堪地掩饰，幸好还有夜色的掩护。

但爹爹还是看出来了。

爹爹不问缘由，只是简单地说，一个男人，一生要经历多少事，只要自己行得正，就没啥想不开的，就当风吹过。

爹爹的豁达让时力韬欣慰，好像什么事都没发生过一样，也不问这几个月来究竟发生了什么。他想，爹爹经商多年，阅历丰富。爹爹说的对，男人的心里可以存放好多事，但绝不为之所扰。这才是男人。

这样一想，时力韬的心里就坦然了许多。最理解自己的人还是爹爹。也许，他应该跟爹爹深谈一下。关于他这个脱离部队的国军上尉副连长，关于他和浩子，关于剿匪，关于他的未来，他的理想……但是爹爹真的能理解他吗？

思忖半天，他还是下不了决心和爹爹说。爹爹五十多了，虽说有些家底，但时下生意越来越难做，他做儿子的已经驳了老父的愿望，伤了他的心，难道还要给他再添烦恼吗？

时力韬决定不说，但一定把爹爹那句话牢牢记住。是啊，短短几个月，他忽然获得生活的如此“馈赠”，着实让他无法消化。他才二十七岁，人生才刚刚开始，一切就像爹爹说的，当风吹过。他对自己说，从现在起，两耳不闻窗外事，眼不见心不烦。让自己好好放松下来，过一段逍遥日子再说。

经历过，才知道什么是浓墨重彩，什么是风轻云淡。

心绪解开，时力韬觉得好多了。不过，暂时摆脱了烦心事的困扰，终究是赋闲在家，感觉还是空空落落的。

时力韬去了郊外。一转眼，菜花养精蓄锐了一个冬季，渐渐发芽了。远眺，已有淡淡的金黄翠绿钻出来，伸展着，卖弄着。土地正在苏醒。他期待着自己也能尽快从迷茫中跳出来。

晚上回家时，爹爹对他说，有一个姓宋的年轻人来找过他，并留下一张纸条。

时力韬接过纸条来看，上面写着一行字：力韬吾兄，来访未能得见，甚为遗憾，诚望兄见条后与我联络，恭候。弟：镇水。

宋镇水，时力韬的脑海中跳出一个人来。此人是他的高中同学，为人直爽，颇有人缘，家道殷实。两人平时接触不多，毕业之后也就各奔东西。会有什么事让这位联系不多的老同学突然来找他呢？

时力韬不愿多想，也没按他所约与他联络，就把这事搁下了。

一个星期后，时力韬大清早出了家门，沿着弄堂往西走。那里有一个点心摊，时力韬很久没来这地方了，今天不知不觉就走了过来。他忽然记起，小时候爹爹常带他来吃点心，这里出名的是荠菜猪肉馄饨和黑洋酥汤团。这是上海点心中的两道特色，上了高中之后就很少光顾了。到日本留学之后却常常想起馄饨汤团的味道，可惜只能在被窝里流口水了。他感到突然被馄饨和汤团强烈地调动起了食欲，不由自主地就拣了一条凳子坐下。小伙计立即过来，问先生侬想吃啥。时力韬看他一眼，说馄饨汤团各一碗。小伙计说好，嘴里唱着，哎，要一碗馄饨一碗汤团。小伙计这么一唱，时力韬胃里的欲望勾着神经迅速抵达口腔，变成了涎水。几分钟后，一咸一甜两碗点心端了过来，小伙计仍在唱着，哎，一碗馄饨一碗汤团来哉。先生侬慢慢吃。时力韬迫不及待地埋头吃起来，嘴里一下子塞进两只馄饨，荠菜特有的香鲜味拌上新鲜猪肉，两种鲜味交融，舌尖立即分泌出连绵的鲜味，童年的记忆一下子被活色生香地勾引出来。接着他又舀起一个汤团，先是对着透明的薄皮轻嘬一下，黑芝麻和着猪板油磨成的馅立刻滋出一汪晶亮的黑，此刻在时力韬眼里浓妆艳抹，然后就是满口的甜糯滑爽，却是不腻。时力韬这时就想，如果每天早晨到这里吃上这两样点心，也是人生幸事。时力韬一咸一甜地吃着，吃到一半的时候，就从容多了。突然一抬头，对面坐着个人，脸真熟啊，哪儿见过的，他问着自己。那人却轻轻地说：“力韬兄，侬吃得真过瘾啊，我都舍不得叫侬了。”

时力韬这才感到自己刚才的吃相有些难看了，抱歉地一笑：“侬是，噢，侬是宋镇水？”

“终于想起来了。还好还好，没有忘记老同学。”宋镇水大为欣然。

时力韬连说：“对不起啊，光顾吃点心了。哎呀，这两样东西真好吃。老板好像换过了，味道还是跟老早一样，真是打耳光都不肯放啊。对了，侬前几天来寻过我是吗，啥事体啊?”

“等侬吃好，阿拉慢慢聊吧。”

“哎，”时力韬突然想起什么，“侬吃过早饭了吗？我再叫小伙计弄一碗?”

“我刚刚吃好，谢谢侬。”

时力韬的好奇心还没有消失：“侬哪能晓得我在这里啊？我交关辰光（沪语：很长时间）没来了，哪能我一来侬也来了。”

宋镇水笑道：“大概我是侬肚皮里的蛔虫啊。”

两人大笑，起身。随后一直沿着霞飞路逛到法国公园（现复兴公园)，在公园的一个茶亭里坐定。宋镇水叫茶房泡了两杯茶，对时力韬说：“力韬兄，你刚才这一甜一咸下肚，现在喝一杯绿茶正是恰到好处。这里的龙井远近闻名呢。”

时力韬也不客气，喝了一口说：“嗯，真是好茶。我跟你讲，我大不了你几个月，你别老是兄啊兄的挂在嘴上，都是同学，还是互称名字吧。”

“好。那我就叫你力韬。力韬，你知道吗，现在你在我们母校赫赫有名啊?”

时力韬一时摸不着头脑，就笑：“我有啥赫赫有名的?”

宋镇水惊讶道：“你还不知道啊?”

时力韬更摸不着头脑：“我知道啥呀?”

“看来你是真的不知道啊，那我来找你就没白找。”

“到底啥事体啊?”

“你是不是参加了淞沪抗战？告诉你呀，那天我们在报纸上看到抗战前沿中日两军交战的报道，里面有一段就写到了你。”

“哦，写我什么?”时力韬还是第一次听到这个消息。

“写你从日本陆军士官学校没毕业就急着赶回来到前线参战。当时看得我们连连大喊你的名字，为你骄傲啊。校长拿着那份报纸说你是我们学校的光荣，是全校学生的楷模。”

“我怎么都不知道，连我爹爹姆妈都没告诉我。”

“我想，要么你爹爹姆妈不想让你知道，要么他们也没看到。”

“嗯，估计他们是不想让我知道。不瞒你说，我还真的惹我爹爹生了气，他把我送到日本去学商科，要我继承他的事业和家产，我却擅自改学军事。嗨，太伤他的心了。我觉得很对不起他老人家。什么楷模，我可不想所有的儿子都像我这样。”

宋镇水感慨：“可怜天下父母心啊。但我不得不说，你的选择的确有远见。”

时力韬叹口气：“有啥远见，现在我都成了闲人了。”

“为啥？”宋镇水疑惑。

“实不相瞒老同学，淞沪抗战以国军的失败而告终。我原想部队修整后，再次抵御日军，但事实完全出乎意料。”

“你认为日本还会继续发动战争？”

“我的确是这样想的。我在日本的时候正是因为深切感受到这个小小的岛国对中国不怀好意的欲望，才半途改学军事的。自甲午之后，日本对我觊觎之心就一直没有停止过。我没想到的是，我们的部队却被调往福建剿匪。放着日本对我图谋不管，却要剿什么匪。我想不通，也不想打，就离开了部队。”

“原来是这样啊。老同学，那你也不能就这样荒废了呀。”

时力稻显得很无奈：“我是不想啊，但我能怎么样，毕竟左右不了时势啊。”

“老同学，你认为眼下形势会如何发展呢？”

时力韬很干脆：“我只是想，防御外敌侵入，当为国家之头等大事。”

宋镇水说：“老同学说的好。”

“说有什么用？现在是报国无门啊。”

宋镇水说：“依我之见，抗战并不只在战场，也不仅仅用军事手段。眼下我觉得就有个让你发挥所长的去处。”

时力韬看着他：“不妨明说。”

“江海关现在正酝酿招募关警，以力韬兄的才华足以胜任，不知意下如何？”

“什么是关警？”

“关警就是在海关从事缉私的警察。”见时力韬不太明白，宋镇水说，“实不相瞒，我毕业后在海关找到了一个职位，目前正奉上司之命筹建江海关关警队。我想，你一定知道那个《中日关税协定》吧？”

“知道。”

“日本签署这个协定完全是出于无奈。他们是想通过控制中国海关，为日货全面占领中国市场铺平道路。这个协定一签，中国税率大增，就让日货倾销发生了困难。但是日本在中国的走私一直都没有停止过，从目前发展态势看愈演愈烈。经济乃国之命脉，大量日货走私已经对中国经济造成了极大的危害。”

时力韬认真地听着，若有所思。

宋镇水继续说：“作为国家的经济门户，海关担负的责任绝不亚于军队。我以为，日本一定会在经济上向我们施压，以走私搞垮中国经济和金融秩序。经济和金融一旦陷入混乱，同样可以给一个国家带来毁灭性的打击。你认为呢，力韬？”

时力韬回味着宋镇水的话，承认他说的有道理，但自己作为一个受过专业军事训练的军人，应该出现在最有价值的地方，那就是战场。所以他说：“镇水，我承认你说的非常有道理，但我还是觉得我应该属于与敌人交锋的正面战场。虽然我离开了部队，但我并未忘记自己是个军人，国军上尉。”宋镇水看着时力韬，为老同学的军人气概所感动。他不是可以轻易被说服的人，他有着强烈的自我意志和主见。宋镇水决不怀疑时力韬的军事才能，却担心他的纯粹和自信。不过，明人无须多言，君子决不强人所难。他诚恳地对时力韬说：“力韬，你我各在一方，志向是一致的。只要我们抗战决心不变，今后一定会在共同的战场上相遇的。”

“一定。”

这次谈话持续了一个上午。

二

回家的路上，时力韬觉得神清气爽。一次老同学之间的谈话，为他找到了原先的激情。他十分感激宋镇水，这个老同学也与自己一样是个有思想有志向的人，他喜欢和这样的人打交道。他在街上慢慢徜徉，慢慢思索，不觉已近黄昏，才感到肚子已饿得不行。

回到家，他吃得心急火燎。母亲说阿韬，慢慢吃。爹爹却说：“这就是男人的吃相嘛。阿韬，你回来两个多月，我还是第一次看你这样吃饭呢。”

时力韬说：“爹爹，您眼睛真厉害，怪不得生意做得这么精。”

时父说：“阿韬啊，生意场上的残酷绝不亚于战场啊。爹爹经商二十多年，才刚刚看懂了一些东西，你才刚刚在战场上走了一遭。”

时力韬似乎听出爹爹的话外之音，边往嘴里扒着饭边说：“爹爹，我知道你是担心我，不过我觉得，我一上战场就如鱼入水，否则我怎么会这么喜欢战场呢?”

“阿韬，我知道你这是安慰爹爹。知子莫如父，我了解你的想法，也不会强迫你干不愿意干的事情。否则即使干了也干不好。”

母亲嗔笑着：“看你们爷儿俩，吃饭还吃出这么多话来。”

时力韬说：“姆妈，你没觉得我今天心情好吗?”

时母说：“看出来了，我又不瞎。好多天没见你这么高兴了。”

时力韬说：“我见着老同学了。”

“噢，就是那个叫宋镇水的?”

“是啊。他在江海关工作，现在正奉命筹建关警队呢。”

时父说：“这个我也知道一些。这些日子，报纸上经常看到一些报道，最近日本人走私非常厉害，海关是得采取行动了。他跟你说什么了？”

时力韬一笑：“没什么。”

“那你见着他这么高兴？”

“他很有志向，我们谈了很多。”

“阿韬，爹爹问你一句话，你这些日子究竟在干什么呢？可以跟我们说说吗？”

时力韬扒着饭的嘴突然停了下来，噎了一下，说：“爹爹姆妈，我今天就是想跟你们说实话的。我们的部队，我的一个连被打散了。我是在团长的保护下回来的，我是军人，所以我还要继续找部队。”

爹爹问：“如果找不到，你准备怎么办？”

“只要我坚持，就一定会找到为国家效力的用武之地的。”

爹爹不再说话。一会儿，他起身从壁橱里拿出一瓶酒，启开，然后给自己和时力韬各自倒满一杯，说：“阿韬啊，爹不强迫你，尊重你的选择。爹爹只提醒你一句，凡事冷静为先，一旦做了决定，就得坚持下去。来，我们爷儿俩干了这杯，就算爹爹补你上次抗日杀敌的壮行酒。”

时力韬很激动，为爹爹理解自己而激动，一杯酒下肚，心里豁然开朗。

时母这时想说什么，时父看了她一眼，时母只得把话咽了回去。

不久，时力韬从报纸上看到了十九路军“福建事变”。几天之后，再次获悉兵变失败的消息。

立冬过后，持续寒流，一夜之间树干上满目枯枝败柳。

时力韬一个人在街上默默走着。不久前，他向福田寿太郎发过去一封信，请他帮助寻找浩子，至今已过几个月，仍杳无音讯。他不敢想得太多，免得越想越害怕。恰又发生了“福建事变”，时力韬不禁为他的长官李磊均担忧起来。他想出来走走，排遣一下日渐加深的思虑。立冬之后的白天好像被截去一段，不知不觉夜幕就罩下了。

那天，时力韬在一个报摊上买了张报纸拿着看，“福建事变”余温未息，依然是这几天的主题，也是时力韬时刻关心的事情。背后突然有人拍了他一下，回头一看：“啊，团座，是你啊……”

莫非有心灵感应，时力韬似乎不信，但见李磊均把食指放在嘴唇中间，时力韬赶紧噤声。李磊均一把扯过他，示意跟他走。两个人在寒风中加快脚步，低头赶路。谁都不说话。

李磊均带时力韬拐进一条弄堂，七兜八转来到一幢低矮的门楼前，然后走到一间厢房处，掏出钥匙开门进去。

屋里泛着浓烈的霉味，墙角有蜘蛛网牵出丝丝缕缕，墙上有来历不明的污渍和水渍，这是一间陋鄙不堪的小屋。

见时力韬疑惑，李磊均说：“这是我租的小屋。”

“团座，你怎么租这样的屋，像……”

“能租到就不错了。”李磊均打断了他的话，“像狗窝吧，我也觉得像。没办法，我又不是大老板，哪来钱租好房子住，将就一阵再说吧。”

“团座，你这是……”时力韬还是不明白。

李磊均说：“我到上海已经好几天了。‘福建事变’你一定知道了吧，部队打散了，各寻其道，我是从香港转道来上海的，但我不会在这儿待太久。”

“团座，事情怎么会变成这样？”

李磊均懊丧地说：“今年六月，政府与日本签订《塘沽协议》，这个协议一签，华北门户洞开，日本就长驱直入了。蒋光鼐、蔡廷锴两位老总一直力主抗战，签字第二天，他们就在福州发表通电，反对政府出卖华北，然后又与朱毛红军签订《反日反蒋协议》，明确反对委员长，放弃围剿‘赤匪’。十一月，李济深宣布成立中华共和国人民革命政府。十二月，委员长动用海军和空军进攻福州，我们很快就被打败了。连十九路军的番号都被取消了。”

时力韬惊讶地听着，脸色很沉重，接着问：“团座，那你现在……”

李磊均说：“当然只是权宜之计，我的首要任务是维持基本生存需要。十九路军被收编了，我们这些人都如丧家之犬，我现在就好像你去年离开部队的样子。不过，我是个军人，还得去找抗日的部队。”

时力韬说：“力韬钦佩团座的气节，我也正在找呢。团座，要不先到我家去住一阵，我们也可从长计议。”

李磊均立刻说：“不，这可不行。”

时力韬说：“有啥不行的，我家说不上大富大贵，总比这里好多了。”

李磊均说：“时老弟，我不是这个意思。我是说，我现在这样的身份怕给你们家惹麻烦。”

时力韬说：“惹什么麻烦？要是人家问起来，我就说你是我的大表哥，来上海做生意，还不能在我们家住几天？团座，你就放心吧。”

李磊均沉思着说：“也好，但是说好就住几天。”

当晚，时父热情招待李磊均。

酒足饭饱之后，李磊均谈兴正浓。他忽然骂道：“日本人真是他妈太无耻太霸道了。”

时力韬问："怎么啦？"

李磊均说："你知道吗，日本人在福建盘踞了很久，你知道他们在那里最大的勾当是什么吗？"这个问题显然是他自己的设问。

时力韬瞪着双眼。

"我告诉你，走私。"

"走私？"

"对，走私。你不知道，日本人这一招太厉害了。以前，日本人主要搞毒品走私，现在又加上了军火。我在福建曾经专门调查过，当地人开的旅社，名义上是烟馆、赌场，暗地里都做经营走私生意，火得很。幕后操纵的都是他妈的日本人。"

时力韬问："政府难道不知道？"

李磊均叹气："政府怎么会不知道，可是眼下，日军得寸进尺，走私都明目张胆了。政府很恼火，压力也很大，但也无能为力。"

"那就只能听任他们走私？"

"我想不会听任的，走私之害，关乎国计民生，能听任吗？"

"我听说，江海关现在正筹措建立缉私关警，应该是为了专门对付日本走私的吧。"

"海关被洋人控制着，能不能起作用很难说。依我看，日本将来会越来越在走私上做文章。走私必成中国的大敌。"

听着李磊均的话，时力韬又想起与宋镇水的交谈，不禁感慨万端。日本步步紧逼，得寸进尺，可是政府依然还是让步，这样下去，国家将走向哪里？

走私难道真的像团座讲得那么可怕吗？

第十二章

一

黄浦江边。

从远处驶来的渔船、机帆船挤成一堆，停泊在吃水较浅的滩涂外。佐佐木站在一艘机帆船上，趾高气扬地指挥着一队人马卸货。贴着各种日式商标的货物品种繁多，人造丝、布匹、火柴、润滑油、颜料、车胎、罐头。但毕竟是走私货，佐佐木不敢公然停靠码头。

他一边警惕地察看周围情况，一边让搬运工迅速搬运货物。安藤次郎一再给他壮胆，但他还是有做贼心虚的感觉。

远处，江海关“星月号”缉私舰缓缓驶来，但船上的货却还没卸完。眼看着“星月号”逐渐逼近，佐佐木命令开船。

在“星月号”上指挥的正是宋镇水。他伤愈不久，没有一天不在想着找这个浪人复仇。宋镇水很远就看到那艘机帆船了，等到接近时，他隐约看到了这家伙的身影，正忙碌地指挥卸货。宋镇水命令缉私舰开足马力追过去。忽然，机帆船启动了，并挂出了日本国旗，一艘日本军舰快速越过“星月号”在机帆船边护航，机帆船渐渐向公海驶去。

宋镇水怒火中烧，只能强忍下去。

这一次，又让这家伙逃脱了。

江海关。

去往税务司办公室的那条走廊尽头时，宋镇水一直告诫自己千万要冷静。但到了这里，他的理性还是被激昂的情绪不可遏制地覆盖了，于是就不顾及一个下属对上司应有的口吻了。他愤怒地陈述着刚才亲眼所见佐佐木走私的一幕。罗福德显得很有气度，当然更理解这个年轻人的心情。等宋镇水说完，他说：“宋队长，我一点儿也不怀疑你说的这些都是事实，但是，在没有掌握足够证据的情况下，海关没有理由作出处罚。”

宋镇水说：“我请求税务司授权，扩大缉私舰在海面上的巡航范围，如发现走私，可以临时处置。”

“这是不可能的，目前尤其不可能。我再强调一遍，谨记总税务司梅乐和先生的原则，海关要生存下去，就必须保持中立。中立，明白吗？日本人对海关步步紧逼了，不能让他们找到借口。”

“税务司先生，难道我们只能听任日本人走私吗？”

罗福德说：“当然不是听任，但必须有确凿的证据。”

“我们的缉私舰根本无法接近走私船，怎么获取证据呢？”

罗福德避而不答，却反问道：“你知道吗，日本目前对中国的国策就是以经济封锁迫使政府崩溃，所以一再逼迫中国降低关税，而他们在占领区的贸易进口额却在成倍增加。他们说，根据日本法律，向中国的走私属于‘特殊贸易’。为了使这种‘特殊贸易’通行无阻，日本人在唐山设立了‘检查所’，在秦皇岛、北戴河设置了‘检查分所’，这些所谓的‘检查所’实际上正在替代中国政府在华北的海关行政权。”

宋镇水听着，似有不解。

“是的，你可能不明白，我为什么要跟你说这些。我的意思是说，日本人在沦陷区海关的蛮横已经不加掩饰了，日军现在之所以还未进入上海租界，是因为他们还没有与英美法各国撕破脸。那么，江海关要继续保持在日占区行使职权，必须克制。我承认，这对中国海关的确造成了很大的损害，但这是目前唯一可以采取的办法。”

“税务司先生，你不就是想让我明白，为了所谓的海关行政权，就可以牺牲中国的国家利益吗？这简直太残忍，太令人愤慨了。你不会明白中国人的感受。”

罗福德沉吟着：“的确，我不是中国人，但是我能感受你的国家被侵略的滋味，因为我的祖国和同胞也正在抵抗德国纳粹。我们面对的是共同的敌人。”

“那我们为什么不能共同去面对呢？”

“你们国家的实力与入侵者的实力相比太过悬殊了，根本无法遏制他们无耻和无理的欲望。”

宋镇水不想再跟罗福德争论下去了，他愤懑地说：“税务司先生，对入侵者强暴的纵容，终究会什么都保不住的。告辞了。”

东京。

支那海关问题一直是近卫文麿的一块心病，外相广田弘毅似乎比他轻松。

军事占领的结果之一就是经济控制。控制海关意味着对一国税收的支配，占据支那关税半壁江山的江海关税款当然在内阁的计划之中。

广田弘毅说：“首相阁下，关于支那江海关税款问题，外务省正与英国当局谈判。我们提出，除去海关经费以及支那关税担保的各项外债和赔款，其余款项则以税务司名义暂存入我们的正金银行。”

近卫问道：“进展如何？”

广田弘毅说：“英国人是功利主义者，他们一定会保全自己。占据主动的是我们。”

近卫又问：“支那方面有什么反应？”

“财政部长孔祥熙一再要求梅乐和决不放弃，甚至指责梅乐和，但他和他的政府太缺乏实力，他们只能把希望寄托在英美两国。英国人自顾不暇，首先要自保，美国则在窥探时机。所以，我们需要关注的就是该满足英国人多少条件。在上海，冈本总领事已与江海关税务司罗福德谈了几次，这个英国佬的态度倒是很强硬。”

近卫显得不太放心："罗福德的态度无关紧要，关键是绕得开支那政府吗？没有支那政府的批准，日英两国谈判的结果有价值吗？"

"从总税务司梅乐和的表态分析，支那政府在海关问题上已经完全失去了掌控能力，他们已无法履行国际条约义务。英国人和梅乐和关心的就是所谓支那海关的完整性，也就是说，只要保证他对我们占领区内海关的统辖，就可以同意我们的要求。梅乐和的这个观点，曾经遭到孔祥熙的抨击，但梅乐和告诉孔祥熙，在目前形势下，这么做对中华民国政府有好处，也是唯一明智和合理的做法。所以，孔祥熙的抨击也只是表面功夫，毫无实际意义。"

近卫长吁一声："悲剧啊。坦率地说，作为大日本帝国首相，我为大和民族骄傲；作为公民，我为支那悲哀。当事人竟然被丢在一边，由另外两个利益关系人决定他的命运。真是太可悲了。"

广田弘毅非常得意："这就是支那拒绝与大日本帝国合作付出的代价。"

二

罗福德接到梅乐和电报，称上海日军当局已正式向总税务司署提出，将江海关所有税款，除日常开支经费及应摊的对外债、赔款外，暂存正金银行。近日，日本驻沪总领事冈本将再次约他洽谈。

罗福德把电报读了好几遍，心中似有不甘，最后无奈地把电报压在鹅毛笔下。

这次是冈本前往江海关拜访罗福德。冈本一坐下就直奔主题："尊敬的罗福德税务司，我此次前来拜访的目的，想必阁下已经知道，所以我就不兜圈子了。我谨代表日本政府再次向您表达我方意愿。上海区域及扬子江下游各地早为我军占领，军方当局正式要求管理江海关事务。"

罗福德神色严峻："总领事先生所说的管理是什么意思？"

冈本竭力把口气放得缓和些，但说出来还是很强硬："就是日方派遣监视人员进驻江海关。"

"总领事先生这么说，有何依据？"

冈本显得胸有成竹："在日军占领区内，任何支那政府机关已失去独立行使职权的可能，海关当然也是政府机关之一吧。"

罗福德只能再次强调海关税收与各国的关系："海关当然是政府机关，但与一般机关有所不同，因为这是一个具有国际性质的机构。海关的职责与各国利益都有关系，一日也不可分离。江海关也无论局势如何变化，行政方面的变化应该先征求各国的意见。”

冈本说：“照税务司先生的说法，日本对海关派遣监视人员还要各国政府的同意吗？”

“请总领事先生见谅，海关牵涉各国利益，不是中国政府一家做得了主的。”

“那好，我们继续回到原来的问题上——江海关存款的存放问题。本总领事以为，按现在上海所处之境地，日本方面要求将江海关税款暂存于正金银行，完全合乎情理，况且是除去了江海关所需的经费以及关税负担的外债和赔款。”

“江海关税款目前几乎都是外债之抵押。总领事所提之事，各国均不同意，尤其是与关税有最大利益关系国反对。这一点连总税务司梅乐和先生都无从决断。”

“上海已为我军占领多时，江海关税款自当按我方指定的办法存放。”

“还请总领事先生与各国驻上海代表商洽为好。”

罗福德拿海关的国际性当挡箭牌，左抵右挡。冈本恼火得很，又不好发作，最后他丢下一句话：“罗福德税务司，本总领事再次提醒您，过分强调支那海关的所谓国际性只是出于您个人的某种愿望，并不能构成我们之间的谈判障碍。对于日方来说，江海关存款存放于正金银行，只是时间问题。告辞了。”

鸿业贸易株式会社生意兴隆，赚钱自然不少。在这座具有国际影响的城市站住了脚，福田踌躇满志。未来，这些日支“合办实业”将成为远东最有影响的大都市的经济主干，也将是他福田寿太郎在支那成就辉煌的开端，这就是大日本帝国的营养供给线。大藏省发了通告，在中支那（华中）和南支那（华南），允许支那资本家投资的比例达到百分之五十一，日资占百分之四十九。在北支那（华北）则相反，允许将支那资本家原有产业发还，折合计算充作资本。这几天，他手里要筹建的“合办实业”越来越多，让他忙得不可开交，会社里根本不见他的身影，连陈其方都找不到他。

那天，陈其方好不容易在他的办公室门口撞见了他，就一把截住他，说：“你这几天到哪儿去了？到处都找不到你。”

福田说：“我实在太忙了。你看，又要出去办事了，业务忙得不可开交啊。”

陈其方说：“你又要走？”

“是啊。”

“连跟我说句话的时间都没有了吗？”

“其方兄，实在不好意思，你看这……”

“好好，你忙。我们各忙各的，你也别来找我了。”

“我叫你老兄了，别生气嘛。我也是身不由己啊，这不都是为了我们鸿业会社的业务吗，我忙，你应该高兴，你也是股东啊。”

“总是你有理。那这样吧，你说个不忙的时间，我们喝杯酒如何？”

“好，一定。就是再赚钱的业务，我也推掉。怎么样？”

“赚钱当然高兴啊，可是钱什么时候赚得完呢？”

“那好，明天，就明天。”

“这才是我的阿福兄弟嘛。”陈其方捶了福田一拳。

安藤次郎办公室。

福田恭敬地进来。

安藤站起来，向福田伸出手：“福田君，向我报告好消息来了吧？”

“老师，的确有好消息。”

安藤很高兴：“来，说说。”

“老师，陈其方与我合作的消息公布后，就有支那商人来打听了。我对陈其方说，不要轻易告诉人家，我让他把那些人的情况先了解清楚了再说。”

“你这是欲擒故纵。”

“我还得担心他们会不会有诈呀。”

“你考虑得很周到。不过，军方的行动正在加速，我们也必须跟上。帝国陆军已在东南亚地区发动了进攻，需要在经济上提供更多的资源。目前我们在煤矿和盐业方面已经吸引了支那方面资本两百多万日元，今后还会继续增加。上海是支那第一大都市，更要抓紧时机。”

“老师，那我们的投资呢？”

“我们的投资是个动态的数字，而且形式多样，不拘一格。”

“您是说，我们什么都可以投资？”

“是的，我们的目的是吸引支那资本家投资，即使在华中和华南，允许支那资本超过日方，但合办实业必须由日方控制。福田君，你要记住，一个占领国不会允许被占领国在实业经营上占据主导地位。我们不过是在形式上让他们感觉好一点儿而已。至于投资嘛，范围很广，军用券、公司债券都可以，不一定是硬通货币。”

“但是老师，如果让支那商人们觉察到，将是很麻烦的事。”

“在做生意方面，我不得不承认支那人的智慧，但现在日支两国处于战争状态，战争状态中的经济合作其实是没有法律约束可言的。接下来，我们还要实行严格的贸易统制政策，严禁弹药、硫磺、火药等军事战略物资，还有钢材、铣铁、石棉、电极等工业原料流向他们的国统区大后方和抗日根据地。所以，你在上海的行动要加速，再加速。”

“老师，我正在抓紧进行。请放心。”

“那个让陈其方加入日籍的事进行得怎么样了？是好消息还是坏消息？”

“这个……现在还没有好消息。”

“这件事非常重要，甚至比十个‘合办实业’都重要，整个过程你必须向我及时报告。”

“是，老师。福田一定竭尽全力。”

安藤站起来，非常亲切地对福田说：“福田君，我还要告诉你一个好消息，你做梦都想不到的好消息。”他故意停了下来。

福田却不敢问，但是眼睛泄露了他的渴望。

安藤依然笑容满面：“福田君，明天你就回一趟东京去迎接你的新娘吧。”

福田眼睛都发直了：“新娘？是……浩子小姐？”

“还是没忘了她？好啊，好。她已经答应了。”

“真的吗？太好了。这太好了。太谢谢老师了。”福田连连向安藤鞠躬。

“不过，我只能给你三天的时间。三天后，我要在这里看到你。”

福田使劲点着头，全身都盈着欣喜。

千代酒店。

陈其方与福田觥筹交错，两个人都已微醺。

陈其方说：“阿福，我们很久没在一起喝酒了吧。”

“是啊，我实在抱歉，其方兄。今天好开心啊。”

陈其方非常感慨：“我也是。阿福，不瞒你说，自从爹爹去世之后，我一直很压抑，脑子里老是泛着他的影子，今天算是让我放开了。爹爹的这份家当总算又重新上道了。昨天，我站在爹爹的灵位前，对他说，爹爹，您可以瞑目了。”

福田很能体会陈其方此刻的心情，他说：“其方兄，我真是钦佩你对伯父的一片孝心哪。伯父是条真汉子，我也很佩服他。”

“阿福，来，满上，干杯。合作之后，我们还没有好好说说话呢。”

福田使劲点着头：“是啊，是啊，真是抱歉啊。其方兄，我先自罚一杯。”

陈其方喝得高兴：“阿福，我没看错人，你真是把我当兄弟啊。为了我，你连自己的高薪职业都不要了。真的要好好地感谢你呀。”

“不过，我有时想想，还得感谢你。”

“为什么呀？”陈其方疑惑道。

福田很真诚的样子：“因为你让我看到了一个真正的孝子。说老实话，我是在你的感召之下才豁出去的。你看今天，我们不是闯出来了吗？我不是比以前还要好吗？我在银行只是一个普通职员，现在我可是董事长了，董事长啊。”

陈其方兴致高昂：“对，对，来，阿福董事长，我陈其方再郑重地敬你一杯。”

“干！我的总经理先生。哎，其方兄，我在想，我俩换个位置如何？”

“换个位置，你什么意思？”陈其方又疑惑。

“我的意思是，你来当董事长，我当总经理。”

“阿福，你啥意思，你开我的玩笑是吧？”陈其方一头雾水。

“我一点儿都不开玩笑。你听我说，现在我们的株式会社发展势头非常好，是不是？”

“是啊。”

“我问你，你在会社的投资是多少？”

“我没投什么资啊，我爹爹留下的那个半死不活的工厂值几个钱，全靠你在操持啊。”

“你可别小看了这个工厂。现在，情况不同了。我的意思是说，我们现在有实力了，就按照‘合办实业’的规定来，你投百分之五十一，我投百分之四十九，你不就当这个董事长了吗？”

“阿福，你是看我赚了点儿钱不舒服，想出这个主意让我再吐出来是吧？”

“哎呀我的其方兄，这你可说错了，我们兄弟俩还分钱不钱吗？你还不明白我的意思，听我跟你解释。你刚才说，我们的合作让你摆脱了困境，是不是？那你想想，你当这个董事长，不是更能说明我们合作的诚意和成就吗？不是可以吸引更多的支那资本家吗？对支那经济不是更有好处吗？我说的对不对？”

陈其方一下子蒙住了。

福田继续说着：“上海已经是日本的占领区，据我所知，帝国政府即将在上海成立‘全国商业统制总会’，将来可能会对我们的生意产生不小的影响啊。”

“统制，统制是什么意思？”

“统制就是根据时态的发展规范各类商品，不能想做什么就做什么了。”

“那我们的经营会不会受到影响？”

“那要看怎么说了，如果这个总会成立，我将推荐你为理事长人选，你看如何？”

“不不，我可没工夫管人家的闲事，我只想自己做好生意。”

“不，其方兄，你应该想得更多，对于你来说，一切才刚刚开始，你可要抓住这个机会。”

“阿福，我这个人啊，一贯没啥上进心，什么事都看得很淡，你可别硬拉我上套啊。”

“那好，我们从长计议，喝酒，喝酒。”

这一夜，两个人一直喝到酒店里不剩一个客人，而后就在酒桌上打起了呼噜。

三

天色渐暗。一辆丰田轿车停在一家俱乐部门前。

福田和佐佐木坐在车里。福田说：“帝国政府即将实行统制贸易，海军第三舰队已经封锁了支那北方到上海的航路。从现在起，你更要放开胆子干，别再畏畏缩缩的。”

“是，福田先生。”

“这次，我给你四条船，两条白银，两条钨砂，你有把握吗？”

“福田先生，感谢您的栽培。我一定尽力而为。”

福田立刻板起脸：“不，不是尽力而为，而是全力以赴，明白吗？你要抓住机会，重振浪人的精神。支那人有句话说得好，叫作不成功便成仁。”

“是，请福田先生听我的好消息吧。”

“好吧，我等着。”

渔船吃水很深，明显超重了，引起了正在江上巡逻的宋镇水的注意。

“沪光号”缉私舰渐渐向渔船靠近。

宋镇水从望远镜里看见，渔船上十分忙碌。

宋镇水命令缉私舰加速前进。

渔船上的人看到缉私舰向自己的方向驶来，就停住了手，佐佐木见状立即对搬运工大声说：“你们都听着，别害怕，加快速度，我会加你们的工钱，如果谁偷懒，我就扣谁的钱。赏罚分明。以后再有差事就不会找那些胆小怕事的了，听明白了吗？”

人群骚动一阵后，迅速恢复了刚才的样子。

缉私舰逼近。宋镇水用望远镜看了会儿，那个上蹿下跳的身影正是吉田正一。他不由得一阵狂喜，这一次终于可以把这家伙拿下了。他把望远镜递给林一桐："看来今天是冤家路窄了。"林一桐一看，脸色立刻就绷住了："队长，我们来个现场活捉，看他还有什么话可讲。"

渔船上，佐佐木一点儿都不躲避，反而站在船头上，高声喊着："动作快点儿，快点儿。"

缉私舰已经到渔船旁，林一桐拿出话筒喊话："前方渔船请立即停止作业，接受中国海关检查。"

渔船置若罔闻。

林一桐继续喊话，宋镇水对身后的关警一使眼色，两名关警敏捷地跳上渔船。

渔船上立刻乱了起来。搬运工停止了。

佐佐木走了过来，对一名关警说："你要干什么?"

"请问你是谁?"

"我是货主。"

"那正好，货主先生，我们要例行检查。"

"本船无须检查。请你们走开，不要妨碍我们作业。这是日籍渔船，如果受到非法侵犯，我将立即向大日本帝国海军求援。"

"中国海关依照规定检查，你船理当配合，与海军无干。"

林一桐一个箭步跳上渔船，对佐佐木说："吉田先生，我们又见面了。这一次装的是什么?"

"原来是林先生，别来无恙啊。按照日本国法律，我们这是特殊贸易，完全合法正当，支那海关无权干涉。"

林一桐血往上涌："哼，什么特殊贸易。请你注意，这里是中国海域。中国海关有无权力干涉，还轮不到你说。"

"林先生，我奉劝你不要这么激动，你们缉私也不是第一次了，哪次不是以失败而告终?我告诉你，这次结果也一样。"

林一桐气愤不已，瞪着佐佐木："你给我听着，我今天倒非要看看究竟是什么结果。"随后对两名关警说，"检查。"

佐佐木冷笑一声，立刻拿起报话机，开始喊话。

林一桐在一个罐头里发现了白银，另一名关警拿起一本装饰精美的外文书籍，觉得分量明显不对，用小刀剖开，一块金条掉了出来。林一桐把东西摊在吉田正一面前，他竟然一笑："请问林先生，你查到了什么?"

"我是在问你呢，吉田正一先生。"

“请林先生告诉我，这是什么？”

林一桐看着这张无赖的脸，强忍愤怒：“白银，黄金，难道你不认识吗？这不是走私是什么？”

“我嘛，当然不认识。你告诉我，这是真金白银还是假冒的？据说很多支那人都会玩这个，然后栽赃给我们。”吉田为自己的抵赖和急智哈哈大笑。

林一桐脖子上的青筋一根根暴起着，他真想一拳揍过去，让这张狂笑着的脸顷刻变成一堆哭丧的肉。忍忍，再忍忍。他举起金条向宋镇水示意，宋镇水向他竖起了拇指，然后喊道：“全部封存，人员和货物一起拖回码头靠岸。”然后吩咐几名关警继续向渔船跳过去，协助林一桐。

林一桐指挥关警封存走私物品。佐佐木向搬运工们喊道：“大家听着，支那海关强行封存我们的货物，是违反国际公法的。你们不要怕。我现在悬赏，谁阻拦封存，谁就能得到一千法币的奖赏。”

林一桐走到佐佐木面前说：“吉田，你如果再敢胡说，我现在就把你捆起来。”随后对船工们说，“我知道，你们绝大多数都是被这个日本人骗来的，大家要明白，日本人走私就是在挖我们国家的根基啊，国家的根基倒了，我们还怎么生活，怎么吃饭，怎么养家糊口，怎么赶走侵略者呢？我希望大家不要上这个日本走私骗子的当。”

船上乱成一片。

江面上似无动静，佐佐木显得焦躁起来。他再次拿起报话机用日语喊话，而后打了个呼哨，几个混在船工中的日本浪人操起扁担就朝林一桐砸过去，林一桐敏捷躲过，缉私舰上的宋镇水立即鸣枪示警，又有几名关警跳到渔船上。

林一桐到驾驶室命令船长立即起航。

船长望着他，很不情愿地拨动了船舵。

渔船缓缓启动。

佐佐木冲到驾驶室，命令船长停航。船长又放开了船舵。

林一桐跟佐佐木对峙着。他明白对方拖延时间就是在等待日本海军的救援，所以必须抓紧时间起航，不能再纠缠下去，于是吩咐几名关警分别控制住佐佐木和船长，自己握住了船舵。

渔船再次启动。

宋镇水指挥缉私舰紧跟其后。

远处，两艘日本海军军舰“如风号”、“西丰号”向渔船方向驶来。沉重的马达声在江面上弄出突兀的声响。

宋镇水情知不妙，立即吩咐提速。

林一桐也开始加速，但渔船毕竟马力不足。一边被关警控制住的佐佐木笑了。两艘军舰迅速逼近，然后分开呈扇状向缉私舰靠拢。军舰开始喊话：“前方‘沪光号’停航。”宋镇水继续提速，不予理睬。

军舰上的炮位开始向“沪光号”移动，日本海军士兵卸去炮衣，炮筒嚣张地前伸着。一名军官继续喊话：“再不停航，我将予以炮击。”一枚炮弹应声蹿出炮筒，江面上顿时激起一股巨大的水柱，算是警告了。

迫于无奈，宋镇水下令停航。

两艘日舰立刻呈左右夹击之势围上来，军舰上士兵荷枪实弹。喊话的军官是海军大佐铃木信雄，他对翻译耳语几句，翻译向“沪光号”喊道：“‘沪光号’听着，大日本帝国海军大佐铃木信雄要求你舰立即解除对日本籍渔船的扣押，并接受检查。”

宋镇水拿过话筒回应：“我们是中国江海关缉私舰，按照中国《海关稽查条例》对涉嫌船只进行检查，已发现船上藏匿走私货物，因此对其扣押，带回检查。”

翻译把原话向铃木翻译，铃木阴沉着脸说：“日籍船只只按照日本法律行事，他们做的是特殊贸易，与支那法律无关。”

翻译转述之后，宋镇水再次说：“岂有此理。在中国领海贸易，怎么会与中国法律无关呢？海关执行缉私任务，不是军事行动，与你海军倒是无关。”

铃木一听，牙齿咬得咯咯响，恼怒地说：“我大日本海军有责任保护我商民贸易，如果你拒绝我的要求，我将炮击。”

宋镇水也还击道：“海关缉私受国际公法保护，如果你敢炮击，我将予以还击。”说着命令缉私舰掉转炮位，对准“如风号”。

铃木脸色大变，抽出指挥刀说：“准备射击。”

两艘军舰的炮筒立刻对准了“沪光号”。

宋镇水对关警们说：“兄弟们，大家不要怕。他们不敢开炮。”

几分钟内，铃木的表情快速变化着，他举起的指挥刀悬在空中足足有五分钟，好像刻意摆出一个充满威慑的姿态。突然，他把刀放了下来，下了另一道命令：“上船，把这帮支那猪给我赶上岸去，护送渔船安全进入公海。”

二十余名武装士兵分别跃入缉私舰和渔船，林一桐等人被荷枪实弹的士兵强行驱赶离开，然后士兵在渔船上插上一面太阳旗。

宋镇水靠在炮位上，指挥两名关警扯去炮衣，十几名日军士兵上来用刺刀围住他们，用不熟练的汉语喊着：“投降，上岸的。上岸的。否则，开枪。”

宋镇水这里仅有几个人，日军手里有枪，他们却赤手空拳，只能忍下一口气，不作无谓抵抗。

插着太阳旗的渔船在日军舰的护送下向公海驶去。

紧接着，他们看到了不敢相信的一幕。日舰炮口对准“沪光号”连发数炮，受到炮击的“沪光号”剧烈摇晃着，渐渐下沉，下沉，直至被江水淹没。

宋镇水和林一桐浑身发抖，抱头痛哭。

四

罗福德这几天心情坏到了极点。日本人逼得越来越凶了。在欧洲大陆，纳粹张扬着超乎寻常的威力。他的祖国面临威胁，举棋不定。就在前几天，他的父亲，一个世袭男爵，给他寄来一封家书，向他倾诉英国面对纳粹的无奈和焦虑。身为中国最大口岸的海关税务司，对于日方日盛一日的走私却无能为力，一退再退。他为此深感耻辱。与日本驻沪总领事的两次谈话尽管在场面上并未失去尊严，实际上只是被动抵挡而已。

电话铃响了起来。

罗福德拿起电话，电话里先是日语，然后用英语问：“请问是罗福德税务司吗?”

“我是。请问你是……”罗福德说了一句，就预感到又有新的麻烦来了。

对方并不想介绍自己，只是通知：“日本国海军驻长江舰队司令小泽中将将于今天下午前来拜访，特此告知罗福德税务司。”

罗福德手里拿着电话，心里蹿起一股无名之火。堂堂江海关税务司，一个出自大英帝国贵族家庭的绅士，竟受如此藐视，这是告知吗？这完全是命令。狗娘养的东洋乌龟。罗福德突然用上海人对日本侵略者的称呼骂出声来，他狠狠地把电话摔在办公桌上。

到江海关之前，小泽与安藤次郎通了一次电话，虽说海军可以直接行动，但他还是对这位总裁表示了足够的敬意。小泽知道安藤直接受政府和兴亚院调遣，据说近卫首相对他都很尊重，来头可谓不小，安藤给他的印象不错。小泽崇尚强硬，安藤也是。在听取了铃木大佐的报告后，小泽的思绪立刻延伸到了黄浦江上，似乎闻到了炮弹的硝烟味。他想试探一下安藤对击沉江海关“沪光号”缉私舰的态度，也借此探摸一下这位在上海可以代表政府决策的总裁的底。海军与陆军历来不和，而在走私这一点上，海军的兴趣并不亚于陆军，让他欣喜的是，安藤与他的看法几乎一致。

小泽是第一次去江海关。从车上下来，就被这幢希腊式新古典主义风格的建筑镇住了。小泽留学英国，对西方建筑颇有心得。他暗暗赞叹，真是英国佬的杰作啊，不远的将来，我定要让这幢精美绝伦的建筑归于大日本帝国名下。

罗福德把上午糟糕的情绪清理了一遍，他竭力让自己维持一个英籍海关税务司应有的风度。当小山羽田告知他小泽已在贵宾室等候的时候，他甚至想拖延一些时间，来挽回上午那个电话带给他的不快。再一想，觉得自己意气用事了，于是就立即向贵宾室走去。

小泽站起身来，伸出手，罗福德也伸出手握住。罗福德感到这位海军中将的手有些凉意，但他的话还是让他很受用："尊敬的罗福德税务司阁下，大日本帝国海军驻长江舰队司令小泽特来拜见。打扰了。"

看来这位中将比电话里的秘书礼貌多了，罗福德竟有些得意，于是回话："本税务司欢迎将军阁下来访。"

"税务司阁下，本人来访系因几天前在黄浦江上发生的日籍船只与江海关'沪光号'缉私舰之间的冲突之事。其实这段时间以来，类似冲突持续发生，作为驻长江舰队司令，有保护本国商民利益之责，所以特来拜访税务司阁下，共同商讨一个彻底解决的方案。"

"将军阁下，本税务司对贵军击沉'沪光号'缉私舰的军事行动表示强烈抗议。"

"我可以理解阁下的看法，但是请阁下注意，正是因为'沪光号'对日籍船只正当贸易的无理干涉才迫使我舰作出炮击的回应。"

罗福德看着小泽，对他的说法十分不屑，明明是武装护私，却说别人无理干涉，蓄意炮击变成了被迫还击。但是，面对自己的这个人是强行占领别国领土的侵略者，而且是握有军事指挥权的家伙，这本身就是侵略者的语言，你还能跟他争辩吗？他只能应付："我同意彻底解决，但不知如何才能彻底解决呢？"

"阁下，我考虑过了，由于江海关缉私舰装备了武器，对日籍船只来说是明显的威胁，所以我的提议是，在黄浦江上巡逻的缉私舰必须拆除武器装备。"

"请问将军，理由是什么？"

"理由很明显，因为海关不是军事机构，不应配备武器。"

"将军应该明白，缉私舰装备武器是世界上许多国家的惯例，况且，江海关面临的走私行为十分严重，缉私舰为了执行缉私任务，当然必须配备相应的武器。"

小泽一反刚才的谦和，强硬起来："我想提醒阁下，日支两国正处于战时状态，而据我所知，支那海关总税务司，您的同胞梅乐和先生一贯强调海关必须保持中立立场，难道海关武装缉私是中立的表现吗？"

“海关的中立并不意味着放弃缉私啊。按照中国《海关稽查条例》，在中国领海十二海里以内，海关关员可以命令任何船只停驶接受检查。这并不违背海关的中立立场。”

“我请阁下注意，日本方面从来就没有承认过支那海关的这项所谓的权力。因此，江海关也没有这项权力。而我看到的事实是，江海关缉私舰已经对日籍船只的正常贸易构成了极大的威胁。所以，我以日本国驻长江舰队司令的名义正式通知阁下，为了确保日籍船只在支那的贸易不受明显或潜在的威胁，江海关所有缉私舰上的武装器械必须全部拆除。否则，遇类似情况，日本海军仍将以军事手段干预。我想，税务司先生的属下一定向您报告了发生在黄浦江上那个剑拔弩张的场面吧。如果阁下不想再看见缉私舰被击沉，就请慎重考虑我的建议。下一次，我可不会再到这儿来拜访阁下了。”

罗福德明白了，这番话的意思很清楚，我今天来江海关已是屈尊了，你不要敬酒不吃吃罚酒，我炮击你的缉私舰，你根本无话可说。这就是强权，侵略者的强权。没道理可讲。

小泽继续说着：“阁下，明天我就要见到由您亲自签发的拆除江海关缉私舰武器的通告。否则，我将代替阁下发布。告辞了。”说完，站起身径直走出了贵宾接待室。

罗福德只觉得浑身热血往额头上涌，相比之下，上午的羞辱根本算不了什么。

第十三章

一

上海神社。

安藤在这里接待小泽。

穿着海军军服的小泽脱下白色手套，兴冲冲地与等在门口的安藤握手，安藤将他迎入自己的办公室。

刚进入办公室，安藤就说：“小泽将军，我由衷地祝贺你，你这一出手太漂亮了。今天一早，我就看到了《申报》上的头条新闻，真是太兴奋了。我要直接向首相报捷。”

小泽也沉浸在亢奋之中：“我就是要让支那人和全世界知道，在远东第一大都市上海，我大日本帝国臣民可以主宰一切。我要让英国佬识相点儿，他们的统治即将结束了。”

“我想，这几天一定会有各国媒体采访并对此关注，一定有人会说，上海即将成为自由港了。这正是我们要达到的目的。当然，一定也会有人谴责我们。但是，为了帝国的利益，我们必须不顾一切，不择手段，继续加码。”

“不瞒安藤先生，我看到《申报》后的第一时间就产生了与您同样的想法。支那不是有句成语叫作‘得寸进尺’吗？”

“不，应该叫‘乘胜追击’。虽然缉私舰拆除了武器，但它的存在同样妨碍我们在这里进行的任何贸易。所以，最好的办法是让它彻底离开这片区域。”说着，他拿出一张中国海域地图，在黄浦江区域画了一个圈，“我们可以在这里划定一个军事区域，让江海关缉私舰离日本船远远的。”

小泽说：“好，非常好。我们还必须声明，如果江海关对日籍船只进行检查，日本将视作海盗行为，并以海盗行为论处。”

安藤故作神秘地问：“将军可否解释一下，‘以海盗行为论处’的含义是什么？”

小泽脱口而出：“很简单，就两个字，击沉。”

安藤大笑起来：“我相信，支那人和那个英国佬一定还在为他们的‘沪光号’悲哀呢，这就是他们不愿看到的后果。今后，我们的特殊贸易就没有后顾之忧了。从现在起，我们要抓紧把那些支撑帝国军事战略的支那物资尽快运往日本，日本的商品也要更快更多地进入支那市场。我估计，支那外交部很快会提出抗议，但他们也就是装装样子罢了，没有任何意义。因为这已经不是外交，而是军事战争，更是经济战争。”

罗福德签署的缉私舰拆除武器的通告发布后，在江海关引起轩然大波。宋镇水实在难以咽下这口气，抗命不拆。这天，宋镇水失眠了。但他知道，明天一早，罗福德一定会来追问这件事。在他的印象中，罗福德税务司是个敬业、严谨的人，他知道发布通告并非罗福德所愿，他甚至知道，罗福德就在几天前与前来江海关的日本海军中将小泽发生了争吵。宋镇水心里一团乱麻，他不能想象，一个被肢解了缉私权力的海关还叫海关吗？但是两天之后，缉私舰不准巡逻的通告出现了。

总税务司向各海关发出的通令是：

海上缉私应特别注意，负责缉私的沿海各口岸，严防任何扩大事态的发生，海关缉私船不得在三海里以外的海面上阻挡任何船只，甚至从情况分析可以判定它不是经营正当贸易时，也只能进行追踪侦察，直到它进入领海才采取行动。

宋镇水觉得自己的血管在膨胀，不知道什么时候会突然引爆。

宋镇水一口气跑到大楼顶端的钟楼，往下俯瞰，日军军舰放肆地卧在黄浦江上，就像是一碗清澈的水中漂浮着几只龌龊的蟑螂。再把目光放远，那些大大小小数吨甚至数十吨的日籍货船停靠在岸边。现在他们可以明目张胆地走私了，宋镇水真想把自己变成一枚威力无比的炮弹俯冲下去，让那些船顷刻间化为乌有。

宋镇水不知道，罗福德正在税务司办公室里做着和他同样的事情。暮春的云团乱棉絮般铺陈在天空中，懒散而无力，被厚实的玻璃窗过滤后，天色就显得越发晦暗，与罗福德这几天的心情十分匹配。罗福德可以埋怨总税务司梅乐和，但无法埋怨他的政府。一个日薄西山的老大帝国，还能指望它带来什么呢？而对被强硬暴戾的侵略者控制的中华民国，除了哀叹、同情，还能做什么呢？中国外交部虽然提出了抗议，但不会有任何结果。

二

一九三八年五月初，英国与日本关于中国海关问题的谈判终于尘埃落定。

在日本外相广田弘毅、外交次长掘内和英国驻日大使克莱琪的多次私下交易下，《中国海关协定》炮制出炉。

由两个非当事国决定当事国重要经济机构的主权机能，当事国却被排斥在长达半年之久的谈判过程之外，在国际外交史上实属罕见。作为当事国的中国只能再次屈辱接受被出卖的命运。

《中国海关协定》的主要款项是，沦陷区海关以往积存和今后所收税款存入日本正金银行，因为中日两国交战而已停付的对日庚子赔款继续偿付。日本的目的全部达到。英国从日本那儿得到的许诺是，从沦陷区各海关税款中按比例拨付外债和赔款。

国民政府随即发表声明对《中国海关协定》表示异议，并指责英国政府出卖中国利益。英国政府则称，《中国海关协定》属临时性质，是目前可以采用的最佳办法。

《中国海关协定》签订前后，北平伪政府已修改税则，大幅降低税率。天津和青岛海关悬挂伪政府五色旗。江海关日籍税务司岸本广吉升任总税务司署要职，小山羽田也升任江海关常务税务司，日籍关员都先后升任要职。

一九四〇年三月，汪精卫在南京正式成立伪“中华民国国民政府”。

一大早，从不同方向驶来的几辆小汽车分别在江海关大楼门口停下，刹车的声音嚣张而刺耳。那几张脸的嘴唇上多数盘踞着仁丹胡，由于神情严肃，嘴角就往下弯着，仁丹胡极像一个被染黑的卧蚕，却藏着一种蓄势待发的架势。仁丹胡虽然相同，但服装却有分别，有西服、日本海军制服和警察制服。只有一个戴着礼帽的中年男子的脸刮得分外干净。男子走在这群仁丹胡中间，颇有一种众星捧月之感，但他的神情却颇为复杂，写着说不清道不明的意思。

众人在罗福德办公室门前停下。

西服仁丹胡敲门。罗福德用英语说：“请进。”

西服仁丹胡紧跟中年男子身后走进办公室，另外几人分站门外两边。

西服仁丹胡说道：“尊敬的罗福德税务司，本人是日本国驻上海副总领事，根据日本国外交次长掘内和英国驻日大使克莱琪先生签订的《中国海关协定》，我奉命专程向您转达支那维新政府接管江海关的有关事项。”

罗福德面无表情，一直坐着。副总领事面无表情地继续着他的转达。

“根据协定，支那维新政府财政部将接收江海关，并任命海关监督。”他指了指戴礼帽的中年男子，“这位就是新任江海关监督李建南先生。从现在起，江海关关税的保管将由英国上海汇丰银行移至日本横滨正金银行。同时，江海关应悬挂维新政府旗帜。今后，江海关关务和人事变动将由新政府决定。我真诚地希望罗福德先生与新政府精诚合作。”

罗福德依然一言不发，场面有些尴尬。李建南向罗福德递上一份文件，罗福德不屑地瞟了一眼，原来是维新政府对李建南的委任状。少顷，罗福德站了起来，轻轻抚弄着他手里的那支钢笔，显得神闲气定。“我必须向二位声明，我是中华民国政府的雇员，我只能接受中华民国政府的命令。”罗福德特别强调了“中华民国”四个字。

“罗福德先生是不是质疑南京维新政府的合法性?”

罗福德说：“我想表达的意思是，任何一个国家的政府必须是经过国际承认才是合法的。”

“罗福德先生，我有必要提醒您，维新政府已经获得大日本帝国政府的承认，完全可以代表支那。”

“但是，尊敬的副总领事先生，我至今未见中华民国政府发表的正式声明文件。所以，我必须经过我的上司——中国海关总税务司的许可才可以接受您的建议。”

“我有必要再次提醒罗福德先生，我今天来，不是与您商讨或者谈判的，我是来执行这项新任命的。”

罗福德正色道：“那好，你可以直接下命令。”他顺势用钢笔尖在公文笺上狠劲地划了一下，竟擦出一道尖锐的嘶啸声。也许这声音就是此刻罗福德身体里的一个信号。办公室里的空气流动从那帮人进门那一刻就受到了干扰，近乎滞顿，笔尖蹭出的啸叫转瞬即逝，像是在办公室里投下一个凝固弹，空气速成冰块。罗福德站起身，整了整衣服，他明显感到，头上沁出的冷汗正向他的身体慢慢蜿蜒，他不想再面对他们，径直向门外走去。

副总领事和李建南面面相觑。副总领事感到自己的脸部肌肉抽搐着，他无法继续刻意作出不带情绪的样子，烦躁地抬起手摸了一把自己的脸，从额头到下巴一直捋下去，像是用一把熨斗抚平皱褶。但是皱褶很硬实，根本不怕熨，反而聚合得更加密集，脸就更难看了。李建南看着他，不知说什么好。副总领事阴毒地看了一眼李建南，忽然走到罗福德桌边，抓起那个墨水瓶，狠狠地摔在办公桌上，墨水立时洇湿了文件，副总领事不解气，把所有文件一把推到地上，办公桌上一片狼藉。他的脸扭曲着，像上了一层刺目的铁青，眼中射出的锋利让门口那帮人都不寒而栗。

中共地下党沪中区领导人给宋镇水的指示是，全面抗战以来，国共两党实现第二次合作，沦陷区内党的工作更要强调合法化。海关地下党组织的工作重点必须坚持经济斗争。鉴于目前的局面，必须向华人关员讲清楚面临的形势，包括一些上层人士。在必要的时候采取相应的行动，决不屈服于敌伪政权。

位于法租界的辣斐德路僻静而悠闲。沿街建筑既有古典又有现代，各具风格。多数建筑墙体采用红色机制瓦，跌檐式的山墙外墙面多为水泥拉毛粉刷，局部以清水红砖饰面。红砖的砌法十分考究，图案也极富装饰性，使建筑拥有了魂魄。

林一桐的家就在这条路的路口。一栋简陋的小楼。

晚上，宋镇水和林一桐等人正在这里聚会，所有参加会议的人都觉得，这一天对江海关来说是一个灾难性的日子。

宋镇水说：“大家都已经知道了吧，对江海关华员同仁来说，今天是国耻日。但我们不能甘愿蒙羞，我们要发出自己的声音。”

林一桐说：“宋队长说得对，我们决不能容忍日伪接收江海关。”

众人纷纷附和：“是啊，我们必须提出严正的抗议。宋队长，说说你的想法吧。”

宋镇水说：“各位，我们先分析一下目前面临的形势。国共两党第二次携手，抗日民族统一战线已经形成。日伪接收江海关，华员中的高级职员受地位所限，不会对此事明确表态，但内心一定也是反对的。中层职员表示了愤慨，他们希望有所表示，但不希望激烈冲突。一般职员、外勤和关警的态度最坚决，要求针锋相对进行斗争。”

有人问：“针锋相对是什么意思？”

宋镇水说：“一句话，罢工。”

有人似有疑问：“罢工，如果当局干涉怎么办？”

林一桐说：“宋队长刚才作了详细分析。我想请问各位，大家是否认为敌伪接收江海关，还要悬挂伪旗，是对中国人和所有华人关员的侮辱呢？”

众人都点头称是。

“既然如此，我们就必须作出自己的抉择，发出我们的声音，抵抗是唯一的选择。罢工是最好也是最有力的回答。我们的罢工也一定能得到全国海关的支持。”

宋镇水接着说：“我们不仅会得到全国海关同仁的支持，还会获得所有中国人的支持。”

林一桐说：“江海关地处租界，由于租界当局与日本人的利益冲突，估计不会采取干涉行动。”

宋镇水说：“最关键的是，上海是全国最大的进出口岸，每天有来自世界各地的商船在这里报关、装卸货物。我们罢工一天，国际商船就要停止货物进出口一天，这么一来，全世界立刻就会知道江海关抵制日本和汪伪政权的斗争。”

林一桐很兴奋：“也就是说，全世界都会注意我们的抵抗行动。”

宋镇水说：“所以我认为，我们就把罢工的日期定在明天，大家以为如何？”

众人纷纷附议。

“那好，我们现在就商量罢工方案，看来今天要搞个通宵了。一桐，可要打扰你的家人了。”

“我的家人不也是中国人吗？我让我老婆准备夜宵去。”

“一桐可真是全力以赴啊。我们的罢工一旦成功，一定要给你记上一功。”

汇山码头。

海关关警罢岗。

宋镇水对大伙说：“各位同仁，兄弟们，今天我们正式罢工了，我们要向政府、向社会、向江海关全体华员同仁、向我们的同胞发出自己的声音，一旦敌伪阴谋得逞，江海关将可耻地成为日本侵略者和汉奸的收税机器。我们海关华员能容忍这样的耻辱吗?”

众人群情激愤。一支百人左右的队伍向江海关方向进发。

一路走到外滩，不断有民众汇拢，有人喊：“海关师爷罢工了！海关师爷罢工了！”又有人喊：“日本人从中国滚出去！”“严惩汉奸！”

宋镇水和林一桐相视而笑。

外白渡桥一隅，安藤混在人群中看着游行队伍缓缓经过，不动声色。

罢工队伍到达江海关业务办公地点。

一名内勤关员正在审核报关单，一旁放着几个印章。

林一桐走到内勤身边，拿起报关单说：“日本人和汉奸都接收江海关了，我们还办什么公?”内勤有所不解，林一桐把罢工宣言递给他，然后对办公室里的人说，“大家都看看吧，这是江海关华员罢工宣言，看了就明白了。”

内勤接过去立即看了起来。传单在办公室内迅速传阅，大家都觉得有理，内勤们纷纷向候在外面办理业务的中外人员说：“我们罢工了，今天不办公了。请大家回去吧。”

外面大嚷起来：“罢工，那我们的业务怎么办？我们的损失谁负责啊?”

江海关底楼报关大厅一片喧哗。

江海关大楼二楼。罢工集会。宋镇水说：“各位关员同仁，昨天，日本侵华当局和他们扶持的维新政府前来江海关进行所谓的接收，这是江海关开关以来最屈辱的日子。今天，我们在这里集会，决定以罢工表示我们的抗议，我们决不承认敌伪接收江海关。因为，我们的关税将被存入侵略者的银行。我们岂能用自己的手去为侵略者获得财富，来打击自己的国家呢？这是我们绝对不能接受的。”台下一片应和，“下面，罢工委员会宣布，成立‘海关华员护关委员会’，我们还要向政府发出急电，向上海市民和全国同胞发表我们的宣言，我们要以罢工为中华民族争得国格和江海关华员同仁的人格。”

紧接着是一场记者招待会。

有英国记者提问：“请问宋先生，江海关‘海关华员护关委员会’得到总税务司和江海关高层认可了吗?”

“江海关是中国海关的隶属机构，当然也是中国政府的行政机构，在中华民族面临屈辱的时候，江海关华人关员自发护关，维护国家主权和民族尊严，并不需要谁的认可。我们已经向政府发出了反对伪政权接收江海关、反对悬挂伪旗帜的宣言，以及要求政府支持华员护关行动的快邮电报。我们相信，江海关华员的正义行动一定会获得政府和全体国民的支持和帮助。”

一位记者提问：“我是《申报》记者，这次罢工想要达到什么目的？”

“我们罢工的目的很清楚，就是坚决抵制日伪接收江海关。日本侵我中华，还要掠夺中国的税收来增加他们侵华的实力，他们扶持的汉奸政权为虎作伥，海关华员还能袖手旁观吗？”

记者席爆发一片掌声。

福田也佩戴记者证坐在一边，他没有提问，只是冷眼观望，似乎是一个局外人，又似乎在想着什么。

林一桐向记者散发罢工宣言和传单。

宋镇水继续说：“我们可以预言，江海关华员的这次罢工将会受到一切有良知的中国人和国际社会正义人士的广泛关注，日本侵略者肆意掠夺中国关税的阴谋绝不会轻易得逞。所有中国人都有责任站出来阻止这种卑劣的侵略行为。”

镁光灯频频闪起。

第二天，《申报》以“江海关华员义举，全国民众声援”为题赫然刊在头条，成为当天的最大新闻。《新华日报》在罢工当日刊登罢工宣言，并连发专稿声援。伪政府的旗帜并未按原计划挂上江海关大楼。

三

安藤与福田紧急商讨应对江海关罢工。

福田手里拿着几张报纸说：“老师，江海关的罢工行动已经受到支那和国际各方关注。您看，香港和欧美重要口岸的报纸都已经作了报道，影响极大。不要太多时间，全世界都会知道这个消息。上海是有国际影响的城市，一旦引起国际社会的反应，我们该如何应对？”

安藤似乎并没有在意福田的焦急，他自言自语：“那天我在外白渡桥上目睹了这一幕，我忽然感到震惊，我没有想到，在上海这个优渥的特大城市，支那政府机关职员竟敢对大日本帝国采取如此激烈的行动。福田君，你别忘了，上海虽然是国际城市，但还是被大日本帝国占领的城市。”

“老师，您是说我们应该有所行动？”

“你说呢？”安藤的眼睛盯着福田。

“老师，我这就去布置。”

“要快。要让支那人知道，上海是在大日本帝国的控制之下。还要让支那人知道，大日本帝国并不在意世界舆论，日本关注的是既定策略的实现。不管怎么说，江海关日籍关员日趋增多，难道他们不可以有所作为吗？嗯?”

“老师，我明白了。”

罢工后第三天，林一桐在汇山码头被日本宪兵抓捕。同日，一名华员帮办在江海关办公室被带走。宋镇水急切要求罗福德营救。

日军上海宪兵司令部。

林一桐就被扣在这里。

佐佐木作为证人被带进来，一名宪兵少佐问他：“吉田先生，你认识这个人吗?”

佐佐木点头哈腰：“是的先生，我认识。他就是那天在汇山码头抢夺我们东西的那个关警。”

林一桐瞪了他一眼：“你这个走私的强盗，竟敢信口雌黄。”

宪兵少佐呵斥林一桐：“我没问你。你别以为你是海关关警就可以动日本人的东西。像你这种人，就得先给你点儿厉害尝尝。吉田先生，我把这家伙交给你了。”

佐佐木点着头，捋起袖子，像个拳师那样摩拳擦掌，扭动手腕，就朝林一桐冲过来。少佐见这情形就忍不住笑。林一桐因为被绑着，完全被动，见佐佐木冲过来，只能低头相迎。佐佐木对着林一桐的头就是几拳，林一桐被打蒙了。他还想继续打，少佐忽然“嗯”了一声，佐佐木停下手来，看着他说：“少佐，你不是说把他交给我了吗?”

“是的，但是现在，我又改主意了。”少佐说。佐佐木眨着眼睛一脸不解。

“你看，这个人打一下就昏过去了，太不禁打。我担心你会把他打死。”

“打死又怎么样？一个支那人。”

“唔，不能打死。你要知道，这个支那人的上司是英国人。”

“哼，英国人，英国人还敢对大日本帝国说三道四吗?”佐佐木大声嚷嚷起来。

门外突然一片嘈杂。一会儿，一个士兵进来报告：“报告少佐，外面有人求见。”

“什么人?”

士兵递上两张名片，少佐接过，念出声来：“江海关税务司罗福德，江海关常务税务司小山羽田。哦，一位英国绅士，一位是我的同胞。嗯，让他们进来。”

罗福德和小山羽田走了进来。宪兵少佐立即恢复了严肃，做了个请坐的手势。

罗福德和小山羽田看着他，似乎视而不见。

罗福德看了一眼小山羽田，小山羽田知道他的意思，于是用日语对少佐说：“少佐先生，我们今天来是向你要人的。”

少佐先是稍显惊讶，然后说：“那我想请问二位税务司先生，你们有什么理由呢?”

罗福德突然说：“这需要理由吗？你们宪兵抓错了人。”

少佐没听明白，就把头转向小山羽田，小山说：“罗福德税务司的意思是说，你们没理由抓他。”

“税务司先生，我来说说我的理由。这个支那人，也就是你的属下，煽动反日，还曾经袭击日本商人，无故扣押他们的财产。这些理由足够成为他的罪状了。”

罗福德说：“据我所知，作为江海关关警，他是履行自己的正当义务。至于所谓的煽动反日，那是他的个人主张，我无权干涉。但这并不能成为被宪兵无故拘留的理由。再说，海关是中立机构，不受军方干涉，你们这样做是与国际条约相悖的。”

少佐说：“他的言行危害了大日本帝国的利益，当然应该拘捕。”

罗福德向少佐投去轻蔑的一瞥，对小山羽田说：“小山税务司，你的这位同胞很无知，而我有义务保护我的属下人身权利不受非法侵犯，看来我们只能去找日本驻沪领事交涉了。”

小山羽田对罗福德说：“税务司请不要生气，我再跟少佐谈谈，相信他会明白其中的事理。”

少佐看着小山羽田，轻蔑地说：“先生，我有必要提醒你，你应该明白自己的身份。”

“谢谢你的提醒，少佐先生。我的身份是江海关常务税务司，我在这里代表江海关，不是日本国民。你明白吗?”他意味深长地看了少佐一眼，少佐眼珠子转了一下：“那好，我今天就看两位税务司的面子把这个家伙交给你们回去训诫，但是我有一个条件。”

“请少佐明说。”

“如果他再次因为反日行为出现在我的宪兵队，我不会再让你们见到他了。”

罗福德突然暴怒起来，对着少佐说：“少佐先生，你知道你在说什么吗？这是对本税务司的威胁。我要去见你们的驻沪领事。告辞。”说着，头也不回地走了，小山见状，赶忙紧跟着出来。

少佐阴笑着，用下巴点了点林一桐，对手下说："放人。给我们的小山税务司一点儿面子。"

佐佐木在一旁不高兴了："少佐，就这么放了？"

"是啊，放了，你的气也出了，还想怎么样？"

看佐佐木气哼哼的样子，少佐笑了："别急，有你报仇的时候。"

小山羽田激烈地要求开除林一桐，但罗福德不同意，说为了他今后的安全，要把他调往云南腾冲关。

小山羽田说："这样的人留在海关，后患无穷。我们已经尽到责任，开除他，是为以绝后患，今后他干什么，与江海关无关。"

罗福德说："你想过吗，开除他之后他将如何生活？如果他丢掉了一份体面的工作，不是更会成为社会危险分子吗？"罗福德明白小山是在挑战他在江海关的权威，先前他已被宪兵队的秘密逮捕行为激怒，他不容这个日籍税务司对他说三道四。他知道华人关员对维新政府的海关监督和日籍税务司本就心存不满，他何尝不是如此。所以，只要他没被免去江海关税务司一职，就必须强调自己的权威。所以他边说边签署了调令，其实这样做完全是迫于无奈，也是他能保护林一桐的最佳办法。他快速写道：即日起，调林一桐去腾冲关。

小山羽田见无可挽回，就说："既然如此，宋镇水等人也要调离。"

罗福德问："为什么？"

小山羽田说："罢工不就是他组织的吗？为什么他不调离？"

罗福德说："我尊敬的小山先生，我知道你对宋镇水有看法，但我跟你说，这个关警队长宋镇水不是那么好调教的。我留下他跟他组织罢工毫无关系，而是我非常欣赏他的勇气和责任感。小山税务司，请你记住，我服务的是中国合法政府并忠于他们，我不喜欢维新政府派来的那个海关监督。这一点我曾经在华人关员中明确表示过。"

这番话当然让小山羽田很不高兴，但他只能在喉咙口噎着。他很后悔自己这个提问让这个早就对日本满腹牢骚的英国佬，还是他妈的上司，找到了发泄的机会。他刚由文案税务司升到常务税务司，但又能对这个资格比他年龄还老的英国佬说什么呢。他还不敢在罗福德这儿放肆，至少现在还不能。但是，对这个林一桐如果不能杀一儆百，今后他在江海关的地位还能镇得住吗？他已经通过福田与安藤接上了头，虽然他并不直接接受安藤的指令，但除掉林一桐是他们共同的想法，所以他不会甘心就此罢手。明里不敢对罗福德放肆，暗中还不能吗？

林一桐在前往腾冲海关途中被日本宪兵暗杀。

嘤嘤乌鸣

张　蓉

单身有个好处，就是可以意淫各种合你胃口的男人，比如那个愈老愈帅还常常能走到狗屎运的上司张莫染，比如那个看上去闷闷的却能把一件平常的衣服做出个花的裁缝戴维。可是谁料到这两位居然会有交集，而且是张莫染这个坏人要介绍戴维做我的朋友。更为悲催的是，戴维居然同意。这让我惊愕之余，心头本来那点暧昧云烟消散了。

对了，这里我得解释一下朋友这个词。沪语中这个词极端多义，第一种当然是全中国都广泛使用的那种，扩充一下便是狐朋狗友。第二种是男女朋友，也就是普通话语境中的对象。第三种纯粹出于叙述的需要，比如卖豆腐的可能会被称作豆腐朋友，吸白粉的可能会被称作白粉朋友。第四种情况，陌生人也可以被称作朋友，比如你到店里买东西，开价二百元的，你硬要还价到八十元，老板就会说："朋友侬帮帮忙好，八十元卖给侬，我该喝西北风了。"揶揄愠恼的意思都在里面了。第五种朋友的含义稍稍有点专业，它的另外一种称谓叫作线人。

张莫染一开始说要给我介绍朋友，我还以为他终于觉得我嫁不出去有碍刑队的观瞻或者说他这个上司也有责任。本人不才亦不淑，现如今三十四岁生日已过，还没有把自己成功嫁出去。都说三十五岁是道坎，过了这道坎，就齐天大圣了，我当然不甘心束手待毙。可听到他接下来说中午一起去吃黑鱼饭时，我就知道完了，一定是最后一种意义上的朋友。这种朋友，我们一线办案的侦查员每个人手上都有那么几个。不知道其他人怎么想，我从心里对这种人是鄙视的，一个靠出卖换取金钱的人，能是什么好的货色？尽管被出卖的那一方一样不是什么好货色，尽管他们在客观上是帮警方破案，尽管我直接或间接受益。如果这个时候我就知道张莫染要介绍的朋友是戴维，我会想尽各种办法找出各种理由坚决辞掉这顿黑鱼宴的。

我和戴维，其实仅仅是顾客和裁缝之间的关系，要说有点特殊的话，只是比一般的顾客和裁缝之间的关系多了卡布奇诺上面那一层没用的泡沫。你知道，当你想要什么样的衣服，一个人能把你的想法用恰当的布料、裁剪和做工表达出来，有时候甚至表达得比你想象的还要好，或者当你在特卖会上买来一件并不是你的尺寸但非常能满足你虚荣心的大牌后，他能帮你把它缩小或者扩大成正正好是你的尺寸。还有，更为关键的是，你试穿好之后，他帮你拽拽袖口，拉拉肩头，然后亮着漆黑的眼乌珠认真地看着你，真心夸赞你，使你走出去之后能够得到更多人有声或无声的夸赞。他和你的所有交往，虽说并没有超出裁缝和客人的范畴，但又是这样让你心生期待。这种情况下，是不是，你会觉得这个人在你的生活中有着相当重要的地位？可就是这样一个人，现在要转换身份，做你的线人，你买他卖，你拿真金白银，他为了这些真金白银出卖某个人对他的信任。我不相信这事是他自愿干的，莫非是张莫染这家伙使了什么诡计？

张莫染这个人你很难定义他。首先是身份，刚到刑队时他是我师父，后来升任我的队长，当了队长之后因为动手打了一个满嘴喷粪的家伙被免了职，成了刚刚升任队长的我的下级（在男人堆里做队长，你是不是会把我想象成一个女汉子？不过如果你见过我，尤其是见过穿上戴维做的衣服的那个我，你一定会改变这个看法），两年后官复原职，成了和我平级的同僚。同僚了没多久，提任了分管我这个队的副支队长。其次是人品。张莫染这个人，用他自己的话来说，经常人品爆发，但在别人看来，却是总能走到狗屎运。河里捞出一段人的躯干，无包无裹，无头无四肢，根据法医推断出的年龄段和死亡时间，多名侦查员撒出去走访多日，没有一星一点进展。他返身回去久久盯着那段可怜的躯体，终于在尸身的大腿根边缘处发现一小块半月形皮肤有异样，叫来法医，法医说应该是褥疮，这下子走访的范围就有了巨大的缩小，被害人的身份很快明确了。这种案子，被害人身份一旦明确，案子就等于破了。还有一个街面抢劫案，监控里明明看到劫匪跑过红绿灯，镜头再转过去，人却说什么都没有了，有同伙开车接应？还是土行孙一样钻进了下水道？张莫染反复看这段录像，终于看出了端倪，有辆出租车右转过来的时候空车灯是亮的，转好之后灯灭了，灯亮灯灭的这个点恰恰就是劫匪穿过红绿灯的时间，莫非这家伙上了这辆出租车？去出租汽车公司查，果然有了答案……每一次狗屎运，都能给他带来好处，或者表彰，或者升职。好在中间被免过一次，跌了一次跟头，否则眼红的人多了去了。狗屎运走不到的时候，他便会打我们这些下属的主意，其标志是请你吃黑鱼饭。他请谁吃黑鱼饭，谁就是目标。他请你，意味着你摊上事了，而且是把万能的他也能送进死胡同的事。所以，他那黑鱼饭，在我们看来，比鸿门宴还鸿门宴，人家最少七八碗肉，他就一道菜，咸菜黑鱼。

我知道他最近比较烦，手里连续两个案子没破掉，一个是入室盗窃，一个是上门抢劫杀人。两个案子被害的是同一户人家，前后仅仅间隔了四十天。这户人家是做水产生意的，住在一个老式小区，一个楼面两套房子他们全部买下来，敲掉隔墙，有近两百平方米。夫妻两个比较高调，出门一人一部宝马，女的恨不得给每根手指都戴上戒指，男的脖子上的金项链真跟自行车链条差不多粗。第一个案子门窗都好好的，现场没有任何痕迹，被偷掉六根大黄鱼。当时作案对象框在亲戚、熟人、前房主或者锁匠等有条件接触到他家钥匙的人里面，可是没有结果。范围扩大到男主人的老酒朋友和女主人的麻将朋友里面，还是没有结果。谁知到了第四十天，还是这户人家，门窗依旧好好的，夫妻两个被杀死在家里，凶器就扔在现场，家里所有的箱子柜子都被翻了个底朝天，三件和田玉雕的玉器不见了。夫妻俩正在上高中的儿子住校，捡了条命，否则，还真被灭了门。和第一个案子一样，现场依然没有任何痕迹，小区监控也没任何异常。我猜这两个案子应该是这顿黑鱼宴的由头，好吧，谁叫你是我的上司呢。公安局就这德行，谁官大谁说了算。

这家卖黑鱼饭的店很有意思，只烧一个菜，咸菜黑鱼，一个人一小盘，二十五块，两个人一大盘，五十块，依此类推。汤也只有一个，榨菜豆腐汤，饭和汤免费。这家店一天烧多少盘黑鱼是有数的，烧完了再来了客人，朋友，对不起，明天请早。咸菜黑鱼里的咸菜据说是腌一天晒一天，反复多少个回合，所以上口特别有嚼头。黑鱼是野生的，肉极鲜嫩，烧的时候再根据客人对辣的忍受度加若干红的干辣椒，咸，鲜，嫩，辣，倘是师傅手下留情，多给几个鱼下巴，你算是吃到天物了。

打开车门，咸菜黑鱼那个味道就扑了过来，我闭上眼睛翕动鼻翼，然后踩着张莫染的节奏走过去。张莫染你要见过的话，一定会觉得我的意淫不是没有道理的。寸发，刀刻一样的脸部线条，刚毅的眼神，高岸的身材，尤其是穿上一件藏蓝色的军装款过膝风衣，就算因为腿受过伤走起路来一点一闪，你也会觉得这难以觉察的点闪，也是给他加分的。可惜罗敷尚无夫，使君已有妇。他奶奶的。

进得店来，我发现等着我和张莫染的居然是戴维时，整个人都感觉不好了。难道这个戴维除了裁缝的一面，还有见不得人的另一面？要知道，做线人，你得混在烂污里面，甚至，你自己得是烂污本身。再看他的样子，倒也镇定。我不知道该不该告诉张莫染我其实是认识他即将介绍给我的这个朋友的，于是只管埋下头去吃。

认识戴维实在太偶然。一次我一个人逛到一条小弄堂，偶一抬头，看见一幢洋房铁铸的栅栏上挂了块木头牌子，上面是英文，DAVID'S TAILER，下面是中文，戴维裁缝店，中间是个老式的缝纫机头，然后有只手指向院内。顺着手指的方向，在这幢洋房的亭子间里我找到了裁缝店。

还没进门，就听得出里面的声响，缝纫机的嗒嗒声和音乐声。敲门进去，主人正坐在缝纫机后面嗒嗒嗒踩着。阳光从窗子里进来，给他的侧脸和肩头洒上金晖，正在放的是安迪·威廉姆斯的歌。见有人进来，裁缝师傅抬起头，问有什么要帮忙吗。我说打扰了，只是随便看看。他眯着眼睛笑笑说请便，然后又开始低下头继续嗒嗒嗒踩着缝纫机。

缝纫机靠窗放着，和缝纫机垂直的是一张巨大的工作台，相邻的两面墙上，整齐地挂满了衣物。门的这侧靠墙，立着一排书架，有时装书，更多的是文学书和历史书，还有一本英文版的圣经，圣经扉页上签着一个龙飞凤舞的英文名，DAVID。墙上空出的地方张贴了一些时装的素描。

我说，戴维是您吗？他点点头，并无多的话。我问他改衣服吗？他说可以改的，不过价钱会比较高。我说，比如呢。他指指门后面，门后面是一面穿衣镜，镜子上面是一块木板，木板上有跟前面铁栅栏上挂的店招一个风格的文字和图案，然后是价钱，中英文对照的。大衣三百元，套装二百元，半身裙、衬衣、西装一百元。是有点高的。我自言自语道。他不再答话，只是低头嗒嗒嗒踩着缝纫机。

我查看那些挂着的衣服，哪些是改过的哪些没有改过的居然分辨不出，他停下来站起身子，指点给我看。在我提出要试穿时，他没有同意，皱着眼角笑着说这些衣服都是私人物品，不方便旁的人试穿。

我才发现他是个非典型裁缝。看不出年纪，可能三十几岁，也可能五十岁；脖子上没挂软尺，没有一般裁缝皮肤那种常年捂在室内的病态的白，手指修剪得极为干净，自己身上的衣服也一点都不马虎，连袖口的小扣子都仔细地扣好，说话的时候，漆黑的眼乌珠认真看着你；要帮你扣你扣不到的扣子、拉拉不到的拉链时，他会先从口袋里拿出手帕，仔细地擦擦手。书架上一本一本时装书也没有千人万人翻过的软塌，倒像是把裁缝当作一门学问来研究的人。

我有件藏蓝色的羊绒大衣，挺大一个大牌，换季的时候一折买的，一千块多一点，是个L码。穿上去用老妈的话来说像是借人家的，我没话说，老妈便得寸进尺批判我的贪便宜思想，我也只好不响。我拿给戴维的第一件要改的衣服，就是这件大衣。等我取的时候才知道三百元是多么值，整个小了一圈，但衣服的神韵都在。连线也像是大衣原来的线，我感叹说。他淡淡一笑，眼角皱起细小的皱纹，转身从橱里拿出一顶藏蓝色的帽子。帽身是拼起来的，有点像以前的西瓜皮帽，外缘一圈是一朵一朵同色的玫瑰连缀成的。他示意我戴上。天哪，帽子和大衣极相配，尤其是外缘一圈玫瑰，贴在额头和耳边，说不出的端庄和妩媚。我边欣赏镜中的自己，边想这个裁缝倒挺谙熟推销术的，于是问他，这帽子多少钱？他又淡淡一笑说，不要钱，本来就是你的。我的？我疑惑中把帽子拿下来仔细看，原来真的是用大衣裁下来的边角料做的。可着细长的料，他卷了些玫瑰花，一针一针用手缝上去。我说，料是我的，但工钱一定要给。他说，非你要求所做，你不该付钱，戴着吧。我喜滋滋地复又穿好大衣戴好帽子。加上后来几件衣服做过改过之后，我开始感叹自己当时竟然有眼力找到这么好一个裁缝，很是得意，也对他产生了好奇：他怎么会和写字楼里那些假洋鬼子一样也有英文名？他的手艺为什么这么好？他为什么甘心做一个裁缝？他有着怎样的过往？

咸菜黑鱼和两碗白米饭下肚，我终于再也吃不下去了，便放下筷子，盯着桌边上一只正在悠闲地搓着双脚的苍蝇，等着张莫染说话。

张莫染摸出香烟，请戴维抽，戴维皱起好看的眼角微笑着拒绝了。张莫染自己点起一根，深深地吸了一口，然后说，戴先生，多的话我不说了，感谢你肯帮我们。以后，就由这位美女队长和你单线联系，有什么情况随时报告她。你为我们公安局做这件事，只有你、我和她三个人知道，你的安全我们会保证的。

戴维说，好的，谢谢。不过对不起，我不姓戴。

张莫染笑着说，哦，那当然。说着，他夹着香烟的手指拿出几张纸让戴维签，戴维不易觉察地扫了我一眼，然后签了字。收好他签字的纸，张莫染接着说，事成之后，你的十万元酬劳，我们财务部门会打到你指定的账户上。然后转过来对我说，你，也要主动关心戴先生，戴先生有什么困难，你要想办法帮助解决。

难怪，十万元，得嗒嗒嗒踩多久缝纫机？我忍不住鄙夷地扫了他一眼，不再说话。

回到办公室，张莫染扔了一沓材料给我，是戴维的。原来他的真名叫林大伟，二十五岁的时候捅死过人坐了十年牢。当时他一个人在店里，有个人极慌张地跑进来，冲进他那一堆衣服中藏了进去，他起身去看，谁知接着又冲进来一个人，手上拿了把明晃晃的刀。他正裁衣服，裁缝专用的那种长柄剪刀拿在手上，这个后来跑进来的人以为林大伟要杀他，便拿起刀刺向他。两个人一番搏斗，拿刀的那个家伙倒了下去。他再找那个先前跑进来的人，早就不知道哪里去了。倒下去的人后来死在医院里，林大伟被判了十年。那个先前逃进他裁缝店的人，认为戴维不仅为他除掉了仇敌，救了他的命，还为他吃了十年官司，所以在戴维出狱时率众兄弟为他压惊，当着众兄弟的面和戴维歃血为盟桃园结义。至于戴维这个英文名的由来，是他服刑的时候狱警见他心气平和，不像个杀人犯，倒像个谦谦君子，就把他和几个外国人关在一起。十年里，他学了一口流利的英文，也皈依了天主教，教名戴维。资料还介绍了林大伟在这幢洋房里开裁缝店的缘由。他祖母年轻时是这幢洋房主人家的住家裁缝，没有结婚便生下他母亲；他母亲在这幢洋房长大，后来嫁给一个在中学里当语文老师的返城知青。他出生后不久，返城知青带着学生秋游时遭遇车祸去世，母亲带着他回到洋房，跟着祖母学习做裁缝。洋房主人家的孙辈里没有男孩子，有心让这个外孙子归宗。所以他从小到大一直都受到了很好的教育，他高考的分数可以读上海很顶尖的几所大学，但他选择了纺织学院读服装设计，毕业后也不愿意出去找工作，就跟着外祖母学习裁缝手艺。他捅死了人被判了刑，外祖母一口气没上来就去了，母亲患了恶性的毛病，没等到他出狱也去了。洋房主人的孙辈也就是他的表姐妹都移居外国，走的时候留下话，说亭子间和后楼一间大房间归戴维，其他房间由戴维负责出租。这样，戴维就继承了外祖母的裁缝店，也就成为了这幢洋房的代理主人。如果是这样，他不用买房子，也没有家人需要供养，裁缝这个手艺足以让他衣食无忧，他要那么多钱做什么？如果他真心信天主，天主教有十诫，不杀人不害人不贪图他人钱财，他这个教徒做到了吗？莫非人真的都是贪的、嗔的、痴的。谁也别去考验谁，考验谁就是毁谁。要毁让别人去毁吧，饶了我吧。

想到这里，我去了张莫染办公室，二兮兮地质问他，你不能仗着自己帅，是上司，就胡乱拉郎配，这个人跟我有毛关系，让我做他的朋友？

张莫染高深莫测地笑笑，拿起一把指甲刀，锉起了指甲，边锉边说，你那件藏蓝色的羊绒大衣好像变合适了吗？那顶一圈花的文艺兮兮的小帽子，是变魔术变出来的吧？

有个聪明而且总比你高上一筹的上司真可怕，我不响。张莫染吹吹指尖的末屑，继续说，我忍你很久了，尽量保护你那点小调调自由生长，这不没辙了，才请你出马的嘛。黑鱼饭，二十五一个人，你们两个花了我整整五十个大洋，你当我钱多了烧的？

我继续不响，心里却愤得不得了。凭什么，研究我的私生活？不过想想戴维也算不上是我的私生活，气便泄了些。只听见他继续说，说好了，这两个案子要能拿下来，我给你请功，你做这个小队长也多年了，该动一动了。

唉，男人总以为女人跟他们一样，醉心于仕途。我倒宁愿先把自己嫁出去。不过，想想还是男人比女人可怜，他们华山一条路，成了就是成了，败了就是败了。不像女人，进则职场，退则自家的安乐窝，没人会说你没出息。

见我还是不响，张莫染接着坏坏地笑着对我说，我说我们俩的关系不一般，你就不能牺牲一下色相帮帮我？这个戴维，我研究过了，唯有对你，做你的朋友，他肯的。鬼知道你怎么搞定他的。接下来，张莫染换上了一副正经面孔继续说，资料你也看了，就是第一个跑进戴维裁缝店的人，我怀疑这两个案子他是主谋，但没有证据啊，妞。这朋友江湖人称头狼，偷、抢样样干，性格凶残，手段利落，不留痕迹。这个头狼，只认可一个人，信任一个人，就是戴维。他认为戴维是他的恩人，也是他的贵人，更重要的是，戴维比他身边那些乌七八糟的人都靠谱，说不定啊，我是说说不定，会给他透露或者托付一些私密的甚至性命交关的事情。人啊，没有不需要倾诉的。所以这个戴维，你得好好把他用起来。说完，张莫染幅度很大地点点头，以示语气的加重。

再去戴维的裁缝店。对于转变身份之后的这第一次会面，我心里说不出的不舒服。他却像什么都没有发生过似的，指着工作台上一个用红红绿绿的碎布做的花环说，有情况要报告的话，我会把花环挂在店招上。哼，有意思，我是好这个小调调，那得看什么情况、和谁。什么时代了，手机呢？我心里说，但没说出来。现在他是我的线人，和他交往是我的工作，得由着他，自己的那点小性子哪凉快哪晾着去。卡布奇诺上面那层无用的泡沫，根本就是自己臆想出来的。他用大衣下脚料做成的帽子，他的那些眼神和动作，不过是一层温情脉脉的面纱，要遮掩的，还是裁缝和客人之间的交换关系，和他答应做我线人的性质没有任何两样。

此后，我每天路过的时候，都要特意看看那个店招。四天之后，我终于看见那个花花绿绿的布做的花环，便马上上楼。戴维悠悠地踩完正在踩的一条线后，起身从放衣料的橱里拿出几样东西给我看，说是头狼交给他保管的。

我接过一看，眼睛顿时亮了。是一块金砖和三样玉器。金砖看样子是在小的打金店里熔掉后潦草地铸在一起的，边角很是粗糙，本来的铭文当然不会有了。玉器正是水产店老板家的，照片我们上案子的侦查员人手一份，长什么样子背都能背出来。我发信息给张莫染，张莫染连续发了三个跷着的大拇指给我，又告诉我说金砖算了，玉器最好能拿回来看看，鉴定一下。

我把张莫染的意思说给戴维听，戴维犹豫了一下答应了。可是那些东西刚刚包好放进我的驴包包里，只听得有人进了门，我没有回头，装作在那些完工的衣服里找自己的衣服。那人脚步很重，呼吸很粗，一进门就把一样东西扔在台子上，大声嚷嚷，戴维侬娘娘腔啊，好好一个店招，挂个这破玩意干什么？

听这语气，应该是头狼。我心里一惊，怕他要看那些东西，戴维拿不出，麻烦就大了。于是，我装作找到了自己的衣服，对戴维说，老板，我试试，麻烦您和这位先生回避一下。

戴维摊摊手，示意来人和他一起到走廊里站站。两个人一出去，我赶忙把那几样东西放进橱里，然后换上了一件不知道是谁的连衣裙。

打开门，戴维看了我一眼，我用眼神回答了他，然后开始抱怨裙子这里太长那里太宽。戴维说对不起，你换下来我给你修改。谁知这个时候一个金发碧眼的外国女人进门了，看到我便满眼狐疑地上下打量了一番，然后开口了，说的是英文，问戴维她的衣服做好了吗。我知道坏了，我身上这件裙子有可能是这女人的。如果穿帮了，那个男人会不会……

这个时候，我听见戴维说，用的也是英文。哦，小姐您那件，我送去做整烫了，下午才能拿到。女人继续满眼狐疑地扫着我说，整烫？戴维说，对的，你们英格兰的面料全球顶尖，我这里的熨斗烫不出效果，送到专门的店里去烫了。说着，他走近我，指着我身上的衣服继续用英文说，这位小姐身上的这件，是拷贝你那件的，但面料不如你的，你那件，比这件要好很多。女人的目光这才柔和起来，甚至伸出和她金发碧眼形成强烈反差的兰花指划拉了一下戴维，嘟着嘴说，你呀，以后再不许帮别人拷我的衣服样式，我请你做，就是想成为那个唯一。那说好了，我下午再来。说完，替戴维拿掉了后肩上一个线头，不屑的样子扫了我一眼，幅度很大地走掉了。

我暗暗松了一口气，赶忙再次请两个男人出去换回自己的衣服后逃出门去。刚出门，我就听见男人对戴维说，那几样东西有大老板感兴趣，想看看……果然哦，一身冷汗，腿都软了。

这个情况回去我一一报告给了张莫染。谁知张莫染说，你笨死了，东西拿不回来，难道不知道拍几张照片？有照片，局长再问起来，我不至于还是两手一摊。这话听得我挺委屈，我已经很努力了好吧，刚刚那阵势，不是我小脑筋不那么死板，还不知道会发生什么事。但转眼一想算了，他是你上司，跟他讲什么道理？他接着说，你接下来，一是想办法拿到东西回来给技术人员鉴定，最最起码要拍到照片；另外告诉戴维，下次和头狼聊天时，试着提一句水产店老板夫妇被杀的事，观察他有什么反应。

店招上不再会有布做的花环，我便提着二十几岁时候买的一条快要拖到地上的波西米亚风裙子找他改改短。听了我的指示，他说，三样玉器头狼已经带走给下家看了，金砖还在，要拍到玉器的照片，还得再想办法。随后便默不作声地拿出软尺，给我量尺寸，在我的旧裙子上画线，裁剪，然后用一根长针仔细地挑原来裙边上的线，挑出的线一条一条搭在工作台上，然后再缠到线圈上。怪不得那件藏蓝色的大衣改得那么妥帖，原来连缝制的线都是这么来的。我坐在他对面，用手指钩起他挑出的线，照着他先前的样子缠在线圈上。窗外大雨如注，连近在咫尺的树和楼房都看不清，坐在窗里，竟如坐在孤舟之中。屋内悄无声息。如果没有做朋友、做线人、做买卖这些事，也许心头原先那个旖旎的梦还可以再做得久一些。

熨烫好之后，他主动出门，留我在屋内试穿。排除那些乱七八糟的想法，纯粹从技术层面上讲，戴维的手艺真的是可圈可点的。等我站在镜前感叹他的鬼斧神工时，有人敲门，打开，是个陌生男子，手上一把滴着水的雨伞，相貌说不上难看，猥琐却显而易见地镶嵌在每一块肌肉里。他说，咦，戴……戴维不……不在？

哦，林先生应该在附近，我帮您去喊他。我说。

不……用了，我……我进来等他。小姐是……戴……戴维的朋友？这家伙尽管嘴巴不利索，那眼神可是不安生，朝我胸前一瞟一瞟的。

戴维会交这种朋友？不过，人也说不准，他自己相貌堂堂，不是还为了钱愿意出卖朋友吗？看这家伙这副贱不死的样子，会不会是头狼那条线上的？从现场看，水产店老板家的活儿肯定不是一个人干的，如果眼前这家伙也参与过呢？于是我决定忍受并迎合他猥琐的目光，暗暗把领子朝下拉了拉，凑他近一些，用自己都听起来嗲得要死的声音说，不过是常来做衣服的客人，朋友算不上。先生您呢？

我……我……和戴……戴维是朋友，铁……铁打的朋友，白……白……白茅岭下……来的。说这话的时候他拍拍胸脯，相当自豪的样子。

哦？我假装吃惊的样子，白茅岭？白茅岭上下来的，可都是模子。我看了眼穿衣镜中的自己，事业线露在外面，脸上居然会表现出了痴头怪脑的表情。

那……那……当然。这人唾沫开始飞起来了。他神秘加猥琐的样子凑近我，眼睛一瞟一瞟地看着我胸前，我一阵恶心，但还是忍住，继续装作崇拜的样子迎着他的目光看过去。

知……知道虹……虹口乍浦路吧，狼哥我……我们……说着，大概是因为嘴巴上实在忙不过来，他手朝脖子上快速一抹，正要比画下去的时候，门开了，是戴维。他温和地问我，小姐，您的裙子合适吗？我说，合适的，谢谢你，林先生。他说，那还有什么需要我做的吗？他这是送客的意思。他和这个结巴有事情要谈，不希望我知道。好啊，不让我知道，我还真想知道。我趁着把裙子装进袋子里的机会悄悄摸出一部手机拨通自己另外一部手机，然后揿好免提和录音两个键，把手机顺手藏在一本时装书里面，便告辞出来。

结巴说头狼让他来拿金砖，戴维说头狼没有什么金砖放在这里，结巴说我们兄弟拼命弄来的东西，你没出力气凭什么拿着？戴维说拼什么命，哪有那么严重？结巴说当然了，死了两个人的事情还不拼命？戴维应该是装出来的，惊讶地问，死人了？结巴说那一对夫妻两个守财奴，要钱不要命，既然是这样，死了活该……

虽说一结一巴地听起来让人着实发急，但这些无疑证实了张莫染的推理。在我正要听下去时，突然一声巨响，是结巴的声音，戴……戴维，这……里怎……怎么会……有一部手……手机？

坏了。不过，我知道手机通话这么长时间，屏幕一定是暗的，挂断的瞬间会亮，而且我如果立刻打进去的话，后面的亮可以冒充前面的亮。于是我迅速挂掉，迅速再打进去，响了好一会儿，有人接起来了。是戴维的声音，我说，对不起，好像把手机落在你店里了，方便过来拿吗？戴维很冷淡的声音说，对不起，我马上要离开店里了，请改天来拿吧。他如果翻一下通话记录，一定知道我玩的把戏了，这样，除了先前的不屑，现在又加上了不信任。很悖论啊，大学里上这门课时，教官说，侦查员和线人之间，首要的是信任。开玩笑，你是猫他是鼠，他混在其他鼠中间，把探听到的、看到的别的鼠干的坏事告诉你，你给他钱，还要提防他玩小花样或者黑白通吃，却说首要的是信任……

我飞奔着回去向张莫染报告这个情况。张莫染沉吟许久，说，还是那句话，证据呢？检察院和法院相信的是证据。没有证据我们怎么抓他，还得怎么放他。你说金砖是水产店老板家的六根大黄鱼熔在一起的，你怎么证明？手机里那段录音，根本就没说清楚，证据力太差，现场没有痕迹，凶器丢在现场……他奶奶的……

息怒，大人息怒，是小的办事不力，小的跟大人请罪。我逗他。

那你说说，这罪怎么请？他居然蹬鼻子上脸。

走，先去吃黑鱼饭，我请客，吃的时候再告诉你。我说。

这还差不多。张莫染装作很受用的样子从椅背上拿起他那件招牌风衣就往外走。

两个人坐在桌前，黑鱼和咸菜的味道直往鼻子里钻。我殷勤地挑出个鱼下巴，放在张莫染的白米饭上。

张莫染说，这个小马屁就算了，要拍拍个大马屁。说着，把鱼下巴还到我的白米饭上。

我说，小的大的都要拍，问题是你要给我机会。

他说，给你机会？给你机会继续和那个裁缝朋友玩暧昧？

头儿，你这话什么意思？我发誓我只喜欢你。我挤眉弄眼逗他。其实，这个时候，我真正想说的是，我这个年纪的女人，加上自己警察这个身份，听到和看到的阴暗的东西实在是太多了，哪怕仅仅是对一个男人有好感也已经是件很难的事情了，和戴维好不容易才有的那层可怜的泡沫，还不是在你的辣手之下轻易就胎死腹中了？

张莫染继续蹬鼻子上脸。好，喜欢我可以，但是有代价的，帮我把这几件事情做掉……

然后呢？我继续逗他。

然后，下次黑鱼饭我买单。他狡黠地闪闪眼。

切。我不再和他贫嘴，低下头，正准备塞几块又嫩又弹又辣又鲜的黑鱼进去，却看见了自己的事业线，联想起那个在裁缝店看着我几乎要流口水的结巴，我突然有了主意。这家伙，结巴，还嘴巴大，又色，我得让他在这上面付出代价。

听了我的主意，张莫染半天没吭声。待到一根香烟抽完之后，他才说，妞呀……唉，罢了，舍不得孩子套不到狼，谁叫我这个做上司的无能呢。你一定注意安全，咱案子宁可不破……

屁话，谁不知道案子是你的命。当然这话只能在心里说，我也没傻到要拆穿自己的上司。

我和结巴的交集，只能在戴维的裁缝店，但我不能进去，于是选了马路对面一家咖啡店，点了最便宜的当日咖啡，坐在靠窗的位置。盯了几天，终于看见结巴远远走过来了，侧肩一个双肩包，里面鼓鼓的。时不我待，我冲出咖啡店，站在他要经过的路边，迅速调整好呼吸，低着头划拉手机。果然他路过的时候停下来了，眼睛扫我。机不可失，我抬起头，夸张地和他打招呼，你不是去过白茅岭的那位大哥吗？真巧。

他笑得眼睛都没了，两条难看的眉毛更是耷拉成了外八字，是……是……小妹，阿哥……请侬……吃……吃杯……杯咖……啡……

好呀。其实这家的咖啡我吃得快要吐出来了，但还是无比愉快地答应了。

进去，还是那个女服务生，她有点鄙夷地看了我一眼。是啊，露着事业线，坐了几天，只点最便宜的咖啡，这会儿只不过钓上了这么不靠谱的一个男人，心里肯定对我的职业、我的品位翻开了白眼。管不了那么多了。

点好咖啡，结巴的眼睛开始不安分了。我忍住恶心，假装崇拜的样子看着他，说，大哥派头这么大，一定是做大生意的。

结巴眉开眼笑，说，那当……当然。

小妹最近好无聊，又没钱买漂亮衣服，可不可以带带我，让我也发点小财？我发着嗲，两只手臂内拢，挤出更加深的事业线。

我们……这生……活，不是侬能……够……做呃。

那我可以做什么？压寨夫人可以吗？我挑逗他。

这家伙眼看口水要流出来了，喜眯眯地说，压……寨夫……夫人，好……好啊。说着，手就上来了。看着他黑黜黜的长满了毛的手臂，我鸡皮疙瘩倏地起来了，但我还是若无其事地继续挑逗他，那压寨夫人是有条件的，哥哥要给我买漂亮衣服，买驴包包……

什……什么……驴？

LV 呀，路易·威登呀。我格外伶牙俐齿地说。

哦，那……当然。说着这家伙一把打开了他随身的双肩包，拿出一个防尘袋，袋里一层一层的防潮纸，再打开，是尊玉菩萨。我眼睛顿时直了，正是前面我差点拿到的东西中的一个。我伸手过去要摸，谁知他一把缩了回去，说，这……可值……大价……价钱，卖了给侬……买漂……亮……衣裳……买驴……包包。说着，赤红着眼睛，又朝我胸前伸出了他毛茸茸的手臂。

我嘟着嘴，一个兰花指，拦住了他的手，说，这玉菩萨好漂亮，那我拍张照行吗？

行……行，还有……有更……值钱的。他索性把包里的东西都拿出来。一共三样。正是张莫染做梦都在想的东西。我大喜，连忙拍照。他则喜滋滋地凑过来，嘴巴里的臭气扑在我脸上。这个时候，他的电话响了，他赶紧接起来，说，狼……狼哥……是……马上就……到。挂掉电话，他依依不舍地又一瞟一瞟地看着我的前胸，说，侬的……电话……号码给我……东西卖了……以……以后，我们去……去买 LV，去外……外地白相……

我狂奔回办公室，给张莫染看那几张照片，张莫染激动地撸了撸我的后脑勺说，妞，你终于行了，有了这些照片……

就可以抓人了吧，我利索地接起他的话。

我的妞儿，你以为头狼是谁？单凭这个，只能定那个结巴窝赃，你信不信，头狼连窝赃的事都会把自己洗得清清爽爽。

那怎么办？难道现场真的一点痕迹都没有吗？我问。

有痕迹的话，就不是头狼了。张莫染站起来，在办公室急速地来回踱步，风衣在身后，绕成一个大的布蝴蝶，突然布蝴蝶在我身边停下来，只听他说，你有没有想过，水产店老板家的门到底是怎么开的？

两个案子门窗都好好的，要么软进门，要么有钥匙。可是盗窃案发在前，抢劫杀人案发在后。第一个案子发的时候，家里根本就没人，所以第一个软进门是可以排除掉的。第一个不是软进门，第二个他就更不需要软进门了，那就是有钥匙，用钥匙开的门。我想了想说。

分析得不错，问题是钥匙从哪里来。头狼他们是从哪里拿到的钥匙？还有，如果这把钥匙还在他身边呢？张莫染热切地盯着我问。

警惕如头狼，这么重要的物证，会吗？我说。

会不会得试试，我们没有别的办法了，只能试试。还是得靠戴维，让他想办法，把头狼的钥匙串上所有钥匙都拓个印拿回来比对。成了，我负责给他申请，赏金加三万。

我再次走进戴维的亭子间，里面正在放鲍勃·迪伦的歌：How many roads must a man walk down? Before they call him a man…The answer, my friend, is blowing in the wind. The answer is blowing in the wind. 这首歌在此刻像极了一个巨大的讽喻。一个为了钱出卖信任的男人，能够被称作男人的答案当然只能在风中。

我把张莫染的意思告诉他。但我没说加赏金的事。半晌无语之后他才淡淡地说，试试看吧，不过得加钱。我真的恨死他说的这句话了，你怎么会这么爱钱？你有那么缺钱吗？我心里这么想，但对他说的话却是，好的，我帮你申请。

多少？他看着我说。

尽量多，不过你也要尽量快。我面无表情地说，心想以后再也不找他做衣服了，一个如此贪财如此没有底线的人，做的衣服即使再漂亮，穿上去也他妈是又丑又臭的。

张莫染逼得急，我去戴维裁缝店又不能太频繁，省得在暗处的头狼他们察觉，只好装模作样拿着各种衣服或面料上门。随便什么式样，随便什么做工，我不再关心，反正以后不会穿的。是工作，就由不得自己的好恶。这样也好，排除了感情因素，大家都轻松。

两天之后，我提了件衣服正要敲门，里面有人推门出来，是头狼，穿了一身新的西装，精致的西装掩掉了他身上的暴戾之气，显得志得意满。他瞟了我一眼，下楼走了。

头狼走后，戴维告诉我，头狼要参加一个浴场的开业仪式，请他做套西装，试衣的时候，他用我给他的特制的泥，把头狼裤子口袋里所有的钥匙都拓了下来。

那些泥模子拿回去之后，刑科所的技术员却说没有一把是水产店老板家里的钥匙。其实也是意料之中的结果，但对张莫染的打击很是沉重，他困兽一样在办公室来回踱步，伤腿一点一闪得更厉害了。看着他这个样子，我心里竟对这个从来都强大的男人生出了怜惜之心。

再去裁缝店，戴维淡淡的，脸上看不出什么表情，只是嗒嗒嗒踩缝纫机。我坐在他对面，拿起斜插在线团上的一根细长的缝衣针，替他拆一条裙子上的线。我有求于他，得小心陪着他。

太阳渐渐斜了，房间里的光线越来越暗。敞开的窗户里走过一串走街串巷收旧货的铃铛声，不知谁家在煎带鱼，略带腥气的香味顺风飘了进来，戴维嗒嗒嗒的缝纫声终于停止了。他走到我身旁，拿出一样东西递给我。我认出是他的手绢，打开手绢，是一把系着红线绳的钥匙，银白色的钥匙边缘已经泛出了黄铜色。

我不解地抬头看着他，他说，拿去，有了这个，你的任务就可以完成了。听到他这话，我便明白这是哪里的钥匙了。他倒知道钥匙不能用手碰。但是，这钥匙从哪里来，戴维你能告诉我吗？我问他。

戴维眼角好看地皱起来，不过这回笑得有点凄冷和无奈。他说头狼请他去朋友的浴场洗澡的时候，他发现他贴身戴在头颈里有把钥匙，像吉祥物一样戴着，脱衣服的时候一起脱下来放在更衣箱里。回去之后他找了把样子差不多的钥匙，用红绳子系好，第二次两个人再一起洗澡的时候，趁头狼洗好澡躺着喝茶，他去更衣室换出来的。

那你……我有点口干舌燥，不知道该说什么。那你怎么知道这把钥匙是水产店老板家的？

这把钥匙跟我有关。顾不上我张大的嘴巴，他继续说，水产店的老板太太本来也是我的客人，有一次她试穿衣服的时候把钥匙落在我店里。她钥匙上有一只玉兔子、一只金的挖耳勺，她专门说过那只玉兔子是用一只镯子碎了的材料雕的，所以我认得的。打电话给她说，她说正不知道把钥匙丢在哪里呢。我随手把钥匙放在书架上那个放零钞的盘子里，正好头狼来玩，拿起老板娘的钥匙把玩上面的玉兔，还随口问我是哪里的钥匙，我说是一个客人的。水产店老板的太太来取钥匙，一如往常地披金戴银，脖颈里、手指上、手腕上都金灿灿的，头狼看见，眼睛里亮光一闪。老板太太拿好钥匙走后，头狼也随即告辞了。我听说水产店老板家的事情后，我猜想应该是头狼趁我不注意把钥匙拓了模子，然后跟踪了水产店老板太太。我没想到，他居然还第二次上门……唉，要不是我，她不会被头狼盯上，夫妻两个也不会……我很抱歉。说着，他深深地低下头去，半晌无语。

拿到钥匙，取好指纹和生物痕迹后，张莫染带着我去物证间试那把从水产店老板家门上换下来的锁。钥匙一进去，转动，只听得咔嗒一声，我心中多日的郁结也像锁一样陡然打开了。回办公室的路上，张莫染接到电话，是技术员打来的，说钥匙上有头狼的指纹和DNA。

下了车，张莫染的脚步变得异常轻快，风衣的下摆在身后形成一个大的布蝴蝶，脸上的线条也柔和了很多。他低下头对我说，我说这个戴维为了你肯的，果然哦，妞儿，看来，你的魅力大大的。有钥匙，有指纹，有DNA，凭这三样，头狼可以抵赖说钥匙是他捡来的。但结巴这里一定可以突破，拿到他的口供，再加上你那个戴维出庭，证明头狼让他保管过赃物。纵使头狼不供，零口供也能证死他。你告诉戴维，请他务必出庭，我打报告，给他再加三万元赏金。

那不是要他死吗？我顾不上计较他将戴维说成是我的。

哪里有那么严重？头狼和结巴肯定是死刑。他说。

那其他人呢？头狼白茅岭上下来的喽啰多了，个个都心狠手辣。江湖上出卖朋友的下场，你懂的。

那我们可以保护他。他说。

保护他一时，还是一辈子？我朝他吼。

那你自己说怎么办？你总不能眼睁睁地看我这条大堤上就差这小小的一筐沙土吧？张莫染不顾上司的风度也回吼我。

吼归吼，我还是去了亭子间。依旧没说什么，戴维踩他的缝纫机，我坐在对面一张椅子上，一根线一根线拆要做的衣物。我不知道该怎么开口。数度，他停下机器，问我，有事？我摇摇头，不说话。突然一阵脚步声打断了室内的静默，进来的是头狼。他见我在，瞪着眼睛对我不客气地说，这位小姐请你出去一下。

我放下衣物，这回没有时间拨通手机放在裁缝店了，但我还是装作不经意间把手机放在正在拆的衣物下面，给等会儿再进来找个理由。谁知这个小伎俩给头狼看见了，他提醒说，小姐，你的手机。我哦了一声，拿起手机道谢后走了出去。

我当然不会真的走，但还是一步一步走下楼梯，我知道狡猾如头狼，一定会探出头来确认我是否真的走了。果然，不出我所料，我眼睛的余光看到他伸出来的脑袋。在门很大声音关上之后，我蹑手蹑脚返身上楼。

是钥匙的事情。他发现颈间一直挂的钥匙被换过了，那把钥匙他每天都在把玩，钥匙上已经有了包浆，而被换上去的这把没有，他一摸就觉察到了。他问戴维，这事情跟你有没有关系？

我心里一惊，连忙发信息给张莫染，让他立刻带人来裁缝店。再听里面，戴维并不说话，头狼声音很大很凶地问，这把钥匙，我从来都不离身，那天和你洗完澡，回去就发现不对了。我只要你一句话，这钥匙跟你有没有关系？戴维还是不回答。头狼接着说，不回答就是有，为什么是你？为什么偏偏是你，戴维？这个世界上我最最信任的人是你，偏偏出卖我的人，也是你。头狼喘着粗气继续说，出卖我的下场你是知道的，纵使救过我命的人也不行。你把我出卖给谁呢？警察，一定是警察。信警察你还不如信鬼呢。我说呢，刚刚那个小婊子，撞见过好几次了，她是警察吗？

你不准说她是小婊子。戴维第一次开口，很响的声音。

呵，不准说她，那就是你跟她有一腿，为了一个婊子，你出卖我？头狼的话咄咄逼人。

跟她无关。戴维的声音。

那好，你说的，跟那小婊子无关，你看我等会儿抓住她不操死她。头狼的声音。我气得嘴唇发抖。

我说过了，跟她无关。我不为任何人，只为我自己。戴维的声音。

为你自己？头狼的声音。

是，没有我，就不会有那把钥匙，更不会有那些偷盗和杀戮，你说我说得对吗？戴维的声音。

哈哈，我亲爱的戴维，你太幼稚了。头狼一阵狂笑，接着冷冰冰地说，不过你得为你的幼稚付出代价，我这辈子认定了你，如今你送我上断头台，我也得拖上你不是？省得你在人世间寂寞。

要杀，要剐，请便。戴维的声音，异常镇定。

正在这时，楼梯下面出现了几个身影，是张莫染带着人来了。我把打开录音功能的手机侧面贴在门框边，悄声下楼，大致和张莫染说了下情况。现在当务之急是防止头狼伤害戴维。正商量行动方案时，门开了，头狼冲了出来，脸上带着杀气。我心里一紧，迈脚冲上去。头狼见楼梯下面有人，返身朝楼上冲去。楼上，门窗外，张莫染已经布置了人，他逃不掉。

冲进亭子间，只见戴维倒在地上，衣服上都是血，身子下面也是。张莫染拨打120急救电话，我撕下布条给他止血，然后不断在他耳旁悄声唤他，不让他睡过去。我知道，如果他睡过去，就可能再也醒不过来了。他拼足了力气掏出手机递给我，然后昏了过去。

送进急救室后，我坐在外面的椅子上，拿出他的手机研究，我想知道他为什么要记得把手机递给我。果然，短消息的草稿箱里有一个要准备发给我的短消息。短消息说，如果有意外，他有三个请求：一是把给他的赏金汇给一个账号，房子请我帮他出租，亭子间和后楼的租金收入也转给他给我的这个账号，其他房间的租金收入存在另外一个专门的账号里，给他的表姐妹；二是那些做好的衣服口袋里都有客人的电话号码，麻烦我打电话请客人们把衣服拿走，没有做的衣料，也务必还给客人；三是他的骨灰帮他撒掉，随便哪里，黄浦江、苏州河、东海，或者随便哪条河浜。

我在电台里让指挥中心请银行协助查询。反馈过来的信息是，这个账号的开户人是一个正在上大学的男孩子，男孩子的姓名报给分局的情报中心，说正是水产店老板家那个幸存的儿子。再跟男孩子的大学联系，说这个男孩子不幸生了肾病，正在治疗，每周都需要透析。我呆呆地坐在医院走廊的长椅上，脑子里比眼前来来往往的脚步还要乱。他那么需要钱，原来是派这个用处的。他用出卖得到的钱来赎买自己的过错。不要，你不要死，戴维。我闭上双眼，双手合十，为他祈祷。

七天之后，戴维终于救过来了，不过还很虚弱。我有空就去医院陪他，切碎了各种水果混在牛奶里喂给他，帮他翻身，接大小便。能靠着坐起来的时候，他请我去趟裁缝店，帮他把橱里一个白色恋人巧克力的铁盒子带过来。我照着做了。

出院那天，我先去了趟花店。花店的老板介绍说，黄玫瑰代表道歉，也代表祝福。我买了一大把，捧到他胸前。护士说，林先生真是好福气，女朋友这么漂亮这么贴心。他没有看我，也没有回答，只是埋头嗅着怀里的玫瑰花。等护士离开后，他打开那个白色恋人的铁盒子，拿出一串东西，示意我俯下身子。仔细看，是很多串在一起的一朵朵暗绿色的布缝制得极为精致的玫瑰，每一朵比指甲盖还要小。他说正好住院有空。他说他记得我有一双这个颜色的鞋子，应该会比较搭。

回到亭子间后，除了出过两次庭，他继续专心做他的裁缝。空下来的时候我常常去他的裁缝店，碰到过几趟那个金发碧眼的外国女人，看见我的时候，她会用显而易见的嫉妒的眼神将我上下看几遍，然后故意用英文和戴维调情。我心里微微笑着，不声不响，帮戴维拆线。我喜欢他歪着脑袋认真地给我量身，喜欢我试穿好新衣以后他漆黑的眼乌珠里的欢喜，喜欢他眼角可爱的皱纹，喜欢他专心缝纫时洒在他宽厚的肩上的太阳光，喜欢听他时常放的鲍勃·迪伦……我们谁都没有再提过手机短信草稿箱里的那条信息，也都没提起过头狼。

我也常常被张莫染差遣，常常要快步在他风衣后摆旋起的漩涡中跟上他的一点一闪，常常被他请吃黑鱼饭。

然后依旧单着。